古典文獻研究輯刊

三九編

潘美月·杜潔祥 主編

第 5 冊

續經義考·春秋之部
（第二冊）

周懷文 著

國家圖書館出版品預行編目資料

續經義考・春秋之部(第二冊)／周懷文 著 -- 初版 -- 新北市：
花木蘭文化事業有限公司，2024〔民113〕
目 4+280 面；19×26 公分
（古典文獻研究輯刊 三九編；第 5 冊）
ISBN 978-626-344-925-1（精裝）
1.CST：春秋（經書）2.CST：研究考訂
011.08   113009705

ISBN-978-626-344-925-1

9 786263 449251

古典文獻研究輯刊
三九編　第五冊   ISBN：978-626-344-925-1

續經義考・春秋之部
（第二冊）

作　　　者　周懷文
主　　　編　潘美月、杜潔祥
總 編 輯　杜潔祥
副總編輯　楊嘉樂
編輯主任　許郁翎
編　　　輯　潘玟靜、蔡正宣　美術編輯　陳逸婷
出　　　版　花木蘭文化事業有限公司
發 行 人　高小娟
聯絡地址　235 新北市中和區中安街七二號十三樓
　　　　　　電話：02-2923-1455 ／傳真：02-2923-1400
網　　　址　http://www.huamulan.tw 信箱 service@huamulans.com
印　　　刷　普羅文化出版廣告事業
初　　　版　2024 年 9 月
定　　　價　三九編 65 冊（精裝）新台幣 175,000 元

續經義考・春秋之部
（第二冊）

周懷文　著

目 次

F

法寰　春秋繁露解　一卷　佚

◎乾隆《膠州志》卷四《人物》：初，公在姑蘇，與楊維斗、艾千子倡明正學。晚年講學怡雲嶺，學者稱怡雲先生。著有《四書義》《詩義》、《春秋繁露解》。

◎道光二十五年張同聲修、李圖纂《重修膠州志》卷二十《藝文》：法寰《春秋繁露解》一卷。

◎孫葆田《山東通志》卷百二十七《藝文志》第十：是書見《州志》。

◎法寰（～1653），字開三，號怡雲。山東膠州人。天啟七年（1627）舉人。授徒墨水之濱，多所裁成。歷官懷慶同知。明亡，棄官歸里。後除靜海知縣，有惠政。順治十年（1653）為海時行所執，罵賊死。著有《毛詩義》、《春秋繁露解》一卷。

法寰　春秋義　佚

◎道光二十五年張同聲修、李圖纂《重修膠州志》卷二十六《列傳》六《人物》：初，寰在蘇州與江西楊廷樞、艾南英倡明正學。晚年讀書於州之怡雲嶺，學者稱怡雲先生。著有《四書義》《春秋義》諸書（詳見《藝文》）。

法坤宏　春秋取義測　十二卷　存

普林斯頓大學東亞圖書館、國圖、北大、清華、山東、上海、天津、平湖、中科院、山東黨校、北京師大藏乾隆五十九年（1794）粵省西湖街法坤宏六書齋精刻本

◎錢儀吉《衎石齋記事稿》卷六《法閬韓三先生傳》：先生博通諸經，尤邃於《春秋》，著《取義測》十二卷，自序曰：「《春秋取義測》，測孔子竊取魯《春秋》之義也。孔子之時，禮教衰微，先王經世大法蕩無復存，欲述古以明其義，而徒託空言無徵也，乃博求當代大人有禮教之責諸侯大夫見諸行事之實效，比義類明，是非折衷以立教。而諸侯大夫行事備載列國諸史。子曰：『我欲觀夏道，是故之杞而不足徵也；我欲觀殷道，是故之宋而不足徵也；我觀周道，幽厲傷之；吾舍魯何適矣』、『吾猶及史之闕文也』。蓋魯秉周禮，文武之舊典禮經載在冊府，太史職之，是是非非無敢失周公之遺法，故魯之《春秋》雖與晉《乘》、楚《檮杌》並稱，而辭約義該，信以傳信疑以傳疑，可以述往聖詔來學，孔子獨有取焉。當是時，王室東遷，周之子孫日失其序，魯國積弱，無能自強於政治，惟承奉伯主之文告而已，故曰『其事則齊桓、晉文』。而史家記事之法自有大例，君舉必書，諸侯之會其德刑禮義無國不記，故曰『其文則史』。魯之《春秋》雖能有懲惡勸善之義，而其事其文無關教義。拘於史例，過而存焉者固已多矣。孔子於是筆而削之，筆其事文之足為法戒者，削其事文之無足為法戒者，故曰『其義則丘竊取之矣』。其義，魯之《春秋》之義，《春秋》本自有義，孔子以筆削取之，故曰取義。蓋《春秋》之教，主於徵信達道，據事直書，而其義自見。而說經者紛紛謂孔子作《春秋》，假魯史以譏貶當世。隱閔之薨，舊史實書弒，孔子諱其事，改曰公薨；溫之會，舊史實書召王，孔子嫌其文，改曰天王狩於河陽。又謂例當書爵或黜而稱人，例當書名或進而書字，是孔子以己意變亂舊章，創作一部《春秋》，取義之旨隱矣。或曰：若然，孔子直鈔魯史耳，何以謂之作《春秋》？曰：魯史以勸懲舉王法，《春秋》以筆削章聖教，取義之旨寓於筆削，故曰『作』。魯史舉法而是，《春秋》特筆之以章其是。如趙盾與州吁、宋督之弒同書，許止與商臣、蔡般之弒同書，孔子並取之，此義明而亂臣賊子之黨無所逃其誅矣。魯史舉法而非《春秋》特削之以章其非，如魯羣公之錫命則書，王使召伯廖賜齊侯命、王子虎策命晉侯為侯伯則不書，蓋孔子削之，此義明而假仁襲義之奸無敢僣其賞矣。然則誅賞者法也，是非者教也，法非天子不敢明，教雖庶人亦可明，《春秋》，天子之事也；筆削之《春秋》，聖人明天子之事也，故孔子嘗曰『知我者其惟《春秋》乎！罪我者其惟《春秋》乎！』《記》曰『屬辭比事，《春秋》教也』，韓子曰『《春秋》書王法，不誅其人身』，此知孔子者也，若紛紛之論皆罪孔子者也。坤宏束髮授經，即蓄此疑。不揣謭陋，為《取義測》，以為孔子作《春秋》一因魯

史舊文，有筆削而無改易，凡所謂筆者筆其舊，凡所謂削者削其繁，至其義則具見於文事。吾之於人也，誰毀誰譽，子亦猶行三代之直道而已矣。」於戲，此取義之微旨也夫！又以《春秋》之義論《通鑑綱目》，箸《綱目要略》，自序曰：「或謂朱子修《綱目》，大書以提要，分注以備言，發凡起例以正褒貶，三者備而後大義明，為能得孔子作《春秋》之意，此不知《綱目》並不知《春秋》者也。孔子作《春秋》，因魯史舊文大書特書，義取見事；三傳言煩義支，至執日月名爵曲為傅會，傳例興，春秋亂矣。司馬溫公憂史事之失實，奉敕修《通鑑》，正史外博採百氏之書參互攷訂。晚年輯《舉要曆》，詞簡義該，朱子因之作《提要》以箸明其事，事具而善惡昭、勸懲立。孔子《春秋》，家法也，門人纂分注效傳體而為之，朱子不欲僭作經之名，兼收并錄以成《綱目凡例》。後出書之真偽在當時即有異議，《綱目》本以擬《春秋》，《春秋》不可以傳例求，《綱目》詎可以凡例定乎？是故得孔子修《春秋》之意者，斯可與知《綱目》矣。間嘗竊取朱子《提要》原本略加刪訂，於其中事關勸懲與《春秋》義法相應者，揭而錄之，起秦始皇帝二十六年，迄五代之季，名曰《綱目要略》，檃括凡例，用其義不用其詞；參以愚見，分注於各條之下。至其他為凡例所亂，如《攷異》《攷證》之類，則槩從削，俾學者勿泥褒貶舊說，蔽晦大義，乃《春秋》之法而朱子修《綱目》之本意也。」先生之言如此，而韓先生作《綱目凡例辨》，據朱子自序云：「與同志別為義例，增損檃括，以就此編」，趙訥齋亦云：「凡例一冊已鈔在此」，朱子又有於例中見意之說，是凡例實出於朱子。謂先生若以本書未盡善，更加筆削，則凡例當別論；若以朱子之書還之朱子，則凡例不可不信云。

◎取義測題詞：《取義測》，測《春秋》之義也。《春狄》取義，微旨寓於筆削。周轍東，王道廢，孔子有聖德無其位，欲行其義而無從，乃假魯史以達之義，非魯史之義，非孔氏之義而筆削所取之義，故曰其義《春秋》述也，其義則作也。文事因魯史之舊，筆削寓行義之權，一變至道，所謂見諸行事，以此。

◎摘錄卷末：孟子歷敘堯禹以來治亂而終以孔子之作《春秋》已之闢邪說，蓋綜帝王師儒，通古今上下而言之。宰我知聖人，以為賢於堯舜；韓愈稱孟子，以為功不在禹下。正謂此爾。然則《春秋》者千聖治術之統匯，《孟子》者百家學術之疏淪也。孟子述孔子作《春秋》之說曰：「其事則齊桓、晉文，其文則史，其義則丘竊取之矣。」其自為說曰：「春秋無義戰」，非精於義者，詎易與於斯！今折衷家之說，歸于孔孟，為《取義測》焉。迂齋法坤宏識。

◎孫殿起《販書偶記》卷二：《春秋取義測》十二卷，膠州法坤宏撰。乾隆甲寅迂齋精刊。

◎道光二十五年張同聲修、李圖纂《重修膠州志》卷二十《藝文》：法坤宏《春秋取義測》二卷（門人胡湘蘭手書梓行）。

◎孫葆田《山東通志》卷百二十七《藝文志》第十：是書刊於乾隆甲寅，《州志》作二卷，誤。卷首坤宏自作題詞略云：「《取義測》，測《春秋》之義也。《春狄》取義，微旨寓於筆削。《春秋》述也，其義則作也。文事因魯史之舊，筆削寓行義之權。」吳縣汪縉謂其論筆削得之伯安王氏，據《孟子》說經又參東山趙氏。韓夢周誌其墓，謂是書去例明義，解傳注之曲鑿，九易稿而後成。

◎上海古籍出版社 2015 年《續修四庫全書總目提要・春秋類》「《春秋取義測》十二卷」：法氏以為，《春秋》者，聖人不得已之書。一筆一削，心法存焉，奈何沒於經師講說，使聖人之心不可復見。於是發奮究討以折衷至是，閱三十年，書始成，名曰《春秋取義測》。此書以十二公各為一卷，逐條逐句為之詮釋。大抵因《春秋》文辭簡約，取義幽微，故采擇諸說外，間下己意，旨在解群說之紛糾，以求合聖裁。是書名「義測」者，蓋測《春秋》之義也。《春秋》微旨寓於筆削，周室既東，王道廢弛。孔子雖有其德，而無其位，欲行其義而無從。故假魯史以達之，其所謂義者，非魯史之義，非孔氏之義，實筆削所取之義。楊鍾羲以為，法氏能於三家褒貶之例中無所偏主，推求孔子筆削之義亦往往中理，可資參考。然不許其以日月名字為褒貶，以為不出宋儒嚴酷之論。宋儒治《春秋》，多以調和三傳為宗，而不習家法，法氏之學，亦不出此範式。此本據北京大學圖書館藏清乾隆五十九年法氏迂齋刻本影印。（陳峴）

◎法坤宏（1699～1785），字直方、鏡野，自號迂齋。山東膠州人。乾隆六年（1714）舉人。七上公車，以年老授大理寺評事。著有《春秋取義測》十二卷、《學古編》、《綱目要略》。

范爾梅 春秋札記 五卷 存

國圖、南京、南大、北師大藏雍正七年（1729）敬恕堂刻讀書小記本

◎范爾梅，字梅臣，號雪庵。山西洪洞人。雍正貢生。著有《婁山易輪》一卷、《易卦考》一卷、《讀書小記》三十一卷、《春秋札記》五卷、《中庸札記》一卷、《論語札記》一卷、《雪庵文集》。

范景福 春秋上律表 不分卷 存

浙江藏稿本（丁丙跋）

國圖藏道光十二年（1832）崇明施氏求己堂刻求己堂八種・推春秋日食法附錄本〔註1〕

◎陳壽祺序〔註2〕：推《春秋》辰朔，自《漢書・律曆志》所載《殷曆》始。洎劉歆造《三統曆》，說《左氏春秋》詳矣，而杜預攻之甚力。然預之《長曆》證經傳失閏、考日辰晦朔亦未能盡甄發也。春秋時曆術疏闊，東漢後又不用太歲超辰之法，故祖述者往往抵牾。以余所疑數事，如魯哀公十二年「冬十有二月，螽。仲尼曰：『火猶西流，司曆過也』」，火猶西流，是為八月建酉，而《三統曆》謂史以建申流火之月為建亥，何也？襄公二十一年「冬十月庚辰朔，日有食之」，考《左氏傳》襄二十八年「歲在星紀」，則太歲在子；逆溯襄二十一年「歲在鶉火」，則太歲在巳。《三統曆》用之，是年歲在乙巳，何休注《公羊傳》是年乃云「時歲在乙卯」。或說乙卯當為乙巳，徐彥疏寫作己卯。案《續漢志》，《黃帝曆》至漢《四分曆》起元各不同，疏謂「何氏自有《長曆》」，是也。杜氏以襄二十一年為己酉，古字夘（古卯字）丣（古酉字）相似，疑何注己卯亦己酉之訛，此又與傳違異者也。襄二十八年十有二月有「甲寅」「乙未」，何氏謂「相去四十二日，蓋閏月也」，是年有閏十二月，則二十七年不得置閏。《左氏》所謂「再失閏」，非一時也。而杜氏輒於二十年十一月後頓置兩閏，遷就以求合，此守傳而失於闕疑者也。唐僧一行《曆議》譏預「甚謬，未曉治曆。」故治《春秋》者，惟曆術最難。仁和范子介茲邃於經，尤精天算，乃依時憲及《長曆》相參核，推平朔，求平氣，步交食，改置閏，從杜氏之長而不阿其所短。且準襄二十七年日食事，九月不入食限，十一月正入食限，無失閏法。其言曰：「經傳字形有時而誤，而食限必無誤；置閏前後可得而移，而時限必不能移」，其卓識可以釋疴而規過矣。書既成，吾師儀徵阮侍郎名之曰《春秋上律表》，取鄭司農注《禮記・中庸》語也。介茲久為侍郎所知，比受義恉，分纂《經郛》，其采《五經算術》也，以書詒予云，「甄鸞所用周天分日行度諸數，皆與《周髀筭經》脗合。此正周公所定之曆，元凱所見宋仲子集十曆以考《春秋》中有真《周曆》，殆謂是也。甄氏據之，其術或軼而不備，因補推昭公十九年正月乙丑朔、閏十二月己未朔，二十年正月己丑朔法。」於戲！苟非

〔註1〕小注：浙江諸生范介茲景福著。
〔註2〕又見於陳壽祺《左海文集》卷六，題《春秋上律表序》。

好學深思，心知其意，惡能鉤鈲離析若是密耶？余既重范子之闡幽經義，遂略摭舊聞以相質若此，范子宜更有以啟我也。嘉慶癸亥冬十月，福州陳壽祺序。

◎焦循《雕菰集》卷十五《代阮撫軍撰春秋上律表序》：余巡撫兩浙，於西湖建詁經精舍，祀許叔重、鄭康成兩先生，選諸生肄業其中。諸生能習推步之學者不乏人，范生景福其一也。歲癸亥，生以所著《春秋朔閏日食表》及說請正於余，而乞為之名。竊謂孔子作《春秋》備天地人三統之學，故子思子贊其事曰「上律天時，下襲水土」，本欽若以紀四時，即祖述之旨也；尊建子而書春王，則憲章之義也。或記司術之過，或明伐鼓之非，左氏引而申之，躍如也。其後劉歆、安岌之徒，造訂諸術，必上於驗於《春秋》。杜征南為左氏學，亦因宋仲子十家之法考訂《春秋》朔閏，故不通《春秋》不足以知術，不知術亦不足以通《春秋》。不知術，不通《春秋》，不足以紹聖人祖述憲章之志，用是命之曰《春秋上律表》，所以嘉范生之能治《春秋》也。且范生之書，其善有四焉：天文術算之學，至本朝而大備天下，學者或疑其深微奧秘，不敢學習。范生習之不十年，而能發明如是，學者庶觀而效焉，而知是學之本易明。善之一也。治經者患拘執而不能通，劉氏《規過》，孔穎達辭而闢之，規者不必俱非，闢者亦難悉當，杜氏於襄二十七年頓置兩閏，生直言其非。而莊二十五年六月辛未為七月之朔，則稱杜氏為不可易。揆之於義，是非不詭，庶幾不泥古、不違古，為說經之通。善之二也。疇人子弟，諸其技不能知其義，依法布算，不惑於數，其中進退離合之故莫之或知，故不能變化以推古經。生之言曰：「置閏可移，食限不能移。」又謂欲定閏必推中氣；又謂斟酌置閏以合干支，尤當斟酌置閏，以合食限，於是用平朔不用定朔、用恒氣不用定氣、用食限不用均數，本諸時憲，參之《長曆》，可謂好學深思脚心知其意。善之三也。奉時憲上考之法以明春秋司曆之得失，以決三傳之異同，以辨杜氏之是非，以課《三統》《大衍》《授時》以來上推之疏密，俾學者知聖人作《春秋》為本朝時憲之嚆矢，而本朝之制時憲實為聖人《春秋》之脈絡。善之四也。具此諸善，可知生用力之勤、研究之細。其治經也，無學究拘執之形；其治曆也，非星翁術數之求。由此而進焉，固未可量其所稅矣，余樂道其書之槩而為之序。

◎施彥士《推春秋日食法》卷末：《春秋上律表》（浙江諸生范介茲署福著）。

◎趙爾巽《清史稿》卷一百四十五志一百二十《藝文》一：《春秋上律表》四卷，范景福撰。

◎范景福，字介茲。浙江人。諸生。著有《春秋上律表》不分卷。

范生洸 春秋解 佚

◎乾隆《潮州府志》二十八《儒林傳》：潛心理學，纂《四書要旨》五卷、《四書詳說》二十卷、《四書反約》十卷，復輯《易／禮／春秋》各解。學使者旌其廬曰濂洛心傳。

◎范生洸，字漢輝。廣東大埔三河人。諸生。

范士齡 左傳釋地 三卷 存

國圖、中科院藏道光六年（1826）刻本

國家圖書館出版社 2012 年宋志英選編左傳研究文獻輯刊影印道光六年（1826）刻本

◎卷前有圖。並說云：地里圖式，以尺幅盡萬里之勢，繪者頗難位置。僕於丙戌餘月詳加攷核，合西周春秋一統志為一冊，寬窄不無稍疏，而大致星羅碁布，庶覽者瞭如指掌云。

◎序：少讀《左氏傳》，於列邦地域茫然不識所在，頗有作者盲目讀者盲心之患。後館太原唐梅村師署中，籤閣積羣書足供涉獵，所遇又多幽營冀荊之士，如漢陽張先登前輩（少隨祖怛麟中丞宦遊四海，中年復筆墨生涯）、黔西李華封觀察，皆足跡遍天下，縱談輿圖，不減武甄，數《左》《國》世系，因考核畧遍。然於全傳地域盲於心猶故我也。近僕復館遵義杜蘊堂師公館，天涯地角，問途已經，訪星宿於張騫，尋桃源於漁父，考核視往年較晰，兼向坊友假地里書鈔閱，懷鉛握槧，有會必書。如入幽險之域，忽康莊九軌任我馳驅。時而靜坐一室，駕尻輪，化神馬，如梯蓬萊而躡方丈者然，數十年盲於心者一旦南針指我矣。夫以地輿註釋之難也，朱子大儒，註陽城箕山之陰皆嵩山以下深谷而張守節（云箕山在洛陽城南十三里，又云陽城在嵩山南二十三里）、《括地志》（云陽城縣在箕山北十三里，又云嵩山在洛州陽城縣北二十三里）、閻百詩（云陽城山名，在今登封縣北三十八里，去嵩山幾三十里），猶互證其非一山。酈道元註《水經》專門，宋中丞猶謂互相抵梧往往而有，況《左傳》地域千條，陵谷變遷，城廓隤徙，刻舟而求，既多殽訛，加以枵腹無積累，足又蝨蹩未出門戶，祗憑攟摭微識，編輯成書，豈非以蠡測海，為大章、豎亥一輩人所心非而目笑者乎？抑有說焉，三山五城十二樓，太史公述之，太史公未經一至也，不過以高僧畸士獨往之徒流播人間，緣秉筆而書耳。僕倣《爾雅釋地》、《春秋釋地》（見閻序）舊，名曰《左傳釋地》。書分三卷，首繪圖式，某地係古某國、某國係今某地、

某地與今某地接壤，山川、古蹟、名宦、人物鑿鑿，耳食者間附於末，俾及門弟子展卷知列國廣輪披圖、識九州南北。拾人牙慧，糸己心裁，踦駮之譏，知不免也，著述云乎哉！書成正蘊堂師，師曰：「善。子蓋以不盲於心者不盲於後生小子之心也？」僕唯唯，因問梓人。時道光柔兆閹茂皐月，寶應范士齡原名人炳譔。

◎同治《續纂揚州府志》卷十二《人物志》四：著有《左傳釋地》、《寶應耆舊傳》《續循吏傳》行世（新採）。

◎同治《續纂揚州府志》卷二十二《藝文志》上：《左傳釋地》（范士齡撰）。

◎孫殿起《販書偶記》卷二：《左傳釋地》三卷，寶應范士齡撰。道光六年刊。

◎上海古籍出版社 2015 年《續修四庫全書總目提要・春秋類》「《左傳釋地》三卷」：范氏自序稱，少讀《左傳》，於列邦地域茫然不識，後與張先登、李華封等遍游天下者交，於全《傳》地域仍盲於心，故仿《爾雅・釋地》、《春秋釋地》、《四書釋地》作是書云云。是書凡三卷，首繪圖式，以魯十二公為序，《傳》中地名一一考證，釋某地係古某國，某國係今某地，某地與今某地接壤等，山川古跡、名宦人物間附于末。如卷一隱公「魯」，范氏釋曰：《禹貢》徐、兗二州之域，天文奎婁分野，今山東兗州府、東平州、寧海州、高密縣、沂州等處，周公子伯禽封邑。古跡有昌平城、岳雲樓一名杜甫臺、靈光殿、手植檜，名宦則漢鍾離意、王尊，三國裴潛，南北朝張華，烈女如敬姜、黔婁妻等。清儒《左傳》類地名著作有高士奇《春秋地名考略》、江永《春秋地理考實》、沈淑《春秋左傳分國土地名》、沈欽韓《春秋左傳地名補注》等，與之相較，是書不過讀本類，考證遠不及它書詳盡，然將古今地域變更相對，使人展卷知列國輪廓，披圖識九州南北，頗資參助——此本據中國科學院圖書館藏清道光六年刻本影印。（潘華穎）

◎范士齡，原名人炳，字懿麟。江蘇寶應人。諸生。著有《左傳釋地》三卷、《寶應耆舊傳》二卷。

范驤刪訂 春秋歸義摘要 十二卷 存

河南大學、焦作藏道光八年（1828）見山堂刻本

◎一名《春秋歸義》。

◎明賀仲軾〔註3〕原撰，張紳彥、范印心評，范驤刪訂。

◎目錄：第一卷隱公（元年之十一年）。第二卷桓公（元年之十八年）。第三卷莊公（元年之三十二年）、閔公（元年之二年）。第四卷僖公上（元年之二十一年）。第五卷僖公下（二十二之三十三年）。第六卷文公（元年之十八年）。第七卷宣公（元年之十八年）。第八卷成公（元年之十八年）。第九卷襄公上（元年之十五年）。第十卷襄公下（十六年之三十一年）。第十一卷昭公（元年之三十二年）。第十二卷定公（元年之十五年）、哀公（元年之十四年）。

◎春秋歸義序：《春秋歸義》者，獲嘉賀氏作也。傳之者，覃懷范公正氏也。獮而薙之者，東海文白范子也。范公宦于浙，嘗與河北張大隱先生嗜賀氏書，思見其為人，商之范子而壽諸剞劂。既成編，來語余曰：「子知歸義之說乎？盲左浮誇流于蕪，高、赤倣詭傷于隱，胡氏說鈴隣于鑿，夫夫子則竊取其義耳，奚暇辭費？自四家並峙，啖、趙佐之寓言十九、卮言十七，聖人之義有時而蝕矣。且《春秋經》之終，史之始也。夫子存《魯頌》，仍奚斯之舊云爾，說者以為猶尊魯之意云爾。錄《秦誓》，善其誓誥之遺也，書體也，繼周之驗也。則夫子其慎竈哉！春王謂文王，正月謂改月，疑《春秋》即可疑《詩》《書》，奚怪乎攤玄之僭十翼、曲臺之躋周官乎？雖然，屬辭比事固其末焉者也。趙盾、許世子之書弒，歐陽子嘗辨之，將以趙盾、許世子之弒從其實乎？伸歐陽子之說則無以解趙盾、許世子；從其名乎？可以為趙盾、許世子解，則無以為聖經解。兩者于大義孰正？夫夫子則竊取其義耳。郭公夏五，無其義之所歸也。而凡會盟征伐朝聘蒐莵取滅弒逆之類，必有折衷之者。然二百四十年間見異詞聞異詞傳聞異詞，後之人乃欲上代董狐、南史之庖而執其咎，愚孰甚？然則名從異、實從同，賀氏之所為義，其在斯乎！雖然，未盡。太史公曰：為人臣者不可以不知《春秋》，為人子者不可以不知《春秋》。為人臣子而知《春秋》之文不能行《春秋》之義，猶不知《春秋》。賀氏殉甲申之難，赴義如飴，人知賀氏之義，不知賀氏之為《春秋》義也。然則賀氏以其人傳矣，何必書？吾懼書之不傳《春秋》之義蝕，則賀氏之義泯，請以質之吾子。」余既聞范公言，退讀其書，爵然興、瞿然感，掩卷而歎曰：大哉義乎！彼浸淫乎公羊、胡、左者，若薦三爨，以味薦而已矣。賀氏諱仲軾，號景瞻。順治戊戌菊月，督學使者涅陽谷應泰撰。

〔註3〕賀仲軾（？～1644），字景瞻，號養敬。獲嘉（今河南獲嘉）人。萬曆三十八年（1610）進士。初任醴泉令，累官至武德兵備。著有《春秋歸義》十二卷、《冬官紀事》、《兩宮鼎建記》、《栢園初草》。

◎春秋歸義序：九江黃楚望之言曰：「有魯史之《春秋》，則伯禽至于頃公是已；有孔子之《春秋》，則起隱公元年至于哀公十四年是已。必先考史法，然後聖人之筆削可得而求矣。為左氏之學者，魯史遺法大畧可見，而惜其不知經；為公、穀、啖、趙之學者，猶得屬辭遺意，而惜其未知史。」夫魯公分物典冊必有故事，修辭必有成法。自夏時冠周月之說起，而黜周王魯、素王素臣之說謬亂而不可止。趙汸有云：四時始春終冬所以成歲，三代雖正朔不同，而正月之必為歲首、歲首之必為孟春，其序皆一定而不可易。今既曰周月則建子之月矣，謂建子之月為春，何夏時之云？孟子曰：「其事則齊桓晉文，其文則史。」孔子非史官，亦非見大人也。請修國史，而時君時相不以為嫌者，其事與文皆史官之舊，雖有筆削而無增加也。文定公傳功令所尊，制舉家人自為書，穿穴支離，傅會膠固，若法吏深文，巧試其病，皆以為孔子之書，而不知三代正史之遺法也。獲嘉賀景瞻先生著《春秋歸義》三十二卷、《總序雜說》一卷、《便考》十卷，首駁改時冠周月之失，博辨拘例說經者之非。至于君臣父子生死患難之際，未嘗不慷慨唏噓、裂眥奮褎者。甲申之變，以家居故兵備衣冠北向投繯自靖，顏色不亂，陽陽如平常。至感動妻妾四五人闔門自縊，知平時講求大義，生死存亡之故，兒女子皆能明之，相與奮身殉難，九死不廻。嗚呼！公臨死畫几上語「讀書貴有實用」，今果然耶！讀史至前後《出師》二表知諸葛丞相之患，閱天門《掉臂》一詩知丁謂之不忠，言為心聲，判若蒼素。《歸義》數十卷，讀其書可以知其人矣！是書凡一再剞劂，初則華亭陳徵君序行之，繼則丹陽湯平子校刻，先生復手自改定，予家藏其副。今年備兵武林，與方伯張大隱先生謀所以不朽是書者，家文白讀而愛慕其人，病其序事過長，為撮其指要，存十二卷。中間有筆有削，以寓撥亂之權；有筆無削，以存策書之體。或變文特筆，而經世之義明；或議而不辨，辭從主人。而國史之法正，屬辭比事而不亂，斯深于《春秋》者矣。或疑景瞻尊文定而平反過多，文白愛慕景瞻而刪存無幾，是何異愛身者嫉彈整之痛、長髮者愛棄髮之費，是不知權者也。順治戊戌中春，覃懷范印心書于明弼堂。

◎春秋歸義自序：《春秋》天子之事也：天下有道，禮樂征伐自天子出；天下無道，文王既沒，文不在茲乎？文王之文，是周之天子所以為禮樂征伐也，而聖人得之以憲章文武。《春秋》識文未墜之統而收拾夫禮樂征伐既潰之防，夫是以謂之天子之事也。昔夫子嘗有言矣，曰：「苟有用我，期月而可」、「吾其為東周乎」。迨周公之夢既衰，轍寰之迹已窮，始以其所以為東周者一寄之

於《春秋》，乃載觀其事，則朝聘會盟崩薨卒葬侵伐取滅弒殺奔逃而已之，數者之外無紀焉。蓋聖人參會在天地古今之遠，而誼凜在幾微毫芒之際，故有變世也者而又有世變。夫變禹湯文武之世者，是暴君之所以厲天下；世變則禮樂刑政如故也。有日移月化者焉漸中國，而夷狄漸衣冠，而豺狼相胥以沉溺焉，如江河東注而莫之能止者，風會之漓也。故夫帝王沒則治功薄矣，波靡甚則人心蠹矣，雖以洪水猛獸之害之烈方之，殆未為甚，而聖人之治法亦於是乎有緩急先後之不同。所以然者，禍亂相尋之故。生於君臣父子間，君臣父子之間不澄其源，雖日取亂臣賊子鋤戮之，而流俗之敝壞猶不止也。惟聖人獨觀其大，憂深而思遠，故不得已而托之於屬辭比事之教以默行，其撥亂反正之機有先於諸賢之兵農禮樂者矣。游夏曾不能窺其意之所裁而末由贊一詞者，不達聖人所以動變之理也。今試取春秋之世論之：文武肇造區夏，數傳之後，王業遂衰，陵夷至於平王之世，僅餘空名。是何祖宗積累之艱、子孫喪失之易也！子孫之賢不肖，是堯、舜所不能必之於朱、均，固亦無怪。第當時之諸侯大夫士庶，無一人不食文武之賜，乃其侮弱其子孫積漸之久，以享覲廢壞為常事，以亂賊相安為固然。孟獻子，魯卿之賢也，效忠于宣；孫叔敖，海濱之良也，竭力于楚。斯況其下此者乎？所謂賢人君子，亦移于習俗漸靡使然也。《春秋》，文武之法也，裁其事以寓文武之法，修其法以明文武之道，以其朝聘會盟崩薨卒葬侵伐取滅弒殺奔逃者，以綱紀天下之君公卿大夫士，以治天下之君臣父子君臣。父子之道得而人心斯正，人心正而天子始尊，天子尊而君公卿大夫士乃各得其所，然後四代可兼、九經可舉，斯民始可得而理也。故曰《春秋》聖人之所以治亂世也。以心法為刑書也，不然亂臣賊子豈刀鋸可以攝服、詞令可以告戒？況泗水之私史又非有誅賞行乎其間，乃經成而知懼者何邪？吾以此知《春秋》之聖功神化，不專在片言隻字之末者，故曰「一字之褒榮於華袞，一字之貶辱於斧鉞」，一字之義未明，而執之大嚴、求之大深，遂使義例曲生，某字某例、某例某用，是為書法；遷就牽合，引正辯難，聖經為之猥碎，則真以斷爛朝服棄之無惑也。故經之敝也，是創例說經者之罪也。及其例之不可槩施，則又為正例變例例之說，曰正例非聖人不能修，變例非聖人不能裁。極而至於正變之所不能通，則又曰美惡不嫌同詞。以聖人經世之深心，必欲引繩於諸家之例解，使例而可以盡《春秋》也，例至今在也；倣例擬經，人人可為春秋薄世矣。夫史臣之法莫嚴於董狐、南史氏，其所以書趙盾、崔杼弒其君者，何嘗有一字減於《春秋》，曾不能懼二賊臣於覿面？《春秋》所以書趙盾、崔杼弒

其君者，亦何嘗有一字加於二史，顧以隔世之追書，乃能令二賊臣骨寒於既朽邪？故第以例而已矣。孔氏之《春秋》亦猶之董狐、南史氏之書也，然在孔子則何遂為經，在二氏則何直為史？以此二事推之，則聖人所以正人心以正萬世者不在修詞之末，亦明矣。吾故云《春秋》原無例，而後人專以例論《春秋》，失《春秋》之遠也，是欲贊游夏之所不能贊，而大賢昕夕之聆承不如鄙儒猜度之附會也。然則例可盡廢乎？曰：有之例者，國史命名之常、紀事之體，聖人因史之舊文神而明之以寓化裁，譬如寒暑代謝風雨晦明天地之例也，謂天地有心以行於其間，則天地隘。聖人之經亦有寒暑風雨晦明，而謂聖人有心以行於其間，則聖人隘。故無意無必從心是矩，原不用是為準則，豈有預立一切之科條以為吾之袞鉞者邪？故《春秋》有裁斷而無比附，有是非而無命討，有功罪而無賞罰，有時書爵書字而不必皆無罪，有時書名書人而不必皆有罪。臨之以天子之尊，質之以文武之法，事如其事而止，人如其人而止，事如其事人如其人而義行於其間矣。義顯而功罪分，功罪分而是非定，辭達而已。何者是例，何者是書法？凡言例言書法，皆於語言文字中論《春秋》耳，拘泥太甚，尊奉支離，則於是乎有進退諸侯大夫之說，於是乎有竊二百四十二年南面之權之說，於是乎有素王素臣之說，於是乎有以天自處之說，置聖人於壞法亂紀而莫敢矯其非。嗟乎！天子之刑賞可要，強侯之生殺可擅，權臣之威命可移，士庶之耳目可欺，惟聖人之是非不可假，故亂臣賊子所不屑得之於天子與夫君卿大夫士庶者，獨不能乞之於泗水匹夫之筆。此《春秋》之所重也。每伏而讀之，甚疑夫傳之所說不類經意，而例更甚，斷以為聖人之所以為經決不在此，又無所師承得以質其所疑，乃取《公》《穀》《左氏》《胡傳》參會之，因酌以己意，名之曰《春秋歸義》。以天子諸侯大夫夷狄為之經，以朝聘會盟崩薨卒葬侵伐取滅弒殺奔逃為之緯，其要在存大經明大法，使天子不遂泯沒於上、諸侯大夫夷狄不遂漫然無所統紀於下，功罪昭然，命討具在，苟東周可為，第舉此措之耳，不專為一人之善惡，亦不專為一事之得失，二百四十二年之內直一事，二百四十二年之事直一義，苟不關於天子諸侯大夫與夫君臣父子夫婦、中國夷狄亂臣賊子，雖重弗及。故識聖人之意，然後可以讀《春秋》。載觀諸家之傳，煩碎未可更僕，數其甚者，如舍尊王不論而為無王去王弗若天去天之說，舍生殺大政不論而為國人殺之之說，舍華夷大分際不論而為有詞書爵不為楚罪之說，舍諸侯薨葬大典禮不論而為錄內行之說，舍諸侯聘問大節目不論而為用兵有制之說，舍國家大營建大興滅不論而煬宮誅諡東國貶名更鑿出於人理之外，

此皆例中所生之枝節，與作經之意無干。春秋中賢人姓名不見於經者何限，而諸侯失職者亦未能人人盡誅之，即先王典籍亦未嘗一一盡收之。今之所謂「歸義」者，歸於尊王之義而已，亦安知夫不有一言一義可以補前人之所未備、豁傳例之同疑邪？始於萬曆戊午，成於崇禎甲戌云。崇禎十有五年歲在癸未孟夏之吉，賀仲軾自序。

◎《明史》卷九十六《志》第七十二《藝文》一《春秋》：賀仲軾《春秋歸義》三十二卷、《便考》十卷。

◎燕南孫奇逢撰《殉義景瞻賀公傳》〔註4〕：辛未家居，作《春秋歸義》，務求合宣聖筆削之意。至諸撰論，翻駁古今成案，獨伸胸臆之所欲言。

◎《南陽書院學規‧為學次第》：《春秋歸義》，獲嘉賀景瞻先生仲軾著。○自制舉法行，學者多習為揣摩之術，以希速售。其治《春秋》，尤為疎陋，斯編發揮《春秋》大旨，確切洞達，最有益於世道人心。其與《胡傳》不同者，要以實有所見，不得不質之天下，非好逞己辨也。《春秋》聖人之權衡也，於窮理之學，最為切要，然必《大》、《中》、《語》、《孟》諸書，精透融貫。自己胸中，既有主宰，方可於一筆一削，仰窺聖人之心法，不然未有不失於穿鑿者。

◎上海古籍出版社 2015 年《續修四庫全書總目提要‧春秋類》「《春秋歸義》十二卷」：是書前有張縉彥序、覃懷范序、賀氏自序及孫奇逢撰《殉義景瞻賀公傳》。是書之作，始於萬曆四十六年，至崇禎七年（1634）而成，歷十有七年。范氏讀而愛慕其人，病其序事之繁瑣，因撮其精要，存十有二卷，而以《春秋歸義摘要》為名。孫奇逢稱是書務求合孔子筆削之意，翻駁古今成案，獨伸胸臆之所欲言。今考其書，蓋取《公》、《穀》、《左氏》、《胡傳》參會之，而酌以己意，大抵力破諸家屈經從例之弊，謂諸儒說經，執之太嚴，求之太深，遂使義例曲生，穿鑿支離，附會膠固，若法吏之深文巧詆。及其例之不可概施，則又為正變之說，極而至於正變之所不能通，則又曰「美惡不嫌同詞」，其弊遂至曲經從例，使正經之義，為之猥碎，直同斷爛朝報。不知《春秋》原本無例，例者國史命名之常、紀事之體，聖人不過竊取其義，神而明之，故其書大旨，惟以尊王為主，舉《春秋》二百四十二年之事，皆歸於斯義。書中首辨「夏時冠周月」之疏謬，次正創例說經之乖舛，他如諸家所謂聖人竊南面之權、進退天子諸侯大夫、以天子之權予魯，及素王素臣以天自處諸謬說，悉矯其非而辨其惑。張壽林謂是書持論頗稱精當，雖其間亦多陳陳相因之論，或懸揣臆斷

〔註4〕《春秋歸義》附。

之說，於《春秋》本旨，未能盡愜，然駁正舊說，時有特見，其長固不可沒也。此本據湖北省圖書館藏清道光八年見山堂刻本影印。（侯靜）

◎范驤，字文伯，號默菴。海寧（今浙江海寧）人。諸生，工書。刪訂《春秋歸義摘要》十二卷，著有《默庵集》。

范照藜 春秋左傳釋人 十二卷 世系一卷 年表一卷 附錄一卷 存

哈佛大學、北京大學、復旦大學、國圖、上海、遼寧、中科院、中央民族大學藏嘉慶八年（1803）河內范氏如不及齋刻本

國家圖書館出版社 2012 年宋志英選編左傳研究文獻輯刊影印嘉慶八年（1803）河內范氏如不及齋刻本

線裝書局 2020 年何俊主編左傳評注文獻輯刊影印嘉慶八年（1803）河內范氏如不及齋刻本

◎卷末附錄《左邱明考》。

◎目錄：世系圖，年表。卷之一：王朝世次、諸侯世次上（魯、吳、蔡、曹、衛）。卷之二：諸侯世次中（滕、晉、鄭、宋、陳、杞）。卷之三：諸侯世次下（齊、楚、秦、許、薛、莒、邾、小邾）。卷之四：小國世次、戎狄蠻夷君長考、列國爵姓考、滅亡諸國考。卷之五：王朝臣考、諸侯臣考一（魯）。卷之六：諸侯臣考二（吳、蔡、曹、衛）。卷之七：諸侯臣考三（晉）。卷之八：諸侯臣考四（鄭、宋）。卷之九：諸侯臣考五（陳、齊）。卷之十：諸侯臣考六（楚、秦、莒、邾、越）、小國臣考、戎狄臣考。卷之十一：婦人考。卷之十二：古人考、同名考（附錄）。

◎序：《春秋》之法，書地、書人、書氏、書名，賞罰之大權、褒貶之微義寓焉。《左氏傳》或先經始事，或後經終義。其徵事益繁，則其徵人愈廣。魯三桓、鄭七穆、晉八卿、宋六官之屬，固其最著者。他若氏族之支分派別、爵秩之時異地殊，且有異人而同名、異名而同人者，殽而列之，繁賾難紀矣。顧圖譜紀傳之作，前代亦多有。張傑《春秋圖》詳車器城邑，逄繼元《名號歸一圖》敘官諡名字，《帝歷紀譜》不著撰者姓氏又多前後牴牾，《春秋世譜》、《宗族名諡譜》、楊彥齡《二十國年表》、沈存中《春秋紀傳》皆非無可稱，而誤謬不少。近人馬氏《繹史》、李氏《尚史》、陳氏《春秋氏族譜》、程氏《春秋識小錄》於杜氏誤註多所駁正，而影響附會之說亦往往雜出其中。蓋局於前人則沿訛襲謬，逞其臆見則穿鑿支離，名同而強合為一人，氏同而援引為同族，糾紛錯雜，疵謬益多。壬戌之歲，河內范君乙青需次都門，以所著《春秋左傳

釋人》十二卷質於余。上自王朝諸侯，下至遐方殊域，有氏族可稽名字可紀者，靡不畢載。其例則以考世次、考臣庶、考婦女、考古人分為四焉，綱舉目張，犁然大備。中若鄭子元、厲公等之定為一人，公子偃等之分為二人，曰任之斷為華氏臣、申鮮虞之傅摯比例潘尪之黨，皆能自申其說而不苟同於前人者。夫讀書知人，古人所尚。伊川程子云：「觀百物而後識化工之神，聚眾材而後知作室之用。」於一事一義而欲窺聖人之用，非上智不能。由此而觀，後之學者，因人論事，即事徵義，其於《春秋》之微辭隱旨、時措從宜未始不可於始事終義之閒博觀而約求之，徒知其人云乎哉！嘉慶七年歲次壬戌夏六月上澣，年家眷同學弟嘉善錢樾拜書。

◎自序：唐崔日用自矜《左氏春秋》，及與武平一論三桓七穆不能對，乃慙而請北面。後儒謂讀《左氏傳》苟不能通古人言外之意，雖三桓七穆口誦如流，亦非所貴。余竊以為不然。子輿氏云：「誦其詩，讀其書，不知其人，可乎？」然則欲論事者首貴知人，人之始末未詳即欲論事，而其道無由也。譬之斷人家務者然，必舉其人之先世與其父子兄弟親疎遠邇一一洞然胷中，而後其家事乃可以條分而縷析之，即為之判斷其是非邪正，亦確然可指、鑿然有據，不至為影響之談。孰謂讀《左氏傳》者不當作如是觀耶？！余幼學時讀諸經，後先大父即授以《左氏傳》，誦之十閱月而畢，於列國氏族之繁、人士稱名之異，嘗苦其錯雜難稽，因取其人而類聚之。三桓七穆而外，如晉八卿、宋六官之屬，皆燦然可數。惜纂錄未竟而稿本燬於火。嗣後分心時藝，役志名場，雖重為編輯，訖未能就。邇年教授生徒，有肄業及之者，其於氏族之雜、稱名之異，亦復苦余所苦。乃發篋中舊稿，細加檢挍，自王朝列國卿士大夫暨戎狄蠻夷，共得人一千九百有奇，支分脈別，編為六卷。復考訂王朝諸侯世次四卷，又輯王后諸侯夫人下逮臣婦為一卷、傳中稱引之古人為一卷，共十二卷，名之曰《春秋左傳釋人》。舉二百四十二年之人逐一覈定，博取漢晉唐宋近代已來諸家之註釋圖考而參其同異、斷其是非、摘其訾謬、正其誣妄、辟其支離附會，其必不可通者姑闕疑焉，有可以傳文前後紬繹而得之者，必為之芟刈舊說，辯黑白而定一尊，俾學者確然有所依據。雖不敢謂考證詳密上掩前人，然而鹵莽滅裂之見粗能免矣。從事《左氏春秋》者流覽乎此，傳中之人無一不悉其本末。夫而後因人以論事，即事以徵義，默會乎左公之微言，以折衷《春秋》之大旨，庶乎立言有本，不至流為空竦浮滑之談，或亦窮經者之一助也乎！乾隆五十三年歲在戊申重九日，覃懷范照藜書於上黨馮氏家塾。

◎序：《左氏傳》載范宣子述其先世，自陶唐迄晉千餘年，源流歷歷可數；而鄭行人公孫揮能辨四國大夫之族姓班位，名動諸侯。誠以春秋時上自王朝下逮四裔，會盟聘問之邦百二十餘國，名卿巨室無國無之，氏族繁則支脈易混，稱名雜則攷核易淆，非留心掌故諳練友邦者，鮮不茫然失據。是攷辨之學在當時尚難其人，況經秦火後書籍喪亡，漢儒所祖述者惟《世本》一書。厥後《世本》散失，注家轉相援引，動多乖謬。甚且出其私臆妄為注釋，支離附會之說愈繁而愈不可通，竟使二百四十餘年人物大半淆亂。而窮經之士又復高談義例，荒廢典章，相率為空竦無據之學，豈不深可慨哉！河內范子乙青，余丙午典試中州所得士，秉乃祖無崖前輩庭訓，熟於《左氏春秋》。庚戌來都，以所纂《左傳釋人》十二卷正於余。取而讀之，見其體例嚴正，攷核精詳，議論醇雅，辨駁明晳，或合前人所分者而剖其誣，或分畴人所合者而正其誤，或直闢前人之謬，或曲解前人之疑，上而王朝下而四裔，凡王侯君公以及卿士大夫、婦人女子，述其世次，詳其氏族，支疏脈別，縷析條分，舉支離附會之說掃除而廓清之，二百四十餘年之人燦若列眉、瞭如指掌，誠可謂《左氏傳》之功臣，抑亦堪嗣公孫揮之遺響矣。乙青三上春官，薦而未售，不介於裹。其將出都也，以弁言請。余深喜是書之卓然可傳，而更嘉乙青之潛心篤志能紹其家學於不墜也，因為之序而歸之。乾隆五十有五年歲在庚戌夏四月下澣，通家侍生吉林德昌撰。

◎鑒定諸先生：王和璧先生、莊方耕先生、李滄雲先生、德樹堂先生、吳少甫先生、章桐門先生、孫寄圃先生、錢撫棠先生、郝絅菴先生、賀葆初先生、袁英伯先生、馬毅齋先生、李松圃先生。

◎參訂同人：李佩玉德昭（蒲城）、李廷玉楚珍（蒲城）、劉騰蛟仲升（蒲城）、曹履青畊陽（河內）、楊松祺介眉（河內）、賈湘約園（河內）、賈介石貞吉（河內）、李師舒誼園（濟源）、李克轍我合（原武）、莫麥鈞伯雅（盧氏）、馬長史伯良（郃陽）、馮大烈觀亭（長治）、蔣培敬汝修（陽湖）、戴衍善元嘉（上元）、朱桓芝圃（臨桂）、林大宏實堂（分宜）、陳華祝其階（錢塘）、張潾淘山（館陶）、唐羲眉山（全州）、朱純士志堂（臨桂）、宋元兆吉三（鄭州）、于宗林子道（丹徒）。

◎校閱門人：楊宗周尚文（濟源）、范近智時敏（河內）、賈重謙吉六（河內）、鄒本暹曉亭（河內）、賈守謙益之（河內）、馬佩蘭紉菴（定州）、馬蒩蘭香亭（定州）、范大任覺堂（河內）、張磊介山（河內）、冷永寧靜子（河內）、陳治

安漢策（河內）、楊鳳翥麟友（河內）、楊士俊筠亭（河內）、楊士秀升三（河內）、許立均阜民（河內）、杜芳蘭亭（河內）、趙誠實甫（河內）、陳端（河內）、馮遵墀玉立（長治）、馮遵埭明遠（長治）、吳秉政乘權（長子）、周宏綱維則（臨桂）、周貽緒纘思（臨桂）、周貽祖綏臣（臨桂）、陳守增盛軒（臨桂）、唐維錫疇九（臨桂）、唐廷佐楓亭（靈川）、韋士寬濟菴（永寧）、覃丕業爰孚（平南）、李挺然炳文（臨桂）、汪龍川見田（富川）、楊萃林碧岑（臨桂）、夏之松柏友（北流）、梁第元兆三（北流）、楊治階平（北流）、羅國俊士杰（北流）、蔣朝驂乘三（北流）、陳兆麟繡占（五河）、潘媚川璞菴（五河）、張佩蘭春谷（五河）、陳行恕近仁（五河）。

◎凡例：

一、考世次：

十四王世次首列尊周室，不使與諸侯伍也。悼王立未踰年，故經書王子猛卒，然實繼統當立之人，故仍傳文，以悼王列之，所以正王子朝篡亂之罪也。至元王之立在春秋後矣，故不載。

六安王氏《六經圖考》於列國年表用《大全》本，增燕為二十國。案燕國世次，自穆侯以下十八君，見傳者止一簡公，年代先後與《史記》不合。越君雖少見經傳者，七十年事蹟較多，故列燕於小國中，增越仍備二十國之數。

周之宗盟，異姓為後。林堯叟二十國次序亂則之舊矣，今易之。姬姓首魯者，經傳以魯為主也。先吳於諸姬者，尊大伯也。次晉於蔡曹衛滕者，不以武之穆先文之昭也。鄭為厲王後姬姓之末也，終之。異姓首宋陳杞者，備三恪也。先宋於陳杞者，公先侯也。次齊楚秦者，先霸國也。次許薛莒兩邾者，後小國也。以越終者，魯哀公之季年越始盛，春秋終於越也。此二十國之次第所以不苟同於前人也。

舊本諸侯世次止註某公子弟，且多誤謬，今皆按傳文考定，而註加詳焉。先書名，次某公子子、魯某公幾年、卒在位若干年，其被弒遇害皆據傳文實書之，經傳皆不載而考自他書者亦書之，所以著亂臣賊子之實惡也。

魯十二公與列國諸侯事迹不能盡載也，今取其會盟侵伐之有關者載之圖。霸之國如齊晉秦楚事，大之邦如鄭宋陳蔡，其係乎君臣之分、內外之防者皆備列焉。他如晉之中軍、楚之令尹、鄭宋當國之人，可考用人行政之得失者，亦附載之。春秋大勢，已可一目了然。

五霸桓公為盛，洵定論矣。晉文雖正不如桓，然納王而紓周室之憂、敗楚而救小國之患，率桓之功於是乎在矣。秦穆、楚莊均無獎翼王室之勳，顧穆能用孟明以報晉而霸西戎、莊能聽申叔以封陳而霸南國，尚屬振拔有為之主。宋襄以貪鄙之才行暴虐之政，納齊君而齊伐之、會楚子而楚執之，春秋有圖霸之君而受辱於諸侯之會且喪師傷股以死者乎？以此而躋之五霸，真令人齒冷也。今特黜之，而以晉悼公備其數焉。

荊楚僭號舊矣，畏厲王蠱虐而去之，是王章猶在也。平王東遷，綱紀陵夷，入春秋未及二十年而熊通復僭王號，雖以桓、文之霸無如之何，由是吳越踵而行之益無忌憚矣。聖人於《春秋》只書其君之卒而不書葬，蓋隱奪其僭號而示後世以微權也。今案楚君既非如吳越有號可稱，若遽易其某王為某公，則誣其實；直稱之曰王，又非聖人之旨矣。或曰事有直書之而善惡褒貶自見者，故仍傳文列之，顧於心終有不安云。

二十國舍燕者，以其君之不見、事之無徵也。且傳止見一簡公，與《史記》之表已矛盾矣。秦雖至穆公始見經傳，而入春秋已來七君年數皆合，故備列之，以全其數，又不得以燕例之。

二十國外，小國之君見於經傳者四十七國備錄之，亦先姬姓後異姓，各以見經傳先後為次第，不得以二十國之例例之。

小國之君無謚者多，如息侯、虢公、虞公、鄶子、頓子、沈子、胡子，其見傳前後相距或十數年或二三十年或五六十年，其非一君明矣。皆權衡其間，可書者備錄之，其渾稱人而無實指者，雖見於經傳，不錄。

周、召、單、劉皆王畿內也，故載之。王臣而不與祭，凡並列焉。原伯為晉所逐、蘇子為狄所滅，國已亡矣，而其後猶仕王朝也，故歸諸王臣。

春秋時戎狄蠻夷約四十種，其君長之見於經傳確然可著者僅十一，今備錄之。其無名號，概以人稱或渾稱戎狄者，不錄。

一、考臣庶：

首列公族，尊公室也。次諸族，表巨室也。次諸大夫，人雜而不能析分，故統言之也。有外臣者次外臣，別乎其內也。小臣終之者，降刑人而抑寺奄也。其人以見傳先後為次第，其有人在先而後見傳者仍先之。同姓非宗者類聚之，以便閱也，非強合之也。

公族固首列矣，其有賜姓受氏分自公族者，另列之。如魯三桓、鄭十一穆、宋華向魚樂、楚鬭屈諸家是也。

人有以官職稱者，如晉右行司馬、楚沈尹／工尹之類，其人未必皆一族，即一族亦無世系可稽，因其官同，故亦類聚之，以便讀者。他如楚令尹、宋鄭六卿，有族可考者，又不在此例。

人有兩存者，鄭厲公、楚靈與平，為公子時皆有朝聘會盟侵伐之事見於經傳，故先列之公族中，即位後始列於諸侯，所以徵實也。他如楚巫臣之於晉、伍員之於吳、鄭子革之於楚、虢舟之僑之於晉，仍各係之其父母之邦，所以重本也。

鄭子元即厲公也，詹即叔詹也，石甲父即石癸也，蔡子家即公孫歸生也，衛大叔申即大叔懿子也，朱華皋比即華合比也，楚蕭封即沈尹射也，徒以杜氏無註，後人遂依依違無敢定者，今皆詳考之，斷為一人。

魯有兩公子偃，晉有兩梁宏、兩嘉父、兩士匄、兩箕遺，衛有兩寧跪、兩石圃，鄭有兩洩駕，齊有兩公子鉏、兩賈舉，楚有兩公子茷、兩公子申、兩屈蕩，杜氏或註或不註，竟有合而一之者，其可乎？今皆詳考之，分為二人。

衛公子朝非宋朝也；晉知盈非知罃子也；鄭子俞彌非洩堵俞彌也；行人子羽乃公孫揮，非十一穆之子羽也；公孫段字子石，與印段字子石名字皆同，非公孫黑肱之子段也；渾罕字子上，非游速也；昭二十七年楚工尹麇乃王尹，非同時兩工尹也。不論支派，不詳文義，不考前後，概渾而一之，可乎？他如臼任亦華氏臣也，以臼為日字而以任屬下文（《經學辨體》），則不通矣。申鮮虞之傅摯猶之潘尫之黨也，以申鮮虞之為名（《識小錄》）而不問同車者之三人而非駟乘也，則更不通矣。杜氏之誤注其失小，後人支離附會之說其惑學者不淺也，今皆詳考而正之。

人有前乎春秋者，各以其國類載之。如宋公子穀孫、齊王子成父、晉師服潘父之類，不在後古人之例。又有見傳於後而人在先世次無可稽者，亦附諸同姓之首，如衛孫莊子、楚觀丁父之類，亦以便學者之檢閱也。

小國之臣見傳寥寥，間有一二人，雖名字無徵，然不忍舍之，如梁卜招父之子、郜大夫、薛宰徐邇臣之類。大國中亦有附存者，如孔達之子、伍員之子之類。總之無其人不敢妄增，有其人亦不忍輕棄，纂錄之間，幾費躊躇矣。

戎狄之臣見傳者僅五人，姑附錄於小國臣之後。

一、考婦女：

婦人從夫者也，故夫人皆以君為次序。其有人在先而見傳在後者，仍前列之。

宋景曹乃景公夫人，曹姓，非元夫人也。元夫人當稱元曹，何得稱景曹乎？杜氏妄註，後人從而附會之，愈支離不通矣。今正之。

夫人有兩存者，息嬀息夫人，楚文娶之，又稱文夫人。然其初固不可誣也，故兩存之。

女子有當分載者，如陳賈獲之母與妻、齊慶封與盧蒲嫳之內，晉郤臧與祁勝之室，可分者不妨分之。他如鄭文芊之二女、楚申亥之二女，則不必分者也，故仍之。

婦女有統乎一者，夏姬由陳而楚、由楚而晉，則仍歸之陳焉；聲伯之母、施孝叔婦、叔孫豹之國姜，則仍歸之魯焉。雖強取見奪，然較之息嬀則殊科，故不以息嬀例之。

婦女有廣收者，王室之臣婦無徵，見傳者僅一周郊婦人、莒之嫠婦、魯齊之宗婦、宋蕩姬之婦，名雖不傳，而人不可沒也，故備列之。

一、考古人：

春秋以前之人皆春秋時古人也，列邦稱引約二百人，綜而錄之，備考古者之一端，《左氏傳》中之人始無遺漏矣。

上自羲軒下訖西周之末，人之為類不一，分之則名目太繁。今以魯十二公為綱，各以其見傳先後次第之。其有前後稱引名號不同者，著明於前，不再錄。

皋陶庭堅見於文五年傳，杜氏以庭堅為皋陶字，或又以為兩人。尚論者未敢臆斷，今錄皋陶於莊、錄庭堅於文末年以備八愷。是一是二，俟博物君子更考之。

陶唐氏，堯有天下之號也。今既於文錄堯矣，復錄陶唐氏於襄者，以備范宣子稱引歷代之文，非重出也，其餘俱不在此例。

人有顯晦故註有詳畧，然如堯舜禹湯文武桀紂則戶知之矣，何煩費詞乎？故概不加註。

幼時初讀《左傳》為《杜林合註》，後考事論文，糸諸註釋之家，得十餘種，曰馮繼先《名號歸一圖》、顧寧人《補正》、魏冰叔《左傳經世》、徐揚貢《經學辨體》、馮天閑《左繡》、周氏《左翼》、姚氏《左傳》、顧復初《春秋大事表》、程氏《春秋識小錄》、陳曙峰《春秋世族譜》、江西石刻《六經圖》、六安王氏《六經圖》、馬氏《繹史》、李氏《尚史》，其駁正杜氏誤註甚夥，而支離附會之說，較杜氏更謬者亦復不少。今皆參互考證，務期允當。無可考者闕之，故以存疑；有可稽者斷之，殊非臆說。世不乏好學深思者，傳文具在，皆可覆按也。

乾隆丁亥，讀《左氏傳》畢，即私撰《臣族類考》一編，先大父見之頗喜，曰：「孺子讀書，必求甚解，他日或克負荷析薪乎？！」乃稿本未竟而燬於戊子春正晦日之火，時客江南霍山講院也。嗣後從遊關中，課誦之暇，復理舊稿。草創粗就，未及請正高堂，先大父遽捐館舍。今為課徒計，取稿本重加考訂，釐為十二卷。撫今追昔，執筆愴懷。回首童稚時把卷追隨，親承提命如昨日事，已忽忽二十餘年，而先大父見背且十三載矣。嗟乎，范喬有淚，亦復何時能乾耶！照藜再識。

◎後序：宗林自就傅以來，讀諸經後繼讀《春秋左氏傳》，味其詞、考其義，歷歷有當於心。而其間世次人名異同錯出，雖嘗俗考圖譜紀傳，鮮有折衷而歸於一是者，用是不釋於中。蓋生於千百載之下，而欲考證於千百載之前，非以上智之資而好學深思、胸有四庫之書者，不能條分而縷析也。洎乎僑寓五河，漸荒舊業。壬戌季冬，河內井亭范公以名進士來涖茲邑，政簡刑清，士民悅服，公餘多暇，林因得以時進質所疑。公剖示無遺，且出其所著《春秋左傳釋人》一書以示。林受而讀之，綱舉目張，訂訛刊誤，胸中數十年之疑義昭然若發矇矣。夫知人論世，取善攸資，《左氏》一書實為聖經羽翼。昔杜元凱嗜《左氏傳》，為之註釋，時人稱為杜武庫。如公者，抑亦今之武庫也。公既以示余，并欲嘉惠來學，用是襄其剞劂，而敬綴數言於簡末，以誌仰止之忱云。嘉慶八年癸亥嘉平，丹徒于宗林子道拜書。

◎跋：孔子因魯史作《春秋》，左邱明作傳，紀載二百四十二年之事，為後世史家鼻祖。顧事繁人眾，而氏族之紛歧、稱名之錯雜，遂為左公獨擅之長。漢晉諸儒從秦人焚書後為之註解，往往乖舛。後人復參以臆見，愈多誣謬。然而尋源溯委，分派析支，其人之著於傳中者自若也。吾叔井亭先生深於《左氏傳》，歷二十餘年之久纂《左傳釋人》一書，以傳釋人而無支辭，以人還傳而無臆說，精詳明核，用心獨細，而其用心亦良苦矣。大任於乾隆壬寅從吾叔遊，講課之暇，即示以稿本。後叔授學上郵馮氏，任復負笈往。是時《釋人》已有成書，任忝與參校，錄存副本。厥後叔遠宦粵西，雲山迢遞，未獲追隨。什襲笥中，每以不克早梓是書為憾。今歲，叔涖任五河，公餘重加點訂，付之剞劂。任適從遊在署，繕寫刊印，詳慎校讎。是書之有功經傳而裨益後學，當代名賢弁語論之甚詳，無庸任復贊一辭。惟是受業已來二十二載，嘉《釋人》之付梓而任得藉手校讎以觀厥成也，遂不揣固陋而跋其後。嘉慶癸亥長至前一日，受業姪大任謹書於五河縣署之烏哺軒。

◎摘錄《左邱明考》卷末：以聖人同里之人為異國，以聖人及門之人為前代，是皆過於疑古人也。吾人奮乎百世之下，尚論百世以上之人，代遠年湮，茫然失據。然而參互考證，不盡無徵。與其過於疑古人，無寧過於信古人。聖門高足，魯國名賢，其實不可誣，其名不可紊也。故繼朱氏而論之，以質世之能讀《左傳》者。嘉慶六年秋七月朔日，范照藜書於都門寓舍。

◎孫殿起《販書偶記》卷二：《春秋左傳釋人》十二卷世系一卷年表一卷附錄一卷，河內范照藜撰。嘉慶七年如不及齋刊。

◎上海古籍出版社 2015 年《續修四庫全書總目提要・春秋類》「《春秋左傳釋人》十二卷附錄一卷」：是書首有錢樾序、自序、德昌序，次鑒定、參訂校閱人員名錄，次凡例，次目錄、次《世系圖》、《年表》，正文十二卷有考世次四卷、考臣庶六卷、考婦女一卷、考古人一卷，附錄《同名考》、《婦人考》、《左丘明考》，其後有後序及跋。是書舉二百四十二年之人逐一核定，體例嚴正，考核精詳。考世次，先書名次：某公子、魯某公幾年卒、在位若干年、某背弒遇害，皆據傳文實書之，經傳皆不載而考自他書者，亦書之；考臣庶，以見傳先後為次第，其有人在先而後見傳者，仍先之；考婦人，夫人皆以君為次序，其有人在先而見傳在後者仍前列之；考古人，以魯十二公為綱，各因其見傳先後次第之，其有前後稱引名號不同者，注明於前不再錄。載與不載、分類劃分皆能有理有據，公允恰當。如考臣庶，以官職稱者未必皆一族，即一族亦無世系可稽，因官同類聚之，人有兩存者，先列之公族中即位，後始列於諸侯所以徵實。范氏議論淳雅、辯駁明晰，參考馮繼先《名號歸一圖》、王皞《六經圖》、顧棟高《春秋大事表》、馬氏《繹史》等十餘家與杜注相參證：或合前人所分者而剖其誣，或分前人所合者而正其誤，或直闢前人之謬，或曲解前人之疑。卷十二《古人考》「虢叔」一項，注「東虢君」，范氏案曰：「此人當是文王母弟虢叔後人之為君者，非即文王母弟也。古人伯叔每世稱之，如晉趙氏世稱『孟』，智氏世稱『伯』是也。其國滅在春秋前。」「虞仲」一項杜注謂即「仲雍」，范氏以為謬，引《日知錄》證武王封周章之弟於故虞國封地，仍稱虞國，乃有「虞仲」之名，與「仲雍」無關。遍覽是書，傳中之人無一不悉其本末。范氏以為，「欲論事者，首貴知人，人之始末未詳，即欲論事，而其道無由也」。故是書秉承「知人論事」之旨，以求春秋大義。此本據華東師範大學圖書館藏清嘉慶如不及齋刻本影印。（潘華穎）

◎范照藜（1755～1837），字乙青，號井亭。懷慶府河內縣（今河南沁陽）人。乾隆五十八年（1793）進士。官廣西平樂／臨桂／北流、安徽五河／廣德／定遠。著有《春秋左傳釋人》十二卷附錄一卷、《春秋左傳同名考》一卷、《勾漏山房詩》（《懷懷詩》）、《鄉音正誤》等書。

范照藜 春秋左傳同名考 一卷 存

國圖、北大、復旦、中科院、上海、遼寧藏嘉慶八年（1803）河內范氏如不及齋刻本

國家圖書館出版社 2012 年宋志英選編左傳研究文獻輯刊影印嘉慶八年（1803）河內范氏如不及齋刻本

范震薇 左類初定 八卷 存

光緒刻雙雲堂傳集本

◎范震薇，著有《左類初定》八卷、《四書述》。

方苞 春秋比事目錄 四卷 存

國圖、暨南大學藏乾隆九年（1744）抗希堂刻抗希堂十六種本（王兆符、程崟編）

光緒活字印桐城方望溪先生全書本

復旦大學出版社 2018 年彭林嚴佐之主編方苞全集點校本

◎抗希堂刻本扉頁題：顧用方、朱可亭、魏慎齋同訂。

◎春秋比事總目〔註5〕：卷一王室伐救、王室會盟、王使至魯魯君臣如京師、王室禍亂、天王崩葬、王后王姬、王臣奔、王臣卒葬、魯君會盟、魯臣會盟、外會盟、諸侯遇、魯君侵伐、魯臣侵伐、魯被侵伐。卷二外侵伐、魯君如列國、魯臣如列國、諸侯來、外臣來、諸侯如、外諸侯卒葬。卷三魯滅國取邑田、外滅國、外取內邑田、遷國邑、外伐國取邑、伐國圍邑、內外救、內外次、城戍、乞師、國遷、內外平、賊臣子、殺世子殺弟、內叛、外大夫叛、諸侯奔入、魯臣奔、外臣奔入、鄰國相戕、諸侯相執、內大夫執、外大夫執、外君臣逃、諸侯專殺、眾殺、盜殺、殺鄰國大夫、外放大夫、立君、納君大夫世子公子、公子爭國、諸侯兄弟以行次書、亡國復。卷四魯君即位薨葬、魯夫人、內

〔註 5〕卷首題：望溪先生論次，王兆符、程崟編錄。

女、內大夫卒、魯變禮忒禮、魯亂政、魯郊、魯嘗禘、魯雩、魯城築浚田、魯毀作、魯築臺囿、魯田狩、魯軍制、魯君遊觀、魯臣返國、歸田、魯災、魯水旱蟲、魯有年、魯異、世室屋壞、天地變異、外災異、日食、首時、異文、史臣獨書魯事、闕文。

◎春秋比事目錄序：昔人苦《儀禮》難讀，良以事多複疊，辭語相類，彼此前後易至混淆，《春秋》亦然。望溪先生既為《通論》以揚比事屬辭之義，而讀者未熟於三傳，旋復檢視事迹以求其端緒，重費日力，乃與先生商，別其事為八十五類，俾從學者編次而先生訂正焉。程子曰：「《春秋》不可每事必求異義，但一字異則義必異焉」，先生蓋循是以求之，而後曲得其精蘊也。學者欲觀《通論》，必先取是編每類中事同而書法互異者反覆思索，心困智窮始展《通論》，按節而切究之，然後其義刻著於心，久而不忘。此余所心得也，敢告有志於是經者。乾隆九年冬十有二月，混同顧琮撰。

◎提要：苞既作《春秋通論》，恐學者三傳未熟，不能驟尋其端緒，乃取其事同而書法互異者，分類匯錄，凡八十有五類。然宋沈棐、元趙汸皆已先有此著。沈書僅有抄本，趙書亦近日始刊行。苞在康熙中，二書未出，故不知而為此屋下之屋，猶之顧棟高未見程公說書，乃作《春秋大事》表也。

◎道光《續修桐城縣志》卷第二十一《藝文志・春秋類》：《春秋比事目錄》四卷（方苞撰。《四庫全書》存目）。

◎趙爾巽《清史稿》卷一百四十五志一百二十《藝文》一：《春秋通論》四卷、《春秋義法舉要》一卷、《春秋比事目錄》四卷、《春秋直解》十二卷，方苞撰。

◎方苞（1668～1749），字靈皋、鳳九，號南山牧叟，晚號望溪。安徽桐城鳳儀里人，生於江寧（今江蘇南京）。康熙四十五年（1706）進士。康熙五十年（1711）因《南山集》案入獄。赦出後隸漢軍旗籍，入值南書房。康熙六十一年（1722）充任武英殿修書總裁。歷官翰林院侍講學士、內閣學士兼禮部侍郎、禮部右侍郎、經史館總裁。乾隆七年（1742）辭歸。為學宗程朱，古文重義法，與姚鼐、劉大櫆稱桐城三祖。著有《讀易偶筆》、《詩義補正》八卷、《周官辯》一卷、《周官集注》十三卷、《周官析疑》三十六卷、《考工記析疑》四卷、《儀禮析疑》十七卷、《禮記析疑》四十六卷、《喪禮或問》一卷、《春秋比事目錄》四卷、《春秋直解》十二卷、《左傳文法舉要》、《方氏左傳評點》二卷、《左傳義法舉要》一卷、《史記注補正》一卷、《離騷正義》一卷、《奏議》

二卷、《文集》十八卷、《集外文》十卷、《補遺》十四卷。又刪訂《通志堂宋元經解》。

方苞 春秋比事總 存

湖南藏清抄本

方苞 春秋發疑 一卷 藏

上海藏清錢復初傳鈔稿本（清杜鎬跋）
復旦大學出版社 2018 年彭林嚴佐之主編方苞全集點校本

方苞 春秋通論 四卷 存

康熙嘉慶刻抗希堂十六種本
國圖、上海、江西藏乾隆方觀承刻方望溪先生經說四種本
四庫本
光緒活字印桐城方望溪先生全書本
北大藏清木活字印本
復旦大學出版社 2018 年彭林嚴佐之主編方苞全集點校本
◎目錄：卷一王室伐救會盟（三章）、王使至魯魯君臣朝聘于王（三章）、天王崩葬（二章）／王室禍亂（二章）、逆后歸王姬、戰伐會盟（三章）、會盟八章。卷二戰伐（八章）、魯君即位薨葬（二章。子卒附）、諸侯見弒見殺（四章）、討賊、吳楚徐越（二章）、滅國（四章。遷國邑降國邑取邑附）、諸侯奔執歸入（二章）、執諸侯大夫、納君大夫世子。卷三殺大夫公子（三章）、大夫奔、外大夫叛復入、諸侯兄弟（四章）、遷國、齊桓城三國（三章）、內大夫卒（二章）、內夫人（九章）、內女（四章）。卷四魯滅國取田邑齊取魯田邑、內圍邑、諸國伐魯、歸田、蒐狩、城築、內歲祲有年、內災、內毀作、魯君臣如列國諸侯來諸侯如外大夫來、內外平、書爵書行次書名（五章）／書人、隱桓莊三世大夫書繫書族書名、通例（七章）。
◎朱軾序：王介甫學術之蔽，流毒生民，皆由強不知以為知。而其尤悖者，莫若目《春秋》為「斷亂朝報」，不列於學官。不知所謂斷者，乃簡斷編殘，其文有缺及赴告略，而事之首尾本不具耳。所謂亂，如列國之臣，或稱人，或稱名，或兼氏系，或獨舉其官，或獨舉其氏，王朝之臣，或書爵，或書行次，或書名，或書地邑，或獨書氏，或兼書爵與名，或一國而前後異稱，或一人而

前後異稱，凡此類皆舊史之文也。舊史之文斷，孔子能鑿空構立事蹟以連之乎？舊史之文亂，孔子欲革之以定於一，則世變、邦交、物情、事實，轉不可得而見。且如例宜書爵而不知其爵、例宜書名而不知其名者何？《春秋》大義數十，炳如日星者，聖人既以或筆或削，或從同同，或起特文，明彰其教，其微辭隱義則一仍舊史之斷亂，而義法即制於其中，使人可推尋而得之。孔子曰「其文則史，其義則某竊取之」，其斯之謂與？此所以非聖人不能修，而其辭為游夏所不能贊也。自三傳異端，後儒各以意測，大抵皆誤執舊史之文為聖人書法，而強傅以義理，所以求之愈深失之愈遠也。惟程子云「《春秋》不可每事必求異義，一字異則義必異焉」，深得比事屬辭之本指，然未嘗條分縷析，各著其所以然，故學者終無以見其必然。吾友望溪先生讀是經數十年，一旦豁然貫通，作《通論》若干篇。予受而讀之，覺曩之輾轉牴牾而不安者，今則不待研求而了然心目之間，蓋《春秋》之真面目至此始出，如親見孔子口授其傳指。治經者挈是為綱領，則全經皆順，疑者、謗者無所置其喙矣，惜乎介甫之不及見也。雍正十年春二月，高安同學朱軾撰。

　　◎提要〔註6〕：是編本《孟子》「其文則史，其義則某竊取之」意貫穿全經，按所屬之辭合其所比之事，辯其孰為舊文孰為筆削，分類排比，為篇四十。每篇之內又各以類從。凡分章九十有九。考筆削之跡，自古無征。《公羊傳》曰：「不修《春秋》曰：『霣星不及地尺而復』，君子修之曰：『星隕如雨。』」原本、改本並存者此一條耳。《左傳》寧殖曰：「載在諸侯之策曰『孫林父、寧殖出其君。』」經文則曰：「衛侯衎出奔齊。」其為聖人所改與否已不可定。至《左傳》稱仲尼謂「以臣召君，不可以訓，書曰『天王狩於河陽。』」則但有改本不知原本為何語矣。故黃澤曰：「《春秋》所以難看，乃是失卻不修《春秋》若有不修《春秋》互相比證，則史官記載，仲尼所以筆削者，正自顯然易見。」

〔註6〕庫書提要：是編本《孟子》「其文則史，其義則某竊取」之意貫穿全經，按所屬之辭核以所比之事，辨其孰為舊文孰為筆削，分類排比，為篇四十。每篇之內又各以類從，凡分章九十有九。其間據理而談，有似是而非者，如《王室伐救會盟》篇中稱「周之東遷，晉鄭焉依。平王之初，文侯武公心在王室，故數十年中，諸夏之邦無篡弒滅國之事，是統紀猶未盡散」云云，今考寄帑取虢載在《鄭語》，虢叔死焉亦見隱元年克段之傳，則噬鄰自廣即在武侯，苞謂無滅國之事，殆乖其實。至於桓公無王之類，亦尚沿舊解。然掃除二傳附會之談，蕩滌宋儒鍥薄之論，息心微氣，以經求經，多有合於情理之正。雖孰為舊聞孰為筆削或不免斷之太確如親見尼山之操觚，而論其宏旨，亦大致不悖於聖人矣。

是自昔通儒，已以不見魯史無從辯別為憾。苞乃於二千餘載之後據文臆斷，知其孰為原書孰為聖筆，如親見尼山之操觚，此其說未足為信。惟其掃《公》、《穀》穿鑿之談，滌孫、胡鍥薄之見，息心靜氣以經求經，多有協於情理之平，則實非俗儒所可及。譬諸前修，其吳澄之流亞歟。

◎道光《續修桐城縣志》卷第二十一《藝文志·春秋類》：《春秋通論》四卷（方苞撰。《四庫全書》存目）。

◎趙爾巽《清史稿》卷一百四十五志一百二十《藝文》一：《春秋通論》四卷、《春秋義法舉要》一卷、《春秋比事目錄》四卷、《春秋直解》十二卷，方苞撰。

方苞 春秋直解 十二卷 存

乾隆刻本

國圖藏光緒二十四年（1898）瑯嬛閣刻抗希堂十六種全書本

光緒活字印桐城方望溪先生全書本

復旦大學出版社 2018 年彭林嚴佐之主編方苞全集點校本

◎目錄：卷之一隱公。卷之二桓公。卷之三莊公。卷之四閔公。卷之五僖公。卷之六文公。卷之七宣公。卷之八成公。卷之九襄公。卷之十昭公。卷之十一定公。卷之十二哀公。

◎春秋直解後序：始余治《春秋》，惟與學者商論，而不敢筆之書。乙未、丙申閒，衰病日滋，代州馬珍南、河間王振聲趣余曰：「凡子所云，皆學者所未前聞也，子老矣，設有不諱，忍使是經之義蔽晦以終古乎？」余感焉，為著《通論》九十七章，分別其條理，而二子少之，曰：「是成學者之所治也，必合舊說節解句釋，然後蒙士喻焉。」踰歲而書成，凡《通論》所載，悉散見於是編，而不復易其辭。蓋余之為此，非將以文辭耀明於世也，大懼聖人之意終不可見焉耳。其義非學者所習聞。復變易其辭，使反復以求其端緒，曷若辭之復而易熟於目哉？昔墨子之著書也，言多不辨，恐人之懷其文而忘其質也。是則余之志也夫！」

◎春秋直解後序：始先生治《春秋》，惟與學者商論口授。乙未、丙申間，先生衰病日滋，崟與北平王兆符請曰：「凡先生所云，學者皆未前聞也。不筆之於書，是經之義將蔽晦以終古。」先生感焉，為著《通論》九十七章，分別其條理。崟曰：「是成學者所治也，必節解句釋，然後蒙士能喻焉。」乃更為

《直解》，踰歲而書成。凡《通論》所載悉散見是編而不復易其辭。崟請其故，先生曰：「余之為此，非將以文辭耀明於世也，大懼聖人之意終不可見焉耳。其義非學者所習聞，復變易其辭，使反復求其端緒，曷若辭之復而易熟於目哉。」崟思昔墨子之著書也，言多不辨，恐人之懷其文而忘其質也，是亦先生之志也夫！

◎序：聖人作《春秋》，辨是非以正王法，所以存三代之直道也。而二千餘年其義尚多鬱闇而不彰，則以羣儒曲為之說也。班叔皮述古傳所稱曰殺史，見極平易正直。蓋惟正故直，惟直故平易而可通，而羣儒乃以曲艱之說蔽蝕其本義。望溪方子有憂焉，以比事屬辭之義，分疏其條理，俾按以全經而始終相貫，作《通論》九十九章。又懼始學者茫然不知其端緒也，更為《直解》，使每事而求之，知舍是則義弗安、說不貫，然後曲說之蔽不攻而自破。程子曰：「《春秋》大義數十，炳如日星者乃易見也，惟其微辭隱義為難知。」所謂微辭隱義，莫若齊桓城三國而書辭各異，故曲為之說者嘖嘖焉。方子則曰：「此皆以其實書也：邢則齊帥二國以城之，緣陵則命諸侯城之而齊不與也，楚邱則命魯獨城之而諸侯不與也。」按以經之法傳之事，而其義了無可疑。曲為之說者，莫若文之篇盟扈、會扈總言諸侯而不序，方子則曰：「七年盟扈以晉大夫而主諸侯也，十五年盟扈、十七年會扈以晉大夫列序諸侯之上也，故特文以發疑而見其義，證以僖二十七年盟宋書公會諸侯不言楚人，而確乎其不可易。」曲為之說，亂雜而無章者，莫若爵等同，而或稱人、或稱爵、或稱行次、或稱名，方子則曰：「凡此皆舊史之文，以為襃貶所寓者，非也。使其人當襃而舊史以名書，無從而得其爵與行次也；其人當貶而舊史以爵與行次書，無從而得其名也。吳楚徐越之或稱國、或稱人、或備君臣之辭，而一同于齊晉，皆舊史之文，隨世而變，因其勢之彊弱以為詳畧，而孔子因之以見世變者也。使革之以定於一，則世變邦交轉不可得而見矣。至若桓之大夫不書卒，以為皆可誅；晉州蒲、吳僚之弒不書晉人吳人；使樂書公子光不得脫于是獄之外，子野卒以毀乃季氏之誣辭；內叛不書，乃不為三桓討賊。凡此類皆大義炳如日星者，而二千餘年其覆皆未發。自有方子之說，乃知精義入神，發微抉隱，皆以直而得之。蓋直者生人之本性，理義之所從生也。聖人所以（此下原缺）。

◎自序：自程朱二子不敢以《春秋》自任，而是經為絕學矣。夫它書猶孔子所刪述，而是經則手定也。今以常人自為一書，其指意端緒必有可尋，況聖人之不得已而有言者乎？蓋屈摺經義以附傳事者，諸儒之蔽也；執舊史之文為

《春秋》之法者，傳者之蔽也。聖人作經，豈預知後之必有傳哉？使去傳而經之義遂不可求，則作經之志荒矣。舊史所載，事之煩細及立文不當者，孔子削而正之可也。其月日爵次名氏，或畧或詳或同或異，冊書既定，雖欲更之，其道無由，而乃用此為褒貶乎？於是脫去傳者，諸儒之說必義具於經文始用焉，而可通者十四五矣。然後以義理為權衡，辨其孰為舊史之文孰為孔子所筆削，而可通者十六七矣。余之始為是學也，求之傳注而樊然殽亂，按之經文而參互相抵，蓋心殫力屈，幾廢者屢焉。及其久也，然後知經文參互及眾說殽亂而不安者，筆削之精義每出於其閒。所得積多，因取傳注之當者，并己所見，合為一書，以俟後之君子。其功與罪，則非蒙者所能自定也。

◎趙爾巽《清史稿》卷一百四十五志一百二十《藝文》一：《春秋通論》四卷、《春秋義法舉要》一卷、《春秋比事目錄》四卷、《春秋直解》十二卷，方苞撰。

◎上海古籍出版社 2015 年《續修四庫全書總目提要‧春秋類》「《春秋直解》十二卷」：康熙五十五年（1716），苞成《春秋通論》四卷九十七章，按所屬之辭，合其所比之事，辨其孰為舊文，孰為筆削，分類排比。是書已收入《四庫全書》。方氏又以《通論》言簡意深，非蒙士之所易讀，乃於次年散《通論》於經中，節解句釋，變易文辭，以喻初學，故曰《直解》。據方氏自序，以為今人著一書，其旨意端緒猶可循，況聖人不得已而有言者云云。故方氏雖不從諸儒之條例，亦不取諸儒以《春秋》為魯史舊文之說，而自求其義法，此意與李塨略同。彼所謂義法者，即孔子筆削之精義；而筆削者，即修辭是也。蓋苞以古文辭起家，遂特屬意於修辭，至其說《春秋》，猶尋夫子筆削之跡以發義。昔杜預之論《春秋》，謂孔子因魯史策書成文，考其真偽，而志其典禮；其注《左氏春秋》，間曰此為赴告，彼為夫子所修。是先儒多有考其孰為舊史、孰為筆削者。苞繼其後，特言之加鑿、變本加厲耳。《四庫全書總目‧春秋通論提要》謂其「於二千餘載之後，據文臆斷，知其孰為原書，孰為聖筆，如親見尼山之操觚。此其說未足為信」。然不求聖人筆削之跡，何以見其義，是此未足為望溪之弊也。且苞之論筆削，多於前儒已論定為孔子義法處，反謂為魯史舊文。如其於「公子益師卒」，論書族及日與不日者曰：「此國勢邦交隨世以變，而舊史因之者也。而先儒必求以筆削之旨，或傅會先王之典法，是以終不可通也。」既定為魯史舊文，則無條例可知。其為注也，雜引三傳註疏、胡傳而外，及趙匡、孫復、趙鵬飛、蘇轍、程子、陳傅良、汪克寬諸儒，近及李光地等，

是其不主一家，擇善而從，雖若漫引，亦有義法於其中，讀者可細心尋求，而其服膺程朱之學亦可見。《四庫全書總目》謂其為吳澄之流亞，不為無見。方氏解《春秋》，頗有宋學風氣，又時雜考據於其間，亦可為學風變革之占也。《春秋通論》分門類而專論大義，此《直解》則隨經文而為注解，較《通論》為尤詳，二書宜參互觀之。此本據上海辭書出版社圖書館藏清乾隆刻本影印。（谷繼明）

方苞 方氏左傳評點 二卷 存

溫州藏清末瑞安孫氏玉海樓抄本

國圖、北大、天津、上海、吉林、吉林大學、南開大學、溫州藏光緒十九年（1893）金匱廉泉刻本

復旦大學出版社 2018 年彭林嚴佐之主編方苞全集點校本

◎前記：果親王刊本《左傳》，望溪方氏奉教所點定也。泉嘗於榮成孫佩南先生處得讀其書，大抵辭義精深處用丹筆，敍事奇變處用綠筆，脈絡相灌輸處用藍筆。顧原本傳印甚稀，海內學者未能家有其書。今援馬平王氏輯《歸方史記合筆》例，摘錄起訖，為《方氏評點》二卷，以坿《左傳義法舉要》之後，俾當世治古文者覽觀焉。光緒癸巳夏六月，金匱廉泉記。

◎書末題：丹陽洪竹亭繕刻。

方苞 左傳文法舉要 存

日本明治十七年（1884）高木怡莊刻本

◎方苞朱評，【日】竹添先生校閱，【日】竹添利鎌鈔錄。

方苞 左傳義法舉要 一卷 存

康熙至嘉慶桐城方氏抗希堂刻抗希堂十六種本

國圖、上海、南京、天津、浙大、吉林藏光緒十九年（1893）金匱廉氏刻本

國圖藏光緒二十四年（1898）瑯嬛閣刻抗希堂十六種全書本

國圖藏 1913 年重修同治光緒真州張允顕刻張氏榕園叢書・甲集本

南京藏抄本

廣文書局 1980 年影印榕園叢書・甲集本

復旦大學出版社 2018 年彭林嚴佐之主編方苞全集點校本

◎一名《春秋義法舉要》。

◎方苞口授，王兆符、程崟傳述。

◎前記：此先大父宣城府君所手錄，子孫保之。嘉慶庚午正月，區波舫記。

◎程崟識語：崟與北平王兆符成童以後，並請業於望溪先生。兆符嘗以其父崑繩先生所發揮《左傳》語質於先生曰：「先生與吾父為兄弟交，以道義相然信。而論學則相持，治古文並宗《左》《史》。而兆符暨二三同學從問古文，未嘗舉吾父之說以為鵠的。何也？」先生曰：「凡所論，特為文之義法耳。學者宜或知之，而非所急也。且左氏營度為文之意，眾人不知。而子之先君子獨悟者十之三，其中屈折左氏之文以就己說者亦十之三。吾嘗面講而不吾許，是以存而不論也。」兆符叩所以，先生為講韓之戰及城濮、邲、鄢陵四篇；請益，又增宋之盟及齊無知之亂。每受一篇傳指，必為崟述之，崟大為心開。匪直崟也，凡與聞者皆以為不可易。而自先生以前二千餘年，儒宗文師不聞擬議及此也。乃與兆符共輯錄而覆質於先生。先生為點竄所錄之失其指者，且告曰：「是余之贅言也，以生等迫欲聞此而偶發之，何必傳之人世，使敝精神於蹇淺乎？」時崟為夏官司，碌碌吏事，未暇究切。及告歸侍母，端居多暇，取《左氏傳》自程，日討論數篇，翻覆數過然後知。明於四戰之脈絡，則凡首尾開闔、虛實詳略、順逆斷續之義法，更無越此者矣。觀於宋之盟而紛賾細瑣、包括貫穿之義法更無越此者矣。觀於無知之亂，而行空絕跡諸法之奇變為漢以後文家所不能窺尋者，具見矣。在先生以為學者不急之務，而在文章之家則為濬發心靈之奧府。苟能盡心於此，不亦大遠於俗學矣乎？兆符曾為之序，詳述先生所論古作者之源流。及客死都下，發其篋，未得此稿。子幼，叩其家人，則遺文之存者無幾矣。為是感念疇昔，略道講授之始末。雍正六年秋八月，歙縣程崟識。

◎摘錄書末：《左傳》僖、文以前義法謹嚴，辭亦簡鍊；宣、成以後，義法之精深如前，而辭或澶漫矣。故於篇中可薙芟者，句畫以示其略。

◎賀長齡《耐庵文存》卷二《重刻望溪先生左傳義法舉要序》：文章小技耳，然而操之有其要焉、達之有其序焉。要則簡而能操，繁亦簡也；序則順而能達，逆亦順也。《易・繫》曰：「言天下之至賾而不可惡也」，操之有要也；「言天下之至動而不可亂也」，達之有序也。如春秋時晉及秦楚之四戰，與夫齊無知之在亂、宋之盟，其事極繁夥矣，一經左氏之鎔冶，而堆垛悉化為煙雲。顧其匠心獨運處，數千年來鮮有能抉發者。自望溪方氏為之批導，則操之至簡

而達之皆順。豈第求之文焉爾乎，亦澄其心以晰其理而已。審乎此，天下尚有
紛而難紀者哉？以之求道而道貫於一矣，以之治事而事得其理矣。士方藏器待
用，文其末焉耳，得是編之意而默運之，雖極之身心家國之蕃變，無不循其則
而會其通，是亦所以精義而致用也，於為文乎何有？！

◎趙懷玉《亦有生齋集》文卷七《書望溪集後》：聞諸前輩，望溪性甚迂，
癖好訾人，人多厭之。蜀日越雪，在昔已然。大都能傳於後者，未有不為當時
所怪也。

◎劉聲木《桐城文學撰述考》卷一「方苞撰述」：《周官集註》十二卷、
《周官辨》一卷、《周官析疑》三十六卷、《考工記析疑》四卷、《喪禮或問》
一卷、《儀禮析疑》十七卷（《龍眠叢書》列目二卷）、《禮記析疑》四十八卷、
《春秋通論》四卷、《春秋比事目錄》四卷、《春秋直解》十二卷、《左傳義法
舉要》一卷、《史記註補正》一卷、《刪定荀子》一卷、《刪定管子》二卷、《離
騷正義》一卷、《朱子詩義補》八卷、《尚書述》四冊（剪截《通志堂刻本》而
連綴之，各明其去取之由）、《書義補正》八卷（為目有八：曰正義、曰考證、曰考
定、曰辨正、曰通論、曰餘論、曰存異、曰存疑，皆排比完竣，初授之門人單作哲，
後歸單為總，又歸膠州韓介候，復歸朝邑閻乃竹觀察）、《書義補正》（馬其昶專錄
《尚書述》中方苞案語以名之）、《讀易偶筆》、《讀尚書偶筆》、《孫徵君年譜》
二卷、《湯文正公年譜》□卷、《聞見錄》、《望溪奏議》二卷（《龍眠叢書》
本）、《教忠祠規祭田條目》、《古文約選》十卷（列名果親王）、《欽定四書文》四十
一卷（方苞編）、《望溪文集》十八卷、《抗希堂稿》四卷（三方合稿本、制藝）、
《集外文》十卷（戴鈞衡編）、《望溪文補遺》二卷（戴鈞衡編）、《望溪文集續
補遺》一卷（孫葆田編）、《望溪文集再續補遺》四卷（聲木編）、《左氏評點》
二卷（廉泉刊本）、《評點唐宋八家文》（藏孫葆田家）、《史記評點》四卷（張裕
釗刊本。原本藏桐城倪達士家）、《評點韓文》（原本藏單作哲家）、《評點柳文》（稿
藏馬其昶家，原用朱筆親筆講授，以授程鑒）、《望溪文集三續補遺》四卷（聲木
編）、《望溪文集四續補遺》□卷（聲木編）、《管子補註》□卷、《荀子補註》
□卷、《評點漢書》□□卷、《評點大戴禮記》□□卷、《評點莊子》□□卷、
《評點古詩箋》□□卷（以上四書，後人錄方苞、劉大櫆、姚鼐三人評點成一書）、
《批點史記》□□卷（用綠色筆。原稿存北平黃氏）、《點勘周禮訂義》□□卷
（方苞用綠色筆，董蔗經儀部用紅色筆。原稿存烏程丁小雅家）、《刪取五經大全》
□卷、《評點朱子韓文考異》□卷。

◎蕭穆《敬孚類稿》卷七《跋望溪先生與雷副憲手札》：寧化吳賢湘藏吾鄉方侍郎手札數十紙，嘉慶庚申春，吳君乃呈於吾鄉汪尚書。尚書乃揀六紙裝潢成軸，藏之於家。咸豐己未，尚書少子正堃出以示穆，皆侍郎晚年之筆，古雅老健，皆與其門人寧化雷副憲鋐論家庭出處及著書為文之道。侍郎出處大節經術文章並顯於世，以穆所聞賣蓮花池一事頗累盛德。今據末札「以建先斷事公祠堂，少置祭田，不得已實三百年祖業」云云，是侍郎晚節頗窘，故賣池以建祠堂、置祭田，當時謗譏可以熄矣。侍郎經術湛深，世所知者不過《抗希堂十六種》所載諸經耳，斯云：「三十年精神用於崑山《經解》，《易》《詩》《書》《春秋》已編定成書，《詩》所刪取甚少，又采呂氏《讀詩記》、嚴氏《詩緝》以附益之。此四經既刻，則三禮各一部流傳者多，即不刻亦可，刻之亦易矣。已作字告石東村與濟齋公商，若不能，則賢與可齋異日更勿忘。」又五札云：「前所留鈔書之資，將為賢寫崑山《經解》，可得《易經》一部。將來愚有暇，更督諸孫為鈔《春秋》《尚書》，則藉此存一稿本於宇宙間。賢將來有便，使人刊刻，可省學者許多心力。」是侍郎於崑山《經解》刪定已有成書，副憲當時即未刊刻行世，亦當出示同人，更錄副本存於宇內也。咸豐癸丑冬，粵賊陷城，凡世家書籍，邑人後多竊取，售於鄉間及他郡邑。而文君鍾甫搜藏至三十萬卷，侍郎明刪定崑山《經解》底本得百餘冊。後數年，仍陷於兵火。而張文和公有侍郎《宋元經解刪要序》云：「有欲刊布其書以益後學者，乃序以導之。」今此序載《澄懷園文存》，言之甚詳。若當時刊布未成，更無他人多錄刪本，恐此書亦終不能存於宇宙矣。又四札所云：「痛先祖亡，兄弟再起於積水，誓不得乾土三區，不復還家受妻子之養。」生平篤於倫理孝弟之心，愷惻之情流於楮墨。侍郎出處大節學術文章，玩此六札已具其槩。往者戴孝廉鈞衡編定侍郎全集，搜得零星尺牘，刊入《集外文》並《補遺》中。此六札竟未及見。又據吳君跋云藏有侍郎尺牘數十，為墨卿太守分其半，而汪尚書於吳君所藏尚不下數十紙也。今又閱六十餘年，兩君之藏未知尚在人間否。侍郎與一時名賢筆札大抵皆文章學術徑世實用，戴氏所刊僅二十七札，外間流落，何可勝計！今以此六札補鈔入《望溪全集》中而記其大略如此。

◎趙爾巽《清史稿》卷一百四十五志一百二十《藝文》一：《春秋通論》四卷、《春秋義法舉要》一卷、《春秋比事目錄》四卷、《春秋直解》十二卷，方苞撰。

方詞林 春秋類言 佚

◎光緒《嚴州府志》卷十九《人物》：腹笥淹博，尤精於經學。著有《詩說》《春秋類言》《易想》《尚書節註》《禮記纂要》諸編。

◎方詞林，字文山，號覺非。浙江遂安銀峰人。康熙二十七年（1688）以諸生高等選入成均。二十八年（1869）試國子監，擢率性堂第一。著有《易想》《尚書節註》《瀛山詩說》《禮記纂要》《春秋類言》。

方恆 春秋大旨提綱表 四卷 存

國圖〔註7〕、南開、天津師範大學〔註8〕、新疆維吾爾自治區藏光緒三十四年（1908）甘肅高等學堂刻本

◎方恒，字子永，號果齋。江蘇陽湖人。方履籛孫。光緒十九年（1893）舉人。先是以積學名動京師，教授天津水師學堂，積資保舉知縣。中舉後分發江西，治牙釐局，有清操。權石城知縣卒。治《三禮》，精小學，工書法。有《說文銓雅》、《果齋文集》等。

方敬 春秋考異 佚

◎道光《徽州府志》卷十五《藝文志》：方敬《春秋考異》。

◎方敬，徽州府人。著有《春秋考異》。

方垌 春秋說 四卷 佚

◎劉聲木《桐城文學撰述考》卷三「方垌撰述」：《生齋文稿》八卷、《生齋文稿續刊》一卷、《讀易日識》六卷、《春秋說》四卷（未刊）、《自知錄》三卷、《生齋日識》一卷、《生齋日識續》二卷、《評點歸震川文集》、《重訂張楊園年譜》五卷（顧廣譽同撰）、《易解》□卷、《生齋名文業》□卷、《生齋時文稿》□卷、《學準》□卷、《文準》□卷、《詩準》□卷。

◎光緒《平湖縣志》卷十七《人物・列傳》三：著有《讀易日識》六卷、《生齋自知錄》三卷、《生齋日識正續》兩卷、《生齋文稿》八卷、《生齋詩稿》九卷、《春秋說》四卷、《重訂張楊園先生年譜》五卷（府于《志・儒林》）。

◎光緒《平湖縣志》卷二十三《經籍》：《春秋說》四卷（方垌。府于《志》。未刊）。

〔註7〕題果齋撰。
〔註8〕題胡方朔撰。

◎許瑤光修，吳仰賢等纂光緒四年《光緒嘉興府志》卷八十《經籍一》：
方坰《春秋說》四卷（于《志》。未刊）。

◎方坰（1792～1834），字思臧，號子春（叟）、朔夫。平湖（今浙江平湖）
人。嘉慶二十一年（1816）舉人。與錢泰吉同受知山陽汪文端門。道光十年
（1830）攝武義訓導，十四年（1834）選授錢塘縣訓導，未任而卒於武林。平
生研求理學，以程朱為依歸。著有《易解》、《讀易日識》六卷、《春秋說》四
卷、《生齋文稿》八卷續刊一卷、《生齋詩稿》九卷、《小蓬山館吟草》一卷、
《生齋日知錄》三卷、《生齋日識》二卷、《學準》、《詩準》、《文準》、《生齋日
識續》一卷、《重訂張楊園年譜》五卷、《歸震川集評本》、《門人語錄》諸書。

方孔炤 春秋竊論 二卷 佚

◎康熙《安慶府志》卷十七《理學傳》：復取庚辰在圜中與章浦黃詹事相
商之易，推廣之，著為《時論》數十卷，又《詩》有《永論》、《書》有《尚論》、
《禮》有《節論》、《春秋》有《竊論》，奧義多先儒所未發者。

◎道光《續修桐城縣志》卷第二十一《藝文志・春秋類》：《春秋竊論》二
卷（明方孔炤撰。見《江南通志》）。

◎方孔炤（1590～1655），字潛夫，號仁植，門人私謚貞述先生。安徽桐
城人。萬曆四十四年（1616）進士。初任嘉定，調福寧，所至有清廉聲。入為
職方郎，以忤魏忠賢削籍。崇禎元年（1628）復起尚寶卿。尋丁外艱，廬墓三
年，著明三世之學，九經各有精義。後官至右僉都御史，巡撫湖廣。為楊嗣昌
劾罷，逮治謫戍，久之釋歸。崇禎末起故官，屯田山東、河北，兼理軍務。入
清歸隱桐城白鹿山莊（今楊橋鎮）終老。著有《周易時論》十五卷、《周易時
論合編圖象幾表》八卷、《全邊畧記》十二卷、《尚書世論》二卷、《禮節論》、
《春秋竊論》二卷、《撫楚疏稿》四卷、《中丞公集》、《環中堂集》十二卷。

方堃 春秋本例 佚

◎尋霖、龔篤清編《湘人著述表》著錄。

◎方堃，字冉亭，一字耀能。湖南巴陵人。嘉慶十三年（1808）中會試副
榜。博學多才，隱居不仕，潛心著述。著有《易象原義》、《禹貢水道考異》十
卷首一卷、《類禮考證》、《春秋本例》、《古本大學朱義》、《大學衍義淺說》、《天
文歲差考略》、《山海經辨正圖注》、《士人軌範》、《古帝皇王世次考》、《南條水
道考異》五卷。參纂《桃源縣志》二十卷首一卷。

方邁 春秋補傳 十二卷 佚

◎道光《重纂福建通志》卷六十七《經籍》:《經義考異》七卷（方邁撰），《春秋補傳》十二卷、《四書講義》六卷、《九經衍義》一百卷（取《中庸》自修身至懷諸侯條纂以配《大學衍義》）、《考證資治通鑑前編》十八卷、《古今通韻輯要》六卷、《五燈摘繆》一卷、《呂氏駁議》一卷、《文集》二卷、《詩集》一卷（邁康熙甲戌進士，傳見《儒林》）。

◎道光《重纂福建通志》卷二百三十八《人物・國朝儒林傳》:邁博洽能古文詞，嘗取《中庸》九經自修身至懷諸侯條纂以配《大學衍義》一百卷。在蕭山與檢討毛奇齡往復問難，於經義所駁摘咸有依據。獨不信《儀禮》《周禮》，以為互校三禮彼此舛異，蓋為戰國人所依託。通人以是病之。

◎方邁，字子向，一字日斯。福建閩縣（今閩侯）人。仗義負氣，為憸人所羅織下獄，知府與按察使愛其才，援之得免。康熙三十二年（1694）進士。知蕭山縣，調蘭溪，以不善事長官罷歸。博覽群書，通貫經史，兼研經義、音韻、佛典，以著述自娛。好宋儒書，尤精《太極圖說》。著有《春秋補傳》、《四書講義》六卷、《古今通韻輯要》六卷、《經義考異》七卷、《九經衍義》一百卷、《考證資治通鑑前編》。

方培之 春秋駢言 佚

◎道光《旌德縣續志》卷九《藝文志・書目》:《鄉黨補解》《春秋駢言》《因甫存稿》（以上方培之著）。

◎方培之，安徽旌德人。著有《春秋駢言》《鄉黨補解》《因甫存稿》。

方潛 春秋初讀 一卷 存

光緒刻毋不敬齋全書本

◎方潛（1805～1869），原名士超，字魯生，號碩存。安徽桐城人。庠生。曾講學山東膠西、桐城培文諸書院。著有《觀玩隨筆》一卷、《春秋初讀》一卷、《數往錄》一卷、《周子書注劄記》一卷、《正蒙分目解按》一卷、《性述》八卷、《心述》三卷、《膠西講義》一卷、《毋不敬齋劄記》一卷、《毋不敬齋述餘》七卷、《辨心性書》二卷、《立本趣時說》一卷，多收入《毋不敬齋全集》。

方恬 春秋要旨 佚

◎光緒《壽州志》卷二十三《人物志・文苑》:著有《春秋要旨》。

◎方恬，字引長。廩生。性孝友勤學。工詩文書畫，能懸肘作蠅頭小楷，年未三十而卒。著有《春秋要旨》。

方孝岳 左傳通論 四篇 存

國圖、遼寧藏 1934 年商務印書館排印國學小叢書本

文聽閣圖書有限公司 2008 年民國時期經學叢書第二輯影印 1934 年商務印書館排印國學小叢書本

◎二十五章。卷末附勘誤表。

◎略例：

《左傳》一書為經史文辭之總匯，茲編通論略備讀者探討之途徑。自來論《左傳》者或以經言或以史言或以文言，皆陳述於此，並闡明其義。遇有不同，略下己意。

治經者應以通人之論斷為主，而以專門家法之言為之輔。司馬遷家世為通學，自云厥協六經異傳整齊百家雜語，其論述經傳源流大旨固先劉向、劉歆父子而創通大義者。茲編論《左傳》即以遷言為主，而以劉歆、杜預諸家為輔。

左丘明、司馬遷皆《春秋》家，而下開後世之史統，故論《左氏》之史意亦主遷言。而劉知幾諸家所論亦詳參焉。

本書分四篇共二十五章，每篇陳述前人之言略以時代相次而隨文討論之。

疑《左傳》者紛然馳說，茲皆為之剖正。《左傳》一書體本整贍，前後條理甚密，固著作之宏軌、國聞之善志，非如諸子百家談義之書可以口耳附益轉相發明也。

◎目錄：

一、文旨篇：第一章左傳文研究法。第二章求文於左傳與求文於他經之異。第三章求文於左傳與求文於春秋本經之異。

二、源流篇：第四章史記論左傳之緣起。第五章劉歆班固論左傳之緣起。第六章左傳之傳授及西漢之左傳學。第七章東漢之左傳學。第八章杜預之左傳學一：春秋經傳集解。第九章杜預之左傳學二：分經之年與傳之年相附。第十章杜預之左傳學三：春秋釋例。第十一章六朝之左傳義疏及唐孔穎達之春秋左傳正義。第十二章唐宋元明兼宗三傳家之左傳學、陳傅良呂祖謙程公說黃澤趙汸。第十三章清代之左傳學。第十四章清代賈逵服虔注之輯佚。

三、史意篇：第十五章史記漢書所云左傳之史學。第十六章因杜預所明求左傳之史學。第十七章左傳為經為史之爭。第十八章劉知幾所明左傳之史學。

第十九章總論左傳之史學及左丘明史學表。第二十章左傳本春秋家古無經史之分。

四、釋疑篇：第二十一章釋漢太常博士左氏不傳春秋之疑及近人引申漢太常博士之說為劉歆偽造凡例之疑。第二十二章釋唐啖助左傳為口授之疑。第二十三章釋唐趙匡謂左丘明為孔子以前人之疑。第二十四章釋宋鄭樵左氏非左丘明之疑。第二十五章釋清四庫全書總目左傳有後人附益之疑及左丘明生世大略表。

方星 春秋正義 佚

◎道光《徽州府志》卷十五《藝文志》：方星《春秋正義》。

◎方星，著有《春秋正義》。

方一本 春秋要旨 佚

◎道光《徽州府志》卷十五《藝文志》：方一本《春秋要旨》。

◎方一本，安徽休寧人。著有《春秋要旨》。

方引辰 春秋要旨 佚

◎光緒《鳳陽府志》卷十六《藝文考》上：方引辰《春秋要旨》（《壽州志》）。

◎光緒《鳳陽府志》卷十八上之中《人物傳・文學》：方引辰，壽州廩生。著有《春秋要旨》（《壽州志》）。

◎方引辰，鳳陽府壽州（今安徽壽縣）人。廩生。著有《春秋要旨》（《壽州志》）。

方之河 春秋人物論 數十篇 佚

◎道光《徽州府志》卷十一之四《人物志・文苑》：著有《春秋人物論》數十篇。次年庚午科薦而未售，早卒（見《方氏行狀》）。

◎方之河，安徽歙縣巖鎮人。嘉慶六年（1801）舉人方椿子。幼聰慧，盡讀《毛詩》傳箋、《三禮》鄭氏注。早卒。著有《春秋人物論》數十篇。

方宗誠 春秋經世錄 十口卷 佚

◎劉聲木《桐城文學撰述考》卷四「方宗誠撰述」：《柏堂集前編》十四卷附一卷、《柏堂集次編》十三卷附一卷、《柏堂集續編》廿二卷附一卷、《柏堂

集後編》廿二卷附一卷、《柏堂集餘編》九卷附一卷、《柏堂集補存》三卷附一卷、《柏堂集外編》十二卷（書札）、《讀易筆記》二卷、《書傳補義》三卷、《禮記集說補義》一卷、《春秋傳正誼》四卷、《春秋集義》十二卷、《讀孝經筆記》一卷、《書傳補義》三卷、《讀學庸筆記》二卷、《讀論孟筆記》三卷、《讀論孟補記》二卷、《文章本原》三卷、《論文雜記》一卷、《說詩章義》三卷、《陶詩真詮》一卷、《讀宋鑒論》三卷、《讀朱子諸儒書雜記》一卷、《讀史雜記》一卷、《志學錄》八卷、《志學續錄》三卷、《周子通書講義》一卷、《俟命錄》十卷、《輔仁錄》四卷、《師友言行記》四卷、《吳竹如年譜》一卷、《陸象山年譜》一卷、《棗強書院義倉志》、《棗強縣志補正》四卷、《石鐘山志》十二卷、《上海縣志》、《人譜補正》一卷、《養蒙彝訓》一卷、《陸象山集節要》六卷、《希賢錄》、《兩江忠義錄》、《求闕齋文鈔》八卷（選文七十五篇）、《評點左傳文法讀本》十二卷、《節錄曾文正公遺書》、《斯文正脈》一卷、《古文簡要》、《評點論語》□卷、《桐城文錄》七十六卷、《五修族譜》□卷、《衡陽彭世族譜》□卷、《教女彝訓》一卷、《柏堂師友文錄》□十卷、《顛躓餘生錄》□卷、《吳越記遊》一卷、《宦遊隨筆》二卷、《辦災公牘》一卷、《治棗強示諭》一卷、《行年錄》一卷、《知非錄》一卷、《家訓》二卷、《列子節要》二卷、《思辨錄記疑信》一卷、《春秋經世錄》十□卷、《文廟從祀賢儒言行錄》三十卷、《柏堂叢錄》□十卷、《東游筆記》四卷、《北遊筆記》三卷、《豫遊筆記》一卷。

◎方宗誠（1818～1888），字存之，號柏堂。安徽桐城人。卒葬懷寧。諸生。少有偉志，師事許玉峯講明程朱之書。又師事方東樹治經學兼治古文，致力著述。後治棗強縣，創敬義書院，官至安徽學政。光緒六年（1880）告歸。光緒十三年（1887）以「學行矜式」授五品銜。與胡林翼、曾國藩、吳竹如、邵懿辰、宗稷辰、馬三俊、戴鈞衡、陳彝恆等多所交往，出入羣賢，淵源不二。生四子：培濬、守彝、培凝、獻彝。生平可參《柏堂遺書》卷首附仁和譚廷獻撰《五品卿銜前棗強知縣方先生墓碑》。著有《讀易筆記》二卷、《書傳補義》三卷、《禮記集說補義》一卷、《春秋經世錄》十□卷、《春秋傳正誼》四卷、《春秋集義》十二卷、《柏堂讀書筆記》九卷、《讀孝經筆記》一卷、《書傳補義》三卷、《讀學庸筆記》二卷、《評點論語》、《讀論孟筆記》三卷、《讀論孟補記》二卷、《柏堂經說》、《文章本原》三卷、《論文雜記》一卷、《說詩章義》三卷、《陶詩真詮》一卷、《讀宋鑒論》三卷、《讀朱子諸儒書雜記》一卷、《讀史雜記》一卷、《志學錄》八卷、《志學續錄》三卷、《周子通書講義》一卷、

《俟命錄》十卷、《輔仁錄》四卷、《師友言行記》四卷、《吳竹如年譜》一卷、《陸象山年譜》一卷、《棗強書院義倉志》、《棗強縣志補正》四卷、《石鐘山志》十二卷、《上海縣志》、《人譜補正》一卷、《養蒙彝訓》一卷、《陸象山集節要》六卷、《希賢錄》、《兩江忠義錄》、《求闕齋文鈔》八卷、《評點左傳文法讀本》十二卷、《節錄曾文正公遺書》、《斯文正脈》一卷、《古文簡要》、《桐城文錄》七十六卷、《五修族譜》、《衡陽彭世族譜》、《教女彝訓》一卷、《柏堂師友文錄》□十卷、《顛踣餘生錄》、《吳越記遊》一卷、《宦遊隨筆》二卷、《辦災公牘》一卷、《治棗強示諭》一卷、《行年錄》一卷、《知非錄》一卷、《家訓》二卷、《列子節要》二卷、《思辨錄記疑信》一卷、《文廟從祀賢儒言行錄》三十卷、《柏堂叢錄》□十卷、《柏堂集前編》十四卷附一卷、《柏堂文集》、《柏堂集次編》十三卷附一卷、《柏堂集續編》廿二卷附一卷、《柏堂集後編》廿二卷附一卷、《柏堂集餘編》九卷附一卷、《柏堂集補存》三卷附一卷、《柏堂集外編》十二卷、《東游筆記》四卷、《北遊筆記》三卷、《豫遊筆記》一卷。

方宗誠 春秋傳正誼 四卷 存

國圖、福建、保定藏光緒四年（1878）桐城方氏志學堂刻柏堂遺書本

安慶藏稿本（存二卷：三至四）

◎春秋傳正誼敍：學者窮經，所以明體而達用也。顧經詳三代之典常，而史具後世之事變，故史者亦可補經之所未備。然而《詩》《書》《春秋》，即經中之史也。讀史而不斷之於經，則熟於後世之機變功利而昧於義理，以害其心術之微，則其見於事業經濟者，必多有背於道，而大害於世教。曩予於《詩》《書》二經若有見於三代治亂之要，既嘗著為《經說》以示從學之士，使知窮經必得聖人所以經世之心，而不可徒溺於章句訓詁而無用。今為諸生講授《春秋三傳》，見其中有可法可戒而未盡者，與其似是而非者，皆一以義理為權衡而折中之，使知讀史雖主於達用，而要不可不知其本原之所在也。董子曰：「正其誼不謀其利，明其道不計其功」，是誠明於《春秋》之義者乎！昔陸稼書先生著《戰國策去毒》一書，今《春秋傳》學者所必讀之書也。然不為之明義理之歸而窮其本末，則其為毒也豈少也哉。咸豐十年正月序於直隸按察使司之書齋，桐城方宗誠。

◎郭嵩燾《郭嵩燾日記》光緒七年閏七月二十日：彭雪芹遞到方存之一信，並惠寄所著書（十種），一曰《志學錄》，二曰《俟命錄》，三曰《柏堂讀書筆記》，四曰《書傳補義》，五曰《詩傳補義》，六曰《讀易筆記》，七曰《讀論孟筆記》，

八曰《讀大學中庸筆記》，九曰《禮記集說補義》，十曰《春秋傳正誼》，詩文雜著不與焉。存之名能為古文，所著各錄及經義皆言性理之學者也。

◎桐城方昌翰撰《方柏堂家傳》〔註9〕：撰著自《俟命錄》外，有《柏堂文集》六編。於經則《易》《詩》《書》《春秋》《禮記》皆有論說。

◎劉聲木《桐城文學撰述考》卷四「方宗誠撰述」：《柏堂集前編》十四卷附一卷、《柏堂集次編》十三卷附一卷、《柏堂集續編》廿二卷附一卷、《柏堂集後編》廿二卷附一卷、《柏堂集餘編》九卷附一卷、《柏堂集補存》三卷附一卷、《柏堂集外編》十二卷（書札）、《讀易筆記》二卷、《書傳補義》三卷、《禮記集說補義》一卷、《春秋傳正誼》四卷、《春秋集義》十二卷、《讀孝經筆記》一卷、《書傳補義》三卷、《讀學庸筆記》二卷、《讀論孟筆記》三卷、《讀論孟補記》二卷、《文章本原》三卷、《論文雜記》一卷、《說詩章義》三卷、《陶詩真詮》一卷、《讀宋鑒論》三卷、《讀朱子諸儒書雜記》一卷、《讀史雜記》一卷、《志學錄》八卷、《志學續錄》三卷、《周子通書講義》一卷、《俟命錄》十卷、《輔仁錄》四卷、《師友言行記》四卷、《吳竹如年譜》一卷、《陸象山年譜》一卷、《棗強書院義倉志》、《棗強縣志補正》四卷、《石鐘山志》十二卷、《上海縣志》、《人譜補正》一卷、《養蒙彝訓》一卷、《陸象山集節要》六卷、《希賢錄》、《兩江忠義錄》、《求闕齋文鈔》八卷（選文七十五篇）、《評點左傳文法讀本》十二卷、《節錄曾文正公遺書》、《斯文正脈》一卷、《古文簡要》、《評點論語》□卷、《桐城文錄》七十六卷、《五修族譜》□卷、《衡陽彭世族譜》□卷、《教女彝訓》一卷、《柏堂師友文錄》□十卷、《顛躓餘生錄》□卷、《吳越記遊》一卷、《宦遊隨筆》二卷、《辦災公牘》一卷、《治棗強示諭》一卷、《行年錄》一卷、《知非錄》一卷、《家訓》二卷、《列子節要》二卷、《思辨錄記疑信》一卷、《春秋經世錄》十□卷、《文廟從祀賢儒言行錄》三十卷、《柏堂叢錄》□十卷、《東游筆記》四卷、《北遊筆記》三卷、《豫遊筆記》一卷。

◎趙爾巽《清史稿》卷一百四十五志一百二十《藝文》一：《春秋傳正誼》四卷，方宗誠撰。

方宗誠 春秋集義 十二卷 存

清華、保定、北師大藏光緒三年（1877）桐城方氏志學堂刻柏堂遺書八種本

〔註9〕摘自《柏堂遺書》卷首。

安慶藏稿本（存八卷：一至五、八至九、十二）

◎春秋集義序〔註10〕：孟子曰：「王者之迹熄而《詩》亡，《詩》亡然後《春秋》作。其事則齊桓晉文，其文則史。」孔子曰：「其義則某竊取之矣。」是《春秋》者，孔子明大義之書也。孟子又曰：「世哀道微，邪說暴行有作，孔子懼，作《春秋》。《春秋》，天子之事也。」夫所謂天子之事者，即王者治世之大義也。王者以賞罰黜陟治功罪，《春秋》以褒貶明是非。王者之賞罰黜陟非以意為之也，隨其人之行事功罪大小輕重而治之而已，固無與焉也。自王者之迹熄，賞罰黜陟之義不明於天下，於是禮樂征伐自諸侯大夫出，放恣至無所忌憚。孔子因據魯史所記當時之事，提其要而刪其繁，去其誣而存其實，褒其是而貶其非。夫褒貶者非聖人以意為之也，先王之道具在方策，聖人但於合先王之道之事具列焉，其不合於先王之道之事亦具列焉，不加議論，但據事直書，或微其文或括其詞，比前後而觀之，而是非自不可掩。所謂斯民也，三代之所以直道而行也，是即所以明先王之大義而使亂臣賊子有所懼也，故曰天子之事，豈如先儒所云執天子南面之權與王魯之臆說哉？莊子曰：「《春秋》以道名分」，夫名分者即義所在也，君臣父子夫婦昆弟朋友，名也；君臣有義，父子有親，夫婦有別，長幼有序，朋友有信，分也。《春秋》所記事大概不越君臣父子夫婦昆弟朋友之外，然而義親別序信者甚少焉，其不合者甚多焉。夫三綱五常之大者即所謂義也，合則治不合則亂，合則存不合則必至於危亡。《春秋》屬辭比事而詳書之，使人觀其所行之是非而攷其治亂存亡之所由起，以為萬世之法戒，是即所以褒貶之也，非聖人有意而褒貶之也。孟子曰：「孔子成《春秋》而亂臣賊子懼」，是特就其大者而言之耳。其實《春秋》所書不專是弒父弒君之事，凡君臣父子夫婦昆弟朋友之事悉書之，其不合先王之道不守先王之法如朝聘會盟侵伐圍戰納幣送女祭祀卒葬，一切禮樂政事違天子之法制者皆書之，明此乃弒父弒君之漸也。迨至弒父弒君，特亂之極而顯焉者耳。《春秋》推見至隱，故凡君臣父子夫婦昆弟朋友交際之事，雖小而必書，所以著亂之自微而至著也。莊子曰：「《春秋》經世先王之志」，夫經世之要莫大於五品之人倫，故子思曰：「惟天下至誠惟能經綸天下之大經」，大經者五品之人倫也。明五品人倫之義，使人人知正倫理、篤恩誼，然後可以經世而不敝，故《虞書》重慎徽五典，命契以敬敷五教，凡天敘天秩天敘天命天討無不緣五典而起，是二帝三王之經世皆以此為要端也，孔子作《春秋》亦正此義也。或謂《春秋》

〔註10〕又見於方宗誠《柏堂集餘編》（光緒本）卷第三。

為尊者諱、為親者諱、為賢者諱，非也。夫諱者，特其事本未顯著，聖人因隱約其詞而不忍明言。至其事之顯然者，聖人固不敢掩之以沒萬世之公義也。或謂《春秋》責賢者備，亦非也。夫賢者固不可以過而掩其功，而果有過焉亦自不得以功而掩其過，若因其為賢者而加責備焉，是刻覈之論，非是非之公，豈義也哉！或謂《春秋》內夏而外夷，夫內夏外夷者，以中夏有君臣父子之人倫，夷狄無君臣父子之人倫，故不得不嚴絕之。然而外夷之所以內侵，實由中夏不明先王之道、不守先王之法，君臣父子五品之人倫有所失焉，而後外夷得以乘釁而入。故《春秋》之所書，明中夏諸侯大夫之是非者為尤箸。重內而輕外，所以正其本也，是亦大義之所在也。《春秋》本魯史記之名，孔子特據魯史修之，有減而無增；其他不見魯史者，孔子不以入，故韓子曰「《春秋》謹嚴」。左氏傳《春秋》則增入魯史之舊文，又多采取列國之史事，故有《春秋》所無而為左氏所獨詳者，因其詳固可推見《春秋》筆削之義，然亦往往因其詳而反沒《春秋》之義者，至其所自為說尤多失之，故韓子曰「《左氏》浮誇」。《公》《穀》罕見列國之史，其敘事往往得之傳聞，亦或以臆度之，故常不與《左氏》同；其推明《春秋》間亦得之，然又往往有以己意裁度為之說而失之於穿鑿者。自是以後，傳說《春秋》者殆數十家，最名於世者程子、胡氏。然《程傳》本未成書；《胡傳》多對時事以立論，大義炳然，而於聖人本意則亦有得有失。近時桐城方氏、靜海毛氏皆就《春秋》本文以立言，頗合謹嚴之旨。然亦閒有求之太深而於聖人平易坦直之懷不盡能相似焉。余窮《春秋》數十年，攷究《左氏》以下數十家之說，以求《春秋》之大義。光緒五年宰棗強，將告歸，因取平日所最洽心者纂為一書，名曰《集義》。其所取先儒之全說者，悉著其姓氏；其以意集眾說以為一說者，則不細分某氏某氏，用朱子《論／孟集注》《詩集傳》例也。夫讀聖人之經，非心聖人之心，不能得聖人立言之本意。余何能窺聖人之心哉！聊本經世道名分之義，據事直書，屬辭比事之法以求之，庶於《春秋》大義冀或有一得也夫！光緒九年秋九月，桐城方宗誠識於安慶寓樓。

　　◎方宗誠《柏堂集後編》（光緒本）目錄：右文十八卷坿文詩議狀四卷，都一百七十一篇，蓋自同治己巳冬奉檄至直隸及官棗強後之所作也。光緒庚辰夏乞假歸，冬十一月至皖，爰刪錄官中文字，定為後編。其《春秋集義說》《詩章義》《棗強縣志補正》《吳竹如先生年譜》俱別為書。宗誠識，時為光緒六年，年六十有二。

◎方宗誠《柏堂集後編》（光緒本）跋：同治己巳冬，予奉曾文正公辟至直隸，遂從居保定天津，復隨之京師。庚午冬，文正公回節江南，繼督畿輔者為相國合肥李公，疏請目予補授冀州棗彈縣令，遂不得從歸江南。辛未春二月望視事，光緒庚辰夏六月望前一日，始得以病乞假歸，冬十一月至安慶。夫學優而仕，予憾未能矣；仕優則學，更不逮焉。然十有一年中，讀書、從政之餘，有不能不見諸文者。雖去古作者遠矣，而議論敘記閒有必存以待考證者，固未可盡棄之也。既刪訂所著《春秋集義》成書，復取雜文次為二十二卷，總前後為四編，命次子宇彝校而藏之，目俟正於後之君子。其書牘別為外編，歸里後所作者擬為餘編云。光緒六年冬時年六十三歲，宗誠識。

◎貴筑黃彭年光緒十年七月《柏堂集餘編敘》〔註11〕：其說經，於諸子百家靡不采撫而衷諸程朱，則有《詩／書傳補義》《春秋傳集義》。其記事，於亂離見聞靡不詳紀而衡諸道義，則有《俟命錄》。其文於源流義法靡不精究而歸諸正學，則有《斯文正脈》《文章本原》。其他著述皆本三者以推廣之。

◎方宗誠《柏堂集餘編》卷五《庚辰南歸記》（八月四日）：先是自棗強至保定未攜書，舟中讀李文公集數周，校訂近著《春秋集義》一周。至是自保定至天津，讀陳白沙集數過，復校《春秋集義》一過。

方宗誠 春秋左傳文法讀本 十二卷 存

華東師範大學藏清刻本

國圖、上海、吉林社科院藏 1915 年安慶方氏鉛印本（版心題：左傳讀本）

臺中縣文聽閣圖書有限公司 2010 年晚清四部叢刊第二編影印 1915 年安慶方氏鉛印本

方宗誠 方柏堂老人春秋左氏傳家塾課本 不分卷 存

上海藏清方守彝方守敦抄本

方宗翰 公羊傳注 佚

◎尋霖、龔篤清編《湘人著述表》著錄。

◎方宗翰，字鶴卿，號蟹山。湖南湘潭人。南社成員。以諸生歷主教育，曾任湘潭中學、岳雲中學國文教員，湘潭縣立第一高級小學校長。邑士多出其門。著有《周易簡明集解》四卷首一卷、《周易注》、《儀禮注》、《尚書注》、《禮

〔註11〕摘自方宗誠《柏堂集餘編》（光緒本）卷首。

記注》、《毛詩注》、《左傳注》、《周官注》、《公羊傳注》、《穀梁傳注》、《蟹山詩文遺稿》八卷《年譜》一卷、《國民鐸》。

方宗輸　穀梁傳注　佚

◎尋霖、龔篤清編《湘人著述表》著錄。

方宗輸　左傳注　佚

◎尋霖、龔篤清編《湘人著述表》著錄。

房之騏　麟旨定　一卷

◎孫葆田《山東通志》卷百二十七《藝文志》第十：是書見舊《通志》。

◎房之騏，字昂若。山東益都人。崇禎元年（1628）進士。官禮科給事中。入清，復官山東布政使。著有《麟旨定》一卷。

馮伯禮　春秋羅纂　十二卷　佚

◎《明史》卷九十六《志》第七十二《藝文》一《春秋》：馮伯禮《春秋羅纂》十二卷。

◎光緒《平湖縣志》卷二十三《經籍》：《春秋羅纂》十二卷（馮伯禮。《千頃堂書目》。已刊。程《志》作十卷。路《志》：是書以胡氏為主、左氏輔之，分搭纂、傳纂、左纂、題纂四門，鮑應選序《家乘》云：序十二公時事，後有論二卷）。

◎許瑤光修，吳仰賢等纂光緒四年《光緒嘉興府志》卷八十《經籍一》：馮伯禮《春秋羅纂》十二卷（《明史‧志》）。

◎馮伯禮，字節之，號讓伯，私諡貞孝。太僕敏功子。平湖（今浙江平湖）人。萬曆中太學生。與西吳鮑應選〔註12〕、江右歐陽瑛俱遊都下，為文字交。著有《春秋羅纂》十二卷、《贅言》一卷。

馮宸簡　春秋左傳從類賦　二卷　佚

◎王其淦、吳康壽光緒《武進陽湖縣志》卷二十八《藝文》：馮宸簡《春秋左傳從類賦》二卷（佚）。

〔註12〕許瑤光修，吳仰賢等纂光緒四年《光緒嘉興府志》卷五十九《列傳十‧平湖縣》：鮑應選，字太鹿。湖州長興人。博學，治《春秋》，執經問業者甚眾。萬曆間館於縣馮氏，因家焉。以貢任松陽、山陽訓導。子季方、之高、之元，皆有文名，學者稱「春秋三鮑」（平湖朱《志》）。

◎馮宸簡，著有《春秋左傳從類賦》二卷。

馮承烈 左氏論說 一卷 佚

◎光緒《平湖縣志》卷十七《人物・列傳》三：精研經史，尤熟於《左氏傳》，嘗倣呂東萊《博議》，著有《左氏論說》一卷及《周禮論說》若干篇（張《文苑》、王《文苑》）。

◎光緒《平湖縣志》卷二十三《經籍》：《左氏論說》一卷（馮承烈。路《志》。未刊。書共三十五篇，倣《東萊博議》，如以狄滅衛之禍本於宣公之淫亂、以韓起為養姦、以子產鑄刑書為非、辨子西定國之謬、闢季文子元愷四凶之妄、論臧文仲季孫行父之姦，皆有功於世道人心。卷首有自序）。

◎許瑤光修，吳仰賢等纂光緒四年《光緒嘉興府志》卷五十九《列傳十・平湖縣》：著有《左氏論說》《周禮論說》若干篇。

◎馮承烈，字孝移。平湖（今浙江平湖）人。增廣生。孝友，好施與，謹言慎行。博學工文詞，康熙五十九年（1720）鄉闈已雋復失，終身布衣蔬食，授徒講學不倦。精研經史，尤熟於《左氏傳》，嘗倣呂東萊《博議》，著有《周禮論說》若干篇、《左氏論說》一卷、《質心集》。

馮澂 春秋日食集證 十卷 存

國圖藏強自力齋叢書稿本

國圖藏商務印書館 1929 年國學小叢書鉛印本

商務印書館 1930 年鉛印萬有文庫第一集本

文聽閣圖書有限公司 2008 年民國時期經學叢書第三輯影印本

◎強自力齋叢書稿本題：春秋日食集證卷首，清渠叢書之四。

◎林頤山序：往歲王祭酒先生輯《經解續編》，訪得陳司業《春秋長麻》抄本，命頤山依古麻校算朔閏，并證《麻志》等書所載日食。後又得羅徵君《春秋朔閏異同》，擬宋仲子集七麻例，依據《開元占經》用數，目訂杜麻不諳麻算之陋。《春秋》朔閏，事事美備，所少者日食三十七事耳。蓋朔閏專憑古麻校正，經誤傳誤相去畧近。若日食則必準目今麻之密，始與天象符合，固不僅推攷古麻已也。《元史・麻志》載春秋日食三十七事，殿本作三十六事，脫僖五年九月朔日食一事。又以麻法無比月而食之理，因刪襄二十一年十月朔、二十四年八月朔比食二事，實止推得三十四事。當時未得鄒徵君《春秋經傳日月攷》等書，亦無暇推算以考正其實。然鄒書所改正者止及乎朔食限，仍與《授

時》舊術等耳。今得馮徵君《春秋日食集證》，乃推至實朔食限，而見食不見食始準。試與元志、鄒書參校，則宣八年七月日食，元志十月甲子朔加時在晝食九分八十一秒，鄒書謂是年五月十月均入食限，五月平朔交周，初宮十九度五十一分三十九秒，入食限；是書推至實朔交周，初宮二十六度零分四十五秒逾限不食。蓋日食必推至實朔交周始得其實也。又辯證鄒書僖十五年五月日食錯互，及宣十七年六月日食即宣七年錯簡，襄二十一年十月朔日食即襄二十六年錯簡之非，尤見推算核實。而薈萃古今諸家之說，相與辯證，洵為治《春秋》者所必不可少之書。設令祭酒先生見之，亦當輯入《經解續編》中，足與陳司業《長厤》、羅徵君《朔閏異同》二種鼎足而三云。光緒戊戌孟冬月，慈谿林頤山謹敘。

◎自序〔註13〕：《春秋》三十七日食，言人人殊〔註14〕。不知者，若杜例、顧表等，徒以經傳日月求之，不無乖錯。其知者，《大衍》《授時》以前，立術俱疏，故雖上考朔閏，猶易為力；而日食則推算繁重，先儒視為畏途。間有用古術及今時憲術上推者，亦僅推至平朔食限而止，宜有經誤、傳誤、術誤之聚訟也。按距交入食限，有入平朔食限而不食，未有不入實朔食限而食者。故求日食，須推至實朔交周始定。爰本餘姚黃舍人捷算法，步至實朔，著之於篇。復摭拾諸家之說，依年條列，區分十卷〔註15〕，俾治《春秋》秝術者得證其異同焉。光緒丁酉季春月，南通州馮澂識於江陰南菁講舍藝字齋。

◎凡例：

◎坿載引用書目（以引用之先後為次，以備覆檢）：《穀梁傳》，武英殿本。《公羊傳》，武英殿本。《漢書秝／志》（又劉歆本傳），明監本。《公羊注》（何休），武英殿本。《春秋長厤》（杜預），岱南閣校本。《穀梁注》（范寧），武英殿本。《晉書秝／志》（又姜岌本傳），武英殿本。《隋志秝／志》（又劉孝孫本刪），武英殿本。《左傳疏》孔穎達，武英殿本。《穀梁疏》（楊士勛），武英殿本。《公羊疏》（徐彥），武英殿本。《元史秝／志》（又郭守敬本傳），武英殿本。《經傳注疏辨正》（徐發），家刻本。《南雷文約》（黃宗羲），家刻本。《潛邱劄記》（閻若璩），吳玉搢編刻本。《春秋裨疏》（王夫之），南菁書院本。《學春秋隨筆》（萬斯大），學海堂本。《春秋屬辭比事記》（毛奇齡），《西河集》本。《羣經補義》（江

〔註13〕《國學小叢書本》。
〔註14〕「《春秋》三十七日食，言人人殊」，《強自力齋叢書》稿本作「《春秋》秝術，昔人步之者夥矣」。
〔註15〕《強自力齋叢書》稿本無「區分十卷」四字。

永），學海堂本。《經義雜記》（臧琳），學海堂本。《補春秋長厤》（陳厚耀），南菁書院本。《春秋說》（惠士奇），家刻本。《春秋大事表》（顧棟高），南菁書院本。《春秋日食質疑》（吳守一），《指海》本。《左傳小疏》（沈彤），《果堂集》本。《左傳補注》（惠棟），《貸園叢書》本。《春秋左傳詁》（洪亮吉），集外續刻本。《左通補釋》（梁履繩），南菁書院本。《經書算學天文考》）（陳懋齡），嘉慶年原刻本。《春秋上律表》（范景福），坿刻《求已堂八種》內。《春秋經傳朔閏表發覆》（施彥士），《求已堂八種》本。《春秋經傳朔閏表》（姚文田，在《邃雅堂學古錄》內），家刻本。《春秋公羊通義》（孔廣森），《顨軒所箸書》本。《五經異義疏證》（陳壽祺），學海堂本。《春秋異文箋》（趙坦），學海堂本。《春秋左氏古義》（臧壽恭），南菁書院本。《左傳補注》（沈欽韓），南菁書院本。《鄒徵君遺書》（鄒伯奇），廣州家刻本。《春秋朔閏異同》（羅士琳），南菁書院本。《公羊義疏》（陳立），南菁書院本。《穀梁補注》（鍾文烝），南菁書院本。《交食捷算》（黃炳垕），家藏留書種閣本。《春秋經學三種》（王韜），家藏鉛印本。

◎上海古籍出版社 2015 年《續修四庫全書總目提要・春秋類》「《春秋日食集證》十卷」：是書即其《強自立齋叢書》之一種，凡十卷，依年條例，以推求《春秋》日食並摭拾諸家之說，以定其從違。書首有光緒戊戌（二十四年，1898）慈谿林頤山敘，謂往歲王先謙為輯《經解續編》，盡訪《春秋》朔閏之書，得陳厚耀《春秋長曆》、羅士琳《春秋朔閏異同》，擬宋衷集七曆例，據《開元占經》互相參校，以古曆校算朔閏，以證曆志之書中日食現象。然諸書齊備，惟缺《春秋》三十七日食。三十七日食之事，世多有爭議。《元史・曆志》載有《春秋》日食三十七事，而殿本只作三十六事。當時對《春秋》三十七日食事考證較完備者，有鄒伯奇《春秋經傳日月考》、馮澂《春秋日食集證》，因前書當時未得，且鄒氏之書仍是參照古時《授時》之法，所考證只及平朔食限。不及馮澂之書能以新法，推至實朔食限，見食不見食始準云云。馮氏自序以《春秋》三十七日食，有經誤、傳誤、術誤之聚訟。其知者，若元郭守敬據《大衍》、《授時》，立術俱疏，故雖上考朔閏，猶易為力。清儒閻百詩、江慎修、梅定九等，亦並有論說。而日食則推算繁重，先儒視為畏途，間有用古術及今《時憲術》上推者，亦僅推至平朔食限而止。馮澂以案距交入食限，有入平朔食限而不食，未有不入實朔食限而食者。故求日食，須推至實朔交周始定。援引餘姚黃炳垕《交食捷算》，步至實朔，始有是書。昔人亦據鄒伯奇《春秋經傳日月考》與之相參校，舉例幾種，證得是書推算核實，能含納古今諸家之說，相

與辨證，實為治《春秋》不可或缺之書，足與陳厚耀《長曆》、羅士琳《朔閏異同》鼎足而三矣。此本據國家圖書館藏《強自立齋叢書》稿本影印。（諶衡）

◎馮澂（1866～？），字涵初，號清渠。南通（今江蘇南通）人。廩貢生。精考證。著有《春秋日食集證》十卷、《農學通釋》、《種菰新書》，收入《強自力齋叢書》（一名《清渠叢書》）。與纂民國《南陵縣志》。

馮李驊 春秋左傳集解 五十卷 首一卷 存

康熙五十九年（1720）大文堂刻本

山西藏乾隆四十四年（1779）華川書屋刻本

道光十二年（1832）華川書屋刻本

日本安政元年（1854）須靜堂刻本

國圖藏同治七年（1868）楚北崇文書局刻本

同治九年（1870）玉軸樓刻本

國圖、浙江省博物館藏光緒十二年（1886）湖北書局官書處刻本

光緒十六年（1890）桂垣書局刻本

光緒二十二年（1896）淮南書局刻本

光緒三十年（1904）承文新書局刻本

光緒三十一年（1905）益友堂刻本

天津藏清步月樓刻本

北師大藏清江左書林刻本

清同人堂刻本

線裝書局 2020 年何俊主編左傳評注文獻輯刊影印清刻本

◎或題《春秋經傳集解》。

◎馮李驊，字天閒。浙江錢塘人。著有《讀易小得》一卷、《春秋左傳集解》五十卷首一卷。

馮李驊 左繡 三十卷 首一卷 存

上海藏康熙五十九年（1720）大文堂刻本

清華、復旦、上海、天津、香港中文大學藏康熙五十九年（1720）華川書屋刻本

康熙五十九年（1720）紫文閣刻本

康熙五十九年（1720）綠蔭堂刻本

國圖藏康熙書業堂刻本

北大、山西藏乾隆四十四年（1779）華川書屋刻本

乾隆五十七年（1792）學源堂刻本

乾隆輔仁堂刻本

南京藏嘉慶七年（1802）華川書屋刻本

嘉慶九年（1804）文秀堂刻本

嘉慶十六年（1811）崇義書院刻本

嘉慶二十年（1815）達道堂刻本

丹東藏道光二年（1822）刻本

道光五年（1825）華川書屋刻本

遼寧、吉林、南京藏日本嘉永七年（1854）刻本

上海藏日本安政元年（1854）須靜堂刻本

遼寧、丹東、丹東師院、黑龍江社科院藏光緒六年（1880）掃葉山房刻本

遼寧藏光緒九年（1883）經國堂刻本

光緒九年（1883）寶書堂刻本

上海、復旦、天津、吉林社科院、齊齊哈爾藏光緒十四年（1888）上海文瑞樓刻本

中國民族圖書館藏光緒十八年（1892）重刻本

丹東藏光緒二十二年（1896）成文堂刻本

光緒二十四年（1898）承文新刻本

丹東藏光緒二十五年（1899）濰陽成文信刻本

國圖、黑龍江、牡丹江藏光緒二十八年（1902）新化三味書室刻本

國圖、吉林、吉林大學、南京、哈爾濱藏光緒三十一年（1905）善成堂刻本

光緒三十一年（1905）益友堂刻本

哈爾濱藏光緒三十四年（1908）大與堂刻本

北大、上海、天津藏光緒金陵李光明莊刻本

北大、上海、天津藏宣統三年（1912）上海會文堂石印本

清宏道堂刻本

清文富堂刻本〔註16〕

〔註16〕扉頁有牌記云：本堂不惜工資，較對無訛，識者鑒之。

清常郡積秀堂刻本

國圖藏清敬書堂刻本

遼寧藏清佛山翰寶樓刻本

天津、錦州、瀋陽師大、哈爾濱、齊齊哈爾藏清上江左書林刻本

復旦藏清寶章書屋刻本

臺灣大學藏清錦雲書屋刻本

丹東藏清綠蔭堂刻本

北大藏清末書業德刻本

瑞安市文物館藏清刻本

天津藏清金閶步月樓重刻華川書屋本

北師大藏清江左書林刻本

國圖藏 1916 年常州日新書莊刻本

哈爾濱藏 1926 年上海中原書局石印本

國圖、遼寧藏民國上海廣益書局石印本

民國上海章福記書局石印本

◎一名《春秋左繡》《左繡讀本》《春秋經傳左繡讀本》。

◎陸浩評輯，范允斌等參評，馮張孫等校輯。

◎兩節版，上節《左繡》，下節《春秋》。

◎目錄：

首卷杜氏原序、刻左例言、讀左巵言、春秋時事圖說（附春秋三變說、列國盛衰說、魯十二公說、周十四王說）。一卷隱公。二卷桓公。三卷莊公。四卷閔公。五卷至七卷僖公。八卷至九卷文公。十卷至十一卷宣公。十二卷至十三卷成公。十四卷至十九卷襄公。二十卷至二十六卷昭公。二十七卷至二十八卷定公。二十九卷至三十卷哀公。

杜林《合註》分卷五十，非其舊也。今依《漢書・藝文志》古本三十卷為正。

◎左繡序：《左氏》，文章也，非經傳也。文則論其文，傳則繹其義，不易之規也。昌黎韓氏曰：「《春秋》謹嚴，《左氏》浮夸」，誠哉斯言乎！《春秋》主常而《左氏》好怪，《春秋》崇德而《左氏》尚力，《春秋》明治而《左氏》喜亂，《春秋》言人而《左氏》稱神，舉聖人之所必不語者而津津道之有餘甘焉，然則《春秋》之旨其與幾何矣。近莊、列詭譎之風，啟戰國縱橫之習，大

率定、哀以後有絕世雄才不逞所志，借題抒寫，以發其輪囷離奇之概云耳。故曰文章也，非經傳也。雖然，當時二百四十二年列邦事蹟盡為秦燼，後之人欲通《春秋》之義，必觀其斷；欲觀其斷，必檢其案。《公》《穀》風調的係漢儒，《國語》冗而散，實不類左氏手筆，則是彷彿萬一者猶賴此篇之存。雖有學如胡氏、識如胡氏、議論精詳如胡氏，其能舍是以為案哉！且居今日而挾為兔園冊者尤有故，自有明以來四百年，以四子書取士，孔孟同時事實莫詳是書，是昔為《春秋》一經之傳者，今且為《語》《孟》四書之傳也。援引驅策幾不可斯須置，而謂是能已乎？余自幼就傅，卒業經籍，塾師即以此授。初疑其不合於經，然其文雄深雅健，變化高華。嗜而成癖者，何啻當陽。獨恨當陽以後，訓詁無慮數十百家，要無能統括全書，指其精神脈絡以見作者之才、以盡行文之態。居恆循誦，有志丹鉛。通籍後鹿鹿使車，未遑也。乃有馮生天閑，偕其友陸生大瀛，呈其所輯《左繡》一冊。披覽之餘，甚愜人意。蓋文章一道本有天然之節族，有自然之呼應，不能文者有意揣摩而常離，能文者本非擬議而自合。忽忽則不知，按之則盡出。左氏之為文，豈預設一成格哉？而後先互應，疏密得宜，有不期然而然者，是誠文之至也。然則《左繡》之論文，亦論文之至也。學者得此而讀之，自不至買櫝而還其珠，亦不至以辭而害其志矣。抑余又有為生告者，學人不朽事業，得志在經濟，不得志則在著述。以生之渺思微會，由論文而進之以談經，更必有卓犖不羣之識也，此猶其嚆矢也夫！時康熙五十九年庚子孟冬，年家侍生朱軾書於浙署之自修齋。

◎張孫跋：外人頗疑家君偏於論文，不及論事。今從《左貫》中摘錄數則于首，畧見大意，而全部了然，其視世之論事者何如也？男張孫謹識。

◎序言：吾門馮子李驊，食貧嗜古，嘗殫數年精力，與其同學陸君，刻心陳編，章紖句嶵，甫成《左繡》一書，將出以行世。或有問於予曰：「二子之為是書，其陽秋之博徒、武庫之扶輪者邪？」予曰：「不也。說傳非說經，論文而不論事，馮子固自言之矣。」曰：「然則據今人之濾，上溯千載，以律古人之文，其可乎哉？」予曰：「然。自有書契，《六經》炳垂。是時元氣渾淪，菁華未洩。於是乎，有鬮生人靈慧之府，軒豁極致，以章天地之大文者。丘明氏實為之創，而莊周、屈原乃繼之。馮子工於論文，而本乎其初，故矻矻焉於是致力云爾。《春秋》之誅賞，嚴於一字，遊夏所不能贊，而左氏說之詳。左氏之記載，累數萬言，高赤所不能勝，而杜氏核其要。是皆無可言者。獨其思力之精銳，矩律之謹嚴，機態之變化，從衡而不詭於正，是則昔之人所會心，

而未始有言；近世屢有言之，而不能詳且盡者。馮子有志虖是，是亦褰裳去之之一候也，且子固知文不可以無濾，而其所謂濾者何也？自兵刑律歷下逮百工伎術之流，莫不自法其法，而法固未嘗有異也。無亦天地間，只此陰陽奇耦、順逆終始、疏密合離之數端，以相與錯綜而位置，而人之巧拙，能否不蘄自呈露於其間，神謀鬼謀百姓與能，此真可為知者道耳。是故，文以載道，道存則法存，法或廢則無以言之，文而適乎道矣。六經一天地也，日星海嶽之麗乎兩間，如文之有左氏者也。縣象成列，自古已然，此中靈秀神奇，亦復豈待點染？而狀之彌工，探之愈出，則後人之巧慧，亦造物所不禁。辟如仰星漢遊海岳，洸洋冥迷，而不可窮。有人焉，一一大啟其藏，示之以躔次之所以行、流峙之所以安，與凡昕夕之斂舒、煙雲之變滅，識波瀾之鼓蕩，窺洞壑之幽奇，無有不屬目醉心者，而又孰非天地間自有之境象乎哉。然則据今人之法以論古文，又何為而不可也？」客既斂容而退，因識其語以弁是書之端。馮子家無甔石儲，節䪍朝夕，黽勉而為此。陸君實襄厥事，此殆有癖於杜氏者，若嘉其志而翼之於成，則當世大人先生是期，予無所置喙矣。康熙庚子季秋，松南農張德純書於虎林旅次。

◎陸浩跋〔註17〕：南人學問，牖中窺日；北人看書，顯處視月。支公平孫、褚之爭云爾。劉氏以謂學廣難周，難周識闇，迺似顯處視月；學廣易叞，易叞智明，迺似牖中窺日。是二說者，愚皆否否。看書學問，性靈攸寄，奚分南北？視月窺日，則見大見小之喻；視闇智明，適謬本論支。北人故語助褚劉，南人故語助孫耳。其實理無偏詣，兼濟唯寶，否則与為顯處視月，無寧牖中窺日。《左傳》，日也；《左繡》，牖也。生而瞍者不知有日，語日形則扣槃，語日光則捫燭。夫日精非形光之迹，日象非槃燭之肖，以《繡》求《左》，窺牖斯在，其儗諸管豹也唯命，其讓諸蠡海也唯命。得月於顯，弗遑暇矣。瞍日用詢，庶其免夫！庚子十月三日定海後學陸浩大瀛跋。

◎卷首題名：錢塘馮李驊天閑、定海陸浩大瀛評輯。同學錢塘范允斌右文、仁和沈乃文襄武，杭州陸偲巽皋參評。男馮張孫近潢、翼孫念詒、六孫恩蔭，男陸麟書素文校輯。

◎首卷《刻左例言》：

一、近人皆以《杜林合註》為讀《左》善本，張松南夫子與沈操堂先生俱云此係俗刻，林不得與杜並。故本註悉遵杜氏《經傳集解》原本，一字不

〔註17〕各本文字小有異同。

敢刪動。林註則芟蕪駁謬，畧存其明切者而另刊姓氏以別之，庶不失古人遺意。

一、杜解詞意高古，典制詳明，誠為左氏功臣。其纖悉異同處，備載《註疏》《經解》諸書。《經解》書帙浩繁，不能摘錄，今但採孔氏《正義》及顧氏炎武《補正》三卷，參訂一二，而間附鄙見，皆以黑圈隔之，或加一按字為別。總期折衷前賢，非妄為掎摭也。

一、本註單訓義例，不論文法。鄙意則專論文法，然無混入本註之理，故另列上方，所以尊杜也。或以高頭講說為嫌，弗遑恤矣。

一、此書單論傳不論經，以經有專家，自漢迄今，無慮數十百種，非皓首研窮，未易窺其蘊奧；傳則剽竊篇法作意，以見其為古今文字準繩。或有千慮一得，此愚之所矻矻致力者耳。

一、《杜林合註》本有當斷不斷、不當斷而斷者，皆編書之誤。今于當斷者增黑圈以界之，不當斷者刊小圈以界之，而本來面目不敢遽易，以云慎也。

一、陸氏云：「舊夫子之經與丘明之傳各卷，杜氏合而釋之」，可見《左傳》原通長寫去，但其中有連經合傳，有依經分傳，都各成篇法，若強取其首尾而一之，事雖貫而文則岐矣，故此編從杜氏分節為主。

一、舊文于大段落用—、小段落用—，斷而另起者用乛、畧讀者用●，其于線索關鍵、詞意警妙處或∴或◎或○○○或＼＼＼，各就本篇照應，不拘一律。

一、字義音釋，于希見者及別有讀法世所傳訛者，一遵孔疏、陸註增入。其從偏旁得聲，如隧音遂、郭音孚之類，一概從畧。至可以四聲得者，直就本字點發而已。

家貧無力置書，《左傳》自十許歲讀得《左概》二本。閱十餘年始讀《杜林合註》及《春秋五傳》全書，即謬加丹黃。又閱十餘年，凡易稿十餘過。今年春錄有定本，然終不自安，復從北墅吳子石倉／蔡瞻喬梓乞得汲古閣《註疏》六十卷、徐東海先生所輯《春秋左傳》諸集三十一種；又從友人王若沂、沈薊艮、沈于門、范右文乞得徐揚貢《初學辨體》、金聖歎《才子必讀》、孫執升《山曉閣左選》、呂東萊《博議》、永懷堂《杜氏左傳定本》、朱魯齋《詳節》；從及門吳乃人覓得吳青壇《朱子論定文抄》、林西仲《古文晰義》、真西山《正宗》、姜定庵《統箋》；又別見坊刻孫月峯／鍾伯敬《評本》、唐荊川《文編》、茅鹿門《三史》、王則石《左選》、羅文恭／汪南明兩家《節文》，以及《左國文粹》

《左氏摘萃》《左傳評林》諸本，增評之未到者十之二、改評之未合者二十之一。夏四月又從吳興書賈高某購得吳門唐錫周《左傳咀華》二十二卷。秋九月，友人沈雷臣寄示薊門王或庵《左傳鍊要》十卷。冬十月友人沈仁域購示相川俞寧世《可儀堂左選》全卷。意新筆雋，均為讀《左》快書。惜限于尺幅，各量登其尤者數十條。所見如此而已，于劉、賈、啖、服諸古本槩乎未之限也。寡陋之譏，知無所逃。閱者鑒其探索之苦，而他無所苛，則幸甚幸甚。

　　一、《左傳》但當論文，不當論事。論事自《博議》《史懷》外，往往互相勦襲，塵飯土羹，見者欲嘔。茲但錄其卓議新雋精切者，以資初學識力，餘不濫登，弗以罣漏為嫌。

　　一、全部評論皆一意孤行，直至脫稿，方廣羅校訂。凡有增改，必記其所由得，毋敢蹈伯宗無續之訶。然亦時有與前人暗合者，如元妃篇隱立奉和之解見于鄭眾、克段篇處女脫兔之喻見于東萊，本非勦說，無媿雷同，則亦聽之，不能遍註也。

　　一、《國語》《公》《穀》與《左》互相發明，本欲附載，但專論《左氏》篇法作意，不當旁雜他文。另有《四傳異同》嗣刻呈教。

　　一、《左傳》事類最多，有相似者，有相反者，有相對者，有相錯者，暇日纂得《左貫》二冊，即當盡刻以為初學佩觿（一貫本傳事實，一貫前古後今）。

　　一、《史記》《漢書》向有《評林》之刻，採取略備，而疏謬甚多。亦欲刪訂以請正有道，恨無其力。世有惠然賜教者，僕其褰裳就之。

　　一、此書脫稿後亟欲問世，苦無同志。同門陸子大瀛素有左癖，見而愛之，盡出其平日評點，與予參校，真臭味也，爰公諸同好。而范子右文、沈子襄武亦皆匡予不逮、玉我于成者，均得備書，以志不朽。

　　張松南夫子云：「《左傳》自是有意為文，但不當執古人以就我法」，故愚所評諸法，皆是《左氏》自在流出，並不敢強為穿鑿以自誣、誣古人且誣天下後世也。讀者看得此法非左氏一人之私，此評亦非余兩人一己之私，乃為不負此書。

　　松南師又云：「評論正不在多，遇當批處索性說箇暢快，其不用批處連空數頁亦不妨。寸寸填寫，反失其佳。」此言誠著書科律，但驊本意乃為初學發明，不覺過于煩絮。知為方家所笑，況尋章摘句原非壯夫所為，敢望廁古人之席末耶！愧負師言，良用悒悒。

　　華川馮李驊天閑氏識。

◎首卷《讀左卮言》：

語云〔註18〕：坐井而觀天，曰天小者，非天小也。《左傳》所載，何等經濟、何等學問，今概置不論，僅僅以所謂篇法作意者當之，其與坐井觀天何異？然載道者謂之文，文亦道之所寄，考亭朱子論讀《毛詩》，義理外更好看他文章，讀經且然，況于史也？異日論定《左傳》，亦謂左氏是簡曉事該博、會做文章之人。可見左氏之文亦前人所留意，第不專以此盡左氏耳。今余專以文論左氏，本未嘗專以文盡左氏。坐井而觀天，謂所見者小，則有之。如曰此昭昭者之非天，則天亦不受矣。撫為《讀左卮言》於後（昔蜀張南本與孫位並學畫水，南本以為同能不如一勝，去而學火。夫子是書，略古所詳而詳古所略。此物此志也，不肖窺尋偶及，夫子笑而頷之矣。男張孫謹識）。

左氏敘事、述言、論斷，色色精絕，固不待言。乃其妙尤在無字句處，凡聲情意態，緩者緩之，急者急之，喜怒曲直莫不逼肖，筆有化工。若只向字句臨摹，便都不見得。

左氏格調變換不窮，長者千萬言，短者一二字，卻都筆筆有法。其中有獨自成篇者，有類聚成篇者，有絕不相蒙而連綴成篇者。世本或去前取後，如宣子玉環；或去後取前，如呂相絕秦；或去兩頭取中間，如呂郤畏偪、季札觀樂；或去中間取兩頭，如陽橋之役「周十人同」。至如賜胙、盟葵丘，本二也，而誤為一；子產、醫和論疾，本一也，而誤分為二。凡此不一而足，要皆只論事實文詞，不論篇法作意之故，誠審于篇法，求其作意，則自知一字不可移易矣。

《左傳》刪本最多，然長篇無論，即如漏師、城邢，單辭隻句，無不工緻，更從何處割愛？愚故全刻而評之。世有昌歜之嗜者，定當把臂入林。

自來選《左》讀《左》，不外詞調、故實兩項。即有標舉章法句法字法，稱為奇奇妙妙者，但言其然而不言其所以然。又或約指大端而遺其委曲，或細分句節而不露全神。雖前輩引而不發使人自思，而後人則一概囫圇吞棗矣。僕深惜左氏妙文千載埋沒，不憚備加評註。先論全旨，次分大段，又次詳小節，又次析句調，務令完其本來，獨開生面，要為初學撥其雲霧指其歸趣。當世不乏神解之士，超超元箸，亦安用此嚼飯餵人為也！

作意如子產不與鄭環，語語剛執，其神理全為孔張失位為客所笑，故意作難，以殺其勢而爭其氣，篇法如季札出聘，前後敘事都作連山複嶺局陳，故亦

〔註18〕周按：此段原低兩格。

夾一層波疊浪之文以配之。此皆合則雙美、離則兩傷者也。一部《左傳》皆作如是觀。

一部《左傳》，大概每篇合成大片段，分之又各成小片段。彼可分而不可合，則氣脈不完；可合而不可分，則條理不審，皆未識于篇法者也。

篇法最重提應，或單提，或雙提，或突提，或倒提，或原提，或總提，或分提，或直起不提卻留于中間以束為提，乃是變法。或順應，或倒應，或分應，或總應，或正應，或反應，或借應，或翻應，或明應，或暗應，或應過又應，或不應而應，亦是變法。逐篇比對，始知其變化不窮。

古文今文體裁各別，自來皆以參差論古，固已。然乾奇坤偶，其不齊正處正是相對處。愚觀《左氏》片段，無論本當屬對者必兩兩對寫，即極參差中未嘗不暗暗相準而立，相耦而行，散中有整，在作者尤精緻獨絕。蓋參差者其迹，整齊者其神，讀者慎毋以亂頭麤服為古人也。

傳中議論之精、辭令之雋，都經妙手刪潤，然尚有底本。至敘事全由自己剪裁，其中有正敘有原敘、有順敘有倒敘、有實敘有虛敘、有明敘有暗敘、有預敘有補敘、有類敘有串敘、有攤敘有簇敘、有對敘有錯敘、有插敘有帶敘、有搭敘有陪敘、有零敘有複敘、有問議夾敘有連經駕敘、有述言代敘有趁文滾敘、有凌空提敘有斷案結敘。正敘、順敘、實敘、明敘不必言，原敘如成師兆亂，倒敘如敗狄采桑，虛敘如邲戰巢車之望，暗敘如城濮齊秦之略，預敘如嬰齊具舟先濟，補敘如巫臣挾縷傅蕭，類敘如鄭瞞伐我，串敘如二憾皆命，攤敘如重耳出亡本末，簇敘如宋鮑禮于國人，對敘如聲伯嫁妹，錯敘如戴公盧曹，插敘如鄭鬭內蛇外蛇，帶敘如晏子更宅反宅，搭敘如郤犨送孫林父，陪敘如畢萬之後必大，零敘如三點厲之役，複敘如兩述郎之師，夾敘如七子寵武，駕敘如宋襄盟孟，代敘如樂伯致師，滾敘如敗秦刜首，提敘如晉文一戰而霸，結敘如子產擇能而使，種種手法，開天地未有之奇，作古今莫越之準，況詞條豐蔚，經術湛深，又有溢乎重規疊矩之外者哉（內成列而鼓、使營菟裘亦夾敘法，受命展禽、以曹為解亦代敘法。男張孫附識）。

左氏通身手法，未易更僕，其中有巧妙絕人世所未嘗留意者，略拈數則于後。

賓主是行文第一活著，然不過借賓形主而已。《左》則有添賓並主之法，如反自箕竟將胥臣與先軫、郤缺雙結，遂霸西戎將子桑與秦穆、孟明雙結。所謂水鏡造元，直不辨誰為賓主者。又有略主詳賓之法，如要寫太子不得立，卻

將畢萬必復其始極力鋪張；要見晉文憐新棄舊，卻通身詳寫季隗，而叔隗只須起手一句，對面一照，無不了了。又有賓主互用之法，如克段是主卻重在姜氏，殺州吁是主卻重在石厚，于事為主，于文則為賓；于事為賓，于文則為主。蓋事是題面，文是作意，他處皆循題立傳，此獨借題補傳，須看其從主入賓、反賓為主，處處有並行不悖之妙。

埋伏是文字線索，而用筆各變。有倒伏又有順伏之法，如屈瑕盟貳軫篇「師克在和」便伏于「君次郊郢」「我以芮師」兩君字、我字中，「不疑何卜」便伏于「必不誠」「必離」兩必字中，隨手安插，令下文有根也。有明伏又有暗伏之法，如寫子元欲蠱文夫人勉強出師，處處寫出他心頭有事；寫郤克忿兵倖勝，處處寫作齊侯不弱，便令讀者得之筆墨之表也。有正伏又有反伏之法，如子產將誅子哲，卻先放子南，字字偏枯子南，卻正字字激射子哲，為絕隱秀可思也。有因文伏事之法，如石碏諫寵州吁，卻先寫莊姜一段緣故。有因事伏文之法，如晉厲拜秦麻隧，卻先寫絕秦一篇文字是也。

褒貶是作書把握其巧妙。有虛美實刺之法，如鄭莊貪許後，才贊他知禮，即刻便譏其失政刑，有此一刺，連美處都認真不得。又有美刺兩藏之法，如荀息不食言，有得有失，引白圭作斷，兩意都到，與敏稱華耦、古稱陳桓同一筆意。又有怒甲移乙之法，如衛朔入衛，既不便掃諸侯，又不當貶王人，因曲筆反責左右二公子，真有觸背兩避之巧也。

《左氏》字有字法、句有句法、章有章法，毫髮不苟，卻別有不成字之字法、不成句之句法、不成章之章法。如公孫翩逐而射之，上著一「承」字；齊侯以崔子之寇賜人，下著「崔子因是」句；韓宣子來聘篇三節逐節少去首尾不稱，而其妙正在于此，讀者悟得，無處不有文字。

此就世人所忽者而言，其餘妙法，各評見本文，要其慣用家數，所以運量萬有不齊者，有兩大筆訣：一是以牽上為搭下，如曲沃伐翼，本以建國弱本對上成師兆亂，卻以惠之二十四年與下三十年、四十五年作類敘；又如王巡虢，守與之酒泉，本連下請器，卻抽出與上文「與之虎牢」作對敘是也。一是以中間貫兩頭，如邲戰前後十六轉，只以「盟有日矣」一句為關椵；重耳出亡前後凡歷六國，卻以宋襄贈馬一節為界畫是也。此兩法處處皆是，蓋得此則板者活、斷者聯、渙者聚、紛者理，不獨敘事，即議論亦以此為機杼。乃通部極精極熟、極得力極得意處，特為拈出一斑，而全豹盡窺矣。

《左氏》極工于敘戰，長短各極其妙。短者如衷戎、敗制、雞父、檇李等，或詳謀畧事，或詳事畧謀，或謀與事合，至簡至精。長者如韓原、城濮、鞌、邲、鄢陵等，或先議後敘，或先敘後議，或敘議夾寫，至奇至横，篇篇換局，各各爭新，無怪古今名將無不好讀此書也。〔註 19〕兵法古今異宜，況運用之妙，存乎一心，若執此論兵，不免趙括徒讀。凡老生常談，概置弗錄。

《左氏》好奇，每每描寫鬼神妖夢怪異之事。如登僕見巫篇凡寫兩遍，二豎大厲篇凡寫三遍，鄭瞞凡寫五遍，伯有妙于突起，蛇鬬妙于插入，陸渾妙于倒煞，須識其誕戲皆有筆法，故不墮《齊諧》惡道中。

《左氏》極精于易，然過于鑿鑿處，卻未免附會。唯穆姜論艮八、惠伯論黄裳乃足為觀象玩占者定厥指南耳。

《左氏》極長于詩，凡援據釋證或虛或實，贈答評論或質或文，最絢爛者莫過于「七子寵武、不出鄭志」兩番鋪排；最變換者莫過于「不答湛露、重拜鹿鳴」兩番做作。最輕逸者莫過于「昭忠信也」、「其誰云之」，彷彿微雲疏雨；最典重者莫過于「夏父逆祀」「遂霸西戎」，儼然清廟明堂。至于引《書》引《禮》種種博雅，引語引諺種種風趣，無妙不臻，誠哉獨有千古。

議論有泛論、切論之不同，如睦者歌子便只大概說，「二三其德」便一口咬定。

諫諍有正言、喻言之不同，如郜鼎篇句句切直，縣陳篇句句比方。

辭令有婉語、激語之不同，如皋鼬篇句句委曲，執訊篇句句戇直。

起有許多手法，而莫妙于「鄭人相驚以伯有」，紙縫中直有一奇鬼森然來攫人。渡有許多手法，而莫妙于虢公「是寡人之願也」，輕颺一筆，如游絲之裊晴空。

解經有許多手法，或解于首，或解于中，或解于尾，而莫妙于蔡燮楚黄篇，以兩經雙點于中，而兩傳分解兩頭，極整極變。

斷結有許多手法，或分斷總斷，或一事兩斷，或兩事一斷，而莫妙于會鄫篇懸空掉尾，此語不屬景伯亦不屬子貢，意味無窮，一部書尤愛此一結為飛仙之筆也。

《左氏》有絕大線索，于魯則見三桓與魯終始，而季氏尤強；于晉則三晉之局蚤定于獻公之初；于齊則田齊之機蚤決于來奔之日。三者為經，秦楚宋衛

〔註 19〕原文與上文間原空兩格。

鄭許曹邾等，紛紛皆其緯也。洵乎魯之《春秋》「其事則齊桓、晉文」，一言以
蔽之矣。

《左氏》有絕大剪裁，齊桓晉文，孔子蚤為之分別正譎。傳于晉文，寫來
獨詳，然其鋪張神王處，都暗暗露出詐偽本色。齊桓則老實居多，又生平全虧
管仲提調，而管氏亦都不甚鋪排，只一寫其救邢，一寫其辭子華，一寫其受下
卿而已。簡書之從、賜履之征是攘外，招攜、懷遠是安內，讓不忘上是尊王。
只此四端，足以該括此公一生勛略，內政軍令等概從割愛，此何等眼界筆力。

《左傳》大抵前半出色寫一管仲，後半出色寫一子產，中間出色寫晉文公、
悼公、秦穆、楚莊數人而已。讀其文，連性情心術聲音笑貌千載如生，技乃至
此（三條只論大略，其詳具于《左貫》中。陸麟書謹識）。

張松南師云：《左傳》贊不盡，亦無庸贊。顧其學問極博，才情極長，自
天地人物以及古今典故、鬼神情狀無不綜核，自朝聘燕享征伐會盟無不典貴整
贍，雅與事稱。即俚俗猥褻、家人婦子，經其筆，無不點化生動。平者布帛菽
粟，奇者福地洞天，濃者雲蒸霞蔚，淡者秋水寒潭，大者東岱西華，小者一丘
一壑，古者翠柏蒼松，媚者琪花瑤草，典者漢鼎周彝，淺者街談巷說，乃至繽
紛則急管繁絃，工麗則追金琢玉，浩落則長江大河，變幻則蜃樓海市，嶄絕則
峭壁懸崖，鬆利則哀梨并剪，尖雋則春鶯巧囀，奧折則諫果回甘，超忽則驚鴻
游龍，雕刻則鏤金錯彩，凡百妙境，任古今作手，得其一體，皆足名家。而左
氏則兼收並蓄又皆登峰造極也。史公定是後身，昌黎、東坡具體而微，詩史乃
足並駕齊驅，而天分終遜一籌。自此而外，大都屈宋徇官而已，以此相目，或
不為浮譽也。

學博才長，宜其縱橫跅弛、目空一切矣。乃其矜慎處又何膽大心小，靜氣
凝神之至也。觀其自全篇，以至一字剪裁配搭、順逆分合、提束呼應，無一點
錯亂，無一點掛漏，無一點板滯，無一點偏枯，極參差又極整齊，極變化又極
均勻，直以夜來之鍼製天孫之錦。前人有謂「鴛鴦繡出從君看，不把金鍼渡與
人」，左氏則竟將金鍼普渡天下後世，但龘心人覿面失之耳。愚特以繡目《左》，
實有望于天下後世之貪看鴛鴦者（有疑繡字為與《左》不稱者，夫自繡壤、繡裳以
及繡腸、繡虎，經史子集指不勝屈，莫古艷大雅于繡，而何《左》之不稱為？陸麟書
謹識）。

前人論全唐詩有初、盛、中、晚之分，愚于《左傳》亦作此想。隱、桓、
莊、閔之文，文之春也，議論如觀魚、納鼎，敘事如中肩、好鶴，規模略具而

氣局淳樸，翕聚居多；僖、文、宣、成之文，文之夏也，議論如出僕、絕秦，
敘事如鄢陵、城濮，無不大展才情，縱橫出沒；襄、昭之文，文之秋葉，議論
如觀樂、和同，敘事如偪陽、華向，氣斂詞豐，強半矜麗之作；定、哀之文，
文之冬也，議論如皋鼬、夫椒，敘事如艾陵、雞父，又復婉約閒靜絢爛之極，
歸于平淡作者之精神與春秋之風會相為終始，讀者按其篇籍、通其脈絡，沉潛
玩索，知不河漢斯言（家君見論明詩及歷朝古文者皆作此語，常欲刪去，愛其獨確，
乃復存之。男張孫謹識）。

　　《左傳》須一氣讀，一氣讀方能徹其全神。又須逐字讀，逐字讀方能究其
委曲。須參差讀，參差讀則見其錯綜之變。又須整齊讀，整齊讀則得其裁剪之
工。須立身局外讀，立身局外以攬其運掉之奇，而後不為其所震。又須設身局
中讀，設身局中以體其經營之密，而後不為其所瞞。持此法以得當於《左氏》，
以之讀盡古今秘書，直有破竹之樂耳。

　　小時學為八股，好作馳驟文字。先師王約齋夫子（先師生平，啟迪不倦，著
有《約齋四書／小學講義》行世）指謂先輩點題尚用對偶，何一往不返為。驊因
此求之古文，亦無不散中有整，且往往純以整御散者，今之評《左》，猶師說
也。或謂奈何等《左傳》于時文，則吾不知之矣。

　　小時讀《左概》，至僖負羈饋飧寘璧，先君子梅庵公（先君子性耆吟詠，著
有《滄浪集詩稿》《山居雜興》兩種藏于家）問作何解，驊對曰：「當以恐人見知，
藏之璧衣中耶？」蓋刻本模糊，視璧為壁。先君不惟不怒，反有喜色，曰：「孺
子異日讀書，別有會心，但當以鹵莽為戒。」今《左繡》粗有成書，而先君下
世二十三年矣。掩卷愴然，好古者毋似余之蹉跎而抱蓼莪之痛也。驊再識。

　　◎摘錄卷首《春秋列國時事圖說》首：

　　杜舊有譜，坊刻分列卷首，殊費繙閱。今準《史記》年表，總編一冊，於
每公之末各附鄙說，令時事小有貫穿，亦讀書論世所不廢也。圖載《左貫》中。

　　隱公之世，鄭最強，王師亦為之用，小侯皆為之弱，而最睦者齊、魯，最
仇者許、宋。唯與齊、魯為睦，故於齊則石門始，於咸終。於魯則渝平始，及
平終。唯與許、宋為仇，故於許則入許始，滅許終。於宋則伐宋始，取宋終。
皆一部大關目處。春秋初年，鄭莊梟雄，為諸國之冠。然克鄭實潁，內不孝友
于家庭；交惡中肩，外不忠順于王國，亦群罪之魁。周之衰，鄭為之也。《春
秋》託始於隱，而《詩》以鄭次王，以此。齊僖小霸，曲沃椒聊，寫得躍躍。
《春秋》之事，齊、晉居多，兩君固桓、文之嚆矢也。

　　桓公之世，鄭稍衰而楚漸強。二年蔡、鄭盟鄧，傳特表之曰「始懼楚」，為全部提頭也。小芮而敗，卒納其君，秦亦駸駸萌蘖其間矣。春秋列國，鄭為極樞，以其居中而近王也。故未有伯以前，挾王為重，桀驁於齊、魯、宋、衛、陳、蔡之間。既有伯以後，附此則此重，附彼則彼重，故齊楚爭之於前，晉楚爭之於後。近王故難滅，居中故必爭，春秋之鄭，猶戰國之韓魏，其勢略相等。

　　莊公之世，齊桓矧霸，而楚亦浸強，其大勢全在爭鄭。緩告入櫟，爭鄭于前。子元襲仇，爭鄭於後。而齊桓前八年盟幽而鄭成，後十九年盟幽而鄭服，卒無如其屢叛。何也？無他，桓自北杏、兩鄄、兩幽，連年為衣裳之會，九年以後晏然無事，雖以子頹之亂，亦置罔聞。越十年而後，王請伐衛，仍取略而還。失此大義，固不足以服其心已。一軍為晉，曲沃居然列侯。荊人來聘，楚成儼然上國。而御說背北杏于小白初霸之年，請先會于衣裳五會之後，亦識時務之俊傑也。蓋五霸各有其基，惜茲父不克負荷耳，豈真一姓不再興也哉！

　　閔、僖之世，乃霸業極盛時也。僖十六年以前，齊桓服楚于召陵。僖廿五年以後，晉文勝楚于城濮。以楚成雄桀之姿，僅能憑陵小國，而前則屈完來盟於齊，後則鬬章請平于晉，雖其度德量力善于操縱，而兩君勳業固自彪炳千秋已。桓、文相去十年，中間忽著一宋襄，勉強支吾，適供楚成操切。迹其顛末，執滕用鄫，戾虐可誅。不鼓不禽，迂腐可笑。蓋亦外彊中乾，非行仁義之過也。然五霸之次，廁名不朽，苟焉無志者，豈反得而訾之乎？勤王最是圖霸要著，子頹之亂，齊桓失之東隅，故馳驅卅載而後為召陵之師。子帶之亂，晉文占以先手，故迅掃五年，而即有城濮之捷。秦穆徘徊河上，讓第一等事與別人做，宜其僅僅雄長西戎。宋襄又不先不後，無可出色，大丈夫建功立業，固賴適逢其會哉！管仲天下才，妙在不動聲色。孟明不免鹵莽，賴其堅忍。子文無大幹局，只善于自守。目夷才識自足相當，惜不見用。狐、趙不過贊襄，重耳固五霸中第一人也，所得于艱苦備嘗者深矣。

　　文公之世，晉衰楚盛之關也。六年以前，晉襄名為繼霸，而彭衙拜賜，不能禁秦之不強；先僕、處父，不能救江之不滅。八年以後，晉靈因之失霸，而新城之盟，陳、鄭服而蔡不來，卻缺之二軍何亟；兩扈之討，齊、宋略而鄭走險，鞏朔之行成可憐。無他，趙盾才既平平，又牽于趙穿公婿之寵。楚穆欲既逐逐，復佐以秦康報復之師。晉之不競，固不得獨咎其君之少而侈也。顧其機全開于范山「北方可圖」之一言，蓋鄭蘭成晉而歸，十年傲事，君盟垂隴，臣會彭衙。衛匡戚之田，睦歌方當未艾。自狼淵師出，尨涼見因，因之陳懼請平，

蔡亦偕次，而厥貉之會，宋邊逆降，楚勢浸昌，燎原在目矣。猶幸莊王年少，未克長驅，然黎、麋誅亂，庸、蠻旋夷，乳虎食牛，吾于晉殊懼其卒也已。

天時人事，大都相錯而成。如齊桓既沒，晉文未來，恰有一宋襄為之補苴鏽漏。晉文既沒，楚莊未來，又恰有一秦穆為之崛起西陲。自莊迄宣，遙遙八十年間，五霸迭興，想造物于此不知費幾許鑪錘，供千載讀書人俯仰也，異哉！

宣公之世，楚莊獨霸，自宣元年侵陳，遂侵宋，三年伐鄭，至十一年盟辰陵，而陳、鄭服矣，然鄭猶傲晉也。十二年而肉袒牽羊，邲戰勝而拱手以去矣，然宋猶救蕭也。十五年而析骸食子，華元質而俯首以從矣。問周鼎，盟吳越，較延道之請、山戎之伐，有其過之，無不及焉。而晉孜孜於攢函，方哆口于文王之勤；悻悻于斷道，且逞志于婦人之笑。不唯晉儒非楚旅之匹，即郤、荀輩又烏足以敵申叔、蔿敖也！其世失霸，不亦宜乎！

齊桓只爭一鄭，晉文兼爭一宋，楚莊則并爭一陳。蓋陳、蔡近楚，為中國之障。故蔡從厥貉而楚穆以驕，陳討少西而楚莊以霸。至宋為王者之後，又重以茲父之殃，故搶攘者自北杏而後少息于弭兵。鄭居天下之中，又專以虎牢之險，故紛爭者自盟鄧而稍告寧于三駕。二百四十二年間，大勢不出乎此。盟吳越而還，又篇下半部提頭。從此吳通上國，越橫江淮，而春秋以終矣。餘論見本節。

成公之世，又楚衰晉盛之交也。莊王既沒，楚共才不及晉景，子重智亦不若欒書，故楊橋之役，諸侯竊盟。伯牛之師，鄭方獻捷，未幾而許田之爭不決，皇戎之執成仇。鄭偃請成，蟲牢輸服，以至鍾儀被獲，申驪亦禽。雖復重賂以求，會鄧作好，而銅鞮之辱，伯蠲之殺，楚卒不能救也。幸而軍府見歸，羅茂報聘，西門交贄，華元合成。無如金奏食言，汝陰空賂，相遺一矢，讖在鄢陵。而沙隨、柯陵，相繼討鄭。楚縱觀兵首止，鄭徒入質髡頑，而辰陵、郊戰之風斬焉。然而楚雖漸衰，晉亦倖強。戰窒固郤氏之憤兵，鄢陵亦州蒲之益疾。長魚作難，匠麗興戎，而君臣同歸于盡。惟命不常，不能不服范文卓識矣。苟非十四歲兒，晉其能使城濮、踐土之勳，復有成霸安疆之一日也哉！晉與齊、秦皆敵國，然齊、晉交兵者少，秦、晉交兵者多。一則僻處東海，一則近偪西河也。故商人賂扈，而後廿餘年而一見于羣之師。蕭同為質，先侮人後為人侮。輔氏力禽以來，十餘年而又見麻隧之戰。呂相多誣，先欺人而後為人欺。藉令帷房無笑客之聲，涉河成會所之信，三國同心，攘楚易易，何待虛杅之會，嘉谷之援，而後為悼公之新政乎！前爭陳宋，此番復爭一許。冷敦取而氾祭亡，

子國執而蟲牢服，瑣澤盟而申封入，葉縣遷而武城盟，究竟非為爭許，仍爭鄭耳。後此復遷白羽，吳入郢而許亦滅，唯晉楚皆不能爭也，許之所係亦重矣。子重奪命，伏柏舉之機。華元合成，作弭兵之引。成霸安疆，又直為三駕提頭。此卷全是一部大書轉關處，不可不知。

襄公之世，悼、平復霸之秋也。然十六年以前，晉悼之服鄭也，息民三駕而有餘。十七年以後，晉平之服齊也，諸侯七合而不足。蓋虎牢城而諸侯戍，勝算在我，鄭成而楚莫爭。故蕭魚之赦，徧告諸侯，假寵且通于周室。溴梁會而大夫張，乾網下移，齊貳而楚益肆。故弭兵之盟，讓楚先歃，失霸遂訖乎春秋，此三十餘年間，亦時事得失之林矣。

天下得失之數，都由自取。如楚共之不能爭鄭，以其奔命于吳，而其釁皆原于鄧廖之簡組甲。趙武之不免讓楚，以其不能于齊，而其端實始于范宣之假羽毛。比類而觀，前車斯在。襄十四年，遷延之役為秦晉交兵之終。襄廿八年，弭兵之盟為南北分霸之始。又一部大關目處。

文公、悼公才智警捷，無可低昂。然一則作三軍以翊霸，又作三行以僭王。一則帥新軍從下軍，旋舍新軍復舊制，此處較有學問。前人謂五霸中秦穆、楚莊頗有道氣，余于周子亦云。

昭公之世，又齊、晉、吳、楚迭為強弱之秋也。晉平末年，無所事事，逆姜于齊，送女于楚，石言不戒，虒祁是娛。爰及昭夷，平丘發憤，然而示威、示眾，聽鄭僑爭承而弗敢難也。幸頃公嗣世，王室亂生，黃父恤緯，子朝克逐。籍秦致戍，伯音城周，依晉之休，猶有存者。楚靈乘晉媮安，放焉坐大。會虢則讀舊書，會申則用齊桓，滅陳滅蔡，求鼎求田，投龜詬天，惡遠斯棄。負鉞狗軍，來粲然之笑；當璧尾大，致乾谿之辱。恃侈而愎，亡也忽諸！熊居初政，復封陳蔡，簡兵息民，綽有可觀。而邇讒棄忠，天倫之際，實多慚德。遷陰城郟，不在諸侯。長岸雞父，屢敗奚惜！楚昭既立，即誅無極，而大封定徙，吳釁速挑，從此多事。齊自西略久荒，大風莫振。羽毛始貳，重丘旋成。而納燕亦心乎復霸，伐徐尤志存代興。濡上暨平，蒲隧率服，宜令衣裳九合，祖武克繩。而燕姬既歸，甲父復入，鄟陵雖主邾杞之盟，會城不誠高張之後。于周既昧勤王，于魯又為德不卒。欒、高敗稷，陳桓肇興。論德論禮，有一晏子而不能用。其稅駕回，不待折齒既背而後知也。吳通上國，楚困巫臣。能者壽夢敗粗甲之師，諸樊克皋舟之隘。今夷昧頻年勝楚，長岸之戰，以長鬣復餘皇。雞父之捷，以罪人犯三國。洎乎堀室甲興，闔廬自有。伍胥見用，誤設多方，而

楚病亟于奔命矣。然而用師於越，實始星紀。得歲受凶，史墨先見，禍福倚伏，又烏能遽同於先王乎？綜而論之，魯昭十一年以前，楚靈強而晉平弱。十一年以後，晉昭弱而齊景強。二十二年以訖三十二年，晉頃憂在王室，齊楚所不能也。吳專罷楚，亦足助晉，惜其得之于楚而失之于越耳。弭兵盟後，楚為章華之臺，晉築虒祁之宮，而楚亡于侈，晉亦替于瑜。外寧內憂，晏安酖毒，真千秋金鑑也。管、晏皆當世才，桓之刱霸，不亟子頹之誅。景之代興，不赴子朝之難。俯伏上下，至今為兩公惜之。

子產為《春秋》後半部第一流人物，自魯襄八年料侵蔡獲變以來，至十九年而為卿，三十年而子皮授之政，昭廿年而卒，凡四十四年。歷事簡、定二朝，于晉則當悼、平、昭、頃，于楚則當共、康、郟、靈，治內禦外，皆以禮為主，而輔之以權。立政如丘賦刑書，持正如禜龍禳火，定亂如子孔子皙，當機如爭承毀垣，用兵如數俘登陴，剛果如鄭環馳乞，詞令如徵朝獻捷，博洽如臺駘黃熊，風雅如「隰桑」「羔裘」，應變如立朝毀廟，理學如不毀鄉校，知人如擇能而使，種種出人意表，所謂救時之相也。《左氏》臨了以寬猛一論結之，蓋不獨治民，其於事大之法，亦不外此，可為知子產之深者矣。

定公之世，晉霸之局終矣。會王人及十七國之師于召陵以侵楚，討其留蔡昭則德在小侯，誅其納子朝則功在王室，以此申大義于天壤，宜不在桓、文下。乃荀寅以求貨弗得而辭蔡侯，坐使柏舉之捷轉為吳有，此大錯也。且羽旄施而鄭畔，手挽捘而衛畔，高張後而齊畔，仲幾執、樂祁止，而宋亦畔。於是外不能主諸侯，內亦無以正其大夫，楊循爭而趙、范忤，邯鄲討而趙、荀鬩，晉陽畔而朝歌效尤，韓、魏請而三家勢張矣。獨是齊景當有為之時，藉有為之勢，其盟咸也可以得鄭，盟沙也可以得衛，盟洮也可以得宋，因之以歸田者睦魯，以會牽者助晉，移禚杏之遺養國士，廣軒蓋之賞鼓三軍，偕閭沒而戍周，帥籍秦而送王，雖失子朝于東隅，猶可收儋翩於桑榆。而一匡之烈，不難再見。無何際代興之會，昧復霸之經，脾上梁間，且以救范、中行氏而襲晉也，鄰國有聖人，亦且奈之何哉！伐楚始終于召陵，而齊桓因侵蔡而次陘，吳光又因質蔡而入郢，亦天然關目。

魯十二公，五霸皆聚前六公，後此無復可觀。雖成十年以前鞌戰則景勝齊，十年以後鄢陵則厲勝楚，然一以憤、一以倖，都無大義足以服人。襄公之世，晉悼有三駕之盛，而所爭一鄭。晉平有七台之勤，而所爭一齊。昭公之世，楚靈有會中之專，而示侈不終。晉昭有平丘之台，而示威罔濟。自此以後，成周

之城，魏舒以南面奸義。柏舉之師，夫槩以爭言喪績。揆諸德禮信義之風，遠不逮焉。世多稱五霸不足，六亦未易屈指在。

哀公之世，中夏衰而吳越爭霸。十三年以前，吳驟強，至會黃池而極。十三年以後，越驟強，至盟平陽而終。吳之強也，伐陳而修舊怨，會鄫而征百牢，城邗溝而江淮通，徵魯師而艾陵捷。周室之爭，晉讓先歃，居然兩伯，竟同宋盟。然而肉食有墨，盛極必衰，國狗之瘈，貽笑宗國矣。越之強也，檇李傷闔閭于前，黃池襲夫差于後。句卒既擾，潛軍斯涉，侵楚以誤吳，聘魯以圖霸。邾益有執父之訴，衛輒亦將伯之呼。駘上之封，動他日之念。適郚之得，藉三桓之去。皆於鳥喙有厚望焉。而其時晉有朝歌之畔，齊反為輸粟之助。齊有舒州之逆，晉不聞沐浴之請。般師之執，晉焉齊弱。犁丘之戰，齊為晉禽。廩丘乞師，晉以魯勝齊。留舒杖戈，齊又以鄭勝晉。互相軒輊，迄於春秋，而田齊之勢張，三晉之局成矣。秦自《無衣》奸義，申、胥同仇，從此燕坐西陲，安受中國之燼。楚則免冑除亂，武城卜吉，從此滅陳盟越，終稱合縱之雄。而鄭以滅許自豪，宋亦以亡曹自負，中夏無主，干戈日尋，雖欲不為戰國，不可得也。春秋之始，《匪風》心怛于無王。春秋之終，《下泉》寤嘆于無伯。掩卷低回，亦何以易斯言也哉！

◎摘錄《春秋三變說》：春秋之局凡三變：隱、桓以下政在諸侯，僖、文以下政在大夫，定、哀以下政在陪臣。當其初，會盟征伐皆國君主之。隱十年翬帥師會四國伐宋也，則貶而去族。桓十一年柔會宋公、陳侯、蔡叔盟折也，亦貶而去族，權猶不遽下移也。僖十七年大夫為翟泉之盟以伐鄭，則諱不書公。文二年垂隴盟書士縠。十五年以上軍、下軍入蔡，書郤缺，而大夫始專矣。浸淫至成二年，鞌之戰魯以四卿帥師，而三家之勢張。襄十六年溴梁之會，晉直以大夫主盟，而無君之勢成。于是物極必反，上行下效，諸侯專天子，大夫專諸侯，家臣專大夫。宋樂祁有陳寅，鄭罕達有許瑕，齊陳恒有陳豹，衛孔悝有渾良夫，晉趙鞅有董安于，魯仲孫有公斂處父，而莫狡且疆于季孫之陽虎。以公伐鄭，而實意在惡季、孟于鄰國。盟公周社，而實意在詛三桓于國人。夫子于定八年特書盜竊寶玉大弓，所以治陪臣也。《春秋》上治諸侯，中治大夫，下治陪臣，至目之曰盜，充其類以盡其義，諸侯、大夫一言以蔽之耳。《魯論》通天下之勢，該二百四十二年運會所趨而言。左氏直疏通證明此旨，愚為約略其說，以見丘明好惡同聖之語，果不誣云！

◎摘錄《列國盛衰說》：列國盛衰如循環，大抵不外理、數二字。春秋初年，鄭最強，東遷之始，鄭為有功，且新封也。繻葛之役逆天甚矣，故終制于大國。晉、鄭同依，鄭居中而受制，晉北鄙而主盟。霸必有大國。不其然歟！齊桓獨霸四十餘年，內政軍令，有治法，無治人，美先盡也，故沒不復振。晉文十九年艱苦備嘗，子帶之難，功在王室，霸僅五年而終，賞不酬勞，故子孫繼體不絕。至盛極而衰，則三卿非能分晉，曲沃教之耳。宋襄雅意代興，實不識時務，與戰國之偃，後先一轍，為天下笑。一姓不再興，亦茲父累仁義，豈仁義累茲父哉？楚僭王最蚤，澤麋蒙虎，首犯不韙。熊旅雖賢，昧茲大義。子西改紀，仍而不革，入戰國而竟為秦愚。雖三戶有靈，卒亡于暴。秦封最微，不齒中夏，周遺豐鎬，興王有基。任好于晉有恩，不食其報，西戎雖霸，運會未昌。夫子刪《書》，以《秦誓》終，不已知繼周有屬乎！滕、薛、邾、杞，無關重輕，幸遠南服，不遽為江黃道柏之續。而薛、杞稱伯，滕且名子，邾與小邾反去附庸而儕五等，此王朝之黜陟，抑霸國之恩威也。陳、蔡比肩事楚，而一再見滅，皆陳先蔡後，以娶滿最早，而命仲獨遲。然陳滅于楚，田建于齊，則虞氏之澤長矣。衛與魯享國特久，楚丘帝丘頡頏，曲阜積厚流光，雖弱何病？惜一惡于君臣，一爭于父子，而適鉏遜邾，皆卒于越。兄弟之政，乃至于此，良可浩嘆！許居鄭卧側，首垂涎于許田。曹為宋畿內，實禍萌于鹿上。故許卒為鄭禽，曹終為宋有，積威之漸，使人寒心。吳始于讓，而卒于爭，近媿諸父之義，遠墜泰伯之教。加以立庭不誠，好冠坐大，黃池甫先，於越已入。其強易弱，飄風暴雨固未有終日者。越至僻陋，與波臣伍，而允常從吳敗楚，句踐又乘楚誤吳，橫行江淮，東侯畢賀，五霸之局，竟以越終，禹之餘烈也。顧適鉏之得，忽轉為平陽之盟。譶猶用事，知其無當于桓、文、莊、穆之風矣。嗚呼！列國盛衰，雖曰天意，豈非人事哉！

◎摘錄《魯十二公說》：魯十二公，隱有讓國之賢，而優柔之禍中于菟裘。桓有弑兄之惡，而瀆倫之慘償于拉幹。莊慚衛實，喜有禦亂之武功。僖辱魚門，幸有作宮之文德，見于詩歌，于斯為盛。閔以髫年被弑，然落姑之盟，蚤知攸好。文以多疾廢禮，然術椒之聘，特有榮施。宣初稅畝，因賄楚而開厚斂之端。成作丘甲，因畏齊而啟窮兵之釁。襄十一年作三軍，為三家分室之謀。昭公五年舍中軍，為季氏獨強之計。然而杞圍蒕靈，亦接踵至矣。壞隤既入，定不為昭討乾侯之辱，故康樂入而夾谷之相不終。此瑕既城，哀不

從定，悟墮成之難，故有山施，而適郿之得罔效。大都魯本弱國，二百四十二年間，前則見弱于伯國，後則見弱于三家，而天王屢有錫命之榮，小邦數有來朝之美，則元公之澤猶長，秉禮之風未墜。夫子定筆削，寓褒貶，獨于魯史三致意。有以夫！有以夫！

◎摘錄《周十四王說》：周十四王都無甚昏虐，第忠厚之遺，過失之弱耳。然平王贍惠及仲，首昧匹嫡之訓。桓王助沃逐翼，全懵裂冠之戒。乾綱不正，宜繻葛之肆逆而無忌也。莊錫魯桓之命，而法漏于吞舟。僖列晉武為侯，而賞僭于竊國。積而至于子頹，患猶不鑒，反令鄭逃首止之盟，而叔帶之釁不旋踵矣。襄王守匹夫之孝，自致鄙汜之辱。顧始則告難齊桓，王人會洮而位以定。紀則策命，晉一河陽下狩而名亦尊。知人則哲，庶幾近之。自頃及匡，王室無事。若乃定郤楚莊問鼎，王孫猶布周德之盛。簡命單、劉會伐，晉屬猶假周室之威。無如靈王生而有髭，虛有其表。景王多言舉典，徒託空言，以至心疾不瘳。已犧釀禍，悼猛不終。敬乃杌狄泉姑蘇，奔走不暇。賴晉始城成周，繼戌胥靡，迄于春秋，猶然共主。要之，未有伯以前，鄭最跋扈，而諸侯相制，權不遽移。既有伯以後，齊、晉僅以虛名奉之，而公然搜取，大權以去，天子拱手而已。然襄有請隧之拒，定有獻捷之詰，景有閻田之責，敬有城周之命，溫嚴並用，辭意俱美，至今令人想見先王命誥之遺。而天威咫尺，猶凜下堂之拜，嫠婦恤緯，猶深瓶罄之恥。叱嗟不作，甲粟毋徵；名義所存，冠冕斯繁。此春秋與戰國之所以分也已。

◎提要：是編首載讀左厄言、十二公時事圖說、春秋三變說、列國盛衰說、周十四王說。書中分上下二格。下格列杜預《經傳集解》及林堯叟《左傳解》，悉依原文；林解則時多刪節；又摘取《孔氏正義》及國朝顧炎武《左傳補正》二書與杜氏有異同者附於其後，別無新義。上格皆載李驊與浩評語，則竟以時文之法商榷經傳矣。

馮李驊 陸浩 左繡選青 不分卷 存

北大藏錫光抄本

馮夢龍 春秋別本大全 三十卷 未見

◎該書全錄胡安國《春秋傳》，間采《左傳》史事，以備學子作時文摭撦之用。至其他諸家之說，則僅錄數條。

◎馮夢龍（1574〜1646），字猶龍，又字子猶、耳猶，號龍子猶、墨憨齋主人、茂苑外史、詹詹外史、顧曲散人、吳下詞奴、姑蘇詞奴、前周柱、史平平閣主人等。長洲（今江蘇蘇州）人。與兄夢桂、弟夢熊並稱「吳下三馮」。崇禎三年（1630）補貢生，四年（1631）授丹徒訓導，七年（1634）升福建壽寧知縣。著有《春秋別本大全》三十卷、《春秋定旨參新》、《春秋衡庫》、《麟經指月》十二卷、《四書指月》、《隱語》、《笑林》、《笑史》、《笑府》、《雅謔》、《智囊》、《情史》、《牌經》、《廣笑府》、《最娛情》、《雙雄記》、《折梅箋》、《萬事足》、《宛轉歌》、《邯鄲夢》、《喻世明言》（又名《古今小說》）、《警世通言》、《醒世恒言》、《有夏至傳》、《新列國志》（《東周列國志》）、《兩漢志傳》、《壽寧待志》、《燕居筆記》、《燕都日語》、《盤古至唐虞傳》、《增補三遂平妖傳》、《古今烈女演義》、《古今談概》、《太平廣記鈔》、《版經十三篇》、《甲申紀事》、《馬吊腳例》、《壽寧待志》、《中興偉略》、《中興實錄》、《大霞新奏》、《新平妖傳》、《王陽明出生靖難錄》、《墨憨齋定本傳奇》、《童癡一弄・掛枝兒》、《童癡二弄・山歌》、《夾竹桃頂真千家詩》、《楚辭句解評林》。遠方出版社2005年出版有《馮夢龍全集》全二十四冊。

馮夢龍 春秋定旨參新 三十卷 存

日本內閣文庫藏明刻兩節本
上海古籍出版社1993年馮夢龍全集影印明刻本
江蘇古籍出版社1993年馮夢龍全集田漢雲李廷先校點本
上海古籍出版社1993年魏同賢主編馮夢龍全集影印明刻兩節本
鳳凰出版社2007年馮夢龍全集點校本
◎兩節本目錄：
上節：春秋考寔、春秋秘訣、春秋要法、春秋總論、隱公上、隱公中、隱公下、桓公上、桓公中、桓公下、莊公上、莊公中、莊公下、閔公、僖公上、僖公中、僖公下、文公上、文公下、宣公上、宣公中、宣公下、成公上、成公下、襄公上、襄公中、襄公下、昭公上、昭公中、昭公下、定公上、定公下、哀公上、哀公下。
下節：春秋發凡、前一春秋各傳序略、前二春秋兩周事考、前三春秋列國始末、卷之一魯隱公上、卷之二隱公中、卷之三隱公下、卷之四魯桓公上、卷之五桓公中、卷之六桓公下、卷之七魯莊公上、卷之八莊公中、卷之九莊公下、

◎敘：聖王在上，麟遊于郊；聖王不作，故作《春秋》。曷為有麟耶？此蓋先事而見者也。後事見者，五帝之星雲龍鳥；先事見者，《易》之馬、《範》之龜，麟得比焉。有王者起，是非賞罰悉取裁也。定者，馮猶龍氏所手定也。旨者，脂也，枯者可腴，苦者可甘，淡者可味；又指也，仰可見月，俯可得津，了然于目，快然于心者也。是非者，水火分、黑白別之物；賞罰者，榮辱天淵、生死今古之懸，無弗了也，無弗快也。孔子生周衰不振之候，見君臣夷夏之辨，顛倒擾亂，而又駕為支吾影附之說，以聘問會同，使人陰為鬱鬱，不敢究詰，故取了然于目、快然于心者一大振之。子夏親承其旨，以分授公、穀。至漢而其徒日盛，帝太子、諸王俱好之，《左氏》不得與分半席。良以紀事編年之書，不如斷章取義、如利刃截物，了然于目、快然于心也。漢末晉初，俘干盟、夷亂華，中國之氣日鈍，故《公》《穀》之鋒不張。至宋而北兄南弟，稱獻稱納，奄奄忽忽，甚于東遷。安定憤積于心，義形于手，若稔知有金元之禍者，此亦所謂先事而見者耶？本朝取士，四傳竝行。文皇鼎定燕京，忽獨行《胡傳》，亦似預知有土木之禍及今日遼左之患者。雖然，此猶外懼也，抑有內憂。內憂者，從傳而有傳題，傳題而復有比合，比合不已，轉展附會，以明白正大之旨而為影響射覆之具，是非幽渺，榮辱熒亂，彼此士心橫騖。猶龍氏作《指月》以救之，弗止也。復于諸說靡所不參，而又取衷于我現聞姚師。其言曰：「明正者以應功令，支離破碎，則期與天下共摘其謬，欲使學人收旁營之力，匯于體研本旨。」果能如是，則緣安成而見康侯，了然于心，快然于口，中國可尊，夷狄可攘，無兄弟獻納之醜。又將緣康侯而見公、穀、卜夏，以庶幾于孔子。了然于心，快然于口，三家何所藉以逐君？六卿何所飾以分國？晉楚齊秦何所假以兼併？君臣夷夏可無支離影附之說。比者，不強比無背公死黨之臣；合者，不強合無翻案翻局之擾。何至以么麼小醜，致主上孤立，獨憂社稷哉？猶龍蓋先事而見其然歟？麟遊于郊，又何疑乎？社弟張我城德仲氏題。

◎敘：有謂他經尊經，《春秋》獨尊傳者，非也。稟鵠傳註，無敢以意為腹背，它經莫不然，奚獨吾經也？題有單，亦猶之乎尊經爾。單而外有傳、有合、有比，則併尊傳而非矣。噫！誰生厲階，而且操觚得雋，靡不畫一守之也？得無以吾經所載，事不過會盟侵伐，義不過筆削褒誅，而況其行文也，繩尺稍寬，毫鋒易肆。《三傳》綺列，牙慧堪資。倘舉題復爾，間徑擇便而營者，必走若鶩。於是用傳語為題，師其意而仍兒，以經如藏鬮射覆，蓋欲繁擾其途，示難于它經也。嘻！過矣！然或懸定于國門，勿令戶造臆逞，則焚膏繼晷，雖煩頤可窮，學人猶得以其心力餘閒闞尼父、康侯言外傳心之旨。迺浸淫及今，題以意起，日煩日晦，毋可脫影可射，甚而事類可牽合，則旁主《左氏》。家秘靈珠，人矜獨授，切切耳語曰：崇攻某經者某地，獨載某題者某編，不亦私且謔之甚乎？是經本中天日月之書，而翻為魑魅一世之書矣，良可痛也。以故風簷迅忽，中僥倖記憶，信手揚毫，主司喜其造準，急收之勿失，無暇更繩其工拙。如戊午南闈與甲子淛闈之首題，至今胡盧上口，一則合題而揣摩者懸想，一則題面錯而各主者並售。嗟乎！何不以明白正大蒐弋眾尤，而以晦昧僻塞迷離豪傑也？猶龍竊有感焉，取汗牛充棟諸刻，暨安成、楚黃、會稽諸未梓鈔本一一紬襞之。哀集三年，頗有次第，其明正者奉為璿衡；即支離破碎者，亦不遽芟迸，期與天下共讁其謬，俾學人毋詫所未見，妄意為罜漏耳。余見甚快之，曰：「子折衷眾衡，題無剩解，若云漢渚江沱，共匯一川，使窮年矻矻者無浮查訊梗之嗟，即行千萬里可一簏庋之，不復煩副車之載、虞五篋之亡，是則大有所効云爾。」抑余更有冀焉：子與二三同志，下帷窮經，互相矢曰：『吾儕為是經手繭目蒿若此，莫如纂一善本，僭為評騭，孰應出、孰應刪，異日昂首天衢，其乞靈帝語，頒之學宮，著為令甲。今而後學人得甦其旁騖亂營之力，畢効于抽祕騁妍。將吾經逢年諸牘，不以雄奇奏枝，則以峻潔標長，寔較它經為杰出，顧不快歟！颺言于廷，日幾幾焉以竣之也。』是役也，參酌校正，張子德仲其勞獨多，而鄭子仲山、曹子石霞、余子景玉，冀其早竣，更佐殺青。蓋均有懍于經學之蕪漫，而思欲削棘就夷、啟晦庚明者，猶龍因得藉手以告成事。陽羨陳于鼎書。

◎春秋發凡：

一、經錄全文，雖空月不敢擅削，示尊經也。

一、是經以功令為主，故胡氏全錄。即偶節一二，亦多崩、弒等傳；或複詞贅語，舉業所必不用者。不然，寧詳毋略，不敢啟後學苟且之端也。

　　一、《大全》中諸儒議論，僅有勝胡氏者，然業已宗胡，自難竝收，以亂耳目。惟與胡相發明者，間錄。至如無傳單文，舉業家相沿以為不成題。夫題出經文，因傳廢經，是經文亦可刪而讀矣。習而不察，莫此為甚。與其苟擬傳題以供射覆，孰若明出經文以試聰明。茲編于單文，有胡氏發于他傳者，則註曰「見某傳」。不然，即採《大全》諸儒之說以備觀覽。如語止一家，則標曰「全某氏」；如集眾語，則止標「全」字。

　　一、《左》《國》《公》《穀》原繫聖經之按，其傳或有不同者，或大同小異者，或文雖不同而事實可相貫者，或見於一傳者，或一二語不可偏廢者，或不隸經而可備事實之攷者，或無關事實而辭采璀璨可助筆花者，俱有全文，難以備錄，故不載入，學者當求全本。

　　一、《春秋》與《詩》相通，故採取獨富（姑舉《衛風》如《擊鼓》《乘舟》《碩人》《載馳》之類，切于經文者，俱書于後）。《書》如《秦誓》、《禮記》如《檀弓》《月令》等，總屬典要，亟加摭錄。他如《周禮》、《家語》、《穆天子傳》、《晉乘》、《楚檮杌》、《吳越春秋》、《管子》、《晏子》、《韓非子》、《呂覽》、《韓詩外傳》、《史記》、《文獻通考》、杜氏《通典》、朱子《纂要》、陳氏《括例》《事義攷》、李氏《私攷》《春秋屬辭》等書，或事詳于一時，或語詳于一事，或連篇而誇富，或片語而佐遺，或典故於焉取徵，或事實借之旁印，並收萃盤，不遺玉屑。惟他經之外，吾不敢知。若語專門，無慚夔一矣。

　　一、採用諸書，各標出處。或兩事者，俱另提一行，不使混也。

　　一、坊本十二公，首俱有列國，又每年註各國年號，殊覺猥冗。今將一經始末，自周而下，總載首帙，使人一覽可盡。其每年止錄天王年號，並某君元年、崩、卒之類，以備查閱。若經中無事者，則省之。

　　一、文章如祭公諫征犬戎，事實如宣王南征、北伐之類，雖在春秋以前，有裨後學。獲麟絕筆，而《左》《國》所載如楚、衛、齊、晉之亂，皆春秋結局，不可不錄。今前後各附一卷，俾首尾畢具。覽是編者，一切書可盡置高閣矣。

　　一、音字釋義，悉列于末，以備觀覽。

　　一、全傳事實，或斷語，或解傳中本句，或補所未足，及文法不同處，則總列於後。

　　一、無傳經文，其事明見他傳者，則曰見某傳。若事不具見，而義實有指者，則曰主某傳。若影響相傳者，則曰借某傳。

馮夢龍 春秋衡庫 三十卷 存

國圖、首都圖書館、天津師範大學、寧波市天一閣博物館〔註20〕、陝西、重慶、保定藏天啟五年（1625）閶門葉昆池刻本（備錄一卷、附錄三卷）

雲南大學藏清初抄本

哈佛大學藏已任堂刻本（題輯諸家音註增定春秋衡庫）

江蘇古籍出版社 1993 年馮夢龍全集薛正興校點本

上海古籍出版社 1993 年魏同賢主編馮夢龍全集影印明寫刻本

安徽人民出版 2012 年阿袁編注馮夢龍經學選集點校本

◎附三卷：各傳序略、兩周事考、列國始末。

◎增定本目錄：左傳序、國語序、公羊傳序、穀梁傳序、胡傳序、程傳序、綱領、提要、兩周事考、列國始末。第壹卷隱公上：元年之三年。第貳卷〔註21〕隱公中：四年之七年。第叁卷隱公下：八年之十有一年。第肆卷桓公上：元年之四年。第五卷桓公中：五年之十年。第陸卷桓公下：十一年之十八年。第柒卷莊公上：元年之八年。第捌卷莊公中：九年之十九年。第玖卷莊公下：二十年之三十二年。第拾卷閔公：元年之二年。第拾壹卷僖公上：元年之十一年。第拾貳卷僖公中：十二年之二十六年。第拾叁卷僖公下：二十七年之二十八年。第拾肆卷文公上：元年之八年。第拾伍卷文公下：九年之十八年。第拾陸卷宣公上：元年之六年。第拾柒卷宣公中：七年之十一年。第拾捌卷宣公下：十二年之十八年。第拾玖卷成公上：元年之七年。第貳拾卷成公下：八年之十八年。第貳拾壹卷襄公上：元年之十一年。第貳拾貳卷襄公中：十二年之二十六年。第貳拾叁卷襄公下：二十七年之三十一年。第貳拾肆卷昭公上：元年之十二年。第貳拾伍卷昭公中：十三年之二十一年。第貳拾陸卷昭公下：二十二年之三十二年。第貳拾柒卷定公上：元年之九年。第貳拾捌卷定公下：十年之十五年。第貳拾玖卷哀公上：元年之七年。第叁拾卷哀公中：八年之十三年。第叁拾壹卷：諸書備錄，哀公下：十四年之二十七年。

◎春秋衡庫序：余邑《春秋》，其世業也。習是經者十人，而九余離諸生，業三十餘年，見譚者恍隔世事，獨於《春秋》有見獵心，常夢中讀《春秋》，呫呫在口，席上有譚《春秋》新題影響者好與相角，庶幾杜氏癖好也。每思國

〔註20〕清應紀奉批。
〔註21〕周按：「第貳卷」三字原無，據全書體例補。

家明經初指，非以隱癖傲士，欲輯一書，備載近代各家之題，採加評定。而馮猶龍氏《指月》一刻，先余同然。又《大全》中諸儒所說，有與胡相發明者、有愈於胡氏者。其他蕪雜，可稍刪芟。而諸書有與《春秋》相關者合，增刻為一書。猶龍氏近復以《衡庫》出矣。猶龍氏才十倍於余，是二書出，為習《春秋》者百世之利也。余嘗謂習《春秋》有三難，亦有三快：《易》《詩》《書》《禮》同出聖經，義理顯著，有《爾雅》及漢詁諸書，宋儒循而注之，雖微義不存，而詞旨曉然。惟《春秋》褒貶刑賞在一字中，或在言外，而變例雜出，異同不嫌，令學者以臆相推測。其難一。國初功令，《春秋》左氏、公羊、穀梁、程氏、胡氏并用，而後專用胡氏。有明知其過刻者，有意於宋南渡後事故相形斷者，未必一一盡合。而功令所在，不得不抑心意以從之。其難二。國初經題仍宋經義，或出數題之大意中相近者，或相反者，聽各為條答。而後乃以某傳某句答題，或傳意影搭，或脫母搭，或取《左氏》搭，或取各注疏搭，若射覆臆鉤。他經入闈，止慮文之不佳；《春秋》入闈，先慮題之不習。其難三。然他經製詞造格與書秇同，多用宋儒注疏中語。無論子史，即六經語稍僻、字稍粗、音稍聱者，不得輕入。士之好古文辭者，謂時秇薄之，而《春秋》奉《左氏》為祖禰，門風特異，語在他經秇號莊者，置之《春秋》秇中，尚覺萎薾，所稱引與古文詞無異。其快一。他經時秇多俳體，比辭相對，限之以八，跅弛之材，不得少騁，而《春秋》體裁可為短長，如論如策，不為三尺文格所拘，其快二。士各執一經，勢難兼習，博者不過借字句以供筆端耳。《春秋》則引用各經相為表裏，中與《詩》義相發者比之，傳序更明。易筮之法，賴《左氏》以存。《樂記》一書，止存其理，而聆音辨器，不如《左》《國》之晰。斯以一經全五經之用也。其快三。《衡庫》一出，而通《春秋》之三難、益《春秋》之三快。猶龍氏自言有此書可無觀他書，誠確論也。《春秋》稱孤經，得此翼之，可無患孤。麟經大明之會，再增一大快哉！抑余有未盡之說：蓋《春秋》單題自有難也，以傳者，逆經者心；以學者，逆傳者心；或隱在一字之難，或絃緒雜出之難，或輕重不侔之難；或書法三四五六之難，或出於會盟征伐之外而涉性命理學之譚者之難。近世主司，非本經而反以搭題難士，溺其旨矣。余意於傳上直標某為關捩某為旁岐，某猶形影某為尺凫，某為血脈某屬駢枝，某為型模某相河漢，某為牖中之日某為或張之弧，難易既明，正岐有辨，則主司不至謬悞。又經題中如于洮乞盟、踐土、棐林伐鄭之類，咸以例對案，虛實不同，可以見士筆力。而近秇改為二段。夫經文嚴謹，有單則倒，輕重殊也；有

分則對，輕重等也。豈有輕重等而故為不對，以從所自便之體哉！至於無傳單題，非文定之疏也，必寄見某傳，或與某傳相同，所以前密後疏者，正以義例見前，得從同以比斷，即猶律家之以准某例、醫案之借用某方也。茲宜於無傳單題，定引某傳而不必旁採各注，尤與胡氏原不立傳之本一心相合也。具此數說，以聽猶龍氏之裁定，無非欲為《春秋》存一全書耳。時天啟五年九月，楚黃友人李長庚撰。

◎增定衡庫序：李長庚先生云：「余邑《春秋》，其世業也。習是經者十人，而九余離諸生，業三十餘年，見譚者恍隔世事，獨於《春秋》有見獵心，常夢中讀《春秋》，咕咕在口，席上有譚《春秋》新題影響者好與相角，庶幾杜氏癖好也。每思國家明經初指，非以隱癖傲士，欲輯一書，備載近代各家之題，採加評定。而馮猶龍氏《指月》一刻，先余同然。又《大全》中諸儒所說，有與胡相發明者、有愈於胡氏者。其他蕪雜，可稍刪芟。而諸書有與《春秋》相關者合，增刻為一書。猶龍氏近復以《衡庫》出矣。猶龍氏才十倍於余，是二書出，為習《春秋》者百世之利也。余嘗謂習《春秋》有三難，亦有三快：《易》《詩》《書》《禮》同出聖經，義理顯著，有《爾雅》及漢詁諸書，宋儒循而注之，雖微義不存，而詞旨曉然。惟《春秋》褒貶刑賞在一字中，或在言外，而變例雜出，異同不嫌，令學者以臆相推測。其難一。國初功令，《春秋》左氏、公羊、穀梁、程氏、胡氏并用，而後專用胡氏。有明知其過刻者，有意於宋南渡後事故相形斷者，未必一一盡合。而功令所在，不得不抑心意以從之。其難二。國初經題仍宋經義，或出數題之大意中相近者，或相反者，聽各為條答。而後乃以某傳某句答題，或傳意影搭，或脫母搭，或取《左氏》搭，或取各注疏搭，若射覆臆鉤。他經入闈，止慮文之不佳；《春秋》入闈，先慮題之不習。其難三。然他經製詞造格與書秋同，多用宋儒注疏中語。無論子史，即六經語稍僻、字稍粗、音稍聱者，不得輕入。士之好古文辭者，謂時秋薄之，而《春秋》奉《左氏》為祖禰，門風特異，語在他經秋號莊者，置之《春秋》秋中，尚覺萎薾，所稱引與古文詞無異。其快一。他經時秋多俳體，比辭相對，限之以八，跅弛之材，不得少騁，而《春秋》體裁可為短長，如論如策，不為三尺文格所拘，其快二。士各執一經，勢難兼習，博者不過借字句以供筆端耳。《春秋》則引用各經相為表裏，中與《詩》義相發者比之，傳序更明。易筮之法，賴《左氏》以存。《樂記》一書，止存其理，而聆音辨器，不如《左》《國》之晰。斯以一經全五經之用也。其快三。《衡庫》一出，而通《春秋》之三難、

益《春秋》之三快。猶龍氏自言有此書可無觀他書，誠確論也。《春秋》稱孤
經，得此翼之，可無患孤。麟經大明之會，再增一大快哉！」繇斯言觀之，則
《衡庫》一書，李長庚先生蚤已醉心矣。今猶龍先生復加裁定，補其缺、拾其
遺，舉諸子百家之書有當于經傳者，無不悉載。其隻字無偽，片言不漏。一覽
而十二公二百四十二年賢奸治亂之事，如列鬚眉。並孔子筆削之嚴，俱可悠然
想見焉。是猶龍先生可為《春秋》功臣，信不誣也，奚啻增定《衡庫》已哉！
古樵余璟玉父撰。

◎發凡（十則）：

一、經錄全文，雖空月不敢擅削，示尊經也。

一、是經，孔氏權書，游、夏不能贊一辭，況其下乎？國初頒《大全》
于學宮，使士子以意逆志，隨所取裁，猶不失窮經之遺意。其後胡氏孤行，
而文定之《春秋》，未必尼山之《春秋》矣。予不揣，竊欲倣朱子《四書集註》
之例，廣搜百家之說，採其切中情理、不涉穿鑿附會者定為正註，其說可相
糸者附之圈外，名曰《權書揣摩》，庶先彙羣儒之精神，備一經之羽翼，奔走
為難，尚未脫稿。茲編一以功令為主，故胡氏全錄。即偶節一二，亦多崩、
弒等傳；或複詞贅語，舉業所必不用者。不然，寧詳毋略，不敢啟後學苟且
之端也。

一、《大全》中諸儒議論，僅有勝胡氏者，然業已宗胡，自難竝收，以亂
耳目。惟與胡相發明者，間錄。至如無傳單文，舉業家相沿以為不成題。夫題
出經文，因傳廢經，是經文亦可刪而讀矣。習而不察，莫此為甚。與其苟擬傳
題以供射覆，孰若明出經文以試聰明。茲編于單文，有胡氏發于他傳者，則註
曰「見某傳」。不然，即採《大全》諸儒之說以備觀覽。如語止一家，則標曰
「全某氏」；如集眾語，則止標「全」字。

一、《左》《國》《公》《穀》，原係聖經之按。先按後斷，故載於胡氏之诗，
止傳不同者分載之（標目各提一行，先後則以事定為序），大同小異者合載之（或
合標《左》《國》，或合標《公》《穀》，間有標三傳者），文雖不同而事實可相貫者
連載之（仍各分標，但不空字），見於一傳者徧載之（各標本書），一二語不可徧
廢者補載之（或事定稍別，或文采雙妙，嵌入既難，全錄又贅，另標明之），或先經
而起或後經而結不便編撿者聯屬載之（或備載原文，或註明一二語），不隸經而
可備事寔之攷者附載之（標目加附字）。即無關事寔，而辭采璀璨，可助筆花者，
亦備錄其文，或誦或覽，惟資性是視，不令嗜古者有遺珠之歎。

一、有事出四傳而胡氏援引之者，互存則贅，今存胡以便擬題，而原本未備則補註之。若無題腳者，仍用本傳。

一、《春秋》與《詩》相通，故採取獨富（姑舉《衛風》如《擊鼓》《乘舟》《碩人》《載馳》之類，切于經文者，俱書于後）。《書》如《秦誓》、《禮記》如《檀弓》《月令》等，總屬典要，亟加擷錄。他如《周禮》、《家語》、《穆天子傳》、《晉乘》、《楚檮杌》、《吳越春秋》、《管子》、《晏子》、《韓非子》、《呂覽》、《韓詩外傳》、《史記》、《文獻通考》、杜氏《通典》、朱子《纂要》、陳氏《括例》《事義攷》、李氏《私攷》《春秋屬辭》等書，或事詳于一時，或語詳于一事，或連篇而誇富，或片語而佐遺，或典故於焉取徵，或事實借之旁印，並收萃盤，不遺玉屑。惟他經之外，吾不敢知。若語專門，無慚夔一矣。

一、採用諸書各標出處（或兩事出一書者，但用圈隔）。止離經文一字，省紙也。較《胡傳》低一字，遵時也。字俱大書，便覽也。

一、坊本，十二公首，俱有列國，又每年註各國年號，殊覺猥冗。今將一經始末，自周而下，總載首帙，使人一覽可盡。其每年止錄天王年號，並某君元年、崩、卒之類，以備查閱。若經中無事者，則省之。

一、文章如祭公諫征犬戎，事實如宣王南征、北伐之類，雖在春秋以前，有裨後學。獲麟絕筆，而《左》《國》所載如楚、衛、齊、晉之亂，皆春秋結局，不可不錄。今前後各附一卷，俾首尾畢具。覽是編者，一切書可盡置高閣矣。

一、一字非甚難識者，不音；義非甚難通者，不解。其音解悉列上方，不使與補注相混。

一、凡雙行注語，或解傳中本句，或補所未足，及文法不同處，則即注本文之下，係全傳事寔，或斷語，則總注于後。

一、無傳經文，其事明見他傳者，則曰見某傳。若事不具見，而義寔有指者，則曰主某傳。若影響相傳者，則曰借某傳。

◎《明史》卷九十六《志》第七十二《藝文》一《春秋》：馮夢龍《春秋衡庫》二十卷。

馮夢龍 春秋衡庫纂 十四卷 存

明鈔本

馮夢龍 麟經指月 十二卷 存

國圖、遼寧藏泰昌元年（1620）開美堂刻本

◎卷前有便記歌訣一章。

◎《增訂四庫簡明目錄標注》卷第三《經部》五《春秋類》：《麟經指月》十二卷，明馮夢龍撰，萬曆四十八年刊本。

◎目錄：麟經指月第一：隱公上、隱公中、隱公下。麟經指月第二：桓公上、桓公中、桓公下。麟經指月第三：莊公上、莊公中、莊公下。麟經指月第四：閔公。麟經指月第五：僖公上、僖公中、僖公下。麟經指月第六：文公上、文公下。麟經指月第七：宣公上、宣公中、宣公下。麟經指月第八：成公上、成公下。麟經指月第九：襄公上、襄公中、襄公下。麟經指月第十：昭公上、昭公中、昭公下。麟經指月第十一：定公上、定公下。麟經指月第十二：哀公上、哀公下。

◎敘麟經指月，西陵友人梅之煥撰並書：敝邑麻，萬山中手掌地耳，而明興獨為麟經藪。未暇遐溯，即數十年內，如周、如劉、如耿、如田、如李、如吾宗，科第相望，途皆由此。故四方治《春秋》者，往往問渡於敝邑；而敝邑亦居然以老馬智自任。乃吾友陳無異令吳，獨津津推轂馮生猶龍也。王大可自吳歸，亦為余言吳下三馮，仲其最著云。余拊髀者久之。無何，而吳生赴田公子約，惠來敝邑，敝邑之治《春秋》者，往往反問渡於馮生，《指月》一編，發傳得未曾有。余於是益重馮生，而信二君子為知言知人也。夫經，日也；傳，月也。月非日，指非月也。雖然，尼父不載生，而小儒學問不加康侯，二百餘年，功令在是，將欲何為？古嘵信傳遺經，今並傳遺之，雖吾麻亦季世耳。本根不足而蔓衍，其指亂；揣摩不足而剽竊，其指游；睹記不足而影響，其指亡。非月之指繁，而指月者即月。因經信傳，借傳尊經，不亦可乎！不寧惟是，凡治《春秋》者，強半天下聰明才智人也。方今新天子勵精更化，思得經術鴻儒之用，而尤諄諄焉不慁忘于祖訓。是編也，馮生行且率天下聰明才知士，兢兢一稟于功令，為聖天子不倍之臣，中興太平之業端有助焉。夫豈惟科第，夫豈惟敝邑？耿生克勵，深于《春秋》，亦喜是編，相與從臾付梓，余為敘而行之。歲在庚申，泰昌元年九月日。

◎麟經指月序，門下弟夢熊非熊撰：杜征南好為後世名，乃其豐碑一沉峴山之下，一立峴山之上者，止為平吳勳績慮，而不及《春秋左氏經傳集解》，又不及《釋例》《會盟圖》諸書，則惟其績豎乎吳也。令征南一杜陵布衣，無

當陽尺寸功，併無都督荊州節鉞，則所悲高岸為谷、深谷為陵者，又在其平生之《左傳》癖矣。余兄猶龍，幼治《春秋》，胸中武庫，不減征南。居恒研精覃思，曰：「吾志在《春秋》，牆壁戶牖皆置刀筆者，積二十餘年而始愜，其解粘釋縛則老吏破案、老僧破律；其劈肌分理則析骨還父、析肉還母；其宛析肖傳，字句間傳神寫照，則如以燈取影，旁見側出，橫斜平直，各得自然，蓋不止紹興講席，羽翼解頤，即康成之夢孔子發墨守，鍼膏肓，書帶草，悉教鋤矣。燁燁乎古之經神也哉！而荏苒至今，猶未得一以《春秋》舉也。」於是撫書歎曰：「吾懼吾之苦心，土蝕而蠹殘也。吾其以《春秋》傳乎哉？」余受《春秋》於兄而同困者也，聞其言而共閔默焉。曰：嗟乎！《春秋》非撥亂之書乎？孔子以東遷作，胡氏以南渡傳，經傳皆有憂患憤發之意焉。高皇帝尊用儒說，獨取胡氏列學官者，非但以其為嚴冬大雪獨秀之松柏也，取其憂患憤發之意，合焉而可以為異日撥亂之書也。今天下鎬京磐石，邈禾黍之離；辮琛叩關，絕金繒之恥，似無所用其憂患憤發。然而紀綱之隳窳也、形勢之卑靡也、夷狄之侵陵也，則亦儒臣，專以《春秋》入侍時也。諸葛武侯勸其君曰：「申、韓之書，益人意智」，豈時可以申韓則申韓，時可以《春秋》而反不可以《春秋》歟！邇來夷氛東肆，廟算張皇，即行伍中冀有狄武襄、岳少保深沉好《春秋》者，而研精覃思積二十餘年者，獨令其以《春秋》抱牘老諸生間，痛土蝕而悲蠹殘也！豈時可以《春秋》，而學《春秋》者亦自有其時而後可歟？唐大曆中，施士匄撰《春秋傳》，穿鑿異同之見耳。幸遇文宗好經術，得供乙夜之覽。泰山孫明復著《春秋尊王發微》十二篇，范仲淹、富弼皆言復有經術，除官秘書省。令非其時，則士匄之穿鑿，先見惡於宰相李石；而才如明復，且以老母無養，汲汲索游乞米終也。緋衣銀魚，安在以經術賜乎？雖然，特患無經術耳。公孫弘之對策，天子怒，以為不能，菑川國固推以為能；太常奏弘第居下，天子又獨擢弘第居首。遲至元光中，猶得展其丞相封侯之業。平津閣快其廢為車馬廄者，布被阿世耳。若海上一片牧豕地，則固其《春秋雜說》所由興，石渠、白虎盡漢儒橫經諸席，孰與足千古哉？而安見丞相封侯必勝經術耶？不然襄陽之沉碑寒潭，斜照故在，誰復有沒起之而捫其南征功次者！而至其《左傳》癖，後世又有曰「臣有杜預癖」，賞之者不特秘監虞一人已也。則元凱所為惓惓於陵谷變遷而不及經術，已知夫勳名之劫，短于經術者無涯矣。而兄又何撫書太息之有！悠悠菑水，撫之而歎其昔能容丞相之晚，可矣，天乎！

◎參閱姓氏：

李叔元端和父，晉江人。梅國樓□□父，麻城人。沈國楨文寧父，烏程人。沈淙伯聲父，烏程人。沈演叔敷父，烏程人。劉時俊恆父父，隆昌人。陳一元泰始父，侯官人。溫體仁長卿父，烏程人。蕭丁泰吉父父，漢陽人。田生芝寅仲父，麻城人。田生金成叔父，麻城人。王之機懋吉父，麻城人。梅之煥彬父父，麻城人。陳以聞無異父，麻城人。虞大復元見父，金壇人。周之夫民獻父，麻城人。孔貞時中父父，句容人。劉鍾英俊卿父，麻城人。翁為樞紫璇父，永春人。李蕃君緒父，日照人。鄒人昌宸柱父，麻城人。嚴自完叔瑜父，歸安人。秦植立之父，黃安人。孔貞運開仲父，句容人。曹欽程二美父，彭澤人。張劍光冶生父，武進人。王奇大可父，麻城人。周應昕子且父，麻城人。黃元會經父父，太倉人。文震孟文起父，長洲人。錢謙益受之父，常熟人。劉有綸代予父，河津人。耿汝思九一父，黃安人。耿汝忞克勵父，黃安人。李長年歲卿父，麻城人。梅之煒次公父，麻城人。朱稷南圖父，山陰人。田生蘭薰季父，麻城人。劉錫玄玉受父，長洲人。項士貞盟丹父，麻城人。周振若臨父，麻城人。梅國槧公威父，麻城人。姚希孟孟長父，長洲人。何允泓季穆父，常熟人。沈季常君彝父，仁和人。周應東子魯父，麻城人。周應崙叔柱父，麻城人。劉涵清瀾之父，麻城人。顧簡，嘿孫父，歸安人。董斯張遐周父，烏程人。魯重禮禮重父，麻城人。李延克儉父，麻城人。管玉音振之父，長洲人。俞廷諤彥直父，華亭人。何謙非鳴父，崑山人。王之楨瑞芝父，麻城人。梅之熉惠連父，麻城人。田弘慈在咸父，麻城人。李春潮百藥父，麻城人。曹信徵以木父，獲鹿人。田弘恩在麟父，麻城人。王都會屺生父，麻城人。張韶鳴虞卿父，霍山人。劉啟元貞伯父，麻城人。周士護格之父，麻城人。耿汝愨智侯父，黃安人。文震亨啟美父，吳縣人。李開陽世中父，麻城人。李春江□□父，麻城人。王相說懋弱父，泰州人。耿應衡玉齊父，黃安人。宋之呂聖公父，麻城人。劉角南公疏父，吳縣人。王三衡應蒽父，黃安人。張我城德仲父，長洲人。耿應台公齊父，黃安人。李時芳實父父，黃安人。陳以願無似父，麻城人。耿應旗建伯父，黃安人。耿應驥公御父，黃安人。

門人：沈棨彥威父，烏程人。劉輝聖初父，麻城人。黃京祖仲揚父，無錫人。吳琳伯玉父，無錫人。陳以愨無偽父，麻城人。周應嶷子陵父，麻城人。黃繼祖仲繼父，無錫人浦光肇孟始父，長洲人。天弘忠在孚父，麻城人。陶彥

士魯公父，長洲人。劉炫闇然父，麻城人。董繁露醇白父，麻城人。莊學孔所願父，長洲人。兄夢桂若木父，弟夢熊非熊父。

◎《麟經指月發凡》（凡十則）：

一、學者尚精四書，故於《集註》每起疑義，而五經則斤斤不違也。《春秋》之宗康侯有繇矣，要之，但習其讀，未豁厥旨。自《錄疑》發看傳之覆，而《匡解》濬其源，《要旨》開倒轉之端，而《梅林》窮其委，然揣摩未到，沿襲尚多，商扢猶疏，繁簡失度，總屬草枒，難云具美。不佞童年受經，逢人問道，四方之秘笈，盡得疏觀；廿載之苦心，亦多研悟。纂而成書，頗為同人許可。頃歲讀書楚黃，與同社諸兄弟掩關卒業，益加詳定，拔新汰舊，摘要芟煩，傳無微而不彰，題雖擇而不漏。非敢僭居造後學之功，庶幾不愧成先進之德云耳。

一、讀是經者，方苦記誦，何暇推敲？訛訛相傳，習而不察。且如單傳若盟宿之信、伐徐之危、突歸之不稱公子、伐沈之非義舉，此類錯解，不一而足。又如執曹界、言汶陽、城費、牟夷奔諸傳，舊說皆輕重無倫，得一失兩。傳題如清丘、伐陳、救陳、伐宋，明係圍宋傳語，而相沿載清丘傳。稅畝、丘甲，明係圍棘傳語，而相沿作合題。此等謬誤，亦復不少。今皆明正前非，違俗豎義。雖一時或駭里耳，後世不乏子雲，必有玄吾玄者矣。

一、單題、傳題之外，有比題、合題，從來尚矣。舊說謂非傳而兩扇者為比，原係傳而從對者為合。若然，則邇來倒傳者多、從合者少，合題之名，不虛設乎？維泗山先生亦不謂然，其作《匡解》云：「凡傳而從合者須像傳，不可疑於合；凡合者須像合，不可疑於傳。」夫曰不可疑於合，則非合也。雖然，其於比合之義猶未剖也。愚謂比者，彼此相形而成題，或以文比，或以意比，或以相偶而比，或以相反而比，或以書法比，或以傳語比。如初獻羽、初稅畝、作丘甲、作三軍之類，此以文之相偶而比也。如克段、納捷菑，以弗克比克；遇清、桃丘弗遇，以弗遇比遇，此以文之相反而比也。如侵陳、滅蕭，俱是驕暴；取長葛、言汶陽、各有四意，此以意之相偶而比也。如告糴、六月雨，以僖之務農重穀，比辰之不能務農重穀；會扈伐、盾免侵，以待而後伐比遽以兵加，此以意之相反而比也。如盟唐、瓦屋俱書日，楚救衛、貞救鄭俱書救，此以書法之相偶而比也。如鄭人伐衛、伐衛及戰，以書戰比不書戰；楚救衛、楚子伐鄭（宣十），以削救比書救，此以書法之相反而比也。至如祭伯來、盟唐傳，各引三段；盟宿、鄭人伐衛傳，各有況字一轉；獻戎捷、用田賦傳，各有後世

云云，凡此類皆以傳語比者也。合者兩邊合來，如忠孝、兵刑、爵祿、君后、禮樂、征伐、土地、甲兵、夷夏、君臣、井田、封建之類，皆先立意而後配題，此合之異於比者也。若兩邊脫母，則有比無合，救江、人陳之類是也。故脫母，非傳有明文，不可作題也。

一、舊載比合題，或前或後，殊費檢閱，今並載前傳，使人一覽而盡。

一、比合題，非整齊及有關係者不錄。傳題在崩、薨、卒、葬者，非冠冕不錄。其舊題旨雖未確，而相傳已久。新題迂怪可駭，而俗或好奇，並存其迹，並注宜刪，以戒後人之妄出者。

一、無傳題，明有寄傳，而舊或誤立他說者，今悉改從正傳。其無傳可寄者，俱刪。或相傳已久，亦注明不成題字。

一、傳題換比，邇來頗煩。今分別某可易、某不可易，務取簡確，令可遵守。

一、經文有相似可疑，如宣五如齊、兩歸父如、昭七如晉、兩叔弓如之類，另編歌訣，以備遺忘。其傳題疑似者，亦俱標出，仍用「◎」識之。

一、破題雖取明顯，然庸腐可厭，今悉改易，全不用舊。

一、同社批點，並刻之以便展閱。

古吳後學馮夢龍猶龍父述。

◎《麟經指月發凡》另一本（凡十則）：

一、學者尚精四書，故於《集註》每起疑義，而五經則斤斤不違也。《春秋》之宗康侯有縓矣，要之，但習其讀，未罄厥旨。自《錄疑》發看傳之覆，而《匡解》濬其源，《要旨》開倒轉之端，而《梅林》窮其委，然揣摩未到，沿襲尚多，商挖猶疏，繁簡失度，總屬草枘，難云具美。不佞童年受經，逢人問道，四方之秘笈，盡得疏觀；廿載之苦心，亦多研悟。纂而成書，頗為同人許可。頃歲讀書楚黃，與同社諸兄弟掩關卒業，益加詳定，拔新汰舊，摘要芟煩，傳無微而不彰，題雖擇而不漏。非敢僭居造後學之功，庶幾不愧成先進之德云耳。

一、讀是經者，方苦記誦，何暇推敲？訛訛相傳，習而不察。且如單傳若盟宿之信、伐徐之危、突歸之不稱公子、伐沈之非義舉，此類錯解，不一而足。又如執曹畀、言汶陽、城費、牟夷奔諸傳，舊說皆輕重無倫，得一失兩。傳題如清丘、伐陳、救陳、伐宋，明係圍宋傳語，而相沿載清丘傳。盟葵丘、會蕭魚，明是平丘傳語，而相沿載於蒲傳。又如宣公五如齊宣主每年

必致，卻主比年如齊。又如鄭人伐衞、秦人入滑，本該作侵曹、伐衞傳貪忿題，而舊作彭衙傳引咎辯論。甚者舍傳從合（如圍棘傳、稅畝、丘甲舊俱作田制兵制合）、一題兩載（如邾鄭伐宋會救鄭題，已至伐衞傳，或復載吳收陳傳），此等謬誤，亦復不少。今皆明正前非，違俗豎義。雖一時或駭里耳，後世不乏子雲，必有玄吾玄者矣。

一、單題、傳題之外，有比題、合題，從來尚矣。舊說謂非傳而兩扇者為比，原係傳而從對者為合。若然，則邇來倒傳者多、從合者少，合題之名，不虛設乎？維泗山先生亦不謂然，其作《匡解》云：「凡傳而從合者須像傳，不可疑於合；凡合者須像合，不可疑於傳。」夫曰不可疑於合，則非合也。雖然，其於比合之義猶未剖也。愚謂比者，彼此相形而成題，或以文比，或以意比，或以相偶而比，或以相反而比，或以書法比，或以傳語比。如初獻羽、初稅畝、作丘甲、作三軍之類，此以文之相偶而比也。如克段、納捷菑，以弗克比克；遇清、桃丘弗遇，以弗遇比遇，此以文之相反而比也。如侵陳、滅蕭，俱是驕暴；取長葛、言汶陽、各有四意，此以意之相偶而比也。如告糴、六月雨，以僖之務農重穀，比辰之不能務農重穀；會扈伐、盾免侵，以待而後伐比遽以兵加，此以意之相反而比也。如盟唐、瓦屋俱書日，楚救衞、貞救鄭俱書救，此以書法之相偶而比也。如鄭人伐衞、伐衞及戰，以書戰比不書戰；楚救衞、楚子伐鄭（宣十），以削救比書救，此以書法之相反而比也。至如祭伯來、盟唐傳，各引三段；盟宿、鄭人伐衞傳，各有況字一轉；獻戎捷、用田賦傳，各有後世云云，凡此類皆以傳語比者也。合者兩邊合來，如忠孝、兵刑、爵祿、君后、禮樂、征伐、土地、甲兵、夷夏、君臣、井田、封建之類，皆先立意而後配題，此合之異於比者也。若兩邊脫母，則有比無合，救江、人陳之類是也。故脫母，非傳有明文，不可作題也。

一、舊載比合題，或前或後，殊費檢閱，今並載前傳，使人一覽而盡。

一、比合題，非整齊及有關係者不錄。傳題在崩、薨、卒、葬者，非冠冕不錄。其舊題旨雖未確，而相傳已久。新題迂怪可駭，而俗或好奇，並存其迹，並注宜刪，以戒後人之妄出者。

一、無傳題，明有寄傳，而舊或誤立他說者，今悉改從正傳。其無傳可寄者，俱刪。或相傳已久，亦注明不成題字。

一、傳題換比，邇來頗煩。今分別某可易、某不可易，務取簡確，令可遵守。

一、講傳值更端處，空一字以節之。若語涉他題，則用圈為別。其加減換比，或別是一題，另提說起。

一、傳題有相似可疑者，編中俱標出，仍用「◎」識之。其經文疑似難記，如五如齊、七如晉之類，另編歌訣，以備遺忘。其

一、破題雖取明顯，然庸腐可厭，今悉改易，全不用舊。其傳題之破，舊或用「《春秋》比事以罪之」等語，以傳當經，尤屬大謬，戒之戒之。

古吳後學馮夢龍猶龍父述。

馮明貞 春秋內傳古注補輯 三卷 存

國圖、北大藏光緒十五年（1889）味義根齋刻巾箱本

◎孫殿起《販書偶記》卷二：《春秋內傳古注補輯》三卷，慈谿馮明貞撰。光緒己丑味義根齋刊巾箱本。

◎馮明貞，浙江慈谿人。著有《春秋內傳古注補輯》三卷。

馮欽 春秋比事 佚

◎光緒《山西通志》卷八十七《經籍記》上：《春秋比事》，馮欽撰。

◎馮欽，山西人。著有《春秋比事》、《喪禮溫故》、《半學菴集》。

馮如京 春秋大成 三十一卷 存

普林斯頓大學東亞圖書館、北大、故宮、東北師大、安徽、重慶、陝西、山西、紹興、輝縣市博物館藏順治十一年（1654）代縣馮氏介軒刻兩節本

◎上節為《春秋大成講意》，題晉馮如京秋水甫手定。男雲驤訥生、雲驪懿生訂，慈谿嚴天顏喜侯，遂安余鵬徵搏九糸，古鄞陸大任爾肩較；下節為《春秋大成》。題馮如京秋水甫彙纂。

◎卷首一卷為序、參閱姓氏、門人姓氏、發凡、圖攷、援書（紀目）、列國圖說、列國指掌圖、兩周事考、列國始末、輯序、春秋提要。

◎題名：

◎紀目：

隱公：第一卷（元年至三年）、第二卷（四年至七年）、第三卷（八年至十一年）。

桓公：第四卷（元年至四年）、第五卷（五年至十年）、第六卷（十一年至十八年）。

莊公：第七卷（元年至八年）、第八卷（九年至十九年）、第九卷（二十年至三十年）。

閔公：第十卷（元年至二年）。

僖公：第十一卷（元年至十一年）、第十二卷（十二年至二十六年）、第十三卷（二十七年至三十三年）。

文公：第十四卷（元年至八年）、第十五卷（九年至十八年）。

宣公：第十六卷（元年至五年）、第十七卷（六年至十一年）、第十八卷（十二年至十八年）。

成公：第十九卷（元年至七年）、第二十卷（八年至十八年）。

襄公：第二十一卷（元年至十一年）、第二十二卷（十二年至二十六年）、第二十三卷（二十七年至三十一年）。

昭公：第二十四卷（元年至十二年）、第二十五卷（十三年至二十一年）、第二十六卷（二十二年至三十二年）。

定公：第二十七卷（元年至九年）、第二十八卷（十年至十五年）。

哀公：第二十九卷（元年至七年）、第三十卷（八年至十四年）。

第三十一卷（備錄）。

◎春秋大成序：麟經一書，予世奉為天家弄田，亦既孰之復之矣。而逢年在穀玉之間則嘗於隴西湟上、灤水灤江，笱輿鷁首，携兒子驤而商搉此書，如螺蠃之祝類我，坐臥寢食蓋不知悠然幾作也。甲午之歲，嚴子喜侯、余子搏九過我，尊酒之暇，各出一編，互相疑難。兒驤亦出其素所纂輯者質之於余，且請曰：「是經之為五經殿也，鼎鑾也。而喜侯、搏九之為麟經尸庖也、燀人也、調人也久矣。與其私食指也，與人旨之而人咀之也，孰善？」予逌然許之，於是悉彙其單傳比合者而劈之，而紉補整之，五傳仍焉，名曰《春秋大成》。工甫竣，予卒業也，益歎是書之為庸於體元者匪尠也。語曰：「史外傳心」，何傳乎？傳元也。元者何，仁也。孝子以事其親，忠臣以事其君，而一人以事其天，皆是物也。隱、桓逮哀、定，亦孔棘矣哉！降而漢唐以後也，於哀、定也庸愈乎？禮崩焉，樂壞焉，名分裂焉，元氣蝕削，萬物塊軋，識者歸獄於天地之不仁，聖人曰：「噫！天地則何不仁，夫亦人之自累以累天地也。」爰假魯史筆削之衮鉞之留一線之元氣於不滅，而于以教萬世之為人子為人臣與為人後而尚讀是經者，若曰苟大義之嚴明、條例之井秩、意中語外之劈理分肌，幽微顯闡乎？是亦純忠純孝之分身也已。如左與公、穀、董、胡，其著也，而胡為甚。

嗣後單之比之合之，起於郁離之濫觴，究成令甲，其能挽逝波而西乎？予慮夫期期之不奉嚴子，余子曰：「無傷也，有瀘焉。治單合而經緯悉之，秩五傳而彼此臚之，芟昔人之所薰，詳今人之所略，棄其滓穢，吸其精華，鼎食而人與一臠，不啻染指也，且果腹焉。則此書之為燀人調人也，不已多乎？」抑更有進焉：仲尼集大成，歸其事於聖智，又曰：「猶射於百步之外，至則爾力，中非爾力也。」庖丁神於解牛，所見牛如委土；逢蒙巧於貫虱，所見虱如車輪。故曰神而明之存乎其人，請以贈為人子為人臣之讀《大成》者。他日更願以為一人之體元者獻。歲在順治甲午三月朔有六日，古晉馮如京秋水父題於婺署之滋蘭堂。

　　◎春秋大成序：昔孔子作《春秋》卜易豫之卦，九月經成，所為史外傳心之要典，游夏不能贊。至宋紹興間，胡文定公為中書舍人，遂上時政論二十一篇，論入，改給事中，入對，帝以《春秋左傳》付康侯點正。康侯云：「《春秋》經世大典，見諸行事，非空言比。《左氏》繁碎，不宜虛費光陰。」帝深善之。遂著傳，自成一書，可謂得聖人之神。邇來文運代興，窮經日寡，伊何故與？蓋吾經與他經不同，以《胡氏傳》為本，以《左氏傳》為斷，以《國語》《檀弓》《月令》《毛詩》等書為佐，既標單合，復別傳題。而且新儗影響支離繁碎無論，非傳心之要。即康侯而在，其能慮及此乎！今之學者，既讀胡又誦左，既覽經傳又闡題旨，檢書燒燭，積笥盈案，無問閱此研彼，雕心幾碎，即使涉獵掀翻，良亦手忙目亂，嘻哉，何讀吾經之劬劬也！秋水馮師，中原世家，憲督東浙，偉績勒於太常，清風垂於奕禩，振起人文，崇禮先哲，可羽翼六經，偕我訥生、懿生兩世兄眉山家學衣紹繩承。而訥生又以《春秋》螽楙螢弧，其於麈旨發微闡幽，駕太倉、安成而上。癸巳冬，顏同余子鵬徵從雙溪入婺，秋水師出其趨庭問難所著《春秋大成》一編，委以糸同而刪訂之，歷寒暑七閱月而厥功告竣。竊謂世讀是書，則經明而核、題備而周，前所云讀經之苦，今且為耑經之樂。猶龍云：「此書成，前後麈旨俱可悉置，展矣《春秋》之集大成也！」曩杜元凱常習《左氏》，癖與儒生無異。迨其後南征著《續錄字豐碑》，一沈峴山之下，一立峴山之上，武庫琳瑯，至今以為美譚曰：「猶望杜將軍也」。為問後世有知一體一心之義如家父聘會葵丘者乎？臨軒推轂，援枹桴鼓有軌里連鄉以佐威公如管子夢恊得天曳柴而遁如欒子者乎？明禮樂敦詩書如卻子三駕而楚不能爭如知魏兩大夫者乎？秋水師菹醢之業，一一足以當之。而又自發其世傳之珍為國門之懸。無知激揚世道扶正人心天下萬世賴其功者，與聖人

作經之微、康侯著傳之意並垂，爭裂彼征南之庫，又何足言與？順治甲午清和月，四明門人嚴天顏喜侯父頓首百拜撰。

◎序：《春秋大成》，友人馮子訥生先是過庭奉尊甫秋水公指授，博冠諸家，折衷成書者也。予卒讀，歎曰：是書也，可不謂用力勤而為功遠哉！昔仲尼作《春秋》至矣，其理準易，其用該洽詩書禮樂，明天道，敘彝倫，誅亂賊。循此則治，失此則亂，六經奧蘊，莫備於《春秋》。諸儒或僅以為傾否，或專以為刑書，皆非也。甚者粗習句讀，錯綜比偶，獵致時榮，異說蠭起，叛棄經義，弊不至安石弁髦《春秋》不止，可勝惜哉！蓋予嘗上下《春秋》傳注，左丘明、公羊、穀梁最著。傳左氏者張蒼、賈誼、尹咸、劉歆諸人，說頗淆雜。它賈逵援《公》《穀》釋《左》、杜預脩《左氏》釋經，各有發明，然往往異同。義疏、正義摭引繁複，識者病焉。獨胡文定晚出，覃精是正，著傳進講，列在學官，至今肄誦之。迺說者謂其牽復古制，黜天王，改正朔，卒牴牾聖經。雖然，文定蓋未可苛論也。予意文定遭宋顛隮，痛國恥未雪姦臣踵繼，故多寓言垂戒。至於自出臆見後先矛盾間曲為之說，其弗克粹然一出於正，繇抗憤使然，非槩與范寧掊擊《左氏》《公》《穀》同類並譏明甚。鄭夾漈謂「以《春秋》為褒貶者亂《春秋》」，黃東發深斥以例釋經之非，類皆諷刺文定，予竊以為過矣。夫後世說《春秋》者非一家，陳止齋、石徂徠、呂東萊、孫泰山、戴岷隱、葉石林，率不能泥褒貶凡例，說雖為東發所輯錄，予不無軒輊。要之，貢舉以《春秋》取士，宜依文定為準式。雖文定不盡合聖經，苟繇此以推求二帝三王百世不易之法，沿文以揆義，秉義以制事，撥亂反正，思過半矣。若之何苛論文定，紛紛吹疵為也！近代業是經者，墨守功令，罔敢鑿說。郝京山《春秋解》、夏綏公《四傳合論》深得史外傳心之要，不專主訓詁，學者未遑覽究。應舉則《愍渡》《指月》《匡解》《發微》《因是》諸編導滯芟繁，粲然顯白，而《衡庫》為尤備。《大成》則又綜諸家而斟量之，凡疑脫乖異，詳為糾互，是得非失，根節悉見，質諸聖經，鮮或牴牾。信乎是書之用力勤而為功遠，庸復有庚續損益者哉！抑予聞祝子長康言，秋水公行己蒞官，一以謹嚴忠恕為本。公偶過旅舍，與予衡較古今人文，寬猛適中，罕所阿好，庶幾不悖《春秋》大義。訥生虛懷樂善，似厥式穀，所撰著與公埒，為世共推。然則讀《春秋大成》，益信家學淵源之有自，其為功於天下後世未艾也，豈獨是書傳久勿替哉！苕山張自烈題。

◎春秋大成序〔註 22〕：昔人謂聖述史三焉：其述《書》也，帝王之制偹矣，故索焉而皆獲；其述《詩》也，興衰之由顯，故究焉而皆得；其述《春秋》也，邪正之跡明，故考焉而皆當。此三者同出於史而不可雜也。而決大疑、定大事、行權而不戾於經、處變而不違於正，則《春秋》為尤切。邵子學於李挺之，先視以陸淳《春秋》，欲以表儀五經；既可語五經大旨，授《易》終焉。則學自《春秋》始也〔註 23〕，迺三家殊途，諸儒異議，雜亂紛紜，莫可統一。文定公起而折衷之，素王之尊君父、討亂賊、闢邪說、正人心之大旨，朗朗乎星日為昭，浩浩乎江漢並廣。其為百世撥亂反正之書，文定之功豈淺鮮哉！王介甫不解《春秋》，宜其設施敝曠，流毒海宇。余少受麇書於先叔愚谷先生，揣摩制舉，雕心比合而已。又從大人榆塞河潢，課讀署中，開示大義，每取驪比偶之文，而斥之曰：「女究其詞，曷勿究其理；女勸說於人，曷勿達意於己？女謂其為科名之羔雁，曷勿以為身心之儀軌？」時怵然驚、翼然勉也。庚寅之冬壬辰之夏，大人里居閒暇，因取《指月》《衡庫》及時賢發明諸書，彙為一帙，將以問世。會有江左之行，停軾婺壤，日進多士，賦詩論學，禮樂彬彬，民氣康樂。四明嚴子、睦州余子，遨遊過婺，旨酒式燕，訂晰異同。嚴子、余子則詳五傳之隱賾、十指之渺微，二百四十年之幽遠如燭炤、如河決下流也。大人因為之集成，益其闕、約其廣，俾問當世〔註 24〕。嗟乎！《春秋》微而顯，婉而章，褒貶定於一字，興亡決於一詞，誅人不能知之心，改人不可宥之過，君以治國、臣以立身、子以盡孝、弟以彌恭，斯世一日無《春秋》，人類其滅；人心一日無《春秋》，生理其絕。微矣皇哉，贊天地而扶陰易，孟子比之抑洪水驅猛獸，有以也。迺今之制菽者，沿為比合傳題之法，或取之胡氏之字句，或取之左氏公穀之事詞，以經解傳，非以傳解經。聖學乖離，莫此為甚。世有志士，所當請之天子立改其謬者。然則《大成》一書曷為錄之也？曰：不列題是不制菽，不制菽是不科名，不科名則人之學《春秋》者寡矣。嗟乎！史外傳心之要典，昔人以為性命之文，今人以為富貴之具，是則余之所大憂也。順治甲午夏，晉馮雲驤書於婺州署中〔註 25〕。

〔註 22〕又見於馮雲驤《約齋文集》卷二，題《春秋大成序》。

〔註 23〕馮雲驤《約齋文集》卷二《春秋大成序》無「邵子學於李挺之，先視以陸淳《春秋》，欲以表儀五經；既可語五經大旨，授《易》終焉。則學自《春秋》始也」句。

〔註 24〕馮雲驤《約齋文集》卷二《春秋大成序》「俾問當世」作「俾公之世」。

〔註 25〕馮雲驤《約齋文集》卷二《春秋大成序》無「順治甲午夏，晉馮雲驤書於婺州署中」句。

◎序：《春秋》者，孔子十二國之寶書也，誅討之法，子輿氏以為與禹、周並烈。迺經緯之者，則有《左》《國》《公》《穀》。丕哉治世，章孰甚焉。至有宋王荊公以為斷爛朝報，此南渡之所以陵微也。文定公起而作書，條例詳明，翻駁論辯，凡著一篇，融合四傳，聖人傳心之要典闡發已盡，讀《春秋》者，舍是安歸！恭逢秋水夫子五經學海，百代名山，暨我訥生、懿生兩世兄趨承鯉對，衣紹淵源，而訥生又以請縷之年苦心經學，諸所著述，倬乎大篇。癸巳冬，鵬徵偕同學嚴子天顏問業會課，秋水師迺以其喬梓手著《春秋大成》囑以叅訂。夫猶龍氏《衡庫》《指月》二書以為可通《春秋》之三難、益《春秋》之三易，今有我馮夫子《大成》一編，縷分支析，經傳兼備，非但尚經者空前後諸書，即業他經者從此攷究，亦與《四書》互為發明，其善一也。意旨透闢，麟題具詳，不繁不漏，令讀之者有此外無奇之嘆，其善二也。且也點睛指撥，批閱處自有雲移月動、觸手琳琅之妙，其善三也。至其發人所未發、言人所不敢言，皆足羽翼寶書，昭明大道，俾後禩之為子為臣者知所適從，其有功於天下萬世也，寧在文定下哉！時順治甲午端月，睦州門人余鵬徵搏九百拜謹敘。

◎春秋大成發凡〔註26〕：

士篤古學，五經笥，人人學先矣。惟《春秋》，止讀《左氏》《公》《穀》，多置《胡氏》。不知微詞妙義精於經例者，必文定也。況以制科，又安得不昕夕肄之。至《左》《國》《公》《穀》，非第事實攸關，且為聖經作按，昔人有言：「耿克勵《愍渡》太略，馮猶龍《衡庫》始備。」然麟經與他書異，必借標識，宜加點正以傳麟旨。如《指月》尚有或遺，爾新《旨定》殊為詳備，馮仲先《三發》精簡直捷，金靈澈《麟嚴》多有深透之論，宜合數部為之輯訂，但經旨與四傳彙集各帙，尤費掀翻。茲編下截合纂經文及各傳諸書而點正之，上截備叅各名家秘旨而輯訂之。自有麟書旨來，其善美也茂旨加矣。謹述例言如左：

一、聖經昭明，皇言日月，雖在崩薨，僅細批於側，豈為弒葝。遂塗抹於全，一字不敢易，尊經也。

一、是經孔氏權書，游夏不能贊一詞，況其下乎？國初頒《大全》於學宮，使學者目意逆志，隨所取裁，亦不失窮經之遺意。迨至穆廟，胡氏孤行，而張洽等傳棄而不用。馮猶龍意欲倣朱子《四書集註》之例，廣搜百家之說，採其切中情理不涉穿鑿附會者定為正註，其說可相叅者附之圈外，名曰《權書揣

〔註26〕 卷前題名：晉馮如京秋水甫彙定。男雲驤訥生著，雲驦懿生訂。門人嚴天顏喜侯、余鵬徵搏九叅。

摩》，庶先彙羣儒之精神，備一經之羽翼，奈其書未就。余于瀟上瀏江間閱歷有季，琢磨殫力，輯成是書。在《胡傳》必全錄，不啟後學離背之端也。

一、《左》《國》《公》《穀》，原係聖經之按。先按後斷，故載於胡氏之耑。其傳不同者分載之，大同小異者合載之，文雖不同而事實可相貫者連載之，見於一傳者徧載之，一二語不可徧廢者補載之，或先經而起或後經而結不便繙撿者聯屬載之，不隸經而可備事寔之攷者附載之。即無關事寔而辭采璀璨可助筆花者，亦備錄其文，或誦或覽，惟資性是視，不令嗜古者有遺珠之歎，俱列曰雙行，與胡傳異。

一、《胡傳》大字單行，視經文低一字，令讀之者悅目入心。

一、《大全》中諸儒議論，盡有勝胡氏者，然業已宗胡，自難並收以亂耳目。雖與胡相發明者，皆錄曰攷稽，至於無傳單文，舉業家相沿曰為不成題。夫題出經文，因傳廢經，是經文亦可刪而讀矣。習而不察，莫此為甚。與其苟擬傳題相沿曰射覆，孰若明出經文相沿曰試聰明？茲編于單文而胡氏發於他傳者，則註曰見某傳，不然即採《大全》諸儒之說相沿曰備觀覽。如語止一家則標《大全》某氏，如集眾語則止標全字。

一、有事出四傳而胡氏援引之者，互存則贅。今存胡以便擬題，而原本未備則補註之。若無題腳者，仍用本傳。

一、《春秋》與《詩》相通，故採取獨富。書如《秦誓》《禮記》《檀弓》《月令》等，總屬典要，亟加擷錄。他如《周禮》、《家語》、《穆天子傳》、晉《乘》、楚《檮杌》、《吳越春秋》、《管子》、《晏子》、《韓非子》、《呂覽》、《韓詩外傳》、《史記》、《文獻通攷》、杜氏《通典》、朱子《纂要》、陳氏《括例》《事義攷》、李氏《私攷》《春秋屬辭》等書，或事詳於一時，或語詳于一事，或連篇而誇富，或片語而佐遺，或典故於焉取徵，或事實借之旁印，並收萃盤，不遺玉屑。雖他經之外吾不敢知，若語尚門，無慚夔一矣。

一、採用諸書各標出處，或兩事者，俱另提一行，不使混也。

一、坊本十二公首俱有列國，又每年著各國年號，殊覺猥冗。今將一經始末，自周而下，總載首帙，使人一覽可盡。其每年止錄天王年號，並某君元年崩卒之類，曰備查閱。若經中無事者，則省之。

一、文章如祭公諫征犬戎，事實如宣王南征北伐之類，雖在春秋曰前，有裨後學。獲麟絕筆，而《左氏》所載，如楚偉齊晉之亂，皆春秋結局，不可不錄。今前後各附一卷，俾首尾畢具，覽是編者，一切書可盡置高閣矣。

一、凡全傳事寔，或斷語，或解傳中本句，或補所未足，及文法不同處，則總列于後。

一、音字釋義悉列于末，昌備觀覽。

一、無傳經文，其事明見他傳者則曰見某傳，若事不具見而義有指者則曰主某傳，若影響相傳者則曰借某傳，俱錄其傳文。

一、東萊《博議》持論翻駁，字句推敲如老吏斷獄，尤近麟文。凡與《胡傳》意同者，錄在上端，一目補楮端之空，又以啟文心之妙。

一、第三截備列傳題搭股，令讀之者識此悟彼。

已上彙纂例（叅馮猶龍先生原本）。

一、《左氏傳》艷而富、典而工，與《胡氏傳》關合者則ᕒ之，為傳合題作母者則丨之，其文章秀麗者則○之，句法奇奧者則●之，伊川之輯庶不遠也，征南之釋寧有過與？！

一、康侯著書，融浹六經，鞭驅三傳，其先後起束之間深藏結搆，即比事屬詞之內默具精微。單題肯綮，纖悉畢周，輕重有倫，絲毫皆備。書法則△之，一題兩意或三股者則Ꝇ之，文中緊要題內當透者則○之。不必陳旨而觀，知條理之具在；直須展書而望，驚犾鐵之皆飛。篝燈寓目，喚起文思；握管抽懷，繡成錦口。

一、傳題以傳中語作影，昌聖經語作證，步驟次序一一在傳之間，輕重呼吸種種在傳之內，題則丨之，文中有必重者則ᕀ之，兩股中有側重者則ᕒ之。昌傳語而體傳題，固非傳外之旨；以傳題而玩傳語，總得傳中之微。潑墨霞縐，皆同雲之繚繞；揮觚風起，自紋縠之淪漣。

一、上截訂糸《指月》，間合《麟嚴》，攷究《發微》，剪裁《定旨》，佐昌《三發》之簡確，備昌名選之文評，單則闡之極盡，傳則發之極詳，合則雙行細列，註之必整，混襍而難記者則隨其題而◎之以別其欸，庶幾丹鉛繡紙應知斧藻之工，銀畫鏤雲郊羨錦雯之美。

一、破題，沿習膚庸，難以入目。茲炤《三發》及《麟嚴》，其題旨顯易者則芟之。或題有繁深難記者，則玄其閑字，竟首列于主意之中，非云就簡滋後學之疑，正以求詳備先哲之懿。

已上批閱例（悉介軒手定）。

◎糸閱姓氏：曹溶，秋岳，嘉興。卓彝，朗彝，武林。朱之錫，梅麓，義烏。孫宗彝，孝則，高郵。孫鑨，頡初，嘉興。秦祖襄，復齋，慈谿。徐明弼，

靜菴，蕪湖。朱稷，南圖，杭州。夏之中，肇塘，北平。吳興宗，振先，遼東。王介錫，振嶽，山東。王之佐，爾菴，丹徒。李之芳，鄺園，山東。侯良翰，筠菴，河南。王世功，九維，會稽。季振宜，滄葦，泰興。邊鳳光，虞玄，玉田。張祚先，念瞿，武進。梁遂，雪樵，鹿邑。范養民，仁先，瀋陽。朱鳳台，慎人，靖江。鄭應皋，允生，無錫。高爾脩，正菴，靜海。李大發，宛平。吳景亶，漆生，湖州。嚴之偉，赤城，餘姚。余廉徵，澹公，遂安。張鈺，聲子，蘇州。鄒鍾秀，九穗，錢塘。顧懋樊，霖調，杭州。葉向曜，九峰，金華。支如增，小白，嘉興。梁奇，江西。張一魁，遼東。

◎門人姓氏：周拱辰，孟矦，檇李。范驤，文白，海寧。金英，劍耿，海鹽。徐尚介，于石，湖州。支撰英，惠矦，嘉興。阮洪，敦甫，桐城。嚴心得，範吾，慈谿。孫承麟，振子，臨海。周案，采臣，檇李。程瑒，文在，臨安。何思卿，異卿，淳安。嚴沆，子餐，餘杭。陳彤，聽子，仁和。張起升，咸升，嘉興。王學樗，竹陵，山陰。余之雋，萬上，遂安。王泰來，平六，餘姚。徐光旭，君升，常山。葛果，孝因，杭州。裘鵬，古苞，杭州。李元震，青章，建德。楊在廷，心簡，江山。姜啟元，長卿，江山。章天生，方平，蘭谿。王宗尹，麟占，金華。李維晟，峩匪，金華。樓鳳來，君苞，東陽。盧光晉，東陽。李方晉，康矦，東陽。虞國階，伯羽，義烏。陳聖圻，君邑，義烏。李爾誾，又損，義烏。黃登洲，義烏。駱宁楨，周士，義烏。沈慧俠，振之，義烏。丁爾發，震生，義烏。龔起翬，羽文，義烏。朱廷銓，喜臣，義烏。徐之駿，亦神，永康。俞有斐，仲澳，永康。祝萬年，眉蒜，浦江。王如春，梅先，金華。陳國珍，楚倚，金華。張與越，聿脩，金華。戴虞益，玄受，蘭谿。柳德久，久也，蘭谿。陳今聖，廷對，蘭谿。祝基皋，長康，蘭谿。李元發，穎少，永嘉。周士雅，秀卿，常山。吳景濬，燦生，湖州。丁光楚，鹿三，襄陽。鄒魯，公魯，崇德。王孫昌，伯遂，會稽。方苞，孟甲，開化。陳葆儼，扶蒼，桐城。鄒德沛，遠公，杭州。丁文榮，叔范，杭州。查準，平仲，杭州。章壎，長孺，錢塘。蔣剛，潛伯，桐城。劉予玨，雙玉，永嘉。倪立昌，光啟，浦江。姜天柄，超西，仁和。金之光，載錫，仁和。陸燦，桓古，鄞縣。顧景祚，受嘉，海寧。項元詩，二南，浦江。鄒楷，端木，錢塘。張慧才，定生，山陰。王如曾，爾沂，紹興。陳霖，森上，仁和。余國常，君彝，遂安。嚴天威，具儼，慈谿。項懋枝，賁仲，浦江。嚴有翼，共武，慈谿。吳從皋，虞臣，東陽。王日暄，禹長，金華。葉上達，仲兼，金華。葉永堪，堪公，金華。葉日躋，

聖昭，金華。王廷講，學可，金華。李維鄂，開先，金華。葉上進，聖期，金華。戚光朝，端甫，金華。余啟魁，季方，金華。章灼，君用，金華。陳肇域，湯孫，金華。董瑛，英玉，浦江。章玄琳，熙載，蘭谿。金相，尚溪，浦江。龔仁日，惟昕，義烏。鄭惟道，岸先，金華。張一濂，尚泉，浦江。葉周俊，金華。朱之鑣，金華。吳埈選，爾飛，淳安。宋惟藩，价祝，建德。鄒鳳標，威人，錢塘。姜長庚，景白，蘭谿。祝瀠秀，開美，蘭谿。鄒麟標，景白，蘭谿。祝錫瑤，晉公，蘭谿。

　　◎本傳：以《春秋大成》一編，允為海內《春秋》家津梁正諦。

　　◎徐化溥：《春秋大成》，學者宗之，前後說《春秋》者弗能儔。

　　◎方苞《粵槎日記小序》：秋水吾師，才情典麗，聲韻清剛，於經史子集之文、晉唐明宋之詩，靡不洞精抉髓、具體備美。

　　◎光緒《山西通志》卷八十七《經籍記》上：《春秋大成》，代州馮如京撰。

　　◎馮如京（1602～1669），字修隱，號秋水、滄桑，別號紫乙先生。代州（今山西代縣）人。崇禎元年（1628）恩貢。崇禎十三年（1640）以賢良方正應辟舉，崇禎十六年（1643）任永平同知，分署昌黎。順治八年（1651）補原西寧道馮如京為河南布政使司參政，管河道。十一年（1654）陞浙江金衢道參政，任江南布政使司右布政使。順治十三年（1656）至十六年（1659）任廣東左布政使。以疾致仕。著有《春秋大成》三十一卷、《一統志略》、《聖賢正諦》十卷、《史疑》、《粵槎日記》、《北征紀略》、《歷代詩錄》、《道學鈔》、《秋水集》十六卷、《開元天寶宮詞》十餘卷、《古今雁字詩選》六卷、《馮秋水先生評定存雅堂遺稿》十三卷。

馮時可 春秋辨疑 佚

　　◎楊開第修、姚光發等纂光緒《重修華亭縣志》卷二十《藝文》：《左氏釋》二卷（《文淵閣》著錄）、《左氏討》二卷（《四庫全書》著錄）、《左氏論》二卷（竝前志。《四庫全書》存目。婁《志》云：時可所說左氏諸書皆發明訓詁，不載傳文）、《春秋辨疑》（馮時可著。《雲間志略》）。

　　◎馮時可（1546～1619），字元成，又字元敏，號敏卿，又號文所。南直隸松江府華亭（今上海松江）人。馮恩第八子。嘉靖四鐵御史之一。少從學長兄行可，又師從唐順之。隆慶四年（1570）舉人、五年（1571）進士。任刑部主事，後改兵部主事，歷員外郎、郎中。萬曆九年（1581）任貴州提學副使，

十九年（1591）起四川提學副使，歷湖廣副使，改浙江右參議，調雲南，遷湖廣右參政，後辭歸。著有《文所易說》五卷、《詩臆》、《周禮筆記》六卷、《春秋辨疑》、《春秋會異》六卷、《左氏論》二卷、《左氏釋》二卷、《左氏討》二卷、《西征集》十卷、《南征稿》、《武陵稿》、《燕喜堂稿》、《金閭稿》二卷、《石湖稿》二卷、《雨航吟稿》三卷、《雨航雜錄》二卷、《超然樓集》、《馮元成寶善編選刻》二卷、《馮元成選集》八十三卷、《馮文所詩稿》三卷、《馮文所嚴棲稿》三卷、《篷窗續錄》等，編有《眾妙仙方》四卷。

馮時可 春秋會異 六卷 存

國圖藏萬曆二十五年（1597）劉芳譽刻本

馮時可 左氏論 二卷 佚

◎《明史》卷九十六《志》第七十二《藝文》一《春秋》：馮時可《左氏討》二卷、《左氏論》二卷、《左氏釋》二卷。

◎乾隆《婁縣志》卷十二《藝文志·經部·經傳》：《易說》（五卷）、《詩臆》（二卷）、《左氏討》（二卷）、《左氏論》（二卷）、《左氏釋》（二卷）、《談經錄》（俱馮時可撰。其說左氏諸書，皆發明訓詁，不載傳文。《左氏釋》今文淵閣著錄）。

◎楊開第修、姚光發等纂光緒《重修華亭縣志》卷二十《藝文》：《左氏釋》二卷（《文淵閣》著錄）、《左氏討》二卷（《四庫全書》著錄）、《左氏論》二卷（竝前志。《四庫全書》存目。婁《志》云：時可所說左氏諸書皆發明訓詁，不載傳文）、《春秋辨疑》（馮時可著。《雲間志略》）。

◎嘉慶《松江府志》卷七十二《藝文志》一《經部》：《左氏釋》二卷（列文淵閣著錄）、《左氏討》二卷、《左氏論》二卷（明馮時可元成著。以上二書入《四庫全書存目》）。

馮時可 左氏釋 二卷 佚

◎《明史》卷九十六《志》第七十二《藝文》一《春秋》：馮時可《左氏討》二卷、《左氏論》二卷、《左氏釋》二卷。

◎乾隆《婁縣志》卷十二《藝文志·經部·經傳》：《易說》（五卷）、《詩臆》（二卷）、《左氏討》（二卷）、《左氏論》（二卷）、《左氏釋》（二卷）、《談經錄》（俱馮時可撰。其說左氏諸書，皆發明訓詁，不載傳文。《左氏釋》今文淵閣著錄）。

◎楊開第修、姚光發等纂光緒《重修華亭縣志》卷二十《藝文》:《左氏釋》二卷(《文淵閣》著錄)、《左氏討》二卷(《四庫全書》著錄)、《左氏論》二卷(並前志。《四庫全書》存目。婁《志》云:時可所說左氏諸書皆發明訓詁,不載傳文)、《春秋辨疑》(馮時可著。《雲間志略》)。

◎嘉慶《松江府志》卷七十二《藝文志》一《經部》:《左氏釋》二卷(列文淵閣著錄)、《左氏討》二卷、《左氏論》二卷(明馮時可元成著。以上二書入《四庫全書存目》)。

馮時可 左氏討 二卷 佚

◎《明史》卷九十六《志》第七十二《藝文》一《春秋》:馮時可《左氏討》二卷、《左氏論》二卷、《左氏釋》二卷。

◎乾隆《婁縣志》卷十二《藝文志・經部・經傳》:《易說》(五卷)、《詩臆》(二卷)、《左氏討》(二卷)、《左氏論》(二卷)、《左氏釋》(二卷)、《談經錄》(俱馮時可撰。其說左氏諸書,皆發明訓詁,不載傳文。《左氏釋》今文淵閣著錄)。

◎楊開第修、姚光發等纂光緒《重修華亭縣志》卷二十《藝文》:《左氏釋》二卷(《文淵閣》著錄)、《左氏討》二卷(《四庫全書》著錄)、《左氏論》二卷(並前志。《四庫全書》存目。婁《志》云:時可所說左氏諸書皆發明訓詁,不載傳文)、《春秋辨疑》(馮時可著。《雲間志略》)。

◎嘉慶《松江府志》卷七十二《藝文志》一《經部》:《左氏釋》二卷(列文淵閣著錄)、《左氏討》二卷、《左氏論》二卷(明馮時可元成著。以上二書入《四庫全書存目》)。

馮士驊 春秋三發 三卷 存

北京大學藏崇禎八年(1635)葉坤池能遠居蘇州刻本

續修四庫全書影印北京大學藏崇禎八年(1635)葉坤池能遠居蘇州刻本

◎各卷卷前題:古吳馮士驊仲先輯,張我城德仲參訂。

◎序:(原缺)亦犁然有當于心。蓋其體傳精故其晰題審,晰題審故其去取嚴,而媛姝之徒反病其刪佚之刻。洎楚黃諸君子出,拈異標新,學人愈有結漏之懼,不敢在專尚鄒旨。然桃源問渡,舍四山氏,倀倀何之。海內同人,此心一也。年來猶龍氏《指月》一書,遡委窮源,最稱詳匝,家尸戶祝,業無間言。而初學之士,猶茫然未得其要領。大約窮經之病有三:分覽之則苦浩而難

既也，總覽之則苦夢易眩也，拈此而又拈彼，揣傳而復揣合，則更苦答問支離而記憶終無序也。蓋康侯氏全付精神止在立傳期于大經大法炳如日星，用畢聖王經世之志爾。載筆之始，何暇為文字津梁。故讀是經者，要須體認書法生意之所在，而手眼注之，則立傳之精神始出，而宣尼之精神亦出。單題未詳而驟言傳合，何異楷書不端而思草隸者乎！且傳題組織一事之本末，而分之綴之，猶康侯意中事也。若合題，昉于郁離氏借經文之鄰比者，強為附會。此縱橫捭闔之譎智耳。後遂俳偶紛紜，觴瀾莫底康侯夢想及此乎？然習尚所漸已成，今甲因勢利導，惟有畫一之一法。嘗準諸大經而言傳，則經而合則綸也。然未有不知大經，而漫言經綸者，故為後生說法，斷自單題始。單訖而傳繼之，傳訖而合繼之，根據體要，首尾循環，或刪或增，各詳其故。教者既不傷于冗繁，聽者亦迪然而漸悟。此余《三發》之本旨也。鄙見雖趺趄獲，大要詳鄒先生之所畧，而約猶龍氏之所詳。發源本同，指趣微別，至于摘幽發伏，粗有一得之長，務使開卷洞然，循序漸進，康侯復起，不易吾言爾。若欲仰贊素王，夫何敢。大蓬氏馮士驊識于艾廬。

◎春秋三發序：予覽經術之盛衰，未嘗不因乎人也。漢立五經博士，開弟子員，一經說至百餘萬言，大師眾至千餘人，傳業浸盛，支葉蕃滋，所云學如浚井得美水之說，賈逵作《左氏條例》二十一篇，又以丘明長于二傳，縫綻漏闕，議論紛洄，下至王儉之，皆徒以專經為業。解散髻，斜插簪，儼然自比謝安，而先無辭于何點。雖復斷決如流，傍無留滯，竟何益哉！宋紹興時，以《左氏傳》付胡安國點句正音，安國言《左氏》繁碎，不宜虛廢光陰，耽玩文采，莫若潛心聖經，遂用安國專講《春秋》。時講官四人，援例乞各專一經。高宗曰：「他人通經，豈胡安國比？」不許。我明尊儒說，高皇帝獨取胡氏，列之學宮。至成祖，任斯道之重，採取諸家傳註發明經義者彙為《大全》，三家之說復顯。繇此言之，文定不特如大冬嚴雪獨秀之松栢也，宛然斗杓之司天、江河之行地。彼夫《左氏膏肓》《公羊墨守》《穀梁廢疾》不過殘星拂曙、芳風襲人而已。經術之重，豈不以人哉！今上就將之學緝熙光明，謂《通鑑直解》不足以沃朕心，而以《春秋》進。余舅文起先生，寔專涖之。文起先生，夫固今之文定也。余與仲先俱文之自出。又如顏、嚴之學，俱本眭孟，予守嚴彭祖之言，行徑頗與相似，而仲先猶在行間。雖有眭孟為之舅，安樂不得自致通顯，然其學義精明，益復大進。今觀《三發》之書，以傳還傳，以比還比，不啻聚米為山谷，分析曲折，昭然可曉。設泗山喜聞諸先生而在，猶當讓此人出一頭

地，況其他乎？使非覃思研精，不通人間事，何以得此。乃余所竊歎者，泰山孫明復著《春秋發微》十二篇，石介遂以先生事復，而語人曰：「孫先生非隱者也。」除校書郎，直講《大學》。又其次者賈長頭在南宮雲臺，帝一日謂潁陽侯馬防曰：「此子無人事，于外屢空，則從孤竹子於首陽山矣。」使防以錢二十萬予之。今有才如仲先，上之不蒙緋衣銀魚之賜，下之不廁蘭臺虎觀之間，即十年徒步、十年緼袍，徒自苦耳，誰知之者！雖有《左傳》癖，竟何如何嶠之錢癖、王濟之馬癖也哉！若仲先之自處固有在矣！昔鄭眾知名于世，太子及諸王欲為引籍殿中，眾曰：「犯禁觸罪，不如守正而死」，吾料梁松之縑帛，必不敢及仲先之門，亦經術以人重，非人以經術重之意也。予因《三發》之刻，而並為發之如此。乙亥中秋，社弟姚希孟題。

◎春秋三發序：聖人立教，期正人心爾矣。學者不至聖，而因言以測聖人之教，亦期正人心爾矣。人心不正，於是有夷狄、亂賊、小人之禍。此三者，自周以還，與世道相終始。仲尼立千載之上，逆知千秋下決罹此禍患，作《春秋》以堤防之。扶抑內外，斬然弗假。其書後五經而出，實兼五經之功。第聖筆微至渾深，治之者非一家，詮之者非一說，漢儒張皇莫能窺奧。康侯總輯條貫，傳以宋事，危苦激痛，意本諷動人主，於聖筆微至渾深者豈能盡如函蓋？頃在空山，獲劉誠意稿數十首，大都成於勝國至順間，質氣莽蒼，較之今義多齟，蓋是時尚未峀宗康侯也。明興，刊布學宮，一以康侯為質的，學者治胡氏之《春秋》，遂忘孔子之《春秋》。然欲舍胡氏之《春秋》別繹孔子之《春秋》，亦詎能措一詞哉？講詁既興，爰有單、傳、合三例，非大義所繫，穿絡貫午。如《詩》有比、興、賦，亦復粲然不廢。兼嘉、隆、萬曆之初，鉅公英篇如天造地設，神工鬼斧，不惟為康侯生色，亦足為聖經鼓吹文治之昌，真制義中大關鍵也。俗譌泯棼，新詭競出，吳越麻黃間，裂割晦僻，甚至主司以射覆而失真，士子以遺忘而徙業，舉聖人經世大法與國家尊經典憲等諸屜謎藏鬮之戲，瀆聖蔑法，人心險詖，莫斯為甚。即此便為夷狄、亂賊、小人之萌，而當事者曾無鄧析之誅，愚竊閔之。嘗欲刪其污煩，勒成定本，昭告海內。顧此乃禮垣春卿之司，草茅其敢輕議？社友馮仲先氏夙號經神，憂其紊也，與張德仲氏謀，別析三體，各發其覆，使展卷者稟承曉白意，詎止為後學津梁，用俾康侯大意浩浩古今，與江河相流行而不為裂割晦僻所蕪塞，其為胡氏干城甚偉，而人心不正者，亦或稍知戢焉。嗚呼！其功豈止翼經也哉！乙亥仲夏社弟陳宗之書于翠峰山閣。

◎春秋三發序：十年攻苦一經，曉研昏燈，未敢稍有倦色，不能遽博一進賢冠。鬱且成疾，心胃之交時或作。楚亥之清祀，公車友枉趾相錯，竟以疲於應接，向疾復崇，正在攢眉間，仲先馮子偕德仲張子，攜其長君聲子持一編顧予，倚褥展际，不數葉而有起色矣。予方訝胸中有鬼，諸君子固楮上有丹耶？問：何居乎，而以三發顏也？曰：一為單題發也，所以抉康侯氏之隱也；一為傳題發也，所以暢康侯氏之旨也；一為比合題發也，所以廣康侯氏之教也。遡前乙亥秋，高皇帝再詔諸生誦習《春秋》，以求聖人大經大法，為他日立政臨民本，而《三發》之告竣，適符其歲。則仰質之開山之青田、護宗之太原，旁而印之安平之鄒、虞山之錢，予於是編能不強起觀之乎？披閱未終，沉疴頓解，將擬之為杜工部之詩可以斷瘧矣，將擬之為王右丞之畫可以平疾矣，將擬之為陳祭酒之檄可以愈頭風矣。而猶未也，借經立方，試之輒驗，一展际而涩然汗出、霍然病已，與聖人辯士之言何以異？則請以《三發》一編當枚生之《七發》，奚不可？於是據几而起，漫草數言以覆馮、張諸子。嘻！其何敢自諉曰僕病未能也！乙亥清祀望，餘江上社弟季星書於卍蛛園之蝶菴。

◎春秋三發凡例：

單題發例：

題之有單，對傳、合而名也。單題即聖經也，宣尼氏一生苦心，止藉此數字褒譏，片言筆削，匹夫代行天子之事。讀是經而草草看過，茫然不識旨歸，安取傳心之要典為？故康侯一傳，雖以三傳為牆壁，而有功孔氏十倍三家傳云。史文如畫筆，經文如化工，信矣！愚謂康侯作傳，獨以畫筆為化工，而義色稟然，時在言表。故行文者，嚴聚處，當如老吏之爰書；刻畫處，宜如畫史之寫照。務使經傳互融，袞鉞無遁，則看傳時須先具別眼也。探驪得珠，鱗爪總歸無用；粘皮帶骨，濡首何殊面牆？以意逆志，是為得之爾。

一看書法有輕重之分。紀寔者輕，據事者重。重者先提而後繳，輕者或點而或帶。總之，筆段以輕撇為工，沓拖最所忌也。

一看主意有詳要之別。詳或累句，要只單詞，行文據旨鋪排，雖極縱橫，而要不詭于幅。

一單題有全出半出，總在一傳者，如入向、入極、歸祊、入祊、敗菅、取郜防、時來、入許之類。

有題在此而傳寄彼者，如伯姬歸寄莊二十五年姬歸之類。有無傳而或寄他傳，如凡伯聘之寄入許傳、遇垂之寄遇清傳、會中丘之寄會防傳之類。有無傳

而借《大全》小註作傳，如會齊、盟艾之類，難以枚舉。比例互推，即一公而十二公可倣也。

傳題發例：

凡傳題旨與題序，俱詳傳中。若比數多者，即行文之法，亦具傳內。傳熟，則行文思過半矣。善認題者，即以傳為題，可也。

題不連本比者謂之脫母，須用顧母法。入題要清楚，收繳要見本比。有傳而合做者，合中須不失傳意。

有搭比作事實，或相比擬者，作法倒單。

有只用一比作事實者，作法同單。

舊有序題，如惇典、庸禮、命德、討罪，兼有五經之類，非板則蕪，槩刪之。

傳題有易溷者，須一一記明。如輸平／歸祊／假許三傳、突救／朔入／公至三傳、小白／入北杏／盟柯／邢狄／伐會孟五傳、伐楚次陘／于師召陵二傳、四國伐秦／秦人伐晉／晉侯伐秦三傳、清丘伐陳／救陳／伐宋／圍宋四傳、盟戲／蕭魚二傳、入邾益來／歸讙闡／會吳伐齊／國書伐四傳，一一剖白于左。

輸平內無假許　歸祊內無郜防　假許內無輸平。

突救內無公至　公至內無朔奔。

小白傳相桓徙義搭救邢、伐楚、寧母、葵丘　北杏傳會諸侯、安中國、免民于左袪搭盟幽、救邢、召陵　盟柯傳，始合諸侯，安中國、攘夷狄、尊天王，搭盟幽、救邢、伐楚、葵丘　邢狄伐衛傳，攘夷狄、安中國、免民左袪搭山戎、救邢、盟貫。

會盟傳，合天下諸侯攘夷狄、尊王室搭北杏、伐楚、首止　四國伐秦內無晉侯伐秦　秦人伐晉內無四國伐秦，多入滑　清丘內有清丘伐陳、救陳、伐宋題，伐陳內有入陳清丘、伐陳、救陳、伐宋、圍宋題　圍宋內清丘伐陳、救陳、伐宋、圍宋題，易溷，須記清丘內無圍宋、圍宋內無入陳、伐陳內多入陳，以別於圍宋。有圍宋以別於清丘、伐宋內無救陳，亦無圍宋　盟戲傳無侵蔡獲，亦無執霄、會申，止多貞救，各傳無此　蕭魚傳有執霄、會申及楚子伐鄭　外貞伐鄭內有侵蔡獲，無蕭魚、貞救傳，有伐鄭、盟戲及楚子伐鄭　益來傳無歸二邑，以下三傳各多本比為別。

合題發例：合題者，取題義之相合而名，義從比也。康侯作傳，只以表經，就一事之原委，綴屬成題，已非其意。況私相傳會，成排偶之式乎？然屬詞比事，固《春秋》教也，相沿既久，剿影愈多，姑芟詭僻之繁，用存嚴整之目。

凡兩傳中有對句，或一句而兩傳俱有者，皆可合。或以事合，如禮樂、兵刑、會盟、攻恤、兵食、災祥、之類；或以人合，如君臣、夷夏、父子、夫婦、嫡庶、強弱之類；或以左合，如純孝、純臣、九鼎、三亡之類，要取意義之整嚴。牽搭支離，影響誕怪者，俱弗取也。作文或兩開，或短股相對，視筆力為之，亦以整嚴為尚。

舊有比題合題，今統名曰合 先隱合，次隱桓合，每一公畢，遞加之，便初學致記也。

◎春秋三發參訂姓氏：文湛持，震孟。姚現聞，希盂。劉心城，錫玄。鄒靜長，嘉生。戴還初，東旻。馮猶龍，夢龍。俞彥直，廷諤。管振之，玉音。朱南圖，稷。耿克勵，汝忞。何非鳴，謙。陳爾新，于鼎。周簡臣，銓。周介生，鐘。顧嘿孫，簡。章羽侯，正宸。蔣弢仲，燦。吳鵬先，振鯤。蔣五聚，星煒。劉越石，士鏾。劉同人，侗。張恭錫，晉徵。劉宏度，濟。陳玉立，宗之。姜清源，志濂。徐志衍，繼善。章維九，象鼎。支凝生，萬春。湯雪翎，鶴翔。沈晉水，昭遠。

◎上海古籍出版社 2015 年《續修四庫全書總目提要・春秋類》「《春秋三發》三卷」：是書首為馮氏自序，次《凡例》，次參訂姓氏，次姚希孟、陳宗之、季星諸序。案元制以《春秋》一經可命題者，不過七百餘條，慮其重複易於弋獲，又創為合題。明沿元舊，亦用合題之法。其名為「三發」，蓋一為單題發，所以抉康侯氏（胡安國）之隱；一為傳題發，所以暢康侯氏之旨；一為合題發，所以廣康侯氏之教。凡發單題二卷，發傳題二卷，發合題一卷，總計為五卷。案自明因元制，於單題外，兼用合題，於是鄒德溥《春秋匡解》、馮夢龍《麟經指月》等書出焉。是書承其餘緒，大旨在詳鄒氏之所略，而約馮氏之所詳。首發單題，單訖而傳繼之，傳繼而合訖之，蓋專擬《春秋》各題，而依題著說，本胡安國《春秋傳》以敷衍其意，間或講究作文之法。自序謂與鄒、馮兩家之書，發源本同，指趣微別，摘幽發伏，粗有一得之長，務使開卷洞然，循序漸進，康侯復起，不易吾言。然究其實，不過皆為科舉揣摩而作，非通經者之所尚。此本據北京大學圖書館藏明崇禎八年葉坤池能遠居蘇州刻本影印。（侯靜）

◎馮士驊，字仲先，號大蓬。吳縣（今江蘇蘇州）人。崇禎八年（1635）進士。任通政司觀政。著有《春秋三發》三卷，與盧上銘同撰《辟雍紀事》无卷數。

馮舒 春秋注 未見

◎馮舒（1648～1723），字大可，號心一、斗南、愛華山房、小年伯等。馮履中子。著有《易經注》、《詩經注》、《禮記注》、《春秋注》、《韻經注》、《杜詩注》、《心一先生集》等。

馮玉祥 馮玉祥讀春秋左傳札記 十二卷 存

1934 年上海軍學社鉛印馮煥章先生叢書之十七本

臺中文聽閣圖書有限公司 2008 年民國時期經學叢書第一輯影印 1934 年上海軍學社鉛印馮煥章先生叢書之十七本

◎目錄：凡例。自序。卷一隱公。卷二桓公。卷三莊公。卷四閔公。卷五僖公。卷六文公。卷七宣公。卷八成公。卷九襄公。卷十昭公。卷十一定公。卷十二哀公。

◎凡例：

一、余素無宋版明本或其他珍貴版本書籍，故余所讀之《春秋左傳》係坊間通行同治年間所刊欽定《春秋左傳讀本》，竄改訛誤之處在所不免，尚祈讀者鑒諒。

二、《左傳》之註解頗繁，以杜註為最完善。而欽定本則兼採各家之說，未免涉於蕪雜，故刪之。讀者遇有疑難之處，可參看杜預《左傳集解》。

三、本書排列秩序，以經為先，傳次之。傳則後列余之札記，為醒目計，札記特以四號字排印之，以示區別。

四、經傳原文已有斷句，拙稿均加新式標點符號。

五、未寫札記者，經傳原文仍保留之。

六、或有內容與前相似而未再寫札記者，均標明「參看……」字樣。

七、凡經傳前均標以「經」「傳」字樣，每段傳文過長者即分為數節，札記則排印在每節之後。惟每段傳文第二節開端時，不再標以「傳」字。

◎自序〔註27〕首云：民國二十二年的秋天，我從察哈爾抗日歸來，又回到

〔註27〕文長不具錄。

泰山讀書，除了繼續攻讀政治、經濟等學科以外，我開始抽暇來讀《春秋左傳》。差不多費了三個多月的光景，把這部書讀完了。隨讀的時候有了感想，就寫了下來，積成這部札記。

《春秋》是一部斷爛殘報，這裏面只是一些事實的堆積，而這些材料卻又是掩飾了事實的真象，充滿了許多謳功頌德粉飾太平的話。這兩千年來又經了若干迂夫腐儒們搖頭幌腦的加上許多曲解陋說，於是弄得烏煙瘴氣不能卒讀了。《左傳》一書的記載雖較為詳細，但裡面依然缺少史的真實性，也是無可諱言的事。以王者聖賢英雄為中心所構成的記載朝代興亡治亂的歷史體系當然不是我們今日所需要的了，然而我們既尋不到一部較為豐富的具有真實性的古代史料，那麼這些零星的斷片的材料，就成為今日惟一珍貴的史料。因此我覺得這部書並不是沒有讀的必要，而是如何讀法的問題了。我們相信，如果能夠帶上一付新的眼鏡去仔細觀察，不難把裏面所隱藏著的真實性提取出來。在這裏，我們倒勿庸去顧到這書的著者的時代和著者名姓的探求，或去做書的真偽的考證工作，更沒有餘暇去爭論陳腐的今古文經的問題。這裡所有的，只是我讀完了這部書以後，所得到的一點感想而已。在這部札記裏面所有的許多零星的感想中，我可以歸納出幾點重要的意思。

◎自序末云：最後我要附帶的聲明：這部札記裡面只是我讀書時隨時記下來的零星斷片的感想，自然沒有加以有系統的組織。但這裡面卻有著我一貫的主張。我印行出來的意思，亦想對於這個社會有所貢獻。因係陸續寫出，且時有增補，其間不無疏略或重複之處，尚希讀者指正。馮玉祥二三・五・二六。

◎簡又文《馮玉祥傳》（頁 358）：二次歸隱泰山，馮開始與諸多先生學習，「禮聘了好幾位學者去助他研究，如陳豹隱、李達、范明樞、王謨、薛德育、宣斐如、吳組湘及陶宏。課程有政治、經濟、社會、自然科學、天文、地理、文學、歷史、《春秋》、《左傳》，以致辯證法唯物論……此外，每日他還要苦讀英文。

◎馮玉祥，原名基善，字煥章。祖籍安徽巢縣。著有《馮玉祥讀春秋左傳札記》十二卷等，收入《馮煥章先生叢書》。

馮雲驤 春秋說約 佚

◎光緒《山西通志》卷八十七《經籍記》上：《春秋說約》，代州馮雲驤撰。

◎馮雲驤，號訥生。代州（今山西代縣）人。馮如京子、馮雲驌兄。順治八年（1651）舉人、十二年（1655）進士。歷任國子監博士，授大同府教授，

康熙十八年（1679）舉博學鴻詞，二十一年（1682）任四川提學道，進福建布政使等職，歷官福建督糧道。居官有聲，文雄一時，蜀人祀之文翁祠，閩人祀之朱子祠。著有《春秋說約》《雲中集》《瞻花稿》《飛霞樓詩》《草沱園偶輯》等。

馮雲祥 春秋志在 佚

◎民國《貴州通志·人物志》：四十餘年以著述自娛，著有《詩經正本》《書經提要》《周易引蒙》《春秋志在》《四書述問》《離騷注疏》《經國大業》等書。

◎馮雲祥，字麟州。貴州畢節人。道光六年（1826）進士。歷任安徽、浙江知縣，引疾歸里。卒年八十六。著有《周易引蒙》《詩經正本》《書經提要》《春秋志在》《四書述問》《經國大業》《離騷注疏》。

馮文烈 春秋胡傳摘選 十二卷 存

寧波市天一閣博物館藏清抄本

傅恒等 御纂春秋直解 十二卷 存

故宮、浙江、青海、遼寧、福建、大連、吉林、山東、山西、開封、武義、新鄉、內蒙古、黑龍江、石家莊、吉林師院、齊齊哈爾、首都圖書館、遼寧省博物館藏乾隆二十三年（1758）內府刻本

南京藏抄本

四庫本

乾隆四庫全書薈要本

常州藏嘉慶十六年（1811）揚州十笏堂刻本

◎全書十二卷，卷三、五、九、十各分上下，故或著錄為十六卷。

◎梁錫璵廣義。

◎御纂春秋直解序：中古之書，莫大於《春秋》。推其教，不越乎屬辭比事。而原夫成書之始，即游夏不能贊一辭，蓋辭不待贊也。彼南史、董狐，世稱古之遺直，矧以大聖人就魯史之舊，用筆削以正褒貶，不過據事直書，而義自為比屬。其辭本非得已，贊且奚為乎？厥後依經作傳，如左氏，身非私淑，號為素臣，猶或詳於事而失之誣。至公羊、穀梁，去聖逾遠，乃有發墨守而起廢疾，儼然操入室之戈者。下此齦齦聚訟，人自為師，經生家大抵以胡氏安國、

張氏洽為最著。及張氏廢而胡氏直與三傳並行其間，傅會臆斷，往往不免。承學之士，宜何考衷也哉！我皇祖欽定《傳說彙纂》一書，鎔範羣言，去取精當，麟經之微言大義炳若日星。朕服習有年，紹聞志切，近因輯《易》《詩》二書竣事，命在館諸臣條系是經，具解以進，一以《彙纂》為指南，意在息諸說之紛岐，以翼融諸傳之同異以尊經，庶幾辭簡而事明，於范寧「去其所滯，擇善而從」之論深有取焉。夫儒者猥云五經如法律《春秋》如斷例，故啖助、趙匡、陸淳輩悉取經文書法纂而為例，一一引徽切墨以求之，動如鑿枘之不相入。譬諸叔孫通、蕭何增置傍章已後，例轉多而律轉晦。蓋曲說之離經，甚於曲學之泥經也，審矣！書既成，命之曰《直解》。匪不求甚解之謂，謂夫索解而過，不直則義不見爾，而豈獨《春秋》一經為然哉！是所望乎天下之善讀經者。乾隆二十三年秋月御製。

◎御製書春秋元年春王正月事：《春秋》，聖人尊王之經也；元年春王正月，開宗明義之第一也。解此者自三傳以至後儒，其說充棟，或致操戈無容置議。然識聖人之深意者有幾乎？王道熄而作《春秋》，《春秋》魯之舊史也。自隱公始，則不得不書隱公元年。而即繼之曰春王正月，前史所無有也。蓋言公之元年乃稟王之春王之正而得，是非尊王之義乎？且是年也，於齊為九年，於晉為二年，衛鄭以下各為其年不可僂指數，而總為平王之四十九年。於斯時也，世人將何以紀其年而知其歲乎？是則聖人之書元年春王正月也者，其亦有感於斯乎？行夏之時，聖人之私議不能行於時，言春王而不言王，春月可改而春不可改，亦隱寓夏之時與王之元，所謂大一統足以一天下之心而不可任其紛，有不能行之嘆矣。茲為開宗始義，乃貫《春秋》之本末。而絕筆於獲麟，蓋聖人之道在萬世，即聖人之憂在萬世，是則封建之說不惟不可行於後世，知聖人亦未必以為宜然也。乾隆戊戌孟夏月。

◎庫書提要：《御纂春秋直解》十五卷，乾隆二十三年奉敕撰。以十二公為十二卷，莊公、僖公、襄公篇頁稍繁，各析一子卷，實十五卷。大旨在發明尼山本義，而剗除種種迂曲之說。故賜名曰「直解」，冠以御製序文，揭胡安國《傳》之傅會臆斷，以明詔天下，與《欽定春秋傳說匯纂》宗旨同符。考班彪之論《春秋》曰：「平易正直，《春秋》之義也。」王充之論《春秋》曰：「《公羊》、《穀梁》之傳，日月不具，輒為意使。平常之事有怪異之說，徑直之文有曲折之義，非孔子之心。」蘇軾之論《春秋》曰：「《春秋》儒者本務，然此書有妙用，儒者罕能領會，多求之繩約中，乃近法家者流，苛細繳繞，竟亦何用！」

朱子之論《春秋》亦曰：「聖人作《春秋》，不過直書其事，而善惡自見。」又曰：「《春秋》傳例多不可信，聖人紀事安有許多義例。」然則聖經之法戒本共聞其見，聖人之勸懲亦易知易從。自啖助、趙匡倡為廢傳解經之說，使人人各以臆見私相揣度，務為新奇以相勝，而《春秋》以荒。自孫復倡為有貶無褒之說，說《春秋》者必事事求其所以貶，求其所以貶而不得，則鍛煉周內以成其罪，而《春秋》益荒。俞汝言《春秋平義序》謂：「傳經之失不在於淺而在於深，《春秋》尤甚。」可謂片言居要矣。是編恭承訓示，務斟酌情理之平，以求聖經之微意。凡諸家所說，穿鑿破碎者悉斥不采，而筆削大義愈以炳。然學者恭讀御纂《春秋傳說匯纂》以辨訂其是非，復恭讀是編以融會其精要，《春秋》之學已更無餘蘊矣。

　　◎《皇朝文獻通考》卷二百十五《經籍考》五：御纂《春秋直解》十六卷，乾隆二十三年大學士傅桓等奉敕撰。皇上御製序曰：「中古之書，莫大於《春秋》。推其教，不越乎屬辭比事。而原夫成書之始，即游夏不能贊一辭，蓋辭不待贊也。彼南史、董狐，世稱古之遺直，矧以大聖人就魯史之舊，用筆削以正褒貶，不過據事直書，而義自為比屬。其辭本非得已，贊且奚為乎？厥後依經作傳，如左氏，身非私淑，號為素臣，猶或詳於事而失之誣。至公羊、穀梁，去聖逾遠，乃有發墨守而起廢疾，儼然操入室之戈者。下此齗齗聚訟，人自為師，經生家大抵以胡氏安國、張氏洽為最著。及張氏廢而胡氏直與三傳並行其間，傅會臆斷，往往不免。承學之士，宜何考衷也哉！我皇祖欽定《傳說彙纂》一書，鎔範羣言，去取精當，麟經之微言大義炳若日星。朕服習有年，紹聞志切，近因輯《易》《詩》二書竣事，命在館諸臣條系是經，具解以進，一以《彙纂》為指南，意在息諸說之紛岐以翼傳，融諸傳之同異以尊經，庶幾辭簡而事明，於范寧『去其所滯，擇善而從』之論深有取焉。夫儒者猥云五經如法律《春秋》如斷例，故啖助、趙匡、陸淳輩悉取經文書法纂而為例，一一引徽切墨以求之，動如鑿枘之不相入。譬諸叔孫通、蕭何增置傍章已後，例轉多而律轉晦。蓋曲說之離經，甚於曲學之泥經也，審矣！書既成，命之曰《直解》。匪不求甚解之謂，謂夫索解而過，不直則義不見爾，而豈獨《春秋》一經為然哉！是所望乎天下之善讀經者。」臣等謹按：是書宗主欽定《春秋傳說彙纂》以求筆削之大旨，復承訓示，務酌情理之平凡，穿鑿破碎之見，悉斥不採。辭簡事明，曉易切直，一洗舊說迂曲之弊。彼胡安國傳之附會臆斷，經御製序文直揭其失而後，聖經之微意渙然冰釋怡然理順，不誠讀《春秋》者之大幸哉！

◎錢陳羣《香樹齋文集》卷六《恭謝頒賜御製繙譯書經御纂春秋直解劄子》：本年六月十六日，浙江撫臣熊學鵬差提塞齎到頒賜《御製繙譯書經》《御纂春秋直解》二部，臣恭設香案叩頭祗領訖，伏惟皇上德備生安，道隆精一，奉天出治，既凝命以勅幾；法祖攸行，復光前而裕後。以《尚書》為體國之典要，研味宜深；《春秋》乃垂世之權衡，支鬵宜去。詳加由繹，務傳古聖之心源；慎予褒誅，庶合宣尼之書法。幾餘批閱，怳見羹墻；特製序言，永昭弁冕。壽之梨棗，俾彝訓之常新；廣貯縹緗，幸師承之有自。臣鄉曲鄙儒，僅依棄臼，衰齡末學，愧乏指歸，拜讀琅函，仰經天之日月；用珍鴻寶，見行地之江河。所有感激下悃，理合繕摺恭謝天恩，謹奏。

◎裘曰修《裘文達公文集》卷二《恩賜繙譯書經春秋直解恭賦》：《尚書》為經中之史，《春秋》為史中之經。虞夏商周，傳一中之治法；褒貶筆削，立萬世之典型。人文成化於天文，為章雲漢；後聖同揆於先聖，咸仰日星。玉軸捧歸，探得西山之秘；丹毫釐定，啟來甲部之局。蓋一代之制作重國書，追溯陶姚以上；而羣言之折中有《直解》，如遊洙泗之庭。粵若《尚書》，出於上世，伏生所授者小篆之文，孔壁所出者蝌蚪之字，朱子患其艱澀，句讀為難；昌黎病其聱牙，貫通匪易。鴻都闃咽，徒傳三體之殊；唐室雕鐫，空辨六書之異。守其說者為之註疏，釋其文者為之音義，兼二者以相成，更繙繹之為備。若網在綱，如聲有律，製重一編，卷分六帙，析理較微茫之分，審音得纖毫之密。形聲點畫，聖人之情見乎辭；訓詁典謨，上古之文本乎質。虞廷賡拜，如聞謦欬之音；禹貢山川，若指掌紋以述。迺若纂述重夫麟經，《春秋》本於魯史，左氏為尼山之素臣，公、穀實西河之弟子，辨三傳之得失，猶義略而事詳；啟諸說之紛拏，咸主彼以黜此。杜預、何休、范寧有棄經任傳之嫌，啖助、趙匡、崔淳失比事屬辭之旨。攷張氏之舊說，已散佚而無稽；列《胡傳》於學官，妄穿鑿以相擬。闡幽顯微，惟《直解》得東魯之心；而作聖述明，以《彙纂》為南車之指。融諸傳以尊經，息諸說以翼傳，文依義以為歸，義因文而屢變。書平王於首簡，體聖人尊王之心；定周正於元年，息後儒改月之辨。說必主乎簡明，道則期於貫串。不離經者，心存乎傳信傳疑；不泥經者，辭異於所聞所見。蓋二百四十年之行事，此義無所不包；而三千有餘歲之經生，其說無能獨擅也。是皆由聖學高深，聖心純粹，得《尚書》渾噩之精，法《春秋》謹嚴之義，屏圖《無逸》之篇，史紀有年之瑞。亮工熙緝，為堯舜之無為；鑒往開來，志孔子之所志。藏之藝苑，仰大文炳耀之光；頒在黌宮，受經學昌明之賜。爰開寶

笈，載啟秘書，發來金匱石室之奧，分從延閣廣內之區。閣上校時，曾下青藜之照；階前捧出，如披綠字之圖。陋班固之家藏，初無睿制；笑黃童之賜讀，許就操觚。玉軸牙籤，氣壓鄴侯之架；芸編縹帙，胥羅陸氏之廚。遊聖門而服雅言之教，瞻《皇極》而聆彝訓之敷。《尚書》傳帝王之心，堯文有煥；《春秋》為天子之事，孔思同符。

◎茹綸常《容齋文鈔》卷六《任西郊先生傳》：吾鄉有誦法程朱、研窮經學而尤邃於易與《春秋》者，曰碻軒先生。有追逐杜韓、沉酣典籍而工詩與古文辭者，曰西郊先生。二先生皆君子也，皆貴公子也，皆安貧樂志而無慕乎世俗之紛華者也，皆經師人師、窮年一編而終身以之者也，皆不逆詐、不億不信、與人為善而不以不肖待人者也此其所同也。然其境遇顯晦、性情學術則亦有不能比而同之者。碻軒先生早歲領鄉薦，父兄皆仕至郡守，以讓產於諸昆季，遂至卓椎無地，挈家之永寧，依婦家以居，蓋先生繼配為于清端公女孫也。數年歸，設帳里中，卒以經學受主知，歷官至大司成。其所與遊如錢公香樹、蔡公葛山、張公樊川、朱公春浦、吳公易堂，皆當世名卿大夫也。西郊先生家本儒素，父子一公以康熙甲午舉於鄉，垂老為雒南縣尹，二年告歸。故先生自少壯時即教授生徒，以資薪水。終年席帽，寒類方干；白首寒氈，貧同閔貢。及其老死，菁華隱沒，謚無柳下之妻，誄乏延之之友。吁，可悲也已！其境過顯晦不同也！碻軒先生胸懷渾浩，與古為徒，鮮情慾之累，又以不諳庶務謝絕紛擾，日事編纂至忘寢食。唐宋以下書非闡發六經、有關聖賢正心誠意之學者，悉屏不觀。客至不數語即與談經藉，微言奧義間出不窮，能解者聞所未聞，如坐春風；不解者倦而思臥，如聽古樂。而先生有教無類，一任其人之自領。於是人或曰羲皇上人也，或曰兩廡中人也，是可以想見先生之為人矣。所著有《易經揆一》《易經補義》《春秋直解》《春秋廣義》若干卷，自餘諸經亦多有論著。

◎趙爾巽《清史稿》卷一百四十五志一百二十《藝文》一：《春秋直解》十六卷，乾隆二十三年傅恒等奉敕撰。

傅米石 春秋說 佚

◎孫葆田《山東通志》卷百二十七《藝文志》第十：二書見《縣志》。

◎傅米石，字立元，號練溪。山東鉅野人。康熙五十二年（1713）舉人。著有《春秋說》、《左傳解》、《練溪集》五卷。

傅米石 左傳解 佚

◎孫葆田《山東通志》卷百二十七《藝文志》第十：二書見《縣志》。

傅山 春秋人名地名韻 佚

◎《霜紅龕集》附錄稽曾筠《傅徵君傳》：其所著有《性史》、《十三經字區》、《周易偶釋》、《周禮音辨條》、《春秋人名韻地名韻》、《兩漢書人名韻》等書。

◎丁寶銓《傅青主先生年譜》康熙二十三年：先生所著有《性史》、《十三經字區》、《周易音釋》、《周禮音辨條》、《春秋人名韻地名韻》、《兩漢書人名韻》（《陽曲志本傳及稽曾筠撰傳》）、《地名韻》、《傅家帖》、《霜紅龕文集》、《奇書》及諸傳奇（郭鈜撰傳。案劉霨編輯《霜紅龕文集》例言，傳奇亦多，世傳《驕其妻妾》、《八仙慶壽》諸曲，《穿吃醋止傳》序文又有「《紅羅夢語》少含蓄，古餘一見即投諸火」云云，意先生所撰傳奇或憤激太過，或有贗作，故張氏火之與？），又有《易解》（戴廷栻《與張爾公書》：敝鄉學問之士彫謝殆盡，惟傅青主一人而已。今有《易解》，多前人所未道。覽之快人心目，但以三聖人立說，謂爻辭出文王而周公不與焉。私心有所未安，恐管見不足以測微，就正於先生以正是非）、《左錦》（閻潛邱《札記》傳：先生少耽《左傳》，著《左錦》一書）、《明紀編年》（《映藜齋小記》：傅徵君《明紀編年》始洪武、終魯監國，數百年事約成數卷，非簡也。殆欲終明之統耳。敘闖賊入晉，有「余年卅九」語，傳鈔者譌為十九，遂有十六歲救袁師說，此大舛也）、《鄉關聞見錄》（《仙儒外紀》卷七引沈樹德《傅徵君傳》附記：徵君著作甚富，多殘缺不全，近見《鄉國聞見錄》一書，敘事簡勁，可補正史之缺。幸卷帙完善，宜急梓之以公世）。

◎光緒《山西通志》卷八十七《經籍記》上：《春秋人名地名韻》，陽曲傅山撰。

◎《霜紅龕集》附錄汾州朱之俊（起滄）《贈傅青主先生》：書著一部晉春秋，詩紀三年新甲子。

◎傅山（1607～1684），初名鼎臣，字青竹，後改名山，字青主，一字仁仲，號真山、濁翁、公之它、石道人、朱衣道人、嗇廬、僑黃老人等。祖籍大同，後移忻州，再遷太原陽曲。明亡隱居不仕。康熙中舉鴻博不就，授中書舍人亦辭歸。博通經史諸子與佛道之學，兼工詩文、書畫、金石、醫學。著有《易解》、《周易音釋》、《周禮音辨條》、《春秋人名韻》、《左錦》、《春秋地名韻》、

《十三經字區》、《兩漢書人名韻》、《地名韻》、《傳家帖》、《性史》、《奇書》、《明紀編年》、《鄉關聞見錄》、《霜紅龕集》、《荀子評註》三十二卷、《淮南子評註》二十一種附《雜錄》、《傳山雜著錄》、《詩文稿》一卷、《太原段帖稿》、《傅山傳眉致戴楓仲書札》等十數種行世。

傅山 左錦 一卷 存

山西博物館藏稿本（清趙爾頤跋）

◎丁寶銓《傅青主先生年譜》康熙二十三年：先生所箸有《性史》、《十三經字區》、《周易音釋》、《周禮音辨條》、《春秋人名韻地名韻》、《兩漢書人名韻》（《陽曲志本傳及稽曾筠撰傳》）、《地名韻》、《傳家帖》、《霜紅龕文集》、《奇書》及諸傳奇（郭鉉撰傳。案劉霨編輯《霜紅龕文集》例言，傳奇亦多，世傳《驕其妻妾》、《八仙慶壽》諸曲，《穿吃醋止傳》序文又有「《紅羅夢語》少含蓄，古餘一見即投諸火」云云，意先生所撰傳奇或憤激太過，或有贗作，故張氏火之與？），又有《易解》（戴廷栻《與張爾公書》：敝鄉學問之士彫謝殆盡，惟傅青主一人而已。今有《易解》，多前人所未道。覽之快人心目，但以三聖人立說，謂爻辭出文王而周公不與焉。私心有所未安，恐管見不足以測微，就正於先生以正是非）、《左錦》（閻潛邱《札記》傳：先生少耽《左傳》，著《左錦》一書）、《明紀編年》（《映藜齋小記》：傅徵君《明紀編年》始洪武、終魯監國，數百年事約成數卷，非簡也。殆欲終明之統耳。敘闖賊入晉，有「余年卅九」語，傳鈔者訛為十九，遂有十六歲救袁師說，此大舛也）、《鄉關聞見錄》（《仙儒外紀》卷七引沈樹德《傅徵君傳》附記：徵君著作甚富，多殘缺不全，近見《鄉國聞見錄》一書，敘事簡勁，可補正史之缺。幸卷帙完善，宜急梓之以公世）。

傅上瀛 春秋逸傳 十四卷 存

國圖、湖南、湖北、陝西師大藏光緒二十二年（1896）典學樓刻本

◎孫殿起《販書偶記》卷二：《春秋逸傳》十四卷，石首傅上瀛撰。光緒丙申典學樓刊。

◎甘鵬雲等《湖北文徵》卷十一：著有《春秋逸傳》《典學樓文鈔》。

◎傅上瀛，字仙壺。湖北石首人。咸豐八年（1858）戊午科並補行五年（1855）乙卯科舉人。官黃岡縣訓導。著有《春秋逸傳》、《典學樓文鈔》四卷、《文選珠船》二卷。

傅遜 春秋古器圖 一卷 存

蘇州藏萬曆十三年（1585）日殖齋〔註28〕刻二十六年（1598）重修本

湖南藏萬曆十三年（1585）日殖齋刻十七年（1589）二十六年（1598）遞修本（葉啟勳題跋）

遼寧藏日本延享三年（1746）刻本

遼寧藏日本寬政六年（1794）尚絅館刻本

◎提要「《春秋左傳註解辨誤》」條：是編皆駁正杜預之解，間有考證，而以意推求者多。視後來顧炎武、惠棟所訂，未堪方駕。前有《古字奇字音釋》一卷，乃《左傳屬事》之附錄，裝緝者誤置此書中，頗淺陋無可取。後附《古器圖》一卷，則其孫熙之所彙編，亦剽襲楊甲《六經圖》，無所考訂也。

◎光緒《寶山縣志》卷之十二《藝文志・書目》：《春秋左傳屬事》（傅遜著。四庫全書著錄。自序）、《春秋左傳注解辨誤》（同上。自序云：遜編《左傳屬事》，以不可無注，雅愛杜注，舉事錄之。既得吾郡先達陸貞山附注，皆正其誤，與鄙意多合；又會眾說而折衷之，創以己意而為之釐正焉，實於心有不安，敢為忠臣於千載之下耳。萬曆癸巳）、《春秋奇字古字音釋》一卷（同上）。《春秋古器圖》一卷（同上）。

◎光緒《嘉定縣志》卷二十四《藝文志》一《經部》：《春秋古器圖》一卷、《古字奇字音釋》一卷，傅熙之著。熙之，遜孫。

◎傅遜，字士凱。蘇州府太倉（今江蘇太倉）人。歸有光弟子。萬曆三年（1575）貢生。任嵊縣訓導，後遷建昌教諭。有《春秋古器圖》一卷、《春秋奇字古字音釋》一卷、《春秋左傳注解辨誤》二卷、《春秋左傳注解辨誤補遺》二卷、《春秋左傳屬事》二十卷。

傅遜 春秋古字奇字音釋 一卷 存

蘇州藏萬曆十三年（1585）日殖齋刻二十六年（1598）重修本

湖南藏萬曆十三年（1585）日殖齋刻十七年（1589）二十六年（1598）遞修本（葉啟勳題跋）

◎提要「《春秋左傳註解辨誤》」條：是編皆駁正杜預之解，間有考證，而以意推求者多。視後來顧炎武、惠棟所訂，未堪方駕。前有《古字奇字音釋》一卷，乃《左傳屬事》之附錄，裝緝者誤置此書中，頗淺陋無可取。後附《古器圖》一卷，則其孫熙之所彙編，亦剽襲楊甲《六經圖》，無所考訂也。

〔註28〕傅遜室名。

◎光緒《寶山縣志》卷之十二《藝文志·書目》：《春秋左傳屬事》（傅遜著。四庫全書著錄。自序）、《春秋左傳注解辨誤》（同上。自序云：遜編《左傳屬事》，以不可無注，雅愛杜注，舉事錄之。既得吾郡先達陸貞山附注，皆正杜誤，與鄙意多合；又會眾說而折衷之，創以己意而為之釐正焉，實於心有不安，敢為忠臣於千載之下耳。萬曆癸巳）、《春秋奇字古字音釋》一卷（同上）。《春秋古器圖》一卷（同上）。

◎光緒《嘉定縣志》卷二十四《藝文志》一《經部》：《春秋古器圖》一卷、《古字奇字音釋》一卷，傅熙之著。熙之，遜孫。

傅遜 春秋左傳屬事 二十卷 存

蘇州藏萬曆十三年（1585）日殖齋刻二十六年（1598）重修本

湖南藏萬曆十三年（1585）日殖齋刻十七年（1589）二十六年（1598）遞修本（葉啟勳題跋）

遼寧藏日本明和二年（1765）刻本

◎目錄：

卷之一：周：桓王伐鄭、子克子頹子帶之亂、王臣爭政、定靈昏齊、劉康公敗于茅戎、景王讓晉、王臣喪亡、子朝之亂、王朝交魯。

卷之二：伯：齊桓公之伯、宋襄公圖伯、晉文公之伯（附襄公繼伯）。

卷之三：伯：晉靈公楚穆王爭伯、楚莊王之伯、晉景公楚共王爭伯。

卷之四：伯：晉楚鄢陵之戰、晉悼公復伯。

卷之五：伯：晉平公楚康王爭伯、晉楚為成。

卷之六：伯：楚靈王之亂、晉失諸侯。

卷之七：魯：隱公攝國、文姜之亂（附莊公忘讎）、魯與邾莒之怨（附邾莒事）、季康子構怨邾齊。

卷之八：魯：魯與宋衛之好、小國交魯、魯取小國、孔子仕魯、列卿世嗣之變。

卷之九：魯：三桓弱公室。

卷之十：魯：陪臣交叛、列國災異、郊祀蒐狩、城築。

卷之十一：晉：曲沃並晉（附獻公除公族）、獻公滅虞虢、驪姬之亂、並諸戎狄（附長狄之亡）。

卷之十二：晉：卿族廢興。

（始遜執友今靈丞王敬文奉先師歸熙甫意，創為此纂。甫半而適以計偕行，遜取其草，更益而畢之，以正今兵侍顧公子韶、憲副徐公子羽、學憲王公家馭，最後內閣王公元馭。四公皆幼習此，徵予必盡傳事，且曰：「使讀是編，而不必更讀傳，不尤愈乎？」遜遂繁其目而悉焉，似有碟裂叢沓之病，然傳文無一二句遺矣，覽焉當自知。萬曆乙酉歲仲夏日傅遜謹識）

◎題左傳屬事近註：傅士凱氏纂《左傳屬事》，以杜註多誤，別自訓詁。予前已為序之，茲復刻近註二十餘條以視予，自謂左氏復生必當首肯。予讀之，良然。士凱年幾耄矣，貧竇彌甚，而玄悟卓卓尚爾，非天之豐嗇偏於其躬乎？因思元凱博洽冠古，好此傳稱癖，其註歷世久矣。唐宋多名儒，惟劉用熙為之規失，亦多有遺義。今士凱以一貧病老儒生，千百年後乃悉能糾正詳覈若此，豈古籍精義不容終晦，於茲乎曜靈焉特曠世而興耶！萬曆戊戌太原王錫爵續識。

◎春秋左傳屬事序：史之體不一，而編年其正也。三代以前，邈矣罕睹焉，唯左氏發夫子筆削之防而著傳。司馬君實奉英宗命而脩《通鑒》，上下二千餘年，蓋灝乎無不苞矣。司馬子長離腐刑之慘，發其忿毒而為本紀世家列傳等言，似重乎其人。袁仲樞因《通鑒》以纂《紀事本末》，似重乎其事。至夫《藝文類聚》與《錦繡萬花》《合璧事類》等書，似重乎其物。吾嘗評之：重乎人者，

慕古尚友考世之士斯多取焉；重乎事者，經世制變撥亂致理之士斯多取焉；重乎物者，則鉤句摘事攎攦媲偶之士斯多取焉。是皆魁人墨士各任其志好，擷幽發粹，志實載往，以流惠乎後人者也。吾婣黨傅遜士凱氏，少抱志略，挫抑沉鬱於時，用袁氏體纂《左傳屬事》，以稍自露其長。予謂《國語》、《戰國策》、太史公八書已類是，非始於袁氏也。而士凱之所自負者尤在訓詁中，自謂能革千載之譌。予觀其明簡雅叢，多以意悟，於注家誠可稱善。若祧廟、七音、筴短龜長數事，皆探前人微防，抉其疑似而暢衍之，非漫為臆說也。至弁髦下二如身雖已較勝舊說，而士凱猶自懷疑，從予正之。予謂冠禮算位本如是，特弁髦句於文氣覺拗然，古人文字亦多有然者。其他大者無慮百餘條，小者數百，皆去杜之舛以發左之意。其有杜本無謬，而為他說所詿誤者，仍辨之以復於杜；左氏之詭於正者，亦以義裁之，使無誖乎聖人之訓。誠亦可謂卓爾不羣者矣。防其左宦引歸，貧不自聊，亟欲此書之布於世。數遺予書曰：「公為序之。」既冕其首，而尤附之翼也。予謂凡古之立言以圖不朽者，孰不同是心哉！顧其顯晦也似有數焉。司馬《史記》，今家藏士習，好之甚於六經，而更兩漢猶不顯，獨楊惲以其自出能讀之耳。韓昌黎文為七大家之冠，或以配孟子，亦更四百餘年，至歐陽永叔而始大行。是編也，蓋不與二書侔，然觀其比事而屬之也，俱有意義焉。如齊桓之霸始以鮑之薦管，其不能勝楚也以子文，晉悼之復霸始以荀防之歸，而其後之失霸也以范鞅諸臣之賄，其他事事必指要陳詞，昭為誠鑒，務思有益於世，非徒逞辨博、標奇麗為搊管濡翰之資已也。有天下國家之責者，俯而讀之，其必會於衷而發其志智者多矣。使世之君子惟榮顯之圖，或雕蟲之是工，則匪直是編，諸古籍皆覆瓿類耳。如以措大自任，體國經治為懷，則是編也，將靡翼而橫飛矣。序與不序也，奚與乎？！予惟重有望於天下之士焉爾。吳郡王錫爵撰。

◎春秋左傳屬事序：昔者夫子《春秋》成，而三氏翼之。左氏常及事夫子，其好惡與之同，而又身掌國史典故，其事最詳，而辭甚麗。公、穀二氏，私淑之子夏，而以能創義例，有所裨益於經學，士大夫多習之。其為《左氏》而顯者，漢丞相張蒼、諸王太傅賈誼、京兆尹張敞、大中大夫劉公子、丞相翟方進之屬。賈誼至為之訓詁，然終不得與二氏並，而中壘校尉劉歆始篤好之，至移書太常博士明其屈，幾用此獲罪，其後獲並列於學宮。而晉征南將軍杜預深究晰其學，復傳之，而稱其或先經以始事，或後經以終義，或依經而辨理，或借經以合義。自杜預之傳行，而《左氏》彬乎粲然，《公》《穀》反不得益稱矣。

宋有胡安國者，負其精識，以為獨得夫子褒貶之微意，哀三氏而去取之。自胡氏之傳行，而三氏俱絀，獨為古文辭者好尚《左氏》，不能盡廢之，而所謂好者，好其語而已爾。于是稱《左氏》者，舍經而言史。大抵史之體有二：左氏則編年，而司馬氏乃紀傳、世家。編年者貴在事，而紀傳、世家貴在人。貴在事，則人或畧而尚可推；貴在人，則事易復，而于天下之大計不可以次第得。然自司馬氏紀傳行，而後世之為史者，無所不沿襲。當左氏時，所謂晉之《乘》、楚之《檮杌》，以至魏之《汲冢》，其簡者若倣經，而詳者則為左。其後奪於司馬氏，雖有荀悅、袁宏之類，然不甚為世稱說。而能法《左氏》之編年者，司馬氏之後人光也。光所著史曰《資治通鑑》，其文雖不敢望左氏之精鑿，要亦有以繼之。而上下千餘年，其事為年隔，而不能整栗。建安袁樞取而類分之，名曰《紀事本末》，而《左氏》其祖禰也。顧未有若袁樞者出。而我鄉傅遜氏少有雄志，博涉曉兵，尤好推前代理亂大原。謂《左氏》足以發其奇，益殫思詳索，而融貫其義，用袁樞法而整齊之。其大體先王室，次盟主，次列國，次外夷。取事之大者與國之大者，比而小者附見焉。不必如訓家之所謂張本，為伏為應，一舉始而終，遂瞭然如指掌。其他句為之詁、字為之考，雖不能不資之杜氏，而杜氏之舛僻者亦格而正之，必使之無負乎左氏而後已。故執杜氏以治《左氏》，十而得八，執傅氏以治《左氏》，十不失一。且也為杜而左者難，為傅而左者易。故夫傅氏者，左氏之功臣而杜氏之諍臣也。漢之時，《左氏》故不能大重如《公》《穀》，而為之者如鄉所稱三張、賈生輩，皆通達國體。而《公》《穀》之學，公孫宏用以繩下，而張湯傳為峻文，決理又請用博士弟子，治之者補廷尉。史雖以董江都之賢，而不免于決事比之刻。豈所謂屬事者多達而析義者益深耶？使傅氏及是時而成此書，令三張、賈生者見之，其有裨於漢治，當何如也？傅氏今雖墨墨守學官，部使者已從守命科三論薦矣。其將使之展，而效之時哉？吳郡王世貞撰。

◎春秋左傳屬事序〔註29〕：古史之存寡矣。惟《左氏》釋經以著傳，故魯二百五十五年之史獨完，而諸國事往往可以概見。雖當世衰季，攻奪烝姣之醜不絕於篇，而其間英臣偉士名言懿行猶足為世規準。至戰陣、射御、燕享、辭命、卜筮，皆非後世之所能及。蓋以去古未遠，而先聖之法尚有存焉故也。然體本編年，而紀載繁博，或一簡而幾事錯存，或累卷而一事乃竟，或以片言而張本至巨，或以微事而古典攸徵。茲欲遡流窮委，尋要領而釋旨歸，蓋亦難矣。

〔註29〕又見於光緒《重修寶山縣志・藝文志》上。

自司馬子長變古法為紀傳、世家，而後之作史者卒不能易名。編年者，雖自荀悅以後無慮四十家，而書多不存，事無通會。至宋司馬文正，始萃一千三百六十二年之事，以為《通鑑》，而趙興智滅，實以上接左氏襄子慈智伯事。建安袁氏，復因之以纂《紀事本末》，使每事成敗始終之迹一覽而得，讀史者咸便之。遂嘗欲祖其法以纂《左傳》事，而先師歸熙甫謂難於《通鑑》數倍。遂悟其旨，取王敬文藏本，蕆而成焉。懼其事繁紊且遺也，故於諸國事，各以其國分屬，而仍次第之於時。王道既衰，伯圖是賴，故以伯繼周。而凡中外盛衰離合大故，皆使自為承續，而不列於諸國之中。以其文古，須註可讀，而元凱《集解》乃多紕繆疏畧，或傳文未斷，而裂其句以為之註，如防川介山，失其奇勝。且意義亦難於會解。遂故竟其篇章，而總用訓詁於後，並參眾說、酌鄙意僭為之釐正焉。又讀胡身之注《通鑑》，時有評議以發明其事之得失，輒慕而效之。其是非或不大詭於聖人，而微蘊亦因以少見。遂少好讀史，茲傳雖以釋經而與後之言經者多抵牾難合，故經不能強明，而獨躭其文辭。視以古史，妄纂茲錄，名曰《春秋左傳屬事》。頗自謂得古人讀史之遺意，有助於考古者之便云。然袁氏書為世所好，而事多遺脫，稍有錯誤，若得為之補其遺、正其誤，而更益之以宋與元，使數千百年成敗興衰之故，皆得並論而詳列之，豈非生平之一快也哉！而未敢必其能與否也！噫！理難至當，人莫自知，以古人之賢，猶不能無失，矧遜於古人無能為役，寧不百其失乎！唯祈知言之君子，不鄙而教之。時皇明萬厤十有三年乙酉初夏日，吳郡後學傅遜士凱自序。

《左傳》自宋刻後，惟昔年吾郡徐氏刻最稱精絕，尚以觳作觳、以楓作楓，鮮有辨者。邇來諸書，轉刻殆盡，實多舛繆難讀。予每慨古籍之日湮也，茲刻雖已稍布，猶時自披檢，中闕註、惧註、脫字、訛字，屢為補易歸正。至須溰湏（音誨。面肥貌）、陝（音閃。地名）陝（狹同）、美（從大，羊大為美）羙（羔同）、戍（人負戈為戍）戌（地支屬土，中一畫土象）、母（二點兩乳象）毋（女中一畫有奸之象，故禁止之）、禾（稻總名）禾（雞碻二音。凡稽從禾）、斂（收聚也。從攵）歛（音蚶。戲乞物也）、北（兩人相背為北）圠（音蕩，高田也）之類，俱不使溷。博雅君子覽之，應亮予之無敢苟也。己丑歲日南至次日，遜重識。

◎春秋左傳屬事後敘：先聖王經籍雖遭秦燼，而自西漢以後千數百年，名儒碩士，撰述敘紀已汗牛充棟，雖稱博洽者，亦莫能殫閱。士生今世若無庸，復有所益矣。然事有刓要，而於古遺，焉其可漫焉而任其缺乎！往歲余以遴補與諸同籍聚晤京邸，有謂袁仲樞《通鑑紀事本末》可便覽讀，而上有《左傳》

恨無有如其法而列之前者。余曰：「某曾讀《宋學士集》，有《左傳始末敘文》，又近世毘陵唐荊川氏亦有此纂」，時璽丞王敬文曰：「宋學士所敘藏諸秘府，某等未之見。荊川所纂事頗不全，又少注難讀。」余向年有志纂之，未竟，會將計偕，以授吾同門友傅遜氏，渠因更張附益之，國以次敘，事以國分，先後相續，巨細相維，傳事既羅之無漏矣，又將杜氏《集解》變其體裁而革其訛謬。余詳讀一二卷及其《辯誤》，精覈必傳無疑。此真足以列《紀事本末》之前矣。余聞而心識之，惜未獲即覩其書也。去歲秋杪，傅君適補建昌學，諭甫及糸謁，余因詢得前書，與王敬文所語符，遂諷令鋟之板以廣所傳。傅諭云：「雅有此志，而詘於力。」會建昌陳令縱臾之，且捐俸以資之始。既巡道施公聞而贊成之，余亦微有濟焉。然傅諭既以此為袁氏之前，又欲以宋元事繼其後，並取袁氏書釐其未允而增其未備，瞿瞿焉恒以不克副其志為懼。余每慨近世科舉之習日趨簡便，蘇子瞻所謂「束書不觀遊談無根」者，殆尤甚矣。今臺省諸公識際弘遠，思挽其弊，屢建白，欲得窮經讀史博古通今之士以當科目之選，則斯編也，其可幽伏而不使之播揚耶？使海內學者皆如其志，豈不以通博稱，而乃致夫寡昧之誚耶？但人情忽於近見而慕於遠聞，或誦古人遺書而追憶其人，則不免有隔世之歎。設遇其人而與之處，則安為故常，而不見其殊異；使見其異，則又為眾所嫉而不容於世。此古今賢豪所以多伏櫪之悲也，吾於傅遜氏而深有感焉。既訖工，持以請敘於余。余憐其居今而學古，力微而志遠，不欲拒其意，以鳳洲先生既敘其前矣，遂推敬文之意以系之後。萬曆乙酉秋九月朔日，守匡廬松陵潘志伊撰。

◎春秋左傳屬事後序：竊觀古今學術，其始也有自，其成也有漸，其行也有藉，必天篤生睿聖，始能超悟，先物創制。遜弱冠至崑，獲師歸熙甫有光、子建有極，獲友周汝亨士淹、汝允士洵、俞仲蔚允文、徐道潛三省，與陳吉甫敬純、王敬文執禮，皆卑視時藝，交相淬礪，以博古高遠為務，中少許可。遜年輩獨後，皆推情分好，開發予蒙。今此纂與訓注粗成，而二師四友先已徂謝。吉甫潦倒家居，敬文官天朝，無緣一一質之，良可恨也。尚幸焉，稍後獲交今兵侍顧公觀海、刑侍王公鳳洲，與其弟學憲陳霽嚴公，為內閣王公荊石，禮逮寒陋，並得交其弟學憲和石公，以歲賦至京，復得師掌經局趙定宇公，皆蒙不以凡眾鄙夷。此書脫槁，即錄以求正六公。繼得以首冊正定宇師，幸留荊石公許最久，煩更定數條，以示，儗作序，適內召未果。定宇師與諸公並虛加賞詡，而鳳洲公為尤，以雄作遠惠。兵書張公崛崍，公

臭味也，撫浙時疏薦云：「注《左氏》而雅有發明」。又安居帥公視吾、臨桂張公念華、連州馬公連城，俱以名御史按浙，俱辱薦揚，有云「業精《三傳》」，有云「見超色相」，有云「具見淵源之學」，其他監司諸公亦交口過譽。深愧蕪謬，得當世名公指訓品隲如此，或可藉以不磨也。猶恐無以仰荅諸公知遇，於傳中文義頗竭思慮，特於地理殊有遺憾焉。幼聞：「天文易學，地理難精」，天象有常，運度躔次互古不易，區域屢遭易代割據，制度名號，務以相矯，並裂互錯，新故疊更，紛紛籍籍有難殫紀。前人偶遺，後終無證。而況所居樸野，少蓄書者，舊所藏地志皆不獲帶來，惟得《一統志》《廣輿圖》及向所記憶者，與《史記》《漢書》条考而已。然已几案為盈，手翻目閱，形罷神耗。而景晷易移，或旰不得一，中焉憒憒。憶向年周汝允藏酈道元《水經》，皆手自點竄校訂。又云：「東南非其身歷，多錯。」曾會藝吉甫園，其書室有地理圖，如席許者數十幅，絲分疆裏，曲直縱橫。吉甫云：「予數十年究意於此，猶不能精。」今此不得與二友共之，痛九原之不起，歎縮地之無術，不知吾涕之潸然也。因圖付梓，遂濫叨兵憲施公、郡守潘公、邑令陳侯腆賜。刻工一集，事不容緩，其中訛舛能必無乎？但以西晉至今千百餘年，若不即為一更，恐後彌遠彌難，考失其真矣。故寧以疏畧取笑當世，而不敢避焉。愚前語敬文云：「《通鑑》有何難解，吳三省安用注為？！」敬文曰：「不然。先生云其注地理極可觀」，愚復讀之，信先生蓋熙甫也。今此注有媿於吳氏弘多，如天假以緣，使遜遍搜天下郡邑志而精考之，復見於《左氏》編年本，固大願也。此譬之築宅焉：以曠野而頓為營搆也，難；既有堂室而欲增易之也，易。元凱無漢儒不能為《集解》，遜無元凱亦不能為此注。今於元凱既有加焉，後人欲因此而更正之，當益易矣。歐陽子曰：「六經非一世之書，其將與天地無終極而存也。」夫既非一世之書，則豈一世之人所能定乎？今學校科舉皆襲宋儒，一人一時之見為著令。遜雖不敢輕議，而中耿耿者難自泯也。則此書之隃望於天下後世者，誠殷矣。敢識之卷尾以俟。萬歷乙酉中秋，古婁後學傅遜書於江西南康府建昌縣學宮。

◎纂春秋左傳屬事凡例：

一、列諸國先後俱依經文，事既分屬，而小國以事交於某國者，即附見於某國之中。

一、纂事從題，無題從類。凡事與題稍相涉者，因為附見，以無遺古史之文。

一、凡一事而宜分見兩屬者，則置於所重之中，而於其輕者，則從節，仍云詳見某處。又有因事起事，而於他事為要，本事無與者，則直置於他事，而云見某處。凡節文，皆空一字，以別於全文。若有一二句從節者，止空一字，不復云詳見餘見

一、凡雖一事而歲月既久，枝節自繁，則於一題之內又分數題，其年月亦因其內事以為先後（如三桓弱公室小國交魯之類）。

一、有大事而中有數事不可分析者，則於二事之交加一圈以別異之（如隱公攝國晉楚爭伯之類）。

一、杜注於一事之始云為某事張本，於終則云終某人之言。今事既類聚，故俱不用。其云在某公幾年者，今云在某事內。

一、此編本為明達者之資，故多總括其意以注，而於字句或畧焉。以待觀者之自悟，悟而得之，則得之於心也固。

一、凡名物度數不可以意求者，則俱從詳，且以備檢考焉。

一、凡注，或仍或革，於必然無疑者，則直解其中，不復致辨。其有疑似難析、古制難辨，必須詳考乃定、深思方得者，則於去取創見之際，俱不敢苟故。另為《辨悮》二卷，以求正於博雅。其或無可考據、思之不得者，則並存其說以並求正焉。

一、有本不必注，而先為杜注所謬者，則亦解之，以正其謬。或見於《辨悮》中。

一、左氏好以成敗論人，凡於生死治亂之先，必預為徵兆，而後以事為應驗。固有未必盡然者，先儒譏之以誣，當矣。然於世教有補，故皆因焉而有悖倫傷化之極者，不得已而畧評數語於中，以明大義。凡評議，仍用小圈，以別於訓注總評於後者則用大圈。

一、傳中地名，元凱皆釋以晉時所名，今皆易以昭代之制。古跡晉有而今無者，則加舊字以存疑。未有考者姑闕，前見者從略（於其事有關系者仍從詳）。

一、杜於晉朝元皇后喪議太子應既葬除服，故凡傳中喪制，皆曲為強解以信其說。先儒謂其巧飾經傳，以附人情，今注中悉為釐正。

一、傳中於一人或以名、或以字、或以謚、或以邑，錯見於一事之中，觀者卒難別識。今於一人始見即詳其姓名字謚等，庶使易曉。

一、傳中多古字通用及奇字難識，或以一字屢見，若悉為音釋，似覺太繁，故另分部音釋附於《辨悮》之前。

一、傳中有三代器名，以形不明，故義亦難解。今皆考而圖其形，並為好古者之一資。

◎《明史》卷九十六《志》第七十二《藝文》一《春秋》：傅遜《春秋左傳屬事》二十卷、《春秋左傳注解辨誤》二卷。

◎光緒《寶山縣志》卷之十二《藝文志・書目》：《春秋左傳屬事》（傅遜著。四庫全書著錄。自序）、《春秋左傳注解辨誤》（同上。自序云：遜編《左傳屬事》，以不可無注，雅愛杜注，舉事錄之。既得吾郡先達陸貞山附注，皆正杜誤，與鄙意多合；又會眾說而折衷之，創以己意而為之釐正焉，實於心有不安，敢為忠臣於千載之下耳。萬曆癸巳）、《春秋奇字古字音釋》一卷（同上）。《春秋古器圖》一卷（同上）。

◎《浙江採集遺書總錄・乙集・經部・春秋類》：《春秋左傳屬事》二十卷（刊本），右明建昌教諭嘉定傅遜輯。其編次倣袁樞《通鑑紀事本末》之法，先王室，次盟主，次列國，次外國，凡九十二篇。取大國之事相連屬，而小者附見焉。

◎光緒《嘉定縣志》卷二十四《藝文志》一《經部》：

《左傳屬事》二十卷，傅遜著。下同。自序。王世貞序。《提要》曰：「倣袁樞《通鑑紀事本末》，變編年為屬事，櫽括大義而論之。杜注之未安者，多所更定。傳文之有關世教者，亦多糾正。」王序略曰：「先王室，次盟主，次列國，次外夷。取事之大者與國之大者比，而小者附見焉。」

《左傳注解辨誤》二卷。《提要》曰：「是編駁正杜氏，間有考證。」自序略曰：「吾郡陸貞山注正杜氏之誤，與鄙見多合，因合眾說折衷之，間附己意。」

傅遜 春秋左傳註解辨誤 二卷 存

蘇州藏萬曆十三年（1585）日殖齋刻二十六年（1598）重修本

湖南藏萬曆十三年（1585）日殖齋刻十七年（1589）二十六年（1598）遞修本（葉啟勳題跋）

遼寧藏日本延享三年（1746）刻本

遼寧藏日本寬政六年（1794）尚絅館刻本

◎卷上隱公至成公。卷下襄公至哀公。

◎春秋左傳註解辨誤序：遜少志頗迂，讀書慕孔明觀大意，獨好究前代理亂成敗之原，於字句不深求。既而無用於世，不免譔述，始欲精其義，而恨魯

甚未能也。及編《左傳屬事》，以不可無註，雅愛杜註古簡，謂註書者莫是過矣。至舉筆錄之，乃覺有未然。既得吾郡先達陸貞山《附註》，皆正杜愒，與鄙意多會，因據以咀味，亦未為盡得，於是迸註而唯傳之讀，則大義益明。先儒雖宏深瞻博，非遜所能會之百一，而疵纇頗多，始猥會眾說而折之衷。有未經辨議者，亦創以己意而為之鏖草焉，猶自為妄出胸臆，復博參之羣籍，得有徵據，爰以自愜。間有一二可以意求者，則亦自明著，不必於他考焉者也。遜於古人，皆極崇仰。元凱資兼文武，尤深敬慕，嘗更賤名以志效法之意，豈樂輕用其訾毀哉？實於心有不安，敢為其忠臣於千載之下耳。恐世之君子不審其義，而謂遜擅易古人之筆，故特詳覈得失，而尤因以存其說焉。韓子於《三百篇》云：「曾經聖人手，議論安敢到」，則非經聖人者，亦庸可置吾喙矣！然古今之變、典藉之繁，其訛而之謬也多矣，又安能一一而為之辨也哉！噫！萬曆癸未年春日，古婁傅遜士凱自序。

◎後敘：竊觀古名將多好讀《左氏春秋》，吾師傅士凱氏夙負經濟，曉兵，尤尚義烈，與家君為執友。埈始齔，聆其言論即竦異之。既而家君命執經授義，亟蒙賞以易悟，然未獲悉其微也。閱二年，師迺以歲選作邑博。又二年，埈幸舉於留都，追思往訓，多內媿焉。今春以《左傳註解辨愒》見視，其弘深精覈，非世所儗。因歎《左氏》之旨晰矣，諸家之謬訂矣，師之困阨以抑鬱也，孰惜而孰振之乎，孰奇而孰曜之乎？恨埈猶弱無能為之重也。若何而使其高節嘉謨英略俱少概見，則於當世明公尚大有覬云。皇明萬曆甲申仲春中旬，門生顧天埈頓首謹識。

◎後敘：登母氏伯兄士凱父，敦節槩，耽古矯俗，以故志不獲讎。分訓剡谿，親朋咸慮其嶽嶽難諧也。既聞三薦於朝矣，登深歎三公知人惟哲。而舅氏之志亦非必不可讎也，復將杜武庫解《左氏傳》而更之，詳眾說是非之源，名曰《辨誤》。不余愚稚而示教，使題識焉。又見其他作多悲慨語，因思使吾舅蚤顯，豈復得餘暇為此，令卓卓如是，將永傳奚疑？而況其顯者固自有在耶！藉令終不顯，又烏足悲而慨也？萬曆壬午應天舉士愚甥金兆登頓首書，豈甲申春二月之五日也。

◎提要：是編皆駁正杜預之解，間有考證，而以意推求者多。視後來顧炎武、惠棟所訂，未堪方駕。前有《古字奇字音釋》一卷，乃《左傳屬事》之附錄，裝緝者誤置此書中，頗淺陋無可取。後附《古器圖》一卷，則其孫熙之所彙編，亦剿襲楊甲《六經圖》，無所考訂也。

◎《明史》卷九十六《志》第七十二《藝文》一《春秋》：傅遜《春秋左傳屬事》二十卷、《春秋左傳注解辨誤》二卷。

◎光緒《重修寶山縣志・藝文志》上：《春秋左傳屬事》（《文淵閣著錄提要》云：「此書仿袁樞《通鑑紀事本末》之體，變傳文編年為屬事，各概括大義而論之，於杜註之未安者多所更定。凡傳文之有乖世教者亦多所更正。」太倉王世貞序云：「昔者夫子《春秋》成，而三氏翼之。左氏常及事夫子，其好惡與之同，而又身掌國史典故，其事最詳，而辭甚麗。公、穀二氏，私淑之子夏，而以能創義例，有所裨益於經學，士大夫多習之。其為《左氏》而顯者，漢丞相張蒼、諸王太傅賈誼、京兆尹張敞、大中大夫劉公子、丞相翟方進之屬。賈誼至為之訓詁，然終不得與二氏並，而中壘校尉劉歆始篤好之，至移書太常博士明其屈，幾用此獲罪。其後獲並列於學宮。而晉征南將軍杜預深究晰其學，復傳之，而稱其或先經以始事，或後經以終義，或依經而辨理，或借經以合義。自杜預之傳行，而《左氏》彬乎粲然，《公》《穀》反不得益稱矣。宋有胡安國者，負其精識，以為獨得夫子褒貶之微意，哀三氏而去取之。自胡氏之傳行，而三氏俱絀，獨為古文辭者好尚《左氏》，不能盡廢之，而所謂好者，好其語而已爾。于是稱《左氏》者，舍經而言史。大抵史之體有二：左氏則編年，而司馬氏乃紀傳、世家。編年者貴在事，而紀傳、世家貴在人。貴在事，則人或畧而尚可推；貴在人，則事易復，而于天下之大計不可以次第得。然自司馬氏紀傳行，而後世之為史者，無所不沿襲。當左氏時，所謂晉之《乘》、楚之《檮杌》，以至魏之《汲冢》，其簡者若倣經，而詳者則為左。其後奪於司馬氏，雖有荀悅、袁宏之類，然不甚為世稱說。而能法左氏之編年者，司馬氏之後人光也。光所著史曰《資治通鑑》，其文雖不敢望左氏之精鑿，要亦有以繼之，而上下千餘年，其事為年隔，而不能整栗。建安袁樞取而類分之，名曰紀事本末，而左氏其祖禰也。顧未有若袁樞者出。而我鄉傅遜氏少有雄志，博涉曉兵，尤好推前代理亂大原。謂《左氏》足以發其奇，益殫思詳索，而融貫其義，用袁樞法而整齊之。其大體先王室，次盟主，次列國，次外夷。取事之大者與國之大者，比而小者附見焉。不必如訓家之所謂張本，為伏為應，一舉始而終，遂瞭然如指掌。其他句為之詁，字為之考，雖不能不資之杜氏，而杜氏之舛僻者，亦格而正之，必使之無負乎左氏而後已。故執杜氏以治《左氏》，十而得八，執傅氏以治《左氏》，十不失一。且也為杜而左者難，為傅而左者易。故夫傅氏者，左氏之功臣而杜氏之諍臣也。漢之時，《左氏》故不能大重如《公》《穀》，而為之者如鄉所稱三張、賈生輩，皆通達國體。而《公》《穀》之學，公孫宏用以繩下，而張湯傳為峻文，決理又請用博士弟子，治之者補廷尉。史雖以董江都之賢，而不免于決事比之刻。豈所謂屬事者多

達而析義者益深耶？使傅氏及是時而成此書，令三張、賈生者見之，其有裨於漢治，當何如也？傅氏今雖墨墨守學官，部使者已從守命科三論薦矣。其將使之展，而效之時哉？」又自序云：「古史之存寡矣。惟左氏釋經以著傳，故魯二百五十五年，□史獨完，而諸國事往往可以概見其間，英臣偉士名言懿行猶足為世規準。至戰陣射御、燕享辭命卜筮，皆非後世之所能及。蓋以去古未遠，而先聖之法尚有存焉故也。然體本編年，而紀載繁博，或一卷而幾事錯存，或累卷而一事乃竟，或以片言而張本至巨，或以微事而古典攸微。茲欲遡流窮委，尋要領而釋旨歸，蓋亦難矣。自司馬子長變古法為紀傳、世家，而後之作史者卒不能易名。編年者，荀悅以後無慮四十家，而書多不存，事無通會。至宋司馬文正，萃一千三百六十二年之事，以為《通鑑》，而趙興智滅，實以上接左氏襄子碁智伯事。建安袁氏，復因之以纂《紀事本末》，使每事成敗始終之迹一覽而得，讀史者咸便之。遜嘗欲祖其法以纂《左傳》事，而先歸熙甫謂難於《通鑑》數倍。遜悟其旨，取王敬文藏本而成焉。懼其事繁紊且遺也，故於諸國事，各以其國分屬，而仍次第之於時。王道既衰，霸圖是賴，故以霸繼周。而凡中外盛衰離合大故，皆使自為承續，而不列於諸國之中。以其古文須註可讀，而元凱集解乃多紕繆疏畧，或傳文未斷，而製其句以為之註，意義難於會解，故竟其篇章，而總用訓詁於後，并參眾說、酌鄙意而僭為之釐正焉，名曰《春秋左傳屬事》。萬曆乙酉」）。

《春秋左傳註解辨誤》（自序云：遜編《左傳屬事》，以不可無註，雅愛杜註，舉筆錄之。既得吾郡先達陸貞山附註，皆正杜誤，與鄙意多合。又會眾說而折衷之，創以己意，而為之釐正焉。實於心有不安，敢為忠臣於千載之下耳。萬曆癸巳）。

《春秋奇字古字音釋》一卷。

《春秋古器圖》一卷（並傅遜撰）。

◎光緒《寶山縣志》卷之十二《藝文志・書目》：《春秋左傳屬事》（傅遜著。四庫全書著錄。自序）、《春秋左傳注解辨誤》（同上。自序云：遜編《左傳屬事》，以不可無注，雅愛杜注，舉事錄之。既得吾郡先達陸貞山附注，皆正杜誤，與鄙意多合；又會眾說而折衷之，創以己意而為之釐正焉，實於心有不安，敢為忠臣於千載之下耳。萬曆癸巳）、《春秋奇字古字音釋》一卷（同上）。《春秋古器圖》一卷（同上）。

◎光緒《嘉定縣志》卷二十四《藝文志》一《經部》：

《左傳屬事》二十卷，傅遜著。下同。自序。王世貞序。《提要》曰：「仿袁樞《通鑑紀事本末》，變編年為屬事，檃括大義而論之。杜注之未安者，多所更定。傳文之有關世教者，亦多糾正。」王序畧曰：「先王室，次盟主，次列國，次外夷。取事之大者與國之大者比，而小者附見焉。」

《左傳注解辨誤》二卷。《提要》曰：「是編駁正杜氏，間有考證。」自序略曰：「吾郡陸貞山注正杜氏之誤，與鄙見多合，因合眾說折衷之，間附己意。」

傅遜 春秋左傳註解辨誤補遺 一卷 存

蘇州藏萬曆十三年（1585）日殖齋刻二十六年（1598）重修本

湖南藏萬曆十三年（1585）日殖齋刻十七年（1589）二十六年（1598）遞修本（葉啟勳題跋）

遼寧藏日本延享三年（1746）刻本

遼寧藏日本寬政六年（1794）尚絅館刻本

◎卷首云：遜既作《辯誤》兩卷，以所註全本呈今內閣王公荊石，蒙改正數條示教，已見註中，不敢攘其美。復自改前註數條，並為補遺見此。

◎卷末云：愚為此註，雖有辨諸說之溷杜者，然易杜尤多，恆不安於心，復累撿以求其義，期去予謬、復於杜。乃更得杜誤十許，復杜義者止一。其桓六年不以國、宣二年宦三年矣（重改補辨）、成十四年不許將亡、襄二十九年渢渢乎、昭二十三年使各居一館，已鎸舊板，真刻其中，餘增見。此前惟昭十三年思我王度五句彷杜，與前十餘條俱已改註於每事本文下，似後無復有改者矣。遜既蹇拙，古註又難輕易，故歷久始定。祗恨前布諸帙無緣校此正之。皆萬曆丁酉日南至，遜重誌。

G

干從濂 春秋穀梁傳義釋 佚

◎同治《星子縣志》卷十《人物志》上：著有《讀易隨筆》《春秋穀梁傳義釋》《周官考信錄》《主靜說》《稽古樓文稿》《西夏河渠要志》及文檄尺牘各藁藏於家。

◎同治《南康府志》卷之十八：著有《讀易隨筆》《春秋穀梁傳義釋》《周官考信錄》《主靜說》《西夏河渠要志》及文檄尺牘各藁藏於家。

◎干從濂，字希周，號靜齋（專）。乾隆十三年（1748）進士。授福建尤溪知縣，乾隆十六年（1751）任閩縣知縣，十八年（1753）任淡水同知，二十年（1755）任晉江知縣、鞏昌府知府，後官至寧夏道，調任臺灣淡水同知，任臺灣兵部道臺。著有《讀易隨筆》、《周官考信錄》、《春秋穀梁傳義釋》、《西夏河渠要志》、《稽古樓文稿》、《主靜說》等。

高朝瓔 春秋左傳杜林 存

同治五年（1866）刻五經體注大全本

◎高朝瓔，字介石。浙江錢塘人。著有《詩經體注圖考大全》八卷、《書經圖考》、《春秋左傳杜林》《大學集注》。

高鑽 春秋集解 佚

◎民國《昌樂縣續志》卷三十一《文學傳》：著有《春秋集解》《杜律詩解》。

◎高鑽，字仲韜。山東昌樂人。廩生。性沖和，無疾言厲色，持身惟謹。工楷書。讀書務求真詮。著有《春秋集解》《杜律詩解》。

高華 左傳紀事本末 佚

◎道光《桐城續修縣志》卷十五《人物志‧儒林》：華自少即研究經史，務為有用之學。嘗作《左傳紀事本末》，倣袁機仲《通鑒紀事本末》例也。論者謂視孫匡儀之《左傳分國紀事本末》、唐荊川之《左氏始末》，體例較為詳整。又刪定《容齋隨筆》彙為十則，又《從先堂文集》十卷《詩集》六卷。

◎高華，字旦兮。安徽桐城人。諸生。著有《左傳紀事本末》、《從先堂文集》十卷、《從先堂詩集》六卷。又刪定《容齋隨筆》彙為十則。

高懷禮 春秋集義 五卷 佚

◎尋霖、龔篤清編《湘人著述表》著錄。

◎高懷禮，湖南零陵人。著有《詩經通義》五卷、《春秋集義》五卷、《春秋條編》十七卷、《四書集解》七卷、《國策選評》四卷、《稱名錄》八卷、《愛古錄》七卷、《存不論集》七卷、《拾遺集》七卷、《選英集》五卷、《零陵列女傳》三卷。

高懷禮 春秋條編 十七卷 佚

◎尋霖、龔篤清編《湘人著述表》著錄。

高峻 春秋分類賦 佚

◎光緒《續修廬州府志》卷四十四《儒林傳》：著有《春秋分類賦》《效矉詩草》四卷行世（《采訪冊》）。

◎高峻，字金門。安徽無為人。歲貢生。品端學粹，課徒自給，工吟詠。著有《春秋分類賦》、《效矉詩草》四卷行世。

高其名 鄭師成 四書左國彙纂 四卷 存

福建藏乾隆三十五年（1770）百尺樓刻聚錦堂重印本

山西、遼寧、杭州、洛陽、黑龍江、江蘇師大、首都圖書館藏乾隆三十五年（1770）本立堂刻本

福建、吉林、湖南、寧夏、嘉善、洛陽、新鄉、暨南大學、首都圖書館藏乾隆三十九年（1770）百尺樓刻本

哈佛大學藏乾隆三十九年（1774）三友堂刻本

景德鎮藏乾隆四十九年（1784）刻本

寧波市天一閣博物館藏乾隆五十四年（1789）刻本

台州市黃巖區圖書館藏乾隆五十八年（1793）汲古堂刻本

麗水藏清吻花書屋刻本（存一卷：卷一）

蘇州大學藏嘉慶十一年（1806）清德書屋刻本

保定、揚州大學藏道光十一年（1831）聚奎堂刻本

萍鄉藏清三讓堂刻本（存三卷：卷一、三至四）

臨海藏清三多齋聚錦堂刻本

洛陽藏清萬卷樓刻本

陝西師大藏清抄本

◎乾隆三十九年三友堂刻本扉頁題：「增補四書左國輯要，南豐高其名、（南）昌鄭師成全纂。」道光十一年聚奎堂刻本扉頁題：「增補四書左國條貫詳註，南昌鄭師成纂。」二本其餘無別。目次首題：「南豐高其名實實、南昌鄭師成二康全纂，南昌鄭裕貽翼廷、鄭裕睨錫侯校錄。」

◎目次：卷一魯昭公本末、魯定公本末、魯哀公本末、季文子、季康子、孟獻子、孟莊子、孟懿子、孟武伯、孟之反、陽虎、公山弗擾、臧文仲、子服景伯、南容、柳下惠、八佾、四分公室、公子遂殺子赤。卷二齊桓公本末、齊景公本末、管仲、晏子、崔杼、陳文子、陳恆、華周杞梁、秦穆公本末、勾踐事吳本末。卷三衛靈公本末、王孫賈、祝鮀、孔文子、公叔文子、蘧伯玉、寧武子、鄭子產、裨諶、世叔、子羽、子都。卷四晉文公本末、趙簡子、師曠、宮之奇、虞公、虢公、楚葉公、子西、子文、孫叔敖、楚書、宋桓魋、羿奡、氷。

◎四書左國彙纂序：

學者競稱博物，尚矣。然經史難以搜羅記，況百家言乎？！韓退之手披六藝，提要鉤元；葛稚川抄掇羣書，採珠拾玉。凡以博為取，不若以約為收，其言簡，其理該，其功大，用為較切。今高子實實、鄭子二康，覽前人，借訪論，於《左》《國》中擇其有切《四書》者，纂以成彙，來徵言於余。余曰：善哉此書也！予嘗讀古大家制藝，自半山創後，代有名篇。一變而王、唐，再變而歸、茅，三變而金、陳。逮國朝，文運丕興，而熊、劉又一變。巨製雄裁，各標風格。參其妙諦，莫不自沉浸古文中來。而古文發源，仍歸一派。若龍門、扶風而下，昌黎、柳州八大家尊推著作手，然皆遙本於《左氏》云。夫《左氏》，文之鼻祖也，才情極長，學問極博，自天地人物以及古今典禮、鬼神情狀，無

不綜核。先作《春秋傳》，後又著《國語》，凡朝聘、燕享、征伐、會盟，無不典贍高雅，即俚俗猥褻家人婦子，經之所書，無不點化生動，高者福地洞天，庸者布帛菽粟，濃者雲蒸霞蔚，淡者秋水寒潭，大則東岱西嶽，小則半邱一壑，古則翠柏蒼松，媚則琪花瑤草，無數法門，俱臻造詣。任古今作者得其一體，亦足名家。即片語單辭，皆如錦繡珠璣，令人羨絕。如數花華林瑤外，至彩類聚，各記其帖。至典故經濟，又有《通典》《元龜》《通志》《通考》《會典類編》諸書，密揭三原，妙通二酉，可謂擷菡觀之華、闡崑崙之奧。然習制科者綜博於此，本業或疏，富要少功，老儒病與？惟古今捷學雜業，天徵下書，嘉惠海內士，益為不淺。今《四書左國彙纂》猶此意也。覽之，便用之切，几席吟詠，得力更易。從此《彙編》，即可窺其全豹。更讀秦漢以後諸家文，直有破竹之樂，參悟有年，密鑰潛通，當操觚搦管時，採其故事、吸其神髓，作為文章，動與古會，有不知其然者。然則此書之纂，不僅足俑《四書》參考而已，信善哉！於是乎序。乾隆三十五年庚寅歲，年眷世弟、同學愚弟魏之柱撰。

　　◎例言：

　　一、是集舉《四書》內所載君、公、大夫、文人、學士生平事蹟見於《左氏》及《國策》者，臚列成編。若《四書》內有其人而《左》《國》無其事，亦不旁採，欲初學擷《左氏》菁華，為行文之助，非如《備考》之僅供繙閱已也。

　　一、《左氏》紀一人言行，散見數十年。彙成一處，于文義固無割裂，而其人其事源源委委，脈絡貫通，讀者不致記其本而遺其末也。

　　一、各國行事先錄其君而後及其大夫士，庶固先君後臣之義，而亦便于查閱。

　　一、本年事實與其人絕無干涉，而實為下年張本者，必錄其文，庶此事源流了然心目。

　　一、本人言行于一兩行文內即見者，無庸標出。間有敘事淵源于一二頁文內不見其人面目，即于本人姓名旁用三點以標出之。

　　一、此人之事旁見他人傳內者，亦于其人姓名旁用三尖圈標出。

　　一、其人事實無多，寥寥數語，若附他人事內，學者易至忽畧。仍不惜紙墨，另自刻出，以便初學記誦。

　　一、各公評語未暇鈔錄，中有文詞深奧難于理會者，摘杜林註解之，未敢妄參己見。

◎孫殿起《販書偶記》卷三：《四書左國彙纂》四卷，山陽周龍官撰。南豐高其名、南昌鄭師成同撰。乾隆三十五年精刊。又名《增補四書左國輯要》。

◎是書為周龍官《四書左國輯要》四卷之增補修訂本。

◎高其名，字實賓。江西南豐人。與鄭師成合著有《四書左國彙纂》四卷。

◎鄭師成，字二康。江西南昌人。與高其名合著有《四書左國彙纂》四卷。

高慶蓀補輯 全本春秋體注 三十卷 存

天津藏乾隆五十八年（1793）志德堂刻雙節本（存卷一至十五）

高三祝 春秋職官考 佚

◎光緒《平湖縣志》卷十七《人物·列傳》三：著有《春秋職官考》《藏用齋詩文集》（新纂）。

◎光緒《平湖縣志》卷二十三《經籍》：《春秋職官考》（高三祝。《高氏家乘》。未刊，佚。嘉興沈維鐍序）。

◎高三祝，號藏庵。平湖（今浙江平湖）人。高一諤弟。道光十四年（1834）舉人。著有《春秋職官考》《藏用齋詩文集》。

高士奇 春秋地名考略 十四卷 存

國圖〔註1〕、上海、復旦、北大、人大、北師大、中科院、故宮、天津藏康熙二十七年（1688）高氏清吟堂刻本

四庫本

國圖出版社2009年賈貴榮宋志英輯春秋戰國史研究文獻叢刊影印康熙二十七年（1688）高氏清吟堂刻本

◎春秋地名考略序〔註2〕：錢塘高宮詹作《春秋地名攷畧》十四卷，既成而示余，屬為之序。予受而讀之，喜其蒐採之博、考辨之精，反覆不忍釋手。既而潛玩再三，乃知其用心之勤，則在乎貫通全經，非獨侈張見聞已也。蓋《左氏》之學莫賾於地名，得其解者惟杜元凱氏。在前雖有應仲遠、賈景伯諸家，不之及也。元凱既作《經傳集解》，又為《長歷》以正閏朔、為《世族譜》以紀統繫、為《釋例》《土地名》以求會盟征伐之迹，亦纂備矣，惜其書不盡傳。鄭夾漈有言：「杜預解《左氏》、顏師古解《漢書》，為左、班功臣。顏氏所通

〔註1〕李慈銘跋。
〔註2〕又見於徐乾學《憺園文集》卷二十一。

者在訓詁，杜氏所通者在星歷地理。顏氏治訓詁如與古人對談，杜氏治星歷地理如羲和之步天、禹之行水。」誠哉言也。乃今所傳《集解》之書，謹嚴特甚，往往稍引其端以待學者之自悟其疑者，寧缺而不詳；今之去古，視杜氏又遠矣。說地理者有司馬彪、闞駰、京相璠、宋忠、司馬貞、杜佑、賈耽、李吉甫輩，言人人殊，安所取正乎？！予嘗謂求通於後世之史志，不若讀經疏，讀經疏又不若潛玩經傳之本文，誠能貫通全經而求其理，當必有迎刃而解者。即如齊晉戰牽，《公羊》以為去齊五百里，似乎齊之邊邑矣，讀本傳三周華不注之文而後知其在歷下也。楚山有大別，鄭氏以為在安豐矣，讀左司馬之言曰「沿漢而與之上下」，而後知其在漢口也。古言呂梁未鑿河出孟門之上，孟門在晉之西矣，乃齊靈公之伐晉也，自朝歌入孟門，用是知晉東亦有孟門，為太行之陘道也。晉有二瑕，一在河外，而解者混之；及觀西師之侵在河曲宵遁之後、詹嘉之守在桃林築塞之時，而後知河外之瑕必不可混於河北也。斯非其淺而易見者耶？！嘗欲用此意勒成一書，卒卒未暇。宮詹乃先得我心，亦足快矣。噫嘻！《左傳》一書，固萬世經術之祖也。學古而不通于《春秋》，譬若溯河而不探其源、尋枝而不揣其本，必不得之數也。試畧言之，吳闢邗溝以通餽道，此枋頭堰淇之嚆矢也；闔閭之伐徐也，防山而水之，此智伯決晉之濫觴也；孫叔敖治芍陂以溉雩婁，其孫掩為令尹復脩其術，此秦陘翟陂以下言田農水利者所由昉也；至于齊塹防門始于平陰，楚營方城亘于宛葉，其後燕之汾門、魏之濱洛、秦之起造陽而抵臨洮，皆權輿于此矣；若夫虎牢之為成皋也、穆陵之為大峴也、鍾吾之為宿豫也、州來之為壽陽也、沈之為懸瓠也、申之為宛也、寧之為修武也、鍾離之為濠口也、大隧直轅冥阨之為義陽三關也、渚宮之為江陵也、夏汭之為武昌也、澶淵之為三城也、笠澤之為五湖也，皆七國漢楚吳魏六朝高齊宇文唐宋之君所為百戰而爭者也，而皆見端于《春秋》。是故欲識天下之大勢，不可以不知《春秋》；欲讀後世之史，不可以不知《春秋》。此書匪直元凱功臣，抑且為《禹貢》《職方》之嫡系，體國大業，粲然具矣。今天子覃精聖學，博極古今，緝熙勿倦，特命宮詹總裁《春秋講義》，以《左氏》為綱領。余兄弟隨澤州、桐城諸先生後，又與宮詹同拜命修《一統志》，發凡起例，將于是書考正，而宮詹且進之黼筵，上備乙夜之覽，度必有當于睿懷之萬一者，謹泚筆而序之。康熙二十有六年冬十月，崑山徐乾學謹序。

◎朱彝尊序〔註3〕：九丘之書逸矣，伯禹／伯益之所名、彝堅之所志、周

〔註3〕又見於朱彝尊《曝書亭集》卷三十四。

公之所錄，其著在六經者，莫若《禹貢》《詩》《春秋》。言《禹貢》者則有若摯虞之《畿服》、經孟先之《圖》、程大昌之《論》、易祓之《廣紀》，言《詩》者則有若范處義、王應麟之《地理考》，言《春秋》者則有若京相璠之《土地名》、楊湜／鄭樵之《譜》、張洽之《表》外如嚴彭祖之《圖》。專紀盟會則圍伐滅取土地之見遺者多矣，羅秘專紀國名則郡縣之失載者又多矣。然則說《春秋》者，必兼包乎郡國土地之目而後可無憾焉，試跡其地名有見於經者、有見於傳者、有互見於經傳者，顧其文蔑以為眛、紀以為杞、滑以為郎、檉以為杜、偃以為纓、崇以為柳、鐵以為栗、以陸渾為賁渾、以厥憖為屈銀、以皋鼬為浩油、以祾祥為侵羊，若是者不可悉數也。郕也謂之郕婁、貫也謂之貫澤、訾婁也謂之叢、安甫也謂之窐、沙也謂之沙澤、一郕也或以為成或以為盛、一酈也或以為犁或以為麗、一盂也或以為霍或以為雩、一虢也或以為郭或以為漷、一艾也或以為部或以為蒿，貍脤謂之貍軫或又曰蜃也、蚡泉謂之濆泉或又曰賁也、郲丘謂之犀丘，或又曰嗇丘又曰師丘也，其在當時，傳者已滋異同繁省之不一，而況乎百世之下，壞地之離合、名號之廢置升降，乃欲通習而考證之，刊落叢謬，不其難哉！今天子命儒臣編纂《春秋》講義，於是錢塘高學士充總裁官，既編成經進矣，又廣采方志，以餘力輯《春秋地名考》十四卷。彝尊受而讀之，愛其考跡疆理多所釐正，簡矣而能周，博矣而有要，無異聚米畫地，振衣而挈其領也。原《春秋》之作，孔子既取百二十國寶書筆削之，又別述職方。述職方者，所以輔《春秋》之不及爾。故夫學乎《春秋》，非惟義疏序例、大夫之辭、公子之譜，皆宜究圖，而土地之名尤其要焉者。有講義以正諸家之蹐駁，不可無地名考以補方志之疏舛，若經之有緯、書之有正必有攝也。彝尊嘗與學士同直南書房，既而以譴謫官，今老矣，於經義無所發明。序學士之書，幸托姓名傳諸後世，竊比於北宮司馬諸子獲附見於《春秋》之傳焉。秀水朱彝尊序。

◎高士奇序：禹會諸侯於塗山，執玉帛者萬國。及周，千八百國。春秋以還，互相吞噬，強兼弱削，疆域難稽。其見於經傳者，總一百二十四國，稅安禮《指掌圖》可考也。乃若會盟、侵伐、蒐狩、臺囿、城築諸地，與夫述古稱先國邑之名，往往雜出於其間。元凱所注十得八九，其有闕而失據者，則京相璠之《春秋土地名》三卷、鄭樵《春秋地名譜》十卷、楊湜《春秋地譜》十二卷，以及酈善長注《水經》、陸淳《春秋纂例》、張洽《春秋集傳》多所考按，補元凱所未備。然其間世代侵尋，沿革互異，未有別類分門，犁為一書，暢然

而無憾者。夫漢陽諸姬盡於楚，河南小侯半蝕於晉，在春秋時故版舊索已茫不可問，況經嬴秦之郡縣、六朝之割據，地非吾土而僑寓其名，境已絲棼而兩侈其號，朝南暮北，瓜剖豆分？立乎今日以指隱桓，隱桓之日遠矣。爽鳩季薊之墟，有窮相土之里，夫孰得而是正與？《春秋》傳心之史，所重者明王道、正人心、誅亂臣、討賊子，是是非非，以一字為褒貶，其義例至精，其意指極微，至於地名之同異，往往毫釐千里。讀其書如冠帶之國，不知其都邑何在。王地洛邑相近而殊名，故絳新田屢遷而非昔，楚丘之紛紛聚訟，郊郢之譌為郢中，歷代之沿革變遷所繫非細，豈可以聖人之大經漫曰不求甚解耶！乙丑夏四月臣奉命總裁《春秋》講義，因於纂紀之暇，博搜諸書而參考之，取春秋二十會盟之國為綱，各以其當時封境所屬，隨地標名，詳其原起，條其興革。諸小國則編年附綴之。其類削入他國者，則從其初不從其後；其有沿訛承誤者，必折衷以歸於一是。一展卷，而知當日之某地某名，即今日之某名某處。發懷古之幽情，敬備聖明之顧問。若曰羽翼經傳，則臣何敢焉。康熙二十七年歲在戊辰仲冬，日講官起居注詹事府詹事兼翰林院侍講學士臣高士奇拜手謹序。

　　◎凡例：

　　一、列邦境壤相參，分國類聚則易於解悟。首周，尊王也；次魯，宗國也；甥舅之國，齊為首；懿親之封，晉衛鄭為大。又次之，三恪之大者宋也，地居中國之要樞惟陳蔡。又次之，秦以西垂之長，吳越徐巴與楚俱僭王，皆《春秋》所謹者。又次之，他如邢、曹、虞、虢、邾、莒、杞、紀、許、滕、薛、小邾、北燕，其分地亦時紀於《春秋》，雖小國僻遠，亦以類附之。昔《國語》次周以下，魯齊晉鄭楚吳越共八國。《史記》列吳齊魯燕管蔡陳杞衛宋晉楚越十三世家，茲非有意為進退。特因其事之繁簡，期有助於窮經而已。餘諸小國隨見經之先後，編年次之於後。

　　一、王都及各國之都，必列於首，曰：「都於某地。」遷國又列一條曰：「遷於某地。」其都但據春秋時，現在如周之王城成周，晉之絳新田是也。至如春秋以前始封建都之地，有見於經傳者如周之駘／邠／岐／豐、晉之唐／曲沃，亦相次以揭於前，而殊其標目以別之。有不見於經傳者如齊之營丘、鄭之咸林、杞之雍丘，則冠於小注中而已。其遷徙在春秋後，如楚之郢／陳／壽春、衛之野王，則附於小注之尾，而後以所屬之地捱年綴附，庶乎振裘得領，披覽之餘，曉然於當日之形勢。凡為朝聘會盟往來之道里，征伐圍入攻守之機宜，恍若身親其事者，亦讀經之大快矣！

一、諸地名有屢見於經者，必摘其樞要，序次成章。凡有三意：或一地而先為國後為邑、先屬此國後屬彼國，通其條貫則本末秩然。一也，或一地而注疏家所指互異，詳玩本文參伍折中則真解自出。二也。或兩地、三地同名，如周秦各有王城、齊宋各有葵丘、晉齊魯各有東陽、魯有兩防兩鄆、鄭有兩氾、楚有兩城父；又或一地而有兩名，如黃父即黑壤、稟延即酸棗、析即白羽之類。匯萃相從，彼此互晰，則同者不至誤以為異、異者不至誤以為同矣。三也。若夫沿革之變，務具始終，前後且必詳之，況本經之內乎。

一、元凱《春秋》夙稱武庫，注釋之精古今無兩。然猶曰：「諸地名有疑者曰有，以示不審；闕者不復記」，見於隱六年之註。或地形稍遠者，則曰「迂廻，疑」，蓋其慎也。茲篇每一地名之下，先錄本文，次詳杜注，然後以先儒注疏及各史志傳參考之，顧採取之間亦不敢易。史家最善莫如班氏矣，乃以衛都楚丘為成武、楚都丹陽為漢之丹陽，舛訛特甚。至若劉昭之誤引、魏收之冗筆，益難讀矣。《水經注》採取極博，乃如《定之方中》篇有「景山」，《毛傳》訓「景」曰「大」，而以為山名。《左傳》向戌語巂蔑曰：「賈大夫之貌惡。」杜注：「賈國之大夫也。」而以為賈辛，是則兔園誦習且不免於鹵莽也。羅泌好用隱僻，獨於抉摘，經傳亦有所長，取其純，略其疵，繆者辨之，不厭詳縷，期歸於一是焉。

◎提要：是編乃〔註4〕康熙乙丑士奇奉敕撰《春秋講義》，因考訂地理，並成是書奏進。據閻若璩《潛邱劄記》，稱：「秀水徐勝敬可，為人作《左傳地名》訖，問余成公二年鞌之戰」云云，則實士奇倩勝代作也。其書以《春秋》經傳地名分國編次，皆先列國都次及諸邑。每地名之下皆先列經文、傳文及杜預《注》，而復博引諸書，考究其異同砭正其疏舛，頗為精核。惟時有貪多炫博轉致瑣屑者。如「魯莊公築臺臨，黨氏遂立黨氏臺」一條殊於地理無關。又如「晉以先茅之縣賞胥臣，遂立先茅之縣」一條，既不能指為何地，但稱猶云蘇忿生之田，則亦安貴於考耶？是則過求詳備之失也。

◎《皇朝文獻通考》卷二百十五《經籍考》五「《春秋地名考署》十四卷、《左傳姓名考》四卷」：

成周千八百國，春秋以還，強兼弱削，見於經傳者總一百二十四國（按《晉書地理志》見於《春秋》經傳者百有七十國，百三十九知其所居，三十一國盡亡其處。杜佑《通典》同，與此序互異，謹附識於此），稅安禮《指掌圖》可考也。乃若會

〔註4〕庫書提要「是編乃」三字無。

盟、侵伐、蒐狩、臺囿、城築諸地，與夫述古稱先國邑之名，往往雜出於其間。元凱所注十得八九，若鄭樵《春秋地名譜》十卷、楊湜《春秋地譜》十三卷，及酈善長《水經注》、陸淳《春秋纂例》、張洽《春秋集傳》多所考按，補元凱所未備。然世代侵尋，沿革互異，地名之同異，往往毫釐千里。王地洛邑相近而殊名，故絳新田屢遷而非昔，楚丘之紛紛聚訟，郊郢之譌為郢中，所繫非細。士奇奉命總修《春秋》講義，於纂紀之暇，博搜《詩》《書》而參考之，取春秋二十會盟之國為綱，各以其當時封境所屬，隨地標名。諸小國則編年附綴之。削入他國者則從其初不從其後。使覽者一展卷而知當日之某地某邑即今日之某名某處云。

臣等謹按：《地名考》或又以為士奇鄉人徐善著。善字敬可，嘉興人。朱彝尊《曝書亭集》中載有此序，謂「《地名考》吾鄉徐善所輯」，餘文並同，謹附志於此以備參核。《姓名考》則考周魯鄭晉楚齊宋衛陳曹蔡秦越許邾吳滕薛杞莒及諸小國君臣見經傳者，或以族徙，或以官徙。后、夫人、婦人附焉。亦閒采《國語》。

◎趙爾巽《清史稿》卷一百四十五志一百二十《藝文》一：《春秋地名考略》十四卷，高士奇撰。

◎張之洞《書目答問》卷一《經部》：《春秋地名考略》十四卷（徐善代高士奇撰。《高文恪四部橐》本）。

◎光緒《平湖縣志》卷十六《人物・列傳》二：著有《春秋地名考略》十四卷、《左傳紀事本末》五十三卷、《松亭行記》二卷、《扈從西巡日錄》一卷、《金鼇退食筆記》二卷、《江村銷夏錄》三卷、《編珠補遺》二卷、《續編珠》二卷、《三體唐詩補注》六卷（入《四庫全書》）、《左傳姓名同異考》四卷、《左國穎》八卷、《注左傳類對賦》一卷、《天祿識餘》十二、《扈從東巡日錄》二卷、《塞北小鈔》、《登岱恭紀扈從》《西山詩》《北墅抱甕錄》各一卷、《柘西閒居錄》八卷、《讀書筆記》十二卷、《隨輦正續集》十一卷、《城北集》八卷、《苑西集》十二卷、《歸田集》十四卷、《獨旦集》六卷、《四明山題詠》一卷、《簡靜齋集唐悼亡詩》二卷、《獨旦詞》一卷、《田間恭紀》一卷、《清吟堂正續集》二十一卷、《竹牕集》二十卷、《經進文稿》六卷、《疏香詞》《竹牕詞》各一卷、《唐詩捒藻》八卷、《唐詩小補》一卷。

◎高士奇（1645～1704），字澹人，號瓶廬，又號江村、竹牕，謚文恪。先世浙江餘姚縣樟樹鄉高家村（今慈溪匡堰鎮高家村）人，順治十八年（1661）

入籍錢塘（今浙江杭州）。康熙十年（1671）入國子監，試後留翰林院辦事，供奉內廷。康熙十四年（1675），授職詹事府錄事，旋陞內閣中書。康熙十八年（1679）後，歷任翰林院侍講、侍讀、侍讀學士、《大清一統志》副總裁官、詹事府少詹事。康熙二十八年（1689）隨帝南巡。冬解職歸居平湖。康熙三十三年（1694）奉召入京，充《明史》纂修官。康熙三十六年（1697）以養母求歸，特授詹事府詹事。康熙四十一年（1702）陞禮部侍郎兼翰林院學士。能詩文，擅書法，精考證，善鑒賞，所藏書畫甚富。子輿、軒。著有《毛詩講義》、《左傳紀事本末》五十三卷、《春秋地名考略》十四卷、《春秋地名考略目》一卷、《春秋講義》、《春秋左傳類對賦補注》一卷、《春秋左傳姓名同異考》四卷、《左傳國語輯注》、《左傳史論》二卷、《左穎》六卷、《國穎》二卷、《清吟堂全集》、《江村銷夏錄》三卷、《金鼇退食筆記》二卷、《松亭行記》二卷、《扈從東巡日錄》二卷、《扈從西巡日錄》一卷、《登岱恭紀扈從》一卷、《讀書筆記》十二卷、《清吟堂正續集》二十一卷、《竹牕集》二十卷、《經進文稿》六卷、《天祿識餘》十二卷、《隨輦集》十一卷、《城北集》八卷、《苑西集》十二卷、《塞北小鈔》、《西山詩》一卷、《歸田集》十四卷、《獨旦集》六卷、《四明山題詠》一卷、《簡靜齋集唐悼亡詩》二卷、《獨旦詞》一卷、《田間恭紀》一卷、《讀書筆記》、《蓬山密記》、《北墅抱甕錄》一卷、《編珠補遺》二卷、《續編珠》二卷、《三體唐詩補注》六卷、《柘西閒居錄》八卷、《疏香詞》一卷、《竹牕詞》一卷、《唐詩掞藻》八卷、《唐詩小補》一卷等。

高士奇 春秋地名考略目 一卷 存

清刻閏竹居叢書本

高士奇 春秋講義 三十卷 佚

◎光緒《平湖縣志》卷二十三《經籍》：《春秋講義》三十卷（高士奇。路《志》：《人文》《逸》二編戈守義亦有《春秋講義》若干卷藏於家）。

◎許瑤光修，吳仰賢等纂光緒四年《光緒嘉興府志》卷八十《經籍一》：高士奇《左傳姓名同異考》四卷（《四庫存目》）、《春秋屬辭比事記》四卷、《春秋講義》三十卷（朱氏《小萬卷樓書目》）。

高士奇 春秋屬辭比事記 四卷 佚

◎許瑤光修，吳仰賢等纂光緒四年《光緒嘉興府志》卷八十《經籍一》：

高士奇《左傳姓名同異考》四卷（《四庫存目》）、《春秋屬辭比事記》四卷、《春秋講義》三十卷（朱氏《小萬卷樓書目》）。

高士奇 春秋左傳類對賦補注 一卷 存

國圖、清華、故宮、上海、山西、浙江、石家莊藏康熙三十年（1691）高氏刻高文恪公四部稿本

南京藏嘉慶十一年（1806）刻本

海南出版社 2000 年故宮博物院編故宮珍本叢刊影印康熙三十年（1691）高氏刻高文恪公四部稿本

線裝書局 2020 年何俊主編左傳評注文獻輯刊影印康熙三十年（1691）高氏刻高文恪公四部稿本

◎宋徐晉卿原著。原序從略。

◎高士奇序：《春秋左傳類對賦》，宋徐秘書晉卿之所纂錄也。嘗攷焦氏《經籍志》此賦不載，而秘書自序謂藏於巾衍、傳之昆雲，則宋時未行於世可知。元至大中江陵路總管太原趙嘉山鋟諸學宮，俾諸生受而習之，流布始廣。迄今數百年，宋元遺刻零落罕存。余性喜蓄書，敝簏中偶有是本，亦漶漫不可讀矣。夫《春秋》之教比事屬辭，左氏獨得其宗，所疏春秋二百四十二年之間會盟征伐朝聘宴饗、名卿大夫往來問答，文采爛然，有事同而辭異者，有事異而辭同者，錯綜變化，間見層出，學者少能鉤貫。此賦庸次比耦，絲牽繩連，尋而味之，各有指趣，何其精且晰耶！世傳盧陵省試《左氏失之誣論》有云：「石言於晉、神降於莘，內蛇鬥而外蛇傷，新鬼大而故鬼小」，主司驚歎，遂得第一。若秘書所賦萬有餘言，配儷工妙，如天輸地設，不又出其上哉？惜每句下止表年而不注其事，後生初學，未覩全傳，徒詫其律切而茫然不知所謂者有之。余閒居鵝水，不接人事，日以書卷自娛，因按本傳節錄大要，條注其下，庶幾十二公之事可一覽而得，於以開導初學，資益多聞，當亦秘書之志也。按原序以為總計一百五十韻，今攷之止四十有七，豈中有脫簡耶，抑舉成數而言耶？姑仍其舊，不為更補，亦竊本郭公夏五之義云爾。康熙辛未伏日，錢唐高士奇序。

◎光緒《平湖縣志》卷十六《人物・列傳》二：著有《春秋地名考略》十四卷、《左傳紀事本末》五十三卷、《松亭行記》二卷、《扈從西巡日錄》一卷、《金鼇退食筆記》二卷、《江村銷夏錄》三卷、《編珠補遺》二卷、《續編珠》二卷、《三體唐詩補注》六卷（入《四庫全書》）、《左傳姓名同異考》四卷、《左

國穎》八卷、《注左傳類對賦》一卷、《天祿識餘》十二、《扈從東巡日錄》二卷、《塞北小鈔》、《登岱恭紀扈從》《西山詩》《北墅抱甕錄》各一卷、《柘西閒居錄》八卷、《讀書筆記》十二卷、《隨輦正續集》十一卷、《城北集》八卷、《苑西集》十二卷、《歸田集》十四卷、《獨旦集》六卷、《四明山題詠》一卷、《簡靜齋集唐悼亡詩》二卷、《獨旦詞》一卷、《田間恭紀》一卷、《清吟堂正續集》二十一卷、《竹牕集》二十卷、《經進文稿》六卷、《疏香詞》《竹牕詞》各一卷、《唐詩掞藻》八卷、《唐詩小補》一卷。

◎光緒《平湖縣志》卷二十三《經籍》：《左傳類對賦註》一卷（高士奇。刊本存。徐晉卿原書每句下止表年而不註其事，因按本傳節錄大要，條註其下。士奇自序）。

◎杭世駿《道古堂文集》卷二十六《春秋經傳類對賦跋》：類《左氏傳》為對語者宋人凡三家，其二見之《宋史》，曰毛友《左傳類對賦》、曰不知作者《魯史分門類對賦》，今皆不傳；其一見於《困學紀聞》，曰李宗道《春秋十賦》，王深寧嘗摘錄其警語而稱其屬對之工，然其全者末由覩矣。徐晉卿此賦獨不見列於前志，在三家之外，得以僅存，豈非幸哉！然此為詞學屬對之書，當入類家，不當列之經解，通志堂取而刊之，過矣。

高士奇 春秋左傳姓名同異考 四卷 存

國圖、故宮、上海、湖北藏康熙二十七年（1688）高氏朗潤堂自刻本

四庫存目叢書影印康熙二十七年（1688）高氏朗潤堂自刻本

海南出版社 2000 年故宮博物院編故宮珍本叢刊影印康熙二十七年（1688）高氏朗潤堂自刻本

◎提要〔註5〕：士奇有《左傳地名考》已著錄。是編蓋與《地名考》相輔而行。然體例龐雜如出二手。如不論嫡妾皆謂之夫人，已於篇首發例，而於齊乃別出「悼公妾季姬」一條。有世系者從其世系，不論歲月，亦於篇首發例，而晉平鄭父、平豹、巫臣、邢伯皆不相隨。楚伯州黎、吳伯嚭仍繫之晉、楚，管修仍繫之齊，而巫臣之子乃不繫之楚。魯婦人戴己、楚婦人鬭伯比妻、齊婦人棠姜、陳婦人夏姬、宋婦人蕩伯姬之類各出一條，而他國皆不載。僑負羈下旁注一「妻」字，尤不畫一。魯君女紀伯姬、楚君女江芊之類，亦各出一條，而他國不載。秦女簡璧、衛孔伯姬並列之夫人條中，尤為舛謬。周石速以膳夫

〔註 5〕題《左傳姓名考》。

列之大夫，晉優施、寺人披、豎頭須並以賤役列之士。許叔名見於傳，削之不載。滕、薛、杞、莒皆自為篇，而虢公、虞公、紀侯、隨侯皆儼然躬桓之班，乃與潞子嬰兒、介葛盧等並為一篇。其他顛倒雜亂自相矛盾者，幾於展卷皆然，不能備數。其委諸門客之手，士奇未一寓目乎？

◎《浙江採集遺書總錄・乙集・經部・春秋類》：《左傳姓名同異考》四卷（刊本），右前人撰。紀載列國公子大夫名字之同異錯出者。

◎光緒《平湖縣志》卷十六《人物・列傳》二：著有《春秋地名考略》十四卷、《左傳紀事本末》五十三卷、《松亭行記》二卷、《扈從西巡日錄》一卷、《金鼇退食筆記》二卷、《江村銷夏錄》三卷、《編珠補遺》二卷、《續編珠》二卷、《三體唐詩補注》六卷（入《四庫全書》）、《左傳姓名同異考》四卷、《左國穎》八卷、《注左傳類對賦》一卷、《天祿識餘》十二、《扈從東巡日錄》二卷、《塞北小鈔》、《登岱恭紀扈從》《西山詩》《北墅抱甕錄》各一卷、《柘西閒居錄》八卷、《讀書筆記》十二卷、《隨輦正續集》十一卷、《城北集》八卷、《苑西集》十二卷、《歸田集》十四卷、《獨旦集》六卷、《四明山題詠》一卷、《簡靜齋集唐悼亡詩》二卷、《獨旦詞》一卷、《田間恭紀》一卷、《清吟堂正續集》二十一卷、《竹窗集》二十卷、《經進文稿》六卷、《疏香詞》《竹窗詞》各一卷、《唐詩掞藻》八卷、《唐詩小補》一卷。

◎光緒《平湖縣志》卷二十三《經籍》：《左傳姓名考》四卷（高士奇。四庫存目。《浙江通志》作《春秋列國君臣姓名考》一卷）。

◎許瑤光修，吳仰賢等纂光緒四年《光緒嘉興府志》卷八十《經籍一》：高士奇《左傳姓名同異考》四卷（《四庫存目》）、《春秋屬辭比事記》四卷、《春秋講義》三十卷（朱氏《小萬卷樓書目》）。

◎張之洞《書目答問》卷一《經部》：《左傳姓名同異考》四卷（高士奇。高文恪四部橐本）。

◎上海古籍出版社2015年《續修四庫全書總目提要・春秋類》「《春秋左氏姓名同異考》四卷」：是書將《左傳》中所出現人物，分國別整理，依身份歸類，大體包括國君名謚，后妃、夫人，王子、公子，諸侯大夫、卿士等。是書入《四庫全書總目》春秋類存目，題《左傳姓名考》，提要稱蓋與《地名考》相輔而行，然體例龐雜，如出二手。其顛倒雜亂、自相矛盾者幾於展卷皆然，不能備數云云。又「春秋地名考」之書名誤置是書卷前，蓋其與《地名考》並刻所致。此本據湖北省圖書館藏清康熙二十七年朗潤堂刻本影印。（潘華穎）

高士奇 左傳紀事本末 五十三卷 存

同治十二年（1873）江西書局刻紀事本末五種本

光緒二十四年（1898）湖南思賢書局刻本

商務印書館國學基本叢書本

國家圖書館出版社2012年宋志英選編左傳研究文獻輯刊影印同治十二年（1873）江西書局刻紀事本末五種本

中華書局1979年校補訂正標點本

中華書局2021年楊伯峻點校本

◎目錄：

周：卷一王朝交魯。卷二桓王伐鄭。卷三王臣之事（王朝交列國、定靈婚齊附、諸侯朝王併附）。卷四王室庶孽之禍。

魯：卷五隱公嗣國（桓公篡弒附）。卷六魯與列國通好（宋衛、共姬之節附）。卷七文姜之亂（莊公忘仇附）。卷八列卿嗣世（孟孫、叔孫、季孫、臧孫、子叔氏）。卷九三桓弱公室。卷十魯陪臣交叛（南蒯、陽虎、侯犯、公孫宿）。卷十一魯與邾莒搆怨（魯伐滅小國、小國來伐亦附）。卷十二小國交魯（戎狄兵好俱附）。卷十三郊祀雩祭（旱而不雩見災異、視朔附）。卷十四城築蒐狩。卷十五孔子仕魯（仲由、冉求、端木賜、高柴）。

齊：卷十六齊滅紀。卷十七齊襄公之弒。卷十八齊桓公之伯。卷十九齊五公子爭立。卷二十靈景經署小國（晏子相齊附）。卷二十一崔慶之亂。卷二十二陳氏傾齊。

晉：卷二十三曲沃併晉。卷二十四晉滅虞虢（驪姬之亂、惠懷之立）。卷二十五晉文公之伯（襄公繼伯附）。卷二十六晉楚爭伯（靈公至厲公、楚莊王圖伯附）。卷二十七晉景楚共爭伯（厲公鄢陵之戰附）。卷二十八秦晉交兵。卷二十九晉悼公復伯。卷三十晉楚弭兵。卷三十一晉卿族廢興。卷三十二晉并戎狄（長狄附）。卷三十三晉失諸侯。

宋：卷三十四宋殤閔昭公之弒。卷三十五宋襄公圖伯。卷三十六宋公族廢興（魚石之亂、子罕之賢、華向之亂、樂大心辰地之亂、桓魋之亂、大尹之亂、內附景公滅曹）。

衛：卷三十七衛州吁宣姜之亂（懿公亡國、文公定狄難附）。卷三十八寧武子弭晉難。卷三十九孫寧廢立。卷四十衛靈公之立（瞶輒父子爭國、齊豹之亂、南子之寵附）。

鄭：卷四十一鄭莊強國（克段、入許、諸公子爭國附）。卷四十二鄭穆公之立（靈公僖公之弒附）。卷四十三鄭滅許。卷四十四子產相鄭（西宮純門之難、諸臣興廢附）。

楚：卷四十五楚伐滅小國（成王之弒附）。卷四十六楚諸令尹代政（武王以後靈王以前）。卷四十七楚靈王之亂（滅陳蔡、平王得國俱附）。卷四十八昭惠復興楚國（白公之亂、惠王滅陳附）。

吳：卷四十九吳通上國（季札讓國附）。卷五十闔閭入郢。卷五十一勾踐滅吳。

秦：卷五十二穆公伯西戎。

列國：卷五十三春秋災異。

◎韓菼《左傳紀事本末序》：史家有六，首《尚書》家，次《春秋》家。《書》記言，《春秋》記事。唐劉知幾謂：「古人所學以言為首，《尚書》百篇，廢興行事多闕；而《春秋》自夏殷以來非一家，皆隱沒無聞。記事之史不行，記言之書見重久矣。獨左氏之傳《春秋》，義釋本經，語雜他事，因為《申左》一篇。」知幾之論，以記事為重也。蓋孔子取義魯史，而二百四十年之行事亦云略矣。《左氏》先經以始事，後經以終義，依經以辨理，錯經以合異，是記事之史，《左氏》其首也。又稽逸文，纂別說，為《外傳》以廣之。分八國，各為卷，是亦一國之本末也。其傳一人之事與言，必引其後事牽連以終之，是亦一人一事之本末也。然則《內傳》紀事，而《外傳》即所以足其事之本末者與！顧《內傳》以事為主，既以時斷，首尾不屬；《外傳》復以言為主，國之大事不具，至宋、衛、秦、吳之國竟無語焉。夫《春秋》既治世之大經大法，左氏獨親得其傳，而限於編年之體，雖有《外傳》，不遑件繫。譬隋珠之未貫，如狐腋而未集，令學者前後討尋，周章省覽，豈若會粹而種別之為瞭如哉！今宮詹高澹人先生所以放建安袁氏《通鑑紀事本末》而有作也。顧司馬氏之書，其徵事也近而立義也顯，近則易核，顯則易明，袁氏特整齊鈎鈲其間，為力少易。左氏能傳經之所無，亦時闕經之所有。又參以二傳，每多不同；好語神怪，易致失實。而自啖趙以來，多有舍傳立說，獨抱遺經以終始者矣。先生特為起例，皆袁氏所無有。夫夏五郭公，經無其事亦書，豈可經文炳如而傳或脫漏？於是乎不遺一傳，曰「補逸」。經義微婉，尋塗自殊。既各專家，無取單行。於是乎不黨一傳，曰「考異」。文人愛奇，貪於捃拾；史家斥誣，須勇刊棄。於是乎裁傳以存傳，曰「辯誤」。理所難明，每以旁曲而暢；辭所馳驟，要以

根柢為安。於是乎錯傳以佐傳，曰「考證」。好學深思，心知其意，申解駁難，惟其宜適。於是乎舍傳以釋傳，曰「發明」。蓋先生經學湛深，雅負史才，在講筵撰《春秋講義》，因殫精竭慎，條分囊括而為是書也。徵遠代而如在目前，闡微言而大放厥旨。事各還其國，而較《外傳》則文省而事詳；國各還其時，而較《內傳》仍歲會而月計。足補故志，豈是外篇？昔袁氏之書成，參知政事龔茂良以進，孝宗嘉歎，頒賜東宮及江上諸帥，曰「治道在是矣」。況我皇上以天縱之聖，富日新之學，講求治道，久安益勤，是書進御，誠足備乙夜之觀，而因頒布中外，為讀《春秋》者法。將《通鑑》以前興衰理亂之跡，易效而知，既可以足成袁氏為完書，亦有以徵《春秋》家之記事，非偏略於《尚書》家之記言，誠乃聖經之助，豈特功於《左氏》而已。葵於經學至蕪陋，辱先生之不鄙而委之作序。妄不自量，綴言簡末。竊窺尋撰述之苦心，而略其大趣，固無能有以加云。康熙二十九年庚午夏五月既望，長洲韓葵序。

◎凡例：

一、《左氏》之書雖傳《春秋》，實兼綜列國之史。茲用宋袁樞《紀事本末》例，凡列國大事各從其類，不以時序而以國序。

一、首王室，尊周也。次魯，重宗國也，《春秋》之所托也。次齊晉，崇霸統也。次宋衛鄭，三國皆為與國，其事多，且春秋中之樞紐也。次楚次吳越，其國大，其事繁，後之者，黜其僭也。次秦，志其代周且惡之也。陳蔡曹許諸小國散見於諸大國之中，微而畧之也。晉楚之爭霸俱詳晉事中，晉為主楚為客也。

一、是書凡《左氏傳》文罕有所遺，或有一傳而關涉數事者，其文不得不重見，則隨其事之所主為文之詳畧。

一、三代秦漢之書，經史諸子雜出繁多，其與《左氏》相表裏者皆博取而附載之，謂之補逸。其與《左氏》異同迴別者，並存其說以備參伍，謂之攷異。其有踳駁不倫傳聞失實者，為釐辨之，謂之辨誤。其有證據明白可為典要者，別而誌之，謂之攷證。參以管見，聊附臆說，謂之發明云。

◎《浙江採集遺書總錄‧乙集‧經部‧春秋類》：《左傳紀事本末》五十三卷（刊本），右國朝禮部侍郎錢塘高士奇輯。亦倣宋袁樞《通鑑》之例，條載春秋列國大事。其雜採自諸子史傳與《左氏》相表裏者，謂之補逸。與《左氏》異詞以備參訂者，謂之考異。其傳聞失實，踳駁不倫者，謂之辨誤。其有證據可為典要者，謂之考證。其出自己見者，謂之發明。共分四例云。

◎錢泰吉《甘泉鄉人稿》卷八《曝書雜記》中:《左傳事類始末》五卷附錄一卷,宋章沖茂深所撰。茂深之學受之於葉石林,此則其知台州軍時自序以行,石林不及見。附錄一卷類聚春秋災異力役時政陳名器物,而以列國興廢附於末。此書刻入《通志堂經解》,實鄒平馬氏《左傳事緯》之權輿也。馬氏書之精核非茂深所及,而體例則大略相同。其所撰《左傳辨例》《左傳圖說》《列國年表》《晉楚職官表》《覽左隨筆》《春秋名氏譜》《左傳字釋》,固不若章氏附錄之寥寥數葉,而以視顧氏《大事表》則亦猶章氏之於馬氏矣。或謂顧氏以此為藍本,此論未公,我不憑也。《繹史》一百六十卷,纂錄開闢及秦末之事,仿袁氏《通鑑本末》之體而成書。袁氏惟錄《通鑑》,此則采摭百家,多搜輯於散亡,較袁氏功力為難。其別錄則自天官律呂以至名物訓詁,而以《古今人表》終焉,史家之志表也。撰《左氏紀事本末》者尚有江村高氏,未見其書,不知視馬氏何如(章氏《左傳事類始末》、馬氏《左傳事緯》)。

◎光緒《平湖縣志》卷十六《人物·列傳》二:著有《春秋地名考略》十四卷、《左傳紀事本末》五十三卷、《松亭行記》二卷、《扈從西巡日錄》一卷、《金鼇退食筆記》二卷、《江村銷夏錄》三卷、《編珠補遺》二卷、《續編珠》二卷、《三體唐詩補注》六卷(入《四庫全書》)、《左傳姓名同異考》四卷、《左國穎》八卷、《注左傳類對賦》一卷、《天祿識餘》十二、《扈從東巡日錄》二卷、《塞北小鈔》、《登岱恭紀扈從》《西山詩》《北墅抱甕錄》各一卷、《柘西閒居錄》八卷、《讀書筆記》十二卷、《隨輦正續集》十一卷、《城北集》八卷、《苑西集》十二卷、《歸田集》十四卷、《獨旦集》六卷、《四明山題詠》一卷、《簡靜齋集唐悼亡詩》二卷、《獨旦詞》一卷、《田間恭紀》一卷、《清吟堂正續集》二十一卷、《竹牎集》二十卷、《經進文稿》六卷、《疏香詞》《竹牎詞》各一卷、《唐詩掞藻》八卷、《唐詩小補》一卷。

◎光緒《平湖縣志》卷二十三《經籍》:《左傳紀事本末》五十三卷(高士奇。《四庫目錄》。刊本存。是書因章沖所編而廣之,沖以十二公為次,此以列國為次。所增有五例:曰補逸、考異、辨誤、考證、發明)。

◎許瑤光修,吳仰賢等纂光緒四年《光緒嘉興府志》卷五十八《列傳九·平湖縣》:著《左傳紀事本末》《松亭紀行》《扈從西巡日錄》《江村銷夏錄》《編珠補遺》等書外,詩文雜著二十餘種,凡一百六十餘卷(《浙江通志》。參平湖高《志》)。

高士奇 左傳國語輯注 未見

　　◎《清史列傳》卷十《高士奇傳》：所著有《經進文稿》、《天祿識餘》、《讀書筆記》、《扈從日錄》、《隨輦集》、《城北集》、《苑西集》、《清吟堂集》、《春秋地名考略》、《左傳國語輯註》諸書。

　　◎蔡冠洛《清代七百名人傳》第四編高士奇：所著有《經進文稿》、《天祿識餘》、《讀書筆記》、《扈從日錄》、《隨輦集》、《城北集》、《苑西集》、《清吟堂集》、《春秋地名考略》、《左傳國語輯註》、《松亭行紀》、《江村消夏錄》、《北墅抱甕錄》等書。

　　◎葉衍蘭《清代學者象傳‧高士奇》：所著有《經筵文稿》、《天祿識餘》、《讀書筆記》、《扈從日錄》、《江村消夏錄》、《春秋地名考略》、《左傳國語輯註》及詩文詞集各若干卷。

高士奇 左傳史論 二卷 存

　　河北、遼寧、陝西、天津、義烏、寧波、嘉興、保定、石家莊、黑龍江、哈爾濱、遼寧大學、寧波市天一閣博物館、金華市博物館、瑞安市文物館藏光緒五年（1879）西江裴氏刻本

　　國圖、吉林、天津師範大學、金華市博物館、安徽師範大學藏光緒五年（1879）雙和堂刻本

　　國圖、寧波、保定、內蒙古、金華市博物館藏光緒五年（1879）文餘堂刻本

　　吉林、義烏、新鄉、天津市和平區藏光緒五年（1879）上洋珍藝書局鉛印本

　　保定藏光緒五年（1879）天津同文仁記仿泰西法石印本

　　國圖、天津、北師大藏光緒八年（1882）吉安裴氏刻本

　　國圖藏光緒八年（1882）上海掃葉山房石印批點歷代史論正續合編本

　　國圖、遼寧、吉林、煙臺、天津、平湖、內蒙古、天津社科院、瑞安市文物館藏光緒九年（1883）都城蒼松山房朱墨套印本

　　嘉興、佛山、重慶、暨南大學、新會區景堂圖書館、廣西壯族自治區桂林圖書館等藏光緒十一年（1885）粵東文陞閣朱墨套印本

　　義烏、萍鄉、樂平藏光緒十二年（1886）兩儀堂刻本

紹興、萍鄉、湖州師範學院藏光緒十三年（1887）洪州文盛堂刻朱墨套印本

新疆、天津、天津博物館、天津市武清區藏光緒十三年（1887）掃葉山房刻本

鄭州、樂平、蘇州大學藏光緒十八年（1892）紫文書局校刻本

佛山藏光緒十八年（1892）粵東翰珍閣刻本

貴州、嘉興藏光緒二十年（1894）上海袖海山房書局石印本

天津藏光緒二十三年（1897）刻本

安陽藏光緒二十四年（1898）善成堂刻本

黑龍江、天津、慶元、開化藏光緒二十四年（1898）上海書局石印本

溫州、義烏、嘉善、陝西師範大學、台州市黃巖區藏光緒二十四年（1898）圖書集成局石印本

光緒二十四年（1898）湖南書局刻本

嘉興、義烏、紹興、縉雲、金華市博物館藏光緒二十四年（1898）煥文書局石印本

平湖、景德鎮、金華市博物館藏光緒二十四年（1898）上海博文書局石印本

河南大學藏光緒二十四年（1898）滬江寄廬草堂石印本

揚州藏光緒二十四年（1898）祥記書莊石印本

吉林藏光緒二十七年（1901）儒雅堂刻本

青海藏光緒上海鑄記書局石印本

自貢藏上海掃葉山房 1924 年石印本

遼海出版社 2006 歷代紀事本末叢書‧白話精評左傳紀事本末本（陳恩林黃中業譯評）

◎各卷卷首題：日講官起居注詹事府少詹事兼翰林院侍講學士臣高士奇論正。

高士奇 左穎 六卷 存

國圖、復旦、福建藏康熙二十七年（1688）錢塘高氏刻本

◎光緒《平湖縣志》卷十六《人物‧列傳》二：著有《春秋地名考略》十四卷、《左傳紀事本末》五十三卷、《松亭行記》二卷、《扈從西巡日錄》一卷、

《金鼇退食筆記》二卷、《江村銷夏錄》三卷、《編珠補遺》二卷、《續編珠》二卷、《三體唐詩補注》六卷（入《四庫全書》）、《左傳姓名同異考》四卷、《左國穎》八卷、《注左傳類對賦》一卷、《天祿識餘》十二、《扈從東巡日錄》二卷、《塞北小鈔》、《登岱恭紀扈從》《西山詩》《北墅抱甕錄》各一卷、《柘西閒居錄》八卷、《讀書筆記》十二卷、《隨輦正續集》十一卷、《城北集》八卷、《苑西集》十二卷、《歸田集》十四卷、《獨旦集》六卷、《四明山題詠》一卷、《簡靜齋集唐悼亡詩》二卷、《獨旦詞》一卷、《田間恭紀》一卷、《清吟堂正續集》二十一卷、《竹牕集》二十卷、《經進文稿》六卷、《疏香詞》《竹牕詞》各一卷、《唐詩掞藻》八卷、《唐詩小補》一卷。

◎光緒《平湖縣志》卷二十三《經籍》：《左國穎》八卷（高士奇。《浙江通志》。已刊。存。分《左穎》《國穎》為二：《左穎》六卷、《國穎》二卷。陳廷敬、張英序）。

高澍然 春秋釋經 十二卷 存

北大、復旦、浙江、福建、大連藏道光五年（1825）光澤高氏刻本

國圖藏光緒刻本

◎高澍然序〔註6〕：《春秋》史也，與論異體。論主斷可用襃貶，史書事貴直筆實錄，襃貶何施焉？且襃貶依事以立，而事得其實，則是非明，功罪定，善者知所勸，惡者知所懲，於以撥亂世反之正未有切於此也。孔子曰：「其義則某竊取之矣」，豈非舊史之文或不符事，無以明是非定功罪，因而正之，使其事其文各止其所而義存焉耶？則安得更立名目為襃貶也？後世史官作史，繫論於紀傳之後，於是襃貶見焉，殆失《春秋》之旨。然亦施於其論，鮮有施於紀傳者，況《春秋》止書事，為編年體耶？自三傳興，創為襃貶之說，究其大旨，不離爵與名與人而已。夫爵、名、人，書事體也，其別為三者，因其人之實也，實則不可意為予奪。而謂《春秋》忽沒之忽易之，則後之讀其書者，又烏知當日孰君、孰卿、孰大夫，而為《春秋》所沒、所易哉？難者曰：茲所以賴有三傳可考而知也，然則無三傳而《春秋》不可讀矣。夫無三傳而《春秋》不可讀，豈孔子之書乎？有以知其不然也。抑三傳書事，有按諸經而難通者，不必三傳鑿空之辭，殆撫眾史而成之也。然《春秋》方病眾史之不實，於魯史正之，三傳乃取他史之未正者雜入之，其烏能皆合乎？不能皆合，而遂通之以

〔註6〕又見於光結間抄本《抑快軒文集》卷八。

褒貶，褒貶又不可見也；而遂當之以爵、名與人，宜其愈解而愈棼也。余故專取證于經以求其文與事，各止其所而義存焉者，久之而渙然有得，廓然其無窒也。曰：「《春秋》實錄也，其事不待傳而詳，其文不緣意而立，其義不假褒貶而見也。」爰疏所得於經下，其三傳及舊說與經合者，采而著之。書成，名曰《春秋釋經》。或以「不盡從傳」病余者，夫強經就傳，何異削踵適履，顧不敢於舍傳，將獨敢於舍經乎！是則余之所慎也。

◎陳壽祺《左海文集》卷七《春秋釋經序》：六經皆述於孔子，而《春秋》為晚修之書。逆溯上起獲麟，下距夢奠之時僅餘兩載耳。門弟子雖閒嘗造郤受經，然聖人以其褒貶當世君臣，志顯而詞晦，卒未嘗明示其筆削所存，故經傳中孔子發揮《春秋》之遺言獨無所見。三傳淵源授受雖均有自來，然皆各以意說，未盡得聖人本旨。儒者多以左氏善敘事實，公穀善釋義例，顧公穀煩碎甚於左氏。余竊謂古今論《春秋》者無慮百數十家，然二千餘年間得三人焉而已。孟子曰：「《詩》亡然後《春秋》作，其事則齊桓晉文，其文則史，其義則孔子自謂竊取之矣。」又曰：「孔子作《春秋》而亂臣賊子懼。《春秋》，天子之事也。」察乎孟子之言，則端門赤制讖緯之妄可闢也。董廣川曰：「《春秋》無達例。」廣川與胡毋生同師，胡毋生始纂《條例》以解經，而廣川不專守例。如此察乎廣川之言，則左氏五十凡之夥、公穀月日書法之棼可刪也。韓昌黎曰：「《春秋》書王法，不誅其人身，後世以商鞅之法、蕭何之律斷經，幾以《春秋》為刑書。」察乎昌黎之言，則孫復、胡安國、葉夢得、趙鵬飛、程端學之刻深可廢也。故自古善說《春秋》莫三子若也。宗經而攻傳，自唐啖、趙始，然啖、趙猶陰右《公》《穀》，其流弊乃至謂三傳無一字可信，豈篤論歟？盧仝與啖、趙時代相近，韓子許其「獨抱遺經究終始」，夫能守遺經而究其終始，則誠可謂挈經者也。晁氏《讀書志》錄仝《春秋摘微》四卷，許彥周亦言玉川子《春秋傳》詞簡而遠，得聖人之意為多。惜其書今不傳。若施士丐穿鑿之智徒為異同、樊紹述不肯剽襲動涉好奇，則固失之遠矣。光澤高先生雨𪉟，深於《春秋》，撰《釋經》四卷，大旨皆以經求經，不苟阿三傳，能一掃諸家繚繞苛細之習。文潔而不淺，義密而不煩，此其讀《春秋》者之指南乎？！先生治古文辭，擘稽濟時之略，有位於朝而優游家閒，勤味道腴，其智次有大過人者。書成，不以壽祺謭陋，辱荷遠示令序。所釋詞氣神禋，善誘顓愚。跋踔中懯，未悉曉泠，謬欲一二獻疑，反蒙芻採，俾遂卒業章句。壽祺何以得此於先生哉！昔殷侍御侑屬退之序其新注《公羊春秋》，退之喜幸恨晚，願執經座下，盡傳

—340—

其學。今先生尋味要妙，張明聖經，學不讓殷侍御，而壽祺駑鈍下退之百倍，乃欲自託不腐，掛名經端，毋乃蹈乎悶然不見已缺者耶。反覆斯編，喟然自歎其日失月亡以至於老，不復自比於前人也。

◎劉聲木《桐城文學撰述考》卷四「高澍然撰述」：《詩音》十八卷、《春秋釋註》十二卷、《論語私記》二卷、《古今大學解》、《何氏族譜》、《思存錄》、《杭州二院課藝》、《河防編》、《河略》、《高氏支譜》□卷、《閩水綱目》十二卷圖一卷、《福建歷朝宦績錄》四十卷、《河防》上編一卷中編一卷下編一卷、《吾過錄》□卷、《易述》十二卷、《詩考異》三十卷、《春秋聖證》□卷、《古本大學解》二卷、《漢曆律志註》二卷、《抑快軒文集甲編》□□卷、《抑快軒文集乙編》四十九卷、《抑快軒文集丙編》十六卷、《抑快軒文集一編》九卷、《抑快軒外集》□卷、《春秋釋經》四卷。

◎孫殿起《販書偶記》卷二：《春秋釋經》十二卷，光澤高澍然撰。道光七年刊。

◎高澍然（1774～1841），字時埜，號甘穀，晚號雨農。福建光澤人。嘉慶六年（1801）舉人，捐資得內閣中書。著有《易述》十二卷、《詩音》十五卷、《詩考異》三十卷、《春秋釋經》四卷、《春秋釋注》十二卷、《春秋聖證》、《論語私記》二卷、《古今大學解》二卷、《漢曆律志注》二卷、《韓文放》十三卷、《河防三編》一卷、《福建歷朝宦績錄》四十卷、《閩水綱目》十二卷、《李習元文讀》十卷、《抑快軒文集》七十四卷、《光澤縣志》三十卷。

高澍然 春秋釋注 十二卷 佚

◎劉聲木《桐城文學撰述考》卷四「高澍然撰述」：《詩音》十八卷、《春秋釋註》十二卷、《論語私記》二卷、《古今大學解》、《何氏族譜》、《思存錄》、《杭州二院課藝》、《河防編》、《河略》、《高氏支譜》□卷、《閩水綱目》十二卷圖一卷、《福建歷朝宦績錄》四十卷、《河防》上編一卷中編一卷下編一卷、《吾過錄》□卷、《易述》十二卷、《詩考異》三十卷、《春秋聖證》□卷、《古本大學解》二卷、《漢曆律志註》二卷、《抑快軒文集甲編》□□卷、《抑快軒文集乙編》四十九卷、《抑快軒文集丙編》十六卷、《抑快軒文集一編》九卷、《抑快軒外集》□卷、《春秋釋經》四卷。

高澍然 春秋聖證 佚

◎劉聲木《桐城文學撰述考》卷四「高澍然撰述」：《詩音》十八卷、《春

秋釋註》十二卷、《論語私記》二卷、《古今大學解》、《何氏族譜》、《思存錄》、
《杭州二院課藝》、《河防編》、《河略》、《高氏支譜》□卷、《閩水綱目》十二
卷圖一卷、《福建歷朝宦續錄》四十卷、《河防》上編一卷中編一卷下編一卷、
《吾過錄》□卷、《易述》十二卷、《詩考異》三十卷、《春秋聖證》□卷、《古
本大學解》二卷、《漢曆律志註》二卷、《抑快軒文集甲編》□□卷、《抑快軒
文集乙編》四十九卷、《抑快軒文集丙編》十六卷、《抑快軒文集一編》九卷、
《抑快軒外集》□卷、《春秋釋經》四卷。

　　◎陳壽祺《左海文集》卷四下《答高雨農舍人書》：雨農先生閣下，辱惠
書，推獎逾量而過自詡損，誠君子約己如不足、予人如不及之懷。而施之黯
淺衰荼之夫，則非其人也，私衷且戁且懼。蒙寄示尊著《春秋聖證》，壽祺受
而卒業，大抵舍傳求經：不設條例，經則因史存義；不設褒貶，廓闢支讕，
抉露微旨，縝密嚴峻，要於唐啖叔佐／趙伯循、宋葉石林／劉公是諸家為最
近。紬繹再三，幾莫測其涯涘。然竊念少日受經以來，汎覽諸家，亦頗有所疑
滯，敢以質諸左右。壽祺竊觀孟子言孔子作《春秋》，作之云者，雖據舊史之
文，必有增損改易之迹。不修《春秋》曰「雨星不及地尺而復」，君子修之曰
「星隕如雨」；諸侯之策曰「孫林父、寧殖出其君」，孔子書之曰「衛侯衎出
奔」；晉文公名召王而朝之，孔子曰：「以臣召君，不可以訓」，故書曰「天王
狩於河陽」；《魯春秋》去昭夫人之姓曰吳，其卒曰孟子卒，孔子書孟子卒而
不書夫人吳。此其增損改易之驗見於經典者也。華督得罪於宋殤公，名在諸
侯之策，晉董孤書曰「趙盾弒其君」，齊大史書曰「崔杼弒其君」；《魯春秋》
記晉喪曰「殺其君之子奚齊及其君卓」，孔子於《春秋》皆無異辭，此循舊而
不改之驗也。太子獨記子同生而不及子赤、子野、襄公，則知此為《春秋》
特筆，以起不能防閑文姜之失。妾母獨錄惠公仲子、僖公成風，而略於敬嬴、
定姒齊歸，則知此亦《春秋》特筆，以著公妾立廟稱夫人之始。有年、大有
年惟見桓三年、宣十六年，蓋承屢祲之後，書以志幸。王臣書氏惟見隱三年
及昭二十三年、二十六年（宣十年崔氏蓋有譌誤，故不數），蓋兆世卿之亂王室，
書以示譏。則其它之刪削者夥矣。外大夫奔書字惟見文十四年宋子哀，蓋褒
其不失職。外大夫見殺書字惟見桓二年孔父，蓋美其死節。公子季友／公弟
叔肸稱字、季子（閔二）／高子（閔元）稱子，所以嘉其賢。齊豹曰盜、三叛
人名，所以斥其惡。公薨以不地見弒、夫人以尸歸見殺、師以戰見敗、公夫
人奔曰孫、內殺大夫曰刺、天王不言出、凡伯不言執、與王人盟不言公，皆

《春秋》特筆也。是知聖人修改之跡不可勝數，善善惡惡，義踰衮鉞，然後是非由此明、功皋由此定、勸懲由此生、治亂由此正，故曰《春秋》天子之事也。苟徒因仍舊史不立褒貶，則諸侯之策當時未始亡也，孔子何為作《春秋》？且使孔子直寫魯史之文，則孟子何以謂之作？則知我罪我安所徵，亂臣賊子安所懼？夫《春秋》之書，微而顯，志而晦，筆則筆，削則削，游夏不能贊一辭，況邱明、高、赤之倫哉？傳雖言邱明造卻受經，然經成之後，下距夢奠之年僅踰兩載耳，即不必有口授子貢、未箸竹帛之疑，而祖述堯舜憲章文武之精心，或未盡傳於弟子。洎九流分而微言絕、異端起而大義乖，儒者各論所聞，稍失其舊，此三傳所以不能無與經相違之過也。《左氏》之失者，以鬻拳為愛君、以華耦為敏、以荀息為言玷、以葶宏為違天、以文公納幣為用禮數端而已；《穀梁》之失者，以衛輒拒父為尊祖、不納子糾為內惡、趙鞅歸晉為正國數端而已；《公羊》之失者，以祭仲廢君為行權、以公子結盟齊宋為利國、以齊襄滅紀為復九世之讎數端而已。其它名義間亦失誣，《公》《穀》比附日月，曲生條例，義密於《左氏》，繇碎亦甚於《左氏》。然而《左氏》之博於史，《公》《穀》之覈於經，則言《春秋》者之津梁也，豈得執其一二以廢百哉？聰遠者聞其疾而不聞其舒，望遠者察其皃而不察其形，《左氏》《公》《穀》去聖人之世猶近，遺聞緒論，宜有所受，設無三傳，則《春秋》孤行數千載以至於今，雖聖哲復生，奚據以稽其文與事而斷其義？學者惡能道此經隻字哉？夫始恃三傳而得其本末綱統，終乃盡棄三傳，以為經不待傳而詳，何異蟲生於苗自食其根？而臆出無師之智，逆操數千載之前，而謂獲千載不傳之祕，吾恐彼亦一是非此亦一是非，惡覩其愈於入室而操戈者哉？漢以後言《春秋》者，舍傳求經始於啖、趙，然猶謂「《左氏》博採眾家，敘事尤備，能令百代之下頗見本末，推論大義，得其本源」，又曰「《穀梁》意深，《公羊》辭辨」，又曰「三傳分流，其源則一，擇善而從，亦何常師」，故二子《集傳》舍短取長，殊為精覈。石林、公是，亦猶是也。若必如孫復、程端學等掃三傳而束高閣，蔑古鑿空，橫流至極，豈不慎歟？夫《易》《書》《三禮》源委昭明，開卷易瞭，惟《詩》廢序則無以考先民美刺之故，《春秋》廢三傳則無以明國史得失之端，合之則雙美，離之則兩傷，窮經之弊，不可不慎防其流也。壽祺之願質其疑於左右者，此也。非閣下好學深思，孰從而察之。若夫古人傳注之體，莫不臚舉前言以為左證，《公》《穀》之稱尸子、司馬子、女魯子、子沈子即其權輿也。子夏傳《禮》，兼復引《記》；毛公詁

《詩》，亦引高子、孟仲子、仲梁子；高密鄭君注《周禮》必先舉杜子春、鄭
大夫、鄭司農、馬季長諸儒之說，然後乃下己意。自杜預注《左氏傳》，排棄
先儒，奮筆私衑，其善者多出賈、服，而深沒本來；其謬者每出師心，而恒
乖經意。覽其全篇，曾無援據經典徵信六藝，惟「作丘甲」一條引《周禮》
四丘為甸之文，不明言其出司馬法，而所說「長轂一乘」云云，即係服虔《左
氏注》原文，見《毛詩·信南山正義》，而掩為己有。攘善之病，不獨謬解諒
闇、悖禮害道也。今尊箸中閒有頗採三傳及原本前人而一槩略其所自，但以
通經為意，全居獨衑之名，雖非攘善，終異乎古曰在昔、昔曰先民之義。又
王肅素與鄭讎，而好作偽，其人殊不足取。今尊箸命題《聖證》，襲用肅所撰
論之名，鄙意亦當更酌，恃先生海懷，下問諄懇，敢忘其狂惑干冒之罪而進
其瞽言，惟閣下鑒而恕之。篇中謹簽若干條，幸卒教之。壽祺頓首死辠。

高嶸集評 公羊傳鈔 一卷 存

國圖、貴州、南京、天津藏乾隆五十三年（1788）雙桐書屋刻高梅亭讀書
叢鈔本

◎高嶸（1793～1850），字鎮灃，號梅亭。本山西洪洞人，始祖高仲芳徙
直隸順德府（今河北）南和縣孔村。嘉慶二十四年（1819）舉人。奉旨投合四
川某地知縣，呈請改任山西，先委署沁源屯留寺縣，後委護首都郡司馬，督理
礦局兼管礦廠，遂調任猗氏縣，由猗氏縣補沁源縣，建穀遠書院以教士子。道
光二年（1822）赴四川省候補，又委崇慶州（今崇慶縣）。道光十年（1830）
題補江津令，陞西陽州知州。著有《高梅亭讀書叢鈔》，括：《左傳鈔》六卷、
《公羊傳鈔》一卷、《穀梁傳鈔》一卷、《國語鈔》二卷、《國策鈔》二卷、《史
記鈔》四卷、《前漢書鈔》四卷、《後漢書鈔》二卷（附《蜀漢文鈔》）、《唐宋
八家鈔》八卷、《歸餘鈔》二卷、《嘉懿集初鈔》四卷、《嘉懿集續鈔》四卷、
《明文鈔初編／二編／三編／四編／五編／六編》,《國朝文鈔初編／二編／
三編／四編／五編》附《論文集鈔》二卷。又與吳士淳修《臨汾縣志》十卷首
一卷末一卷。

高嶸集評 穀梁傳鈔 一卷 存

國圖、暨南大學、貴州、天津藏乾隆五十三年（1788）雙桐書屋刻高梅亭
讀書叢鈔本

高嶹集評 左傳鈔 六卷 存

國圖、上海、華東師範大學藏乾隆五十三年（1788）雙桐書屋刻高梅亭讀書叢鈔本

徐州、黃石藏乾隆五十三年（1788）廣郡永邑楊氏培元堂刻本

黃香文、吳平主編華東師範大學圖書館藏稀見書匯刊影印高梅亭讀書叢鈔本

◎一名《高梅亭左傳鈔》。

◎自序：經以載道也，史以紀事也。然《春秋》為經中之史，《左傳》是史中之經，何也？《春秋》上自天子，下逮列國，禮樂征伐等事無不備書，使人得藉以識其得失是非之故，所謂「不如見之行事之深切著明」也。《左氏》以傳釋經，因事明道，凡天文、地理、朝聘、郊廟、田賦、兵刑、儀禮、音律、官爵、氏族以下及戰陣、方術、占驗、醫卜之屬，無不考據精詳而能言其所以然，使不有《左氏》，古先王服物典章、經世垂教大法湮滅而不傳者多矣，此其功高於《公》《穀》之上。故曰《春秋》經中史、《左傳》史中經也。漢劉歆上言請立學官置《左氏》博士，唐亦立三傳科，蓋皆尊之為經。自宋西山真氏《文章正宗》截錄《左傳》，分為敘事、議論、詞命三體，嗣是講古文者無不取之以貫集首。夫《左氏》之書與《春秋》相表裏，其微事也，其明道也，非徒以文也。然其文已開史家之權輿，立古今之極則，後來班、馬轉相祖述，即唐宋諸大家又豈能外是而別闢蹊徑哉？特是閱其全書，自隱、桓以迄定、哀，首尾伏應，直如一線穿成。茲分首截錄，雖與各篇文法無礙，究不免割裂掛漏之失，有聰明好學之士，能通讀以貫徹其始終，是尤余之厚望云。乾隆五十三年六月上浣，和陽高嶹。

◎光緒《南和縣志》卷七：著《國語鈔》、《左傳鈔》、《明文鈔》、《國朝名文鈔》行世（《採訪冊》）。

高錫瑤 芟補春秋條編 佚

◎尋霖、龔篤清編《湘人著述表》著錄。

◎高錫瑤，湖南零陵人。著有《芟補春秋條編》。

高熙喆 春秋左傳注 佚

◎《滕縣續志稿》本傳：所注《易》《書》《詩》《春秋左傳》等書，皆足以發前人未發之蘊。

◎高熙喆，字仲墉，號亦愚，鄉人議謚文孝先生。山東滕縣人。光緒八年（1882）舉人、九年（1883）進士。任河南道監察御史，擢掌貴州、湖廣兩道、甘肅寧夏知府。著有《易注》、《詩跡》、《春秋左傳注》、《四書說》、《高太史文鈔》、《高太守史論》。生平可參柯昌泗《高文孝先生別傳》。

高愈 春秋經傳日鈔 佚

◎阮元《儒林傳稿》卷一《高愈傳》：嘗撰《朱子小學注》（顧棟高撰傳，載《東林書院志》，又見《二林居集》）。又所著有《讀易偶存》《春秋經傳日抄》《春秋類》《春秋疑義》《周禮疏義》《喪服或問》（《小峴文集》）。東林顧、高子弟顧樞、高世泰等，入國朝尚傳其學。

◎高愈，字紫超。江蘇無錫人。高攀龍兄孫。十歲讀高攀龍遺書而有向學之志。言行謹慎，少議論。江蘇巡撫張伯行嘗聘任東林書院主講，稱病辭。著有《朱子小學注》《春秋經傳日鈔》《春秋類》《春秋疑義》《周禮疏義》《儀禮喪服或問》。

高愈 春秋類 佚

◎阮元《儒林傳稿》卷一《高愈傳》：嘗撰《朱子小學注》（顧棟高撰傳，載《東林書院志》，又見《二林居集》）。又所著有《讀易偶存》《春秋經傳日抄》《春秋類》《春秋疑義》《周禮疏義》《喪服或問》（《小峴文集》）。東林顧、高子弟顧樞、高世泰等，入國朝尚傳其學。

高愈 春秋疑義 佚

◎阮元《儒林傳稿》卷一《高愈傳》：嘗撰《朱子小學注》（顧棟高撰傳，載《東林書院志》，又見《二林居集》）。又所著有《讀易偶存》《春秋經傳日抄》《春秋類》《春秋疑義》《周禮疏義》《喪服或問》（《小峴文集》）。東林顧、高子弟顧樞、高世泰等，入國朝尚傳其學。

高毓浵 春秋大事表補 二卷 存

國圖藏本

◎高毓浵（1877～1956），字淞荃，號潛子。直隸靜海（今天津靜海區）人。光緒二十八年（1902）鄉試解元，光緒二十九年（1903）進士。選庶吉士，散館授翰林院編修，兼任京師大學堂教習。光緒三十三年（1907）赴日留學早

稻田大學，歸國後任職京師大學堂。嘗任江蘇省督軍公署秘書長。組建國學書院，創辦《國學書院叢刊》，並曾應邀任《靜海縣志》總纂。1935 年與夏敬觀、叶恭綽等創聲社。著有《春秋大事表補》二卷、《讀左傳隨筆》一卷、《潛子文鈔》四卷、《潛子駢體文鈔》四卷、《潛子詩鈔》十六卷、《微波詞》一卷、《共和詩》一卷、《清詩三百首上編》六卷、《投筆集箋》二卷、《硯北小品》一卷、《潛庵輯古佚書》十二卷等。

高毓澎 讀左傳隨筆 一卷 未見

高自卑 春秋合傳 不分卷 存

上海存稿本

郜坦 春秋或問 六卷 存

湖北、吉林社科院藏同治十一年（1872）刻本

國圖、北師大藏光緒元年（1875）五河郜雲鵠刻本

國圖、北大、復旦、上海、天津、中科院藏光緒二年（1876）淮南書局刻本

◎《春秋集古傳註》附。

◎春秋或問卷第目錄：第一卷（自隱公元年至桓公十有八年，凡四十二則）。第二卷（自莊公元年至閔公二年，凡四十七則）。第三卷（自僖公元年至文公十有四年，凡五十五則）。第四卷（自文公十有五年至成公十有四年，凡五十一則）。第五卷（自成公十有五年至昭公三十年，凡六十則）。第六卷（自定公元年至哀公十有四年，凡四十五則）。

◎春秋或問序：《春秋》者，夫子特著一經以垂訓後世，與天地相終始者也。義例存乎筆削之間，必待儒者之論說而學者始有以共明其旨。苟或錯解，其遺誤豈徒在文字而已哉！上以昧聖人之用而下以乖經世之方，道學不傳，職此之由。乃自有是經以來，左氏綴其事以為傳，而大義固已顯然可尋已。然記事之外，自出論斷，往往於經意有合有不合者，毋亦有所傳者斯得其合，而附以己意者未盡其通歟？首受遺經者且若此，況後世之轉相傳述者乎？無怪乎二千餘年之間，治是經者多而貫是經者寡也。愚不自量，竊參究而粗有得焉，爰著為《集古傳註》一編，義存乎根據有緣而說義有宗也。鄙意以為祇求其與經意是，而覽者或尤其與儒先違，於斯亦極難耳。繼而思之，聖人於千百世之

前作是經以訓後，其必有以合乎心理之同者。然則說經而果與經合，當亦即乎人心之所同，而前世偏蔽之言可立判於一覽之餘矣。前世治是經者多醇儒，故其議論可用者多，然於眾說互見之中，而獨取一說，要必有所以可取之故，此其有待於申明者也。故設為問答，以彰其所以合經之處，而他說可無煩雜取矣。前世治是經者不一家，故其議論每出於護殘守闕之餘。或遇一條經眾說竝立，而究無一言當乎經意，故必盡棄之而特著一解。其所以必棄與特著一解之故，尤有待於申明者也。故設為問答以推明經傳之確義，而摭拾相承之舊說不難割而舍之矣。此《或問》一編所以附著，而非敢彊為曲解以自護，實欲並舉根由以共證也。以此相輔全經之義例，違礙者亦罕矣。聖人之精蘊，倘由是而粗傳，亦不枉窮年俛首之力也。斯編所不載，皆於義無可疑者，故卷帙亦不繁重云。乾隆戊辰四月壬午，五河縣學廩膳生員臣郜坦序。

　　◎摘錄卷六末條：或問：獲麟之說，除卻眾論，獨引韓子，觀韓子之作，若非為《春秋》解者。曰：此自是諸家不察爾。題是獲麟，文中祥不祥字又是從《左傳》中來，非《春秋》之獲麟而何哉？愚故因其言而說到麟之生，蓋麟畢竟是盛德之應，雖不為聖人在位之祥，卻為聖人師表萬世之祥。其獲也，雖為聖人將歿之不祥，亦為世運大亂之不祥。故聖人修《春秋》至獲麟而輒止，亦不竟是年之事，其意無窮矣。他如感麟而作，與文成致麟之說，皆粘滯附會之辭爾，孰如韓子之悠然神遠乎！

　　◎光緒重修《五河縣志》卷十四《人物》一《鄉賢》：有《春秋集古傳註》二十六卷，歷經學院、□〔註7〕觀雙閱定進呈，編入《四庫全書》。

　　◎孫雲錦光緒《淮安府志》卷三十八《藝文》：郜坦《集古傳注》（二十六卷）、《或問》（六卷）。

　　◎郜坦，字克寬。泗州五河（今蚌埠五河縣）郜臺村人。乾隆十六年（1571）恩貢。志行端方，汲古通經。因曾孫雲鵠貴，封資政大夫，後晉榮祿大夫。著有《春秋或問》六卷、《春秋集古傳註》二十六卷首一卷、《春秋通例彙纂》一卷、《論語參古今注》、《毛詩或問》。

郜坦 春秋集古傳註 二十六卷 首一卷 存

　　湖北、吉林社科院藏同治十一年（1872）刻本
　　國圖、北師大藏光緒元年（1875）五河郜雲鵠刻本

〔註7〕原文此處一字被挖改，故以□代替。

天津、大連、長春、臺灣大學、浙江大學、吉林大學、齊齊哈爾、吉林社科院藏光緒二年（1876）淮南書局刻本

◎首卷末題：丹徒莊忠棫校。各卷卷末題：江都郭夔校。

◎春秋篇目：卷首通例彙纂〔註8〕。第一卷隱公（元年至十一年）。第二卷桓公（元年至八年）、第三卷桓公（九年至十八年）。第四卷莊公（元年至八年）、第五卷莊公（九年至二十一年）、第六卷莊公（二十二年至二十三年）。第七卷閔公（元年至二年）、第八卷僖公（元年至十一年）、第九卷僖公（十二年至二十五年）、第十卷僖公（二十六年至三十三年）。第十一卷文公（元年至十一年）、第十二卷文公（十二年至二十六年）。第十三卷宣公（元年至九年）、第十四卷宣公（十年至十八年）。第十五卷成公（元年至九年）、第十六卷成公（十年至十八年）。第十七卷襄公（元年至十年）、第十八卷襄公（十一年至二十一年）、第十九卷襄公（二十二年至三十一年）。第二十卷召公（元年至十一年）、第二十一卷召公（十二年至二十一年）、第二十二卷召公（二十二年至三十二年）。第二十三卷定公（元年至九年）、第二十四卷定公（十年至十五年）。第二十五卷哀公（元年至七年）、第二十六卷哀公（八年至十四年）。

◎凡例：

一、經文悉遵用《左氏》，不惟《左氏》者惟紀子伯《左》作帛、尹氏卒《左》作君、鄭輸平《左》作渝三字不用《左氏》，以其近似而訛也。此外悉用《左氏》，蓋逐一詳考之，其義確也。

一、據《左傳》以說經，事此集本意，而不引用《左氏》全語者，蓋引其全語數句，恐所遺者正多也。故止撮其字眼指歸以立說，而《左氏》全文因此而益當全讀矣。

一、杜注集漢一代羣儒之說，確切者最多，不擇其確切者讀之，恐於經之文辭先有所不達也。故首載杜注，而其未確者不錄。

一、孔疏就杜注而分解之，博洽多通，其繁辭不勝載，切要者必錄之。

一、啖趙二子推明經義，片言居要。陸氏師其說以傳於後，精粹為多。此唐一代之特出者也，然少有不協，亦不敢徇焉。

一、宋儒言《春秋》者最多，今擇其大醇者十一家。胡氏於討亂賊、正

〔註8〕條目：年時月日、錫歸朝聘、會遇平盟、侵伐圍入、戰敗取滅、執獲戍救、奔叛放殺、隕孛崩震、宮廟城築、蒐狩軍賦、郊社雩禘、諸侯書名、諸侯兄弟、大夫名氏、崩薨卒葬。

人倫言之剴切，故得列於學官，其實《春秋》不止於此類而已也。向使無一弒父弒君者，其時遂得言治乎？孟子固曰：「世衰道微，邪說暴行有作」，則其所該甚廣也。孫、劉、程子簡切尤當者尤多，高、張、陳、趙、家氏融貫詳明者不少，故取其於經義尤備者用之，而其未甚合者置之不必駁也。他如石介、王沿、楊時、胡銓，集中取用其說皆極精當，但不多見，不得比於孫、劉十數家耳。

一、元儒吳澂識議不減於高、張，其他儒有一言之中者，固皆取之。

一、明儒言《春秋》者雖多，識議淺矣。然亦有非其言而此條經意卒不能明者，何敢不徧閱而亟取之也？汪克寬、季本、王樵、卓爾康等數家是矣。

一、取用先儒之說，各標其姓以識之，不必全錄其名字。以其皆開列於首卷也。惟姓同者後出，則錄其名。

一、著述無庸自標。茲集凡自說之條也，云「參曰」、「正曰」者，非敢自炫也。蓋眾說林立，不標明恐不醒目。

一、凡稱參曰者，參用傳意及先儒辭意，而非錄其原文，故以「參曰」起之，言非專出己見也。即有所訂正於其中，亦皆謂之參。

一、凡稱正曰者，或經例顯然而古今說者不能發之，或傳意煩據而古今說者偏背不能達之，或先民善說者片言居要而後來說者不能推明之，或執私以害公，或見小而忘大，其弊不止一端。愚竊究其旨，殫力發明之，說來卻易曉也，故加「正曰」以起之。

◎克寬先生春秋集古傳註序〔註9〕：孔子作《春秋》，上揆天道，下質人情，考之古，參之今，據事直書，而撥亂反正之思隱然寓意言之表。後儒因其文約詞微，體例指歸彼此前後不同，於是乎為之傳註。左氏、公、穀而外，講是經者不下數百家。求其上接淵源，深明體要，與當年之大書特書撥亂反正之微旨一一有當者，蓋寥寥焉。然或各有所見，互有所長，畧其短而取其長，自足以羽翼微言，闡明聖教。此克寬先生《春秋集古傳註》之所為作也。先生姓郜氏，坦名，安徽泗州五河縣人。歲貢生，家貧嗜古學，研心經籍，與外間斷絕見聞。生平撰述，於《詩序》《魯論》皆有發明，而於二百四十餘年之大義尤能洞悉其微，而皆有以窺其大畧。數十百家之傳例，不惟考訂其說，而皆有以辨其是非。是者從之，非者駁之，意難是而未暢，論有偏而可疑者，則姑從

〔註9〕此序又見於光緒重修《五河縣志》卷十八《藝文志》二《序》，題《克寬先生春秋集古傳註序》。

其說，而以己意參正之。又以或問申明之。善乎先生之言曰：「我仍還其為孔氏之《春秋》而已」。乾隆間，聖駕數幸江南，先生屢欲獻其書而無由，一時名公鉅卿典學至泗者，耳先生名，爭快覩其書，欲為之表章而不果。聞先生易簀之時，顧其子若孫曰：「我一生精力全在《集古傳註》一編，慎無妄棄遺失。倘後之人稍有力，能鋟刻之以行於學宮，使聖人之遺經不為浮言所蔽，而後儒知所適從，庶不負余生平之願力」云云。今年三月，其曾孫荻洲虞部雲鵠揀發南河學習，特出是編，求校正並求為之序以付梓人。余因得縱觀其全編，細瞽其義類，反覆詳求，竊歎先生之深於《春秋》也，於書法中具特見，於眾論內有定評，綜聖經之前後意義，會通貫串，博考而衷情。是不惟聖人之道昭然如日月之經天，並後儒之傳註是經者孰紕孰優皆得以判然著明而不爽其衡，先生之苦心孤詣曷容沒哉！余故亟取焉而為之序。咸豐九年歲次己未仲夏之月，壽陽祁雋藻。

◎春秋集古傳註序〔註10〕：克寬郜先生著《春秋集古傳註》二十六卷、《或問》六卷，乾隆間兩江總督上其書於朝，經當時儒臣校勘，載入《四庫全書》經部第三十一《春秋》類一百第八卷。先生安徽五河縣人，卷中題作淮安人，或係進書時傳寫之誤。按先生作書二十年始成，壽陽祁相國序云：「乾隆間，翠華南幸，先生屢欲獻其書而無由，一時名公鉅卿典學至泗者，耳先生名，爭快覩其書，欲為之表章而不果。」則先生在日，其書顧未顯也。先生歿後百餘年，其曾孫荻洲虞部出家藏原稿謀付剞劂而問序於棠，竊維說經之有門戶，自《春秋三傳》始：左邱明身為國史，聞見取真，公羊、穀梁同受經于子夏，所說已不能無異。後之傳是經者，或顓守一師之訓，更非疊勝，黨同伐異，攻擊愈多，經義愈晦。譬之醫之治病，始也以藥救病，迨誤一藥，則又以藥救藥，輾轉訛謬，洵所謂淵源未益分者與？先生是編，事跡據左氏，其所集傳註則兼採漢唐以來諸家之說，融會貫通而又間出新意，發前人所未發。如《春秋》首隱公之義，諸儒皆謂傷世無道，先生則謂隱公于次當立，而攝讓出於私意也。隱二年夫人子氏薨，三傳互異，先生證以全經，而定其為隱母也。僖二十五年衛侯燬滅邢，諸儒皆謂傳寫之誤，先生則徧考全經書名之義，而知滅邢者既滅其國又殺其君也。惟改君氏為尹氏、孔子越境乃免之言及城楚邱一條，《傳註》與《或問》兩岐，伏讀《四庫全書提要》，特舉此三條駁正，則全書之盡善可

〔註10〕 此序又見於光緒重修《五河縣志》卷十八《藝文志》二《序》，題《春秋集古傳註序》。

知矣。先生世居五河南鄉，績學不仕，以明經終。所著尚有《毛詩書名集古序說》，今佚。荻洲名雲鵠，讀書成進士，由部曹改官外仕，蓋能世其家學者。棠讀是編，喜先生之羽翼微言，嘉惠來學，而又幸荻洲之能守先澤也。是為序。同治二年歲次癸亥孟秋之月，盱眙後學吳棠撰於清江營次。

◎丁晏序：《春秋》者，誅亂賊之書也，斧鉞之嚴，誅奸諛於既死，以正君臣之大義，使大逆不道之臣子縱幸免當時之顯戮，不能逃後世之惡名，故《春秋》成而亂臣賊子懼。自左氏有「弒君君無道」之說，當時六卿分晉、三家僭魯，造為曲論，而左氏述之，已失聖人之旨。唐劉知幾《史通》云：「賢君見逆而賊臣是黨，求諸舊例理有獨違」，元趙汸亦云：「君雖不君，臣不可以不臣。君父，天也，豈臣子較得失之地乎」，其義正矣。嗣是說《春秋》者，一壞于杜預，再壞于胡安國，當世盛行而經旨日晦：鄭君射王中肩，而杜以為鄭志在苟免王討之非；以孔父、仇牧之忠而杜皆深文周內，肆其譏評。《胡傳》貶洩治之死節，斥季札之名賢；河陽之狩而以為全其忠，楚麋之卒而以為略其弒。竊謂杜既習見典午之篡弒，胡又薦舉奸相之議和，二君心術若此，宜其解經之頗也。泗州郜克寬先生，著《春秋集古傳注》二十六卷、《或問》六卷，其曾孫荻洲太守以家藏舊稿見示，余受而讀之薈萃先儒之說，斷以己意，而於杜、胡二家從其善者不為曲徇，可謂擇精語詳矣。先生深斥感麟而作與文成致麟之說為粘滯附會，善夫家則堂之《詳說》曰：「《春秋》誅亂賊、明王法之書也。始于魯，大亂君之弒以三世；終于齊，大亂君之弒亦三世。陳恆弒君，孔子請討不行，《春秋》所以作，亦《春秋》所以止」，此說深得聖經之旨，何取于感麟之附會哉！閱畢即歸其稿，附綴圖言以質太守，并以告後之善讀《春秋》者。同治七年二月二十八日，山陽丁晏書後。

◎薛時雨序〔註11〕：《春秋》之作，游夏不能贊一辭。聖人既沒，諸弟子遞以所聞轉相授受，不能無同異。至漢惟《公羊》《穀梁》二傳列於學官，《左傳》後述，其述君子之云有失之誣者。魏晉間學者多治《左氏》，范寧注《穀梁》時有反唇，而二傳寖微，漢經師專門之學亦廢，自是以後，著書往往鑿空窺測，人自為例，欲折衷一是，難矣。橫渠張氏謂非理明義精殆未可學，朱子亦言《春秋》義例時亦窺見其一二而終不能自信於心。然則《春秋》一經，其終不可通乎？善哉子孟子之論曰：「王者之迹熄而《詩》亡，《詩》亡然後《春

〔註11〕此序又見於張文虎《舒藝室雜箸》甲編卷下，題《春秋集古傳注或問序》（代薛慰農觀察），無末「同治十一年歲次壬申孟夏之月，全椒後學薛時雨」句。

秋》作」，明乎《春秋》之作所以維王跡也。曰「其事則齊桓晉文」，明乎王政不及於諸侯，不得已而與霸，與霸亦所以尊周也。曰「其文則史」，明《春秋》為魯史，而夫子本先王之義修明之。知乎此，則知以夏時冠周月之非，而黜周王魯之說其獲罪於聖人久矣。董子曰：「《春秋》甚幽而明，無傳而著」，又曰：「《春秋》無達例」，此謂學者宜原始要終，實事求是，不可徒徇傳說而自錮，而非謂傳之可廢也。得此意以治經，而諸家之離合庶幾可見矣。五河郜明經克寬氏，今荻洲觀察之曾祖也，食貧績學，二十年成《春秋集古傳註》二十六卷，於古人之說無所偏主，合於義則取之，有不能盡者參以己意；無可取者直以義正之。又恐讀者不明其取舍之故，別為《或問》八卷發揮其蘊奧。乾隆間，大吏經進，著目於《四庫全書提要》，迄今百餘年，學者慨慕而不得見。觀察將授之剞劂以示後世，屬序其概，時雨受而讀之，其持義平，無深文苛察之弊；其比類切，無牽涉疏謬之談；理當其可而不苟異同，辭達而止而不煩馳騁。以此由孟氏、董氏所論而上窺筆削之旨，其不焚於眾說而有所折衷，學《春秋》者之最也。觀察纘承家學而公之藝林，亦無忝祖德者哉！時雨老而荒經，無以引申鄉先生著書之意，而以附名簡尾為己幸也，輒誌其嚮往之私如此云。同治十一年歲次壬申孟夏之月，全椒後學薛時雨。

　　◎《春秋》序〔註12〕：粵自羲畫以來，文教有宗，聖聖相承不息，心法治法無殊旨也。然二帝三王躬聖德而得時位，故舉而措之無難。獨孔子生於衰周，天既未欲平治天下，而其學實能法天地、綜帝王，集羣聖之大成，謂非天之篤生，不可。聖人上承天心，知世運不能有治而無亂，而悖亂之世不可無治法以維持於其間，治法之所出必本於帝王以來相傳之心法，道在己可無以垂法於萬世乎？於是因魯史而筆削之，其書蓋成於晚年，故七十子之徒無言及之者，獨孟子以為孔子作《春秋》，是表章之功在孟子矣。其論治統則謂《春秋》天子之事，引知我罪我之言，以為孔子成《春秋》而亂臣賊子懼，是治法之所繫莫如《春秋》。其論道統則謂《詩》亡然後《春秋》作，引「其義則某竊取之」，所以為不同於晉之《乘》、楚之《檮杌》，是心法之所寄莫如《春秋》。由是觀之，孟子固深知《春秋》，而其所以為說者，皆必衷以孔子之言。然則孟子以前百餘年，孔子自說《春秋》之辭固猶在人口耳間也，惜齊魯之儒不能心知其意以傳其是者如孟子耳。自是以來幾二千年，儒者之稱述難以徧舉，獨趙子所謂權、程子所謂中庸為得其要領。茲於此兩言有悟，潛玩既久，則知聖人從心

〔註12〕此序又見於光緒重修《五河縣志》卷十八《藝文志》二《序》，題《春秋序》。

不踰之妙，隨筆所至，義類環生，賢者皆當俯而就，不肖者皆可仰而企。使堯舜生當定、哀之時，吾知其舍是無以為教矣。孔子曰：「文王既沒，文不在茲乎」，文在茲而不能播諸天下後世，將蘊諸聖人一心而已乎？吾知聖人有所不忍也。其作《春秋》以垂文教，是其所以師表萬世者也。《論語》以言見，猶待於門人之記，《春秋》因行事以見聖人之用，固其所手訂，以為一生之業莫大於此也。倘因其義之難通而視為孤經，聖道隱矣。故不自量，集為《傳註》，復為之約其源流，序其作經之意云。乾隆乙丑三月戊寅郜坦序。

◎春秋集古傳註序〔註13〕：《春秋》，孔氏之書也，經文既言簡而意該，非傳註無以明之。乃隋王通云：「自三傳作而《春秋》之義散」，論者謂其言之或過，而不察其見之為真也。傳者傳其事也，使第傳其事，又何必致疑哉？而三傳率多論之之語，其人之造詣既未足以窺聖人之堂奧，則其發為論說固皆憑臆而造，牽經文以從己成一家之言，若是而稱曰某人傳註，《春秋》即為某氏之《春秋》，而非孔氏之《春秋》矣，奚不可耶！然則說《春秋》者宜何如？曰：據傳之事以推明經文所書之意，不詭於聖人揆事之模範，取義既合乎中正，推之而可行，行之而皆準世變，雖千百其態，而裁成不惑於毫髮之差。如是則古今一揆之旨如日月之經天江河之行地，人人可得而見，見之皆可得而學，而後聖人筆削之深心不蔽於護殘守闕之口。指雖多而不離其本，語雖詳而不碍其通，常持此以衡古先大儒之說，得者固多，而失者亦不少也。自漢以來，晉杜預一集其成，而其注遂多確不可易者矣。歷隋唐宋，醇儒輩出，明道先生以為開元秘書言《春秋》者七百餘家，今《大全》所載增以元明而祗存百餘家，此百餘家又有詳有畧，有偶一言之間中者，有屢言之而偶中者，有偶言之而多中，亦有不中者。其屢言之而多中，如晉杜預，唐孔穎達、啖助、趙匡、陸淳，宋孫明復、劉敞、孫覺、程頤、許翰、胡安國、高閌、陳傅良、張洽、趙鵬飛、家鉉翁，元吳澄，此十七家集中多擇用之，此外言有中者亦不敢遺。至於經文有本不可以遷就其說者，而諸家互有偏執，竟使聖意終晦，則不憚參互考訂，勞精竭神以求其義之安。集中如此剖大疑者三百餘條，其他傳載顯然，而未經融合其說者，亦必撮傳意而說之，如此者亦三百餘條。襄、昭而後，古註漸少，大抵人之精力有限，故如此耳。今亦必如前逐條發明，又取會盟侵伐等例先儒所已言者與所未言者，纂輯十五

〔註13〕此序又見於光緒重修《五河縣志》卷十八《藝文志》二《序》，題《春秋集古傳註序》。

篇弁於書首，以為提挈綱維之資，遵用古註者本心也。必無可遵而始自為說，要以復還其為孔氏之《春秋》而已。夫《春秋》所載，上自天文下至山川草木，中括朝廷典禮以及立心制行，經緯萬端，無所不統。既有作於前，豈可不大彰於後？將謂《春秋》祇利於二百四十二年而不利於千世萬世之後乎？不學《春秋》則不見聖人之全身，而其所謂尊聖者猶未至也。聖人惡鄉愿，其作《春秋》，明是非，定猶豫，後世未全明乎《春秋》，恐賢豪間者猶或流於鄉愿也。宋有譏孫復之於《春秋》動輒有罪，是商鞅之法者，遂為廷臣所尚，不猶是鄉愿之氣象乎？學者欲一言一行不涉於鄉愿，惟究心於《春秋》之法而已。是集雖未及夫引而伸之觸類而長之，而於伊川所謂「於一言一事求聖人之用心」者，庶幾其本義云。乾隆乙丑二月戊子，郜坦序。

◎書後：高宗南巡狩江左右，以召試起家者指不勝縷，而公猶孜孜矻矻研討弗輟。邑令孔公傳樞索而觀之，謂《春秋集古傳註》允足羽翼經傳。徑詳諸大府，以進呈為請。先後經觀雙兩學使面詢疑義，條對無舛，知為宿儒，而因循不果進。後發回原書，尚缺一部，聞為兩江制軍留去云。公於易簀時，諄囑後人珍藏此書以待刊刻為窮經助。雲鵠自惟譾陋，不獲窺是書之萬一，特以先人手跡，愛護有加。通籍後，得睹《四庫全書提要》，擷經部《春秋》類一百第八卷，即公《集古傳註》之書，由兩江總督進呈。乃知是書已達天聽矣。惟題作淮安人，自係傳寫之誤。此書蒙當代大人先生弁以序言，謂宜出家藏以公諸世，而力薄不能付剞劂。同治辛未，謀於都轉方子箴同年，慨任是舉，用敢付梓。工既竣，附識數語，以明先世之苦心焉爾。光緒元年仲春月上浣六日，曾孫雲鵠謹識。

◎引用先儒姓氏：漢董氏仲舒、徐氏邈、何氏休邵公，晉杜氏預元凱，隋范氏寧武子，唐孔氏穎達仲達一作沖遠、啖氏助叔佐、趙氏匡伯循祇傳纂例一書後所用例語皆是、陸氏淳伯沖伯循弟子、李氏瑾，宋孫氏復明復、石氏介守道祖徠明復弟子、王氏沿聖源、劉氏敞原父、杜氏諤、孫氏覺莘老、程氏頤正叔伊川、蘇氏轍子由穎濱、楊氏時中立龜山、葉氏夢得少蘊石林、呂氏本中居仁、許氏翰崧老、胡氏銓邦衡澹庵、王氏葆彥光、胡氏安國康侯、高氏閌抑崇息齋、陳氏傅良君舉止齋、呂氏祖謙伯恭東萊、張氏洽元德、戴氏溪肖望岷隱、黃氏仲炎若晦、趙氏鵬飛企明木訥（與伯循同，比例語皆伯循說；發傳皆木訥說也）、趙氏孟何、黃氏震東發、呂氏大圭圭叔樸鄉、家氏鉉翁則堂、趙氏與權，元吳氏澄幼清草廬、陳氏深子微、程氏端學時叔、王氏元杰、鄭氏玉子美師山、

李氏廉，明汪氏克寬德輔、季氏本明德彭山、趙氏恆、王氏樵明逸方麓、黃氏正憲、卓氏雨康去病、張氏溥天如。

◎摘錄卷首《春秋通例彙篡》末《篡例跋語》：右篡例十五篇，竊謂讀是經者持此以為衡，庶幾無越思矣。所述先儒舊說皆擇其確切者，無庸疑也。至於自為說，辭意似創，然皆合全經而考之，無一言之靡所依據者，敢違僭而效嚬，致聖經終晦於歧出之見乎？此外尚有歸納、通婦、致女、夫人、稱謂等項，皆《春秋》大端也。以其義易明，集中解之不復舉例。夫例之說，後人之見也。聖人操筆時，豈嘗先有例以閑之？蓋其從心不踰之妙隨所書而自成例，後人舉以為說，亦不得謂無中造也。其有變例，則以其事獨異，故因而異其文以書之，非遂於前例有妨也，前例豈前定乎？正例其常也，變例其偶也，惟說者以為變例多，始生人疑耳。夫內諱無善事，稱盜無異辭，豈有變乎？苟執變以疑正，固失之；而誤正以為變，乃大失也。是在學者循例以達於辭、因文而通其義，以見聖人於千百世之上而已。

◎摘錄卷首《春秋左氏傳議》〔註14〕：左氏之傳，至今可謂大行矣，而學者猶持疑信之見，其原皆由於韓子浮夸之說。韓子之說，蓋由於范寧「《左氏》艷而富，其失也誣」之語。此其故，又皆由於漢之時《左傳》後出，遂滋異說耳。據唐陸德明所考，《左傳》淵源有自，始則曾、申傳之，漢時則賈生習之，賈生最早遇，論安言治未暇，以是書上聞，故文景之時，本列於學官。而董生嗜學，未見《左傳》，祗得《公羊春秋》而習之，故《公羊》盛行。范寧方注《穀梁》，故不專信《左氏》。而韓子論文辭，以為浮夸異於《春秋》之謹嚴。夫《左氏》之文充類廣引，誠有如韓子所謂浮夸者。至其載事，皆本於當年之史策，非臆撰也。苟因其辭華而並疑其事實，是蔑古也。蔑視此書，又何從而得二百四十二年行事之迹乎？故先儒謂《左氏》所記皆有案據之書，此言得之。其間偶有貽誤，亦非妄傳。如謂莒僕弒君因當時人皆以為弒君也。如記郳伯卒于春正月，敘述偶差，亦因魯史未書郳伯之卒也。若其論斷經義，合者少而不合者多，亦其詣力未幾於可與權之域，故其所謂禮也，乃列國之所謂禮也，非聖人之所謂禮也。其所謂君子曰，乃其臆度之辭，非聖人之本論也。其發凡以言例，合者十有二三，不合者十有七八也。今讀其傳，不可輕信其例，要必參觀經意；不可輕疑其事，要必融貫合經。其事有不見於經者，聖人之所刪也，

〔註14〕此序又見於光緒重修《五河縣志》卷十八《藝文志》二《序》，題《春秋左氏傳議》。

參考之而經意愈決矣。杜預以為先經以始事，或後經以終義，或依經以辯理，或錯經以合異，躬覽載籍，必廣記而備言之，誠知言也。其書止於魯悼公之時，其人之後聖也無疑，而亦不甚遠也。後世以秦始有臘祭，而《左傳》有「虞不臘」之言，疑左氏為秦人。抑思秦處西垂，其地苦寒，其有臘祭，安知不在穆公以前。而晉與虞虢亦近西北，安知不皆有臘祭乎？此未足以為斷也。況秦初并天下，即信李斯焚滅經書，又焉有一人敢出而作《春秋傳》乎？胡氏以《左傳》繁碎之書對帝言之，故其解經雜用《公》《穀》，信《左》不專，其書不能為全璧也宜哉！

◎摘錄卷首《公羊穀梁二傳議》〔註15〕：《公羊》《穀梁》，訓詁經義，開鑿之功為多。先儒稱其清俊才辯。其文辭則皆然矣，其義理不皆然也。豈非聖人之道，大中至正，得其傳者言而中，失其傳者語之鑿乎？唐啖助、趙匡，宋孫復、劉敞，皆據經義以駁其說，其刊落者多矣。今其與存者，尤不可以不擇所從也。韓子曰：「孔子之道大而能博，門弟子不能偏觀而盡識也，學焉而皆得其性之所近，其後離散，分處諸侯之國，又各以所能授弟子，源遠而末益分。」《公羊》《穀梁》倘所謂承其末流者乎？語其序則《公羊》先而《穀梁》後，故《穀梁》書辭多同乎《公羊》而往往小變其說，以成一家之言。至其敘述時事，有與《左傳》合者，其辭亦大異。有與《左傳》不合者，其辭更詼詭，全非國史之體，蓋取民間之私乘而潤飾之，未可據以說經也。如禿傀跛眇友拏相搏，正所謂先生難言者。今以朱子所云「《公》《穀》去聖既遠，都是想像胡撰」，因此而欲盡廢之，則實始開解經之法而有所不可也。故莫若擇焉而後識之之為得也。

◎提要：《春秋集古傳注》二十六卷《或問》六卷（兩江總督採進本），國朝郜坦撰。坦，淮安人。是書成於乾隆乙丑。首為《纂例》十五篇，末為《或問》六卷，言所以去取諸家之意。經文皆遵《左氏》，不遵《左氏》者惟紀子帛改從伯、君氏卒改從尹、鄭人來渝平改從輸三條耳。其事蹟亦據《左氏》。其所集傳注多用杜預、孔穎達、啖助、趙匡、陸淳、孫復、劉敞、孫覺、程子、許翰、胡安國、高閌、陳傅良、張洽、趙鵬飛、家鉉翁、吳澄十七家之說，而別採宋元諸家以輔之。在說《春秋》家亦非純尚空談者。然持論亦多深刻，又時時好出新意而不盡允協。如改君氏為尹氏，仍以為即公囚於鄭之尹氏，則沿襲

〔註15〕此序又見於光緒重修《五河縣志》卷十八《藝文志》二《序》，題《春秋公羊穀梁二傳議》。

金履祥之說，殊為附會。又如「趙盾弒君，越境乃免」，趙匡、劉敞、孫覺、朱子、呂祖謙諸儒皆以為必非孔子之言，而坦於《或問》中則云：「越境而不返乎？晉國董孤又何言以正其弒」，於《集古傳注》中則云：「去國不返，然後君臣之義絕，越境乃免之言，為今無將之心者開一門路」云云。夫《春秋》作而亂臣賊子懼，曾謂聖人而為後世開一門路，使姦雄藉口乎？至於城楚丘之說，其《傳注》本主劉敞而《或問》則以為主孫復，二書之中不免偶傷牴牾，猶其小節矣。

◎光緒重修《五河縣志》卷十七《藝文志・書籍》：《春秋集古傳注》《論語參古今注》《毛詩或問》（以上均郜坦著）。

◎光緒重修《五河縣志》卷十四《人物志》二《文苑》：（王系梁）著《簏蕪彙筆》《老閒瑣記》《學庸兩章述義》《論孟廣益》《讀易管蠡》《小攄詩草》《拙修草堂小題草》《考亭言行錄》，纂修前輩丁景南《周易》、郜克寬淮濱《春秋》藏於家。

◎孫雲錦光緒《淮安府志》卷三十八《藝文》：郜坦《集古傳注》（二十六卷）、《或問》（六卷）。

戈守義 春秋講義 佚

◎光緒《平湖縣志》卷二十三《經籍》：《春秋講義》三十卷（高士奇。路《志》：《人文》《逸》二編戈守義亦有《春秋講義》若干卷藏於家）。

◎戈守義，浙江平湖人。著有《春秋講義》三十卷。

葛維鏞 春秋左傳鍵 二十四卷 存

國圖藏清味經齋抄本

◎總目：

卷一三皇五帝夏商世系諸臣侯國輿地職官。卷二周世系君臣。卷三魯世系君臣（附）聖賢。卷四蔡曹衛滕世系君臣。卷五晉世系君臣。卷六鄭吳北燕世系君臣。卷七齊秦世系君臣。卷八楚世系君臣。卷九宋世系君臣。卷十杞陳薛邾莒小邾許世系君臣。卷十一周同姓十七國異姓三十六國四裔十二國君臣。卷十二周輿地。卷十三魯蔡曹輿地。卷十四衛滕晉輿地。卷十五鄭吳北燕輿地。卷十六齊秦輿地。卷十七楚輿地。卷十八宋杞陳薛邾莒小邾許輿地。卷十九周同姓三十六國異姓八十七國輿地。卷二十周四裔三十九國輿地（附）未詳何國

地。卷二十一周魯蔡曹衛晉職官。卷二十二鄭吳齊秦楚宋陳薛邾周同姓三國異姓四國職官。卷二十三引據易書詩禮四經附君子曰君子。卷二十四天文地理時令年歲災異政事魯城築軍政祭祀（又附）。

是書為家塾課本，不過取讀《左傳》時便於查考。以言著作，茫乎未逮。惟業經費神一番，棄之可惜。書中編年處自信無甚遺憾。至人名地名下小註，乃查書時隨意抄寫，並未鎔鍊，故多敘次錯落。內有數條辨駁得意處，是否允當，茲特另行記出，伏求斧正：卷四衛公子朝，卷六鄭厲公、吳闔廬，卷七齊高偃，卷八楚郤宛，卷九宋景曹、宋公孫固，卷十一蕭叔大心，卷十三隱九年魯郎、魯小穀，卷十四晉翼、晉夷儀，卷十六齊靡笄、楚城父，卷十九邢夷儀、韓，卷二十小戎、昔陽、姜戎、瓜州。

◎凡例：

一、三傳並列學官，左氏事最繁博，說經亦最詳，故檢閱頗不易。是編名「鍵」，取《爾雅》「六藝銓鍵」意。例分經傳中人物、地輿、官職諸門，以便核考。

一、《春秋》止於獲麟，此下本魯史舊文。聖門弟子欲存孔子之卒，故經終於哀公十六年夏。今所編經文，亦以是為準。其十六年後僅有傳文，仍書某年傳，不省去傳字，以照畫一。至隱公元年經前一傳，係先經起義例，應為編入，但不標年分。

一、經傳俱見，書某公某年，省去經傳字。如有經無傳，則書某公某年經；有傳無經，則書某公某年傳。至公字櫐行省去，亦本前人引經舊例，并非臆撰。

一、《春秋》以《左傳》為根柢，《左傳》以《杜註》為門逕。杜氏自著《釋例》，及孔氏疏，又為註之羽翼。是編杜、孔說有與經傳不合者，引經傳駁正之；杜氏自相矛盾者，擇其善者從之；間有不詳及疏漏者，旁採各家論說，或參以管見。總不失實事求是之意，其可疑者，仍從闕如。

一、《春秋》一書，聖人尊王之書也，應以周冠首。但周以前人物、地輿、官職，見於傳文者不少，仍依時代編列為合。凡古君臣有世系可考者，分三皇五帝以繫之；無可考者，附編於後，并附國名、地名、官名。至夏商君臣，經傳可考則分君臣編次，國名、地名、官名亦附入。

一、周以前古國，俱按切時世，附編於帝皇及夏商世系後。其後為春秋時何國地，即於古國旁註中註明。春秋時地名亦旁註古國，以便彼此互核。古國之邑名、地名亦從此例。若無從考訂，則闕疑以俟淹通博雅之君子。

一、周初封建諸侯，殷商故家大族，如不受周封者，仍列於前代世系。如箕子編入商世系、微子又編入宋世系。閱者勿疑為體例參差。

一、周世系自后稷始，所以溯本追原也。稷本系出高辛，為唐虞臣。不編列於前代者，并所以體聖人尊王之意也。至周同姓諸國，雖封於武王克殷以後，其祖父為殷時人，亦槩列為周之諸侯，其例從同。如泰伯、仲雍、虢仲、虢叔類是。

一、周王及各國諸侯，以即位先後為次，不以倫序為次。如魯先閔公後僖公、衛先出公後莊公。其即位未久及無諡各君亦編入，如魯子般、子野之類。

一、傳文單引王字、公字、君字者，如確有所指，統行編列；泛指者不屬入。各國人名，如某氏某子，亦從此例。

一、各國諸臣，分支系編列。如王室則先王子王孫，列國則先公子公孫，均依世次為先後。內有氏族者，即編入氏族；無氏族可考，并不知何王何公之子孫，統編於後，以經傳先後為次。同姓有氏者仿此；同姓有氏而無從核其支系者次之；異姓有氏及有氏無姓者又次之，例從同。此外氏姓俱無，槩歸雜人中。至曹公孫彊傳作鄙人、晉公孫尤註作范氏臣，其非公族顯然，亦編入雜人。

一、氏族各依昭穆次序，以期不紊。昆弟序長幼，不分嫡庶。年齒無從考核，以經傳先後為次。至從父昆弟、從祖昆弟、再從三從昆弟及同族昆弟，均依其上世支派編次。其各氏中有世系無可系者，各編於其本氏後，以經傳先後為次。

一、王后編於周王後，夫人編於國君後。列國有公女未嫁者，附公子公孫後。卿大夫士庶妻及未嫁之女附各氏後。至雜人中有妻妾者，即編綴其夫後。

一、非本國諸臣，如係逃奔俘獲，或避難遷徙者，臣於所寄之國，是為異邦臣。今於各國雜人後，另編一門，以示區別。倘其人氏族可考，註明某國某氏，其本國仍列入氏族，但旁註所寄之國，不編年分。如本國及所寄之國均有官職事實見於傳文，則各依其人之先後節略，均編年分，并兩相註明，庶一目瞭然。如其後子孫蕃衍於所寄之國，受氏成族者，再於異邦臣中分別氏族。如齊陳氏類是。其在春秋前所寄之國及無可核其為他國之人者，不列為異邦臣。

一、註疏、釋例無關考據者槩不泛引。某某為某國人、某某為某國大夫類是。餘仿此。

一、至聖及聖門諸賢，若一槩列入臣民中，似非尊聖之義。考《史記》孔子列世家，弟子有列傳，自來尊崇聖道，推馬遷為鼻祖。是編亦依此為例。弟

子中本係世家大族，仍歸氏族編次，註明孔子弟子，不敢因另立門類沒其姓氏從來。如南宮說之為魯孟氏，司馬牛之為宋向氏是。謹案孔子本魯人，今於魯國諸臣外附編聖賢一門。

一、《史記・十二國年表》不載滕、杞、薛、邾、莒、小邾、許，《春秋大全・二十國年表》不載燕，且以周與諸侯並列，恐非經旨。惟彙纂於王朝世表外，另別為二十國年表。先同姓魯蔡曹衛滕晉鄭吳燕，後異姓齊秦楚宋杞陳薛邾、莒、小邾、許，詳列各國先後，最為精當不刊。今列國次序，亦以是為次。此外各國亦先同姓後異姓，以經傳先後為次。至周初各國春秋前已滅者，既見傳文，統行列入，註明春秋時為何國地。如商奄、蒲姑、虢檜等國類是。

一、前代所封各國，周初仍其舊者，即是周之侯國，無論春秋前後、已滅未滅，俱編於周時列國中。

一、顧棟高《春秋爵姓存滅表》周時四裔編於各國後，《四裔表》中又分戎狄夷蠻種類。是編四裔亦列各國後，惟種類不分，槩以經傳先後為次。

一、春秋時各國都邑已非封建初時之舊：商奄入魯、蒲姑入齊、虢檜入鄭，此外類是者不少。今悉以春秋初年為定。凡以前所併國都及邑名地名，俱繫於所併之國。其春秋時強兼弱削所滅之都邑及地，於本國都邑後另立一門，標明春秋初非某國地，後為某國地，庶疆索瞭如。當日吞併大勢，亦可考見。至本國都邑，為何時何國所取，亦一一註明。既滅之國，僅以國名見者，亦如之，其國名仍於各國中列入。倘經傳不載入某國為某邑者，亦核實註明，以便參考。

一、春秋時國滅後，有其地屬所滅之國，亦有不專屬所滅之國，甚有輾轉相屬、連屬數國并改易名稱者，俱確按其時屬於某國編入，旁註輾轉相屬之故。如僖三十三年秦滅滑後，屬晉、屬鄭、屬周，又稱費滑、又稱侯氏，而實一地。是至滅取邑名地名例亦如之，并於各本國旁註內詳細註明，以便查對緣由。

一、邑地為他國滅取，其後仍屬本國者，但於本國邑地名下註明，滅取之國不編列。如滅取後，已為他國之地，見於經傳，逾時仍歸本國，及本國有取回者，兩國俱編列註明。至各小國有滅而不有或滅而復封者，例亦如之。

一、各國輿地，有同名而實異地，甚有數地同名，即一國中亦有之。均於地名邑名旁註內分別註明。其一地殊名或數名，均歸併一處。

一、註疏、釋例輿地，核以近今輿地，有斷不可通者，當是杜、孔謬誤。是編遵《彙纂》及顧棟高《春秋大事表》、江永《春秋地理考實》以糾正，顧炎武《杜解補正》、惠棟《春秋左傳補註》亦間有採焉。并確指為何省何郡何縣。郡縣屢有改易改屬，俱據現在郡縣為準，俾閱者援古證今，易於查對。

一、傳文官職如泛引而不確指為何國者，槩列周官職內。春秋時王室雖衰，各國分職設官究是周家官制，即核之周禮不甚符合，仍編入於周，以昭正統。

一、各國官職俱依經傳先後編次，凡某年某人為某官，即於編年下標明名字。倘一官而有數人為者，例亦如之。其一人兼攝數官者，各按官職標明。如僅有官職，無從考核為何人者，但編年而已。

一、官職中名字，或為官時不見經傳，其後他人傳述，見於傳文者，仍按年編入，不依本人時候。惟於各官旁註內註明何時人、為官在何人先後。雖其人在春秋前者例倣此。如周公為大宰、康叔為司寇，又傳中屢引史佚等類是。

一、列入異邦臣者，如有官職，雖是所寄之國，亦依本國各人，按年編列，不再區別。緣另立門類，反生枝節。且官職一門，重官重人，不重在異邦臣也。惟究非本國之人，仍於各官旁註內註明。

◎葛維鏞，字笙伯。江蘇嘉定（今屬上海）人。著有《春秋左傳鍵》二十四卷。

葛正笏 左傳語法 存

乾隆刻本

◎龔煒《巢林筆談》卷六：表兄葛信天，優翰墨，識時務，遇事謹慎，贊臨桂公幕最久，所至多善政。

◎葛正笏，字信天。江蘇崑山人。著有《左傳語法》《仁聚堂法帖》《信天詩草》《仁聚堂詩文稿》《吟雨初編》。

龔景瀚 春秋三傳釋地 一卷 存

福建藏稿本

◎龔景瀚《澹靜齋文鈔》〔註16〕前附陳壽祺撰傳：箸《祭儀考》四卷、《禘祫考》一卷、《說裸》二卷、《邶風說》二卷、《離騷箋》二卷、《孔志》三卷、

〔註16〕道光二十年恩錫堂刻澹靜齋全集本。

《循化廳志》八卷、《澹靜齋文鈔》八卷《詩鈔》六卷、《讀書錄／訪古錄》若干卷。

◎龔景瀚（1747〜1802），字惟廣，一字海峯。福建閩縣（今福州）人。乾隆三十三年（1768）舉人、三十六年（1771）進士。乾隆四十九年（1784）選授甘肅靖遠知縣，後歷任固原知州、循化廳同知、邠州知州、慶陽知府、蘭州知府。罷歸里居，教授十有四年。研究經史時務，凡古今因革，必窮源竟委，求所以通變宜民之道。著有《祭儀考》四卷、《禘祫考》一卷、《春秋三傳釋地》一卷、《澹靜齋說裸》一卷圖一卷、《邶風說》二卷、《離騷箋》二卷、《孔志》三卷、《循化廳志》八卷、《澹靜齋文鈔》八卷、《澹靜齋文鈔外編》二卷、《澹靜齋詩鈔》六卷、《讀書錄／訪古錄》，多收入《澹靜齋全集》。

龔翔麟 玉玲瓏閣叢刻三種 二十三卷 存

國圖〔註17〕、上海、常熟〔註18〕、遼寧、吉林、浙江藏康熙錢塘龔氏刻本
◎子目：春秋啖趙二先生集傳纂例十卷，唐陸淳撰。春秋啖趙二先生集傳辯疑十卷，唐陸淳撰。春秋集傳微旨三卷，唐陸淳撰。

◎龔翔麟（1658〜1733），字天石，號蘅圃，又號稼村，晚號田居。仁和（今浙江杭州）人。康熙二十年（1681）順天副貢生。由兵部車駕司主事、工部主事遷廣東關稅官，後授陝西道監察御史。有直聲，致仕歸。工詞，與朱彝尊、李良年、李符、沈嗥日、沈岸登合稱「浙西六家」。有藏書樓玉玲瓏閣，有「紅藕莊」「蘅圃曾觀」「玉玲瓏山館」「紅菡萏湖莊」「龔蘅圃秘笈之印」「龔氏墨稼軒珍藏圖書」「橫沙龔氏玉玲瓏閣收藏圖書」「玉玲瓏閣藏書圖記」「龔稼村秘笈之印藏書印」諸藏書印。刻有《玉玲瓏閣叢刻》，著有《田居詩稿》十卷續三卷，《紅藕莊詞》三卷、《蘭臺疏稿》。

龔元玠 畏齋春秋客難 二十四卷 旨一卷 存

清華藏道光二十六年（1846）縣學文昌祠考棚公局刻十三經客難本
國圖藏 1919 年吳江沈廷鏞重刻道光吳江沈氏世楷堂刻昭代叢書本（一卷。無序）
◎一名《春秋客難》。

〔註17〕清何焯批校。
〔註18〕清趙烈文跋。

◎春秋客難序：周公相周，錯舉《春秋》以為周史之名，謂之《周春秋》。羊舌肸所習、申叔時所言、《經解》中孔子所舉者是也。周公封魯，亦即以《春秋》為魯史之名，謂之《魯春秋》，韓宣子所見、《坊記》中所引者是也。東遷後，《魯春秋》多違舊章，孔子欲請修之，又因周以失典籍故，於定公元年適周，天子遂命孔子修輯典籍。敬王四年以前，《周春秋》即分載於《魯春秋》中。後自衛反魯，修《魯春秋》，至哀公十四年春，史局新稿未出，遂止於西狩獲麟，不分周魯，直謂之《春秋》，則孔子所謂知我罪我、孟子所謂天子之事者，是也。《春秋》經止於哀公十四年庚申，《左氏傳》終於悼公十四年丁亥。魯君上一冊於周天子，藏一冊於太史氏，餘則三千七十子之徒遞相口傳。以其文有刺譏，不可以書見也。越二百四十二年，為始皇之三十四年戊子，而秦焚書。又越七年為二世三年甲午，而項羽燒咸陽。於是東西周之周、魯《春秋》同列國史，悉燼於秦楚二炬矣。而先師所修《春秋》，以口傳之故獨存。嗚呼，《春秋》奉天道以筆削，聖人之神與天合一，天豈肯令垂法萬世之書燼於開天惡聖人乎？《春秋三傳》外，伊川以為百王不易之大法，文定以為史外傳心之要典，伏讀聖祖仁皇帝欽定《傳說彙纂》，採先儒切要之言，而以案語決之，頓覺聖經大義炳如日星。又讀我皇上御纂《春秋直解》，融會舊說，屢書特見，為說書體了了以出之，使從前之疑而未決者無不渙然冰釋怡然理順。噫！聖人之嘉惠後學一至此乎！玠之《客難》，釋事則據《左傳》，釋義則自《公》《穀》以至漢唐宋元明諸家，有採入本條者，必摘錄其文於本條之後，經與《左傳》共得二十四卷。先儒之駁《左氏》者，一一辨明而存之。所遺漏者為道源者一（人受天地之中以生），為洗冤者二（羑里之囚，瞽瞍家世），為補遺者一（子朝奉周之典籍以奔楚），為訂訛者，攜王而外，不計其數。或據本文及《國語》，或據《竹書紀年》，因皆世士所罕聞，故兼詳本條及總論。今又揭入序中，閱者得毋嗤余之繁複乎！噫，予固不辭繁複之嗤也已！乾隆癸巳五月癸丑，南昌龔元玠書。

◎春秋客難跋：南昌去姑蘇二千餘里，余初未識龔畏齋為何如人，及見《鶴徵錄》，乃知當日曾膺鴻博之薦者。繼又得其所著《春秋客難》一卷，寥寥數條，殆未成之書與！然其《荅春王正月》以經證經，決然是周孟春建子之月，而非夏時冠周月；其《荅作三軍舍中軍》則直探季武子欺幼君，揭公室之隱情。蓋自來說經，從未有如此之明快者。壬寅秋日，吳江沈懋惠識。

◎龔元玠，字鳴玉，一字琢山，號畏齋。江西南昌人。乾隆十九年（1754）進士，授貴州銅仁縣知縣。緣事降撫州教授，再以承審失實，罷職歸。嘗掌教龍湖書院。好讀書，博通群籍。尤精河務。著有《十三經客難》《黃淮安瀾先資編》《畏齋文集》。

龔自珍 春秋決事比 一卷 存

光緒十四年（1888）南菁書院刻皇清經解續編本

國圖藏光緒二十三年（1897）羊城崇蘭仙館刻本

◎目錄：君道篇第一引經傳十三事。君守篇第二引經傳十事。臣守篇第三引經傳十事。不應重律篇第四第引經傳十四事。不應輕律篇第五引經傳十四事。不定律篇第六引經傳十一事坿答問十事。不屑教律篇第七引經傳四事坿答問三事。律目篇第八引經傳十一事坿答問十事。律細目篇第九引經傳十四事坿答問九事。人倫之變篇第十引經傳十九事坿答問八事。自序篇第十一（案引經傳百二十事原佚）。

◎自序：龔自珍曰：在漢司馬氏曰：「《春秋》，禮義之大宗也」，又曰：「《春秋》明是非，長於治人。」晉臣荀崧踵而論之曰：「《公羊》精慈，長於斷獄。九流之目，有董仲舒一百二十三篇。其別《公羊決獄》十六篇，頗佚亡。其完具者，發為公羊氏之言，入名家。何休數引漢律，入法家。而漢廷臣援《春秋》決賞罰者比比也，入禮家矣，又出入名法家。」或問之曰：任禮任刑，二指孰長？應之曰：刑書者，乃所以為禮義也，出乎禮，入乎刑，不可以中立。抑又聞之，《春秋》之治獄也，趨作法也，罪主人也，南面聽百王也，萬世之刑書也。決萬世之事，豈為一人一事，是故實不予而文予者有之矣。豈誅一人借誡後世曰：「不中律令者如是」。嗚呼！民生地上，情偽相萬萬，世變徙相萬萬，世變名實徙相萬萬，《春秋》文成緜數萬，指緜數千，以秦漢後事切劘《春秋》，有專條者什一二，無專條者什八九，又皆微文比較，出沒隱顯，互相損益之辭。公羊氏所謂主人習其讀、問其傳，未知己之有罪者也。斯時通古今者起，以世運如是其殊科，王與霸如是其殊統，考之孤文隻義之僅存，而得之乎出沒隱顯之間。由是又欲竟其用，遝援其文以大救裨當世，悉中竅理。竹帛爛，師友斷，疑信半。為立德、適道、達權之君子，若此其難也。自珍既治《春秋》，觖理觿陳，凡書弒、書簒、書叛、書專命、書僭、書滅人國火攻詐戰、書伐人喪、短喪、喪娶、喪國婚、書忘讎、書游觀傷財、書罕、書亟、書變始之類，文直

義簡，不俟推求而明。不深論乃獨好刺取其微者，稍稍迂迴費詞說者，大迂迴者，凡建五始，張三世，存三統，異內外，當興王，及別月日時，區名字氏，純用公羊氏；求事實，間采左氏；求雜論斷，間采穀梁氏；下采漢師。總得一百二十事，獨喜效董氏例，張後世事以設問之。以為後世之事出《春秋》外萬萬，《春秋》不得而盡知之也，《春秋》所已具則真如是。後世決獄，大師有能神而明之，聞一知十也者，吾不得而盡知之也。就吾所能比，則真如是。每一事竟，愀然曰：假令董仲舒書完具，合乎否乎？為之垂三年，數駁之，六七紬繹之，七十子大義，何邵公所謂非常異義可怪，惻惻乎權之肺肝而皆平也。向所謂出沒隱顯于若存若亡也者，朖朖乎日月之運大圜也，四宮二十八宿之攝四序也。傳曰：「不察之，寂若無；深察之，無物不在」，又曰：「篤信謹守」，世有疑而不肯察、聞道而不肯信，與土苴殘闕而不肯守，吾未如之何也已矣。既成，部為十一篇，命之曰《春秋決事比》。其本之禮部主事武進劉君者凡七事，大書「劉禮部曰」別之，如公羊子稱沈子、女子、北宮子曰故事。

◎趙爾巽《清史稿》卷一百四十五志一百二十《藝文》一：《春秋決事比》一卷，龔自珍撰。

◎張之洞《書目答問》卷一《經部》：《春秋正辭》十三卷（莊存與。味經齋本。學海堂本。龔自珍《春秋決事比》未見傳本）。

◎上海古籍出版社 2015 年《續修四庫全書總目提要・春秋類》「《春秋決事比》一卷」：《春秋》明是非，長於治人，故學者多引《春秋》之義以決事，在漢有董仲舒之《公羊治獄》、何休之《春秋漢議》，至清有劉逢祿之《議禮決獄》。龔氏承劉氏之學，效董氏之例，以作是書，得一百二十事，意在闡明清律之得失。是書本有十一卷，即《君道篇》第一、《君守篇》第二、《臣守篇》第三、《不應重律篇》第四、《不應輕律篇》第五、《不定律篇》第六、《不屑教律篇》第七、《律目篇》第八、《律細目篇》第九、《人倫之變篇》第十、《自序篇》第十一。今僅存《自序篇》，及第六至十篇所附《答問》。龔氏以為，以《春秋》決事有二難：一為《春秋》文義隱晦，需微文比較，出沒隱顯，方能得之；一為世易時移，以秦漢後事切劘《春秋》，有專條者什一二，無專條者什八九。故以「不定律」明《春秋》斷獄之法，以為《春秋》有吏辭，有王辭。吏辭守常奉故，嚴人倫大防；王辭則可原心定罪。又對《春秋》中容隱、復仇諸義詳加論述，使後世之事可推而求之。龔氏之《公羊》學，以大義為旨歸，故於傳文意直簡之處，略而不言；於大迂迴之處，則詳辨之。如對季友「緩追逸賊」

之辨析，極為精當，可補傳注之失。然亦有失誤之處，如以「不定律」解里克、公子比之事，又以為《春秋》非討淫之書，則於義未安。此本據清光緒十四年南菁書院刻《皇清經解續編》本影印。（黃銘）

◎龔自珍（1792～1841），初名自邏，後名自珍。始字愛吾，又字爾玉，旋改璱人；更名易簡，又更名鞏祚，字伯定；號羽琌山民、定盦（庵），又作定公、定庵道人。仁和（今浙江杭州）人。嘉慶末，以舉人官內閣中書。道光九年（1829）進士。後授宗人府主事，尋改禮部主事，告歸不復出。主杭州紫陽書院講席，兼主丹陽雲陽書院。著有《尚書序大義》一卷、《太誓答問》一卷、《尚書馬氏家法》一卷、《詩非序》一卷、《詩非毛》一卷、《詩非鄭》一卷、《左氏決疣》一卷、《左氏春秋服杜補義》一卷、《春秋決事比》六卷、《西漢君臣深春秋之義考》一卷、《孤虛表》一卷、《古今用兵孤虛圖說》一卷、《商周彝器錄》、《典客道古錄》一卷、《奉常道古錄》一卷、《永平宣化紀遊》一卷、《漢書補註》、《讀漢書隨筆》、《丙子論禮》一卷、《金石通考》五十四卷、《羽琌山典寶記》二卷、《羽琌山金石墨本記》五卷、《鏡苑》一卷、《瓦韻》一卷、《漢官拾遺》一卷、《泉文記》一卷、《布衣傳》一卷、《干祿新書》一卷、《吉金款識》十二卷、《平生師友小記》、《龍藏考證》七卷、《重定妙法蓮花經》、《學海談龍》四卷、《三普銷文記》七卷、《龍樹三椏記》、《蒙古圖志》、《玉山溫夢錄》、《老氏綱目》、《升平分類讀史雅詩》一卷、《定庵文集》三十卷、《定庵文續集》四卷、《定庵文集續編》四卷、《定庵詩集》三十卷、《定庵詩續集》一卷、《定庵詞》四卷、《定庵遺著》一卷、《庚子雅詞》一卷。

龔自珍 春秋決事比答問 五篇 存

光緒二十八年（1902）上海鴻文書局石印龔定盦全集‧定盦文拾遺本
宣統元年（1909）上海國學扶輪社龔定盦全集‧定盦文拾遺本
國學整理社 1935 年評校足本龔定盦全集‧定盦文拾遺本
新文化書社 1935 年排印龔定盦全集‧定盦文拾遺本
大連圖書供應社 1935 年排印龔定盦全集‧定盦文拾遺本
東方書局 1935 年標點足本龔定盦全集‧定盦文拾遺本
新陸書局 1963 年國學文庫‧龔定盦全集‧定盦文拾遺排印本
新文豐出版社 1975 年評校足本龔定盦全集‧定盦文拾遺本
上海古籍出版社 1999 年王佩諍點校龔定盦全集本

龔自珍 西漢君臣深春秋之義考 一卷 佚

　　◎劉聲木《桐城文學撰述考》卷二「龔自珍撰述」:《定庵文集》三十卷、《定庵文續集》四卷、《定庵文集續編》四卷（平湖朱之榛刊本）、《定庵詩集》三十卷、《定庵詩續集》一卷、《定庵詞》四卷（道光癸未刊本六卷）、《定庵遺著》一卷、《庚子雅詞》一卷、《尚書序大義》一卷、《太誓答問》一卷（《皇清經解續編》本）、《尚書馬氏家法》一卷、《左氏決疣》一卷、《左氏春秋服杜補義》一卷、《孤虛表》一卷、《春秋決事比》六卷（《皇清經解續編》刊本一卷）、《古今用兵孤虛圖說》一卷、《定庵文集》三卷、《定庵詩集》二卷（編年詩。原二十七卷）、《商周彝器錄》、《詩非序》一卷、《詩非毛》一卷、《詩非鄭》一卷、《典客道古錄》一卷、《奉常道古錄》一卷、《永平宣化紀遊》一卷、《漢書補註》（未成）、《讀漢書隨筆》（約四百事）、《丙子論禮》一卷、《西漢君臣深春秋之義考》一卷、《金石通考》五十四卷（未成）、《羽琌山典寶記》二卷、《羽琌山金石墨本記》五卷、《鏡苑》一卷、《瓦韻》一卷、《漢官拾遺》一卷、《泉文記》一卷、《布衣傳》一卷（凡三十九人）、《干祿新書》一卷、《吉金款識》十二卷（未刊。原本藏何紹基家）、《平生師友小記》（凡百六十一則）、《龍藏考證》七卷、《重定妙法蓮花經》、《學海談龍》四卷、《三普銷文記》七卷（述天台家言）、《龍樹三樞記》（同上）、《蒙古圖志》（未成）、《玉山溫夢錄》□卷、《老氏綱目》□卷、《升平分類讀史雅詩》一卷。

龔自珍 左氏春秋服杜補義 一卷 佚

　　◎劉聲木《桐城文學撰述考》卷二「龔自珍撰述」:《定庵文集》三十卷、《定庵文續集》四卷、《定庵文集續編》四卷（平湖朱之榛刊本）、《定庵詩集》三十卷、《定庵詩續集》一卷、《定庵詞》四卷（道光癸未刊本六卷）、《定庵遺著》一卷、《庚子雅詞》一卷、《尚書序大義》一卷、《太誓答問》一卷（《皇清經解續編》本）、《尚書馬氏家法》一卷、《左氏決疣》一卷、《左氏春秋服杜補義》一卷、《孤虛表》一卷、《春秋決事比》六卷（《皇清經解續編》刊本一卷）、《古今用兵孤虛圖說》一卷、《定庵文集》三卷、《定庵詩集》二卷（編年詩。原二十七卷）、《商周彝器錄》、《詩非序》一卷、《詩非毛》一卷、《詩非鄭》一卷、《典客道古錄》一卷、《奉常道古錄》一卷、《永平宣化紀遊》一卷、《漢書補註》（未成）、《讀漢書隨筆》（約四百事）、《丙子論禮》一卷、《西漢君臣深春秋之義考》一卷、《金石通考》五十四卷（未成）、《羽琌山典寶記》二卷、《羽琌山金石墨

本記》五卷、《鏡苑》一卷、《瓦韻》一卷、《漢官拾遺》一卷、《泉文記》一卷、《布衣傳》一卷（凡三十九人）、《干祿新書》一卷、《吉金款識》十二卷（未刊。原本藏何紹基家）、《平生師友小記》（凡百六十一則）、《龍藏考證》七卷、《重定妙法蓮花經》、《學海談龍》四卷、《三普銷文記》七卷（述天台家言）、《龍樹三椏記》（同上）、《蒙古圖志》（未成）、《玉山溫夢錄》□卷、《老氏綱目》□卷、《升平分類讀史雅詩》一卷。

龔自珍 左氏決疣 一卷 佚

◎劉聲木《桐城文學撰述考》卷二「龔自珍撰述」：《定庵文集》三十卷、《定庵文續集》四卷、《定庵文集續編》四卷（平湖朱之榛刊本）、《定庵詩集》三十卷、《定庵詩續集》一卷、《定庵詞》四卷（道光癸未刊本六卷）、《定庵遺著》一卷、《庚子雅詞》一卷、《尚書序大義》一卷、《太誓答問》一卷（《皇清經解續編》本）、《尚書馬氏家法》一卷、《左氏決疣》一卷、《左氏春秋服杜補義》一卷、《孤虛表》一卷、《春秋決事比》六卷（《皇清經解續編》刊本一卷）、《古今用兵孤虛圖說》一卷、《定庵文集》三卷、《定庵詩集》二卷（編年詩。原二十七卷）、《商周彝器錄》、《詩非序》一卷、《詩非毛》一卷、《詩非鄭》一卷、《典客道古錄》一卷、《奉常道古錄》一卷、《永平宣化紀遊》一卷、《漢書補註》（未成）、《讀漢書隨筆》（約四百事）、《丙子論禮》一卷、《西漢君臣深春秋之義考》一卷、《金石通考》五十四卷（未成）、《羽琌山典寶記》二卷、《羽琌山金石墨本記》五卷、《鏡苑》一卷、《瓦韻》一卷、《漢官拾遺》一卷、《泉文記》一卷、《布衣傳》一卷（凡三十九人）、《干祿新書》一卷、《吉金款識》十二卷（未刊。原本藏何紹基家）、《平生師友小記》（凡百六十一則）、《龍藏考證》七卷、《重定妙法蓮花經》、《學海談龍》四卷、《三普銷文記》七卷（述天台家言）、《龍樹三椏記》（同上）、《蒙古圖志》（未成）、《玉山溫夢錄》□卷、《老氏綱目》□卷、《升平分類讀史雅詩》一卷。

顧棟高 春秋大事表 五十卷 存

稿本（不分卷）

哥倫比亞大學東亞圖書館、國圖、北大、天津、山西、重慶大學、寧波市天一閣博物館藏乾隆十三年（1748）錫山顧氏萬卷樓刻本

四庫本

　　國圖、北大、天津、上海、遼寧、瀋陽藏同治十二年（1873）山東平遠丁
寶楨尚志堂刻本

　　國圖、北大、天津、上海、遼寧、瀋陽、溫州藏光緒十四年（1888）陝西
求友齋刻本

　　光緒刻皇清經解續編本（六十六卷）

　　中華書局1993年吳樹平、李解民據萬卷樓刻本點校本

　　國圖出版社2009年賈貴榮宋志英輯春秋戰國史研究文獻叢刊影印錫山顧
氏萬卷樓刻本

　　◎或著錄作顧復初撰。

　　◎目錄：春秋時令表卷一（附旁通諸經共七種：尚書、毛詩、易經、周禮、禮
記、論語、孟子）。春秋朔閏表卷二之一（隱、桓、莊）；春秋朔閏表卷二之二（閔、
僖、文）；春秋朔閏表卷二之三（宣、成、襄）；春秋朔閏表卷二之四（昭、定、
哀）。春秋長曆史拾遺表卷三。春秋列國疆域表卷四。春秋列國爵姓及存滅表
卷五。春秋列國犬牙相錯表卷六上；春秋列國犬牙相錯表卷六中；列春秋國犬
牙相錯表卷六下（附列國地名考異）。春秋列國都邑表卷七之一；春秋列國都邑
表卷七之二；春秋列國都邑表卷七之三；春秋列國都邑表卷七之四。春秋列國
山川表卷八上；春秋列國山川表卷八下。春秋列國險要表卷九上；春秋列國地
形口號。春秋列國官制表卷十。春秋列國姓氏表卷十一。春秋卿大夫世系表卷
十二上；春秋卿大夫世系表卷十二下。春秋刑賞表卷十三。春秋田賦軍旅表卷
十四。春秋吉禮表卷十五。春秋凶禮表卷十六。春秋賓禮表卷十七上；春秋賓
禮表卷十七下。春秋軍禮表卷十八。春秋嘉禮表卷十九、春秋五禮源流口號。
春秋王迹拾遺表卷二十。春秋魯政下逮表卷二十一。春秋晉中軍表卷二十二。
春秋楚令尹表卷二十三。春秋宋執政表卷二十四。春秋鄭執政表卷二十五。春
秋齊楚爭盟表卷二十六。春秋宋楚爭盟表卷二十七。春秋晉楚爭盟表卷二十
八。春秋吳晉爭盟表卷二十九。春秋齊晉爭盟表卷三十。春秋秦晉交兵表卷三
十一。春秋晉楚交兵表卷三十二。春秋吳楚交兵表卷卷三十三。春秋吳越交兵
表卷三十四。春秋齊魯交兵表卷三十五。春秋魯邾莒交兵表卷三十六。春秋宋
鄭交兵表卷三十七。春秋城築表卷三十八。春秋四裔表卷三十九。春秋天文表
卷四十。春秋五行表卷四十一。春秋三傳異同表卷四十二之一；春秋三傳異同
表卷四十二之二；春秋三傳異同表卷四十二之三；春秋三傳異同表卷四十二之
四。春秋闕文表卷四十三。春秋齊紀鄭許宋曹吞滅表卷四十四（齊滅紀始末、

鄭滅許始末、宋滅曹始末）。春秋亂賊表卷四十五。春秋兵謀表卷四十六。春秋左傳引據詩書易三經表卷四十七。春秋杜註正譌表卷四十八。春秋人物表卷四十九。春秋列女表卷五十。春秋輿圖。附錄。

◎鑒定校閱姓氏：方苞，望溪，桐城人。李紱，穆堂，臨川人。蔣汾功，東委，武進人。楊繩武，文叔，長洲人。楊椿，農先，武進人。程崟，夔州，歙縣人。胡期恆，元方，武陵人。顧陳垿，玉停，太倉人。鄧鍾岳，悔廬，聊城人。王敘福，鳳山，諸城人。盧見曾，雅雨，德州人。黃施鍔，悔齋，無錫人。程嗣立，風衣，安東人。華希閔，芋園，金匱人。秦蕙田，喂經，金匱人。鍾琬，勵暇，上元人。周振采，白民，山陽人。程廷祚，啟生，江寧人。秦大呂，人俊，金匱人。王家賁，素修，山陽人。潘印賜，君佩，溧陽人。潘果賜，君懷，溧陽人。吳志涵，蘊千，甘泉人。傅辰三，杭州人。阮咸，卓庵，寶應人。邵之鵬，上九，無錫人。華擎亨，韋軒，金匱人。秦鈞儀，伯芳，金匱人。劉執玉，復燕，無錫人。

◎附錄一卷：《輯春秋大事表竟漫為長歌繫其末》、《寄秦子樹澧京邸三十韻兼柬蔡子宸錫吳子大年》、《樹澧答和》、《留別程風衣四十韻兼論春秋大事表》、《程啟生贈詩五十五韻》、《與楊農先書》、《望溪手柬》、《穆堂手柬》、《文叔手柬》、《東委手柬》、《韋軒手柬》（姓華氏名擎亨）、《答復初柬一》（辛酉。華玉淳字師道，韋軒子）、《答復初柬二》（壬戌十月）、《答復初柬三》甲子三月、《答復初柬四》（甲子九月）、《寄復初柬五》（乙丑十月）。

◎卷二表後附《春秋通經閏數》、《春秋經傳朔數晦數》。卷三表後附《元史曆志所推春秋日食三十七事》。卷四各表後附各國《疆域論》，總附《春秋時晉中牟論》、《春秋時楚豫章論》、《晉公子重耳適諸國論》、《春秋時楚地不到湖南論》、《史記越句踐世家與吳越春秋越絕書竹書紀年所書越事各不同論》。卷六表後附《附列國地名考異》、《春秋時屬賴為一國論》、《齊穆陵辨》。卷七表後附《春秋兩楚丘辨》、《春秋時衛莘地為今東昌府莘縣論》、《秦自穆公始東境至河宜從史記不宜從鄭詩譜論》。卷八表後附《春秋時秦晉周鄭衛齊諸國東西南北渡河考》、《書渡河考後》、《春秋不書河徙論》、《春秋時藪澤論》、《春秋時海道論》。卷十一表後附《春秋大夫無生而賜氏論》。卷十四表後附《丘甲田賦論》。卷十五表後《附高紫超復舅氏書》、《春秋三傳禘祫說》、《書春秋禘祫說後》、《魯無文王廟論》、《辨四明萬氏兄弟論禘之失》、《辨萬氏季埜論禘之失》、《禘祭感生帝說》、《書陳止齋春秋郊禘說後》。卷十六表後附《春秋文十二年

子叔姬卒論》、《春秋文十六年毀泉臺論》、春秋昭八年葬陳哀公論》、《春秋定十五年姒氏卒論》（附哀十二年孟子卒）、《春秋桓莊二公不書大夫卒論》、《春秋左傳喪畢吉禘說》、《天子諸侯喪已廢絕于春秋時論》。卷十九後附《曆法口號一首》。卷二十一表後附《春秋子野卒論》。卷二十三表後附《春秋楚令尹論》、《楚子囊城郢論》。卷二十八表後附《春秋楚人秦人巴人滅庸論》、《春秋時楚始終以蔡為門戶論》、《晉悼公論》。卷三十三表後附《春秋吳楚柏舉之戰論》、《春秋蔡侯以吳師入郢論》。卷三十九表後附《赤狄白狄論》、《戎狄書子論》、《范為士會封邑考》。卷四十表後附《書萬充宗黃梨洲春秋日食問答後》。卷四十二後附《春秋絕筆獲麟論》、《春秋入國滅國論》、《書萬季埜黃梨洲春秋祔廟問答後》。卷四十三表後附《春秋俱係孔子修成以後闕誤論》、《春秋僖二十四年冬晉侯夷吾卒論》。卷四十五表後附《孔子成春秋而亂臣賊子懼論》、《春秋逐君以自奔為文論》、《許世子止弒其君論》、《孔子請討陳恒論》、《高紫超先生公羊賊不討不書葬論》。卷四十七表後附《左氏引經不及周官儀禮論》。卷四十八表後附《春秋無書字之法論》。卷四十九表後附《鄭莊公論》、《鄭莊公後論》、《鄭莊公第三論》、《衛石碏論》、《晉狐偃趙衰胥臣論》、《鄭燭之武論》、《衛蘧伯玉論》、《列國諡法考》。卷五十表後附《衛夷姜晉齊姜辨》。

◎顧棟高總敘：憶棟高十一歲時，先君子靜學府君手抄《左傳》全本授讀，曰：「此二十一史權輿也。聖人經世之大典於是乎在，小子他日當志之。」年十八，受業紫超高先生。時先母舅霞峰華氏方以經學名世，數舉《春秋》疑義與先生手書相辨難，竊從旁飫聞其論而未心識其所以然。二十一，先君見背。讀《儀禮・喪服》，旁及《周官》《戴記》，而於《春秋》未暇措手。年二十七八，執筆學為古文，始深識左氏文章用意變化處，而嗤近日所評提掇照應者，為未脫兔園習氣。然於先君提命之旨，及兩先生所往復辨論者，未之及也。雍正癸卯歲，蒙恩歸田，謝絕勢利，乃悉發架上《春秋》諸書讀之，知胡氏之《春秋》多有未合聖心處。蓋即開章「春王正月」一條，而其背違者有二：其一謂《春秋》以夏時冠周月，是謂夫子以布衣而擅改時王之正朔也；其一謂不書即位為首紲隱公以明大法，是夫子以魯臣子而貶黜君父也。其餘多以復讎立論，是文定之《春秋》而非夫子之《春秋》，非夫子之《春秋》即非人心同然之《春秋》。又《春秋》強兼弱削，戰爭不休，地理為要。學《春秋》而不知地理，是盲人罔識南北也。雨雹霜雪失時為災，搜田城築非時害稼，時日尤重，學《春秋》而不知時日，是朝菌不知晦朔也。用是不揣愚陋，覃精研思，廢寢與食。

家貧客遊，周歷燕、齊、魯、陳、衛、吳、楚、越之墟，所至訪求《春秋》地理。足所不至，則詢之遊人過客、興夫廝隸。乃始創意為表，為目五十，為卷六十有四。首列《時令表》，明商周皆改時改月，以正胡氏及蔡氏書傳之非。於《吉禮表》詳列十二公即位或不書即位，明夫子當日皆是據實書，以正聖人以天自處、貶削君父之謬。列《朔閏》及《長曆拾遺》二表，以補杜氏之《長曆》，而《春秋》二百四十二年之時日屈指可數。列《疆域》及《犬牙相錯》五表，以補社氏之《土地名》，而《春秋》一百四十國之地里，聚米可圖。郊禘、社雩、崩薨、卒葬、搜田、大閱、會盟、聘享、逆女、納幣，雜然繁夥。列兵凶賓軍嘉《五禮表》，以紀《春秋》天子諸侯禮儀上陵下僭之情形。稅以足食，賦以足兵，乃魯稅畝而田制壞，作邱甲而兵制亦壞。列《田獻軍旅表》以志強臣竊命損下剝上之實。霸統興而王道絕，周室夷為列國；霸統絕而諸侯散，列國淆為戰爭。列《爭盟》凡五、《交兵》凡七，以紀春秋盛衰始終、矜詐尚力、強弱併吞之世變。晉楚爭衡互為勝負，其當國主兵事者，左氏備載其人。列《晉中軍／楚令尹》表以志二國盛衰強弱之由。宋鄭為天下之樞，晉楚交爭，宋鄭尤被其害。子產有辭而諸侯是賴，向戌為弭兵之說而中夏遂靡。列宋鄭二《執政表》以志二國向背關於天下之故。周室頹綱，魯亦守府，自襄王錫晉南陽而勢益不振。魯自僖公賜費而季日益強。列《王跡拾遺》《魯政下逮》二表，以志周魯陵遲尾大不掉之漸。禘即祫，祫即禘，一祭二名。而朱子取趙伯循說，謂祭始所自出。殊不知帝嚳原非稷契之父，《生民》《長發》皆商周尊祖禘祀之樂歌，斷無稱母而不稱父之理。著《禘祫說》以明《戴記‧祭法》《大傳》之誣。去姜存氏，去氏存姜，不成文理。杜、孔已斷為闕文。宋儒謂各有意義。殊不知文姜、哀姜之罪惡豈待去其姓氏而明？上下截去一字，人復知為誰某？聖人無此弄巧文法以俟後人推測之理。列《闕文表》以一掃後儒穿鑿支離之翳。三傳各執一說，黨枯護朽，此是彼非，使學者茫然歧路靡所適從。列《三傳異同表》，酌以義理衷於一是，以祛後日說經雷同偏枯之弊。蠻夷戎狄種類雜出，地界既殊，稱名復混。列《四裔表》，別其部落詳其姓氏，以正史遷允姓姬宗，目為兄弟之妄。戰爭滋興，技巧益甚，決機兩陣，制變無方。列《兵謀表》以志孫武、吳起《六韜》《三略》之始。文王囚羑裏而演《周易》，周公成王業而作《詩》《書》，一時學士大夫占筮決疑，歌詩贈答，引物知類，千里同風。列《三經表》以志漢宋儒者經說傳義之祖。大河遷徙，從古不常，而周定王五年河徙係己未，為魯宣之七年。《春秋》以河為境者六國，獨繫於

衛。列河《未徙》與《已徙》二圖，以志《春秋》與《禹貢》河流遷變之自。
此皆有關於經義之大者。既著《敘論》百餘首，復編《口號》，以便學者之記
誦。蓋余之於此，氾濫者三十年，覃思者十年，執筆為之者又十五年。始知兩
先生於此用心良苦。先母舅霞峰先生博稽眾說無美不收，高先生獨出心裁批郤
導窾，要皆能操戈入室洞徹閫奧，視宋儒之尋枝沿葉拘牽細碎者，蓋不啻什伯
遠矣。余小鈍拙無似，得藉手以告其成，以無負先君子提命之旨與兩先生衣被
沾溉耳濡目染之益。謹述其緣起，以識於首簡，命之曰《春秋大事表》云。乾
隆十三年戊辰八月，錫山顧棟高書。

◎華希閔序：吾友顧子震滄輯《春秋大事表》凡五十卷，屬余一言為之序。
余既卒讀，作而嘆曰：此自有《春秋》以來所絕無而僅有之書也。古人傳《春
秋》者三家，而近世功令宗胡氏，顧《春秋》藉是耳明，亦由是而晦。何則？
《公》《穀》好以日不日月不月立例，其弊也，前以不日為信，後以不日為渝，
又多以闕文強生義例。至以紀子進爵為侯，啟漢世隆寵外戚之漸。《左氏》好
以稱族舍族稱名稱字立例，其弊也，於孔父、仇牧、荀息、泄冶之死節則多加
責備，於里克、夏徵舒之行弒則歸咎其君，貶抑忠義、寬假亂賊，而《春秋》
之旨於是乎一晦。《左氏》之誤，杜氏祖述之。而《公》《穀》之誤，則杜氏、
孔氏、啖、趙、陸氏及有宋孫明復氏、劉敞氏亦既辨之不遺餘力矣。胡文定當
介甫蔑棄《春秋》之後，力崇聖經，矯枉過正，舉其斷闕者悉以為書法所存，
復鼓《公》《穀》之餘焰，且時值靖康，經筵進講，多指復仇立說，是南宋之
《春秋》而非夫子之《春秋》，而《春秋》之旨於是乎再晦。胡氏之說行百有
餘年，諸儒復心知其非，迭加攻擊。至趙木訥氏、家則堂氏，遂欲撥棄《左傳》
事實，專以經文前後揣摩億度，增造事端，與郢書燕說無異。而《春秋》之旨
於是乎三晦焉。嗚呼！《春秋》一書，蒙障二千餘載，非得好學深思之君子，
烏能折眾說以歸於一是乎！余於此經研窮五十年，竊謂善讀《春秋》者，前惟
清江劉仲修，今惟桐城方靈皋，與震滄而三。震滄幼承其舅氏之教，垂老創為
《大事表》一書，歷十五年而成。瓜疇芋區，亦復絲牽繩貫，大旨謂諸儒說經
之病有四：其一在以一字為褒貶，而不知《春秋》之教比事屬辭，是非得失，
直書而義自見。其一在以闕文而強生枝節，不知《春秋》不掌於太史，歿後數
十年迺出，故闕誤比他經為多，無容強為之說。其一在以傳求經，文十六年楚
人秦人巴人滅庸，胡氏謂蒍賈善謀國，故與秦並列以減其罪。夫《春秋》謹夷
夏之防，豈反有愛於楚？前者秦輔晉攘楚，今乃從楚撓晉，故特書以志晉楚之

盛衰。其一以《春秋》辨王伯，謂不與桓、文。夫斥伯無如孟氏，而曰「其事則齊桓晉文」，晉伯息而春秋終矣。文武之天下不至被髮左衽者，全在召陵、城濮，不必以蔡姬與修怨深加苛論。其於三傳不全信亦不全棄，惟參觀經文前後數十年之事平心以求其是，一切義例概為掃除，而聖人之心如日中天矣。此皆其說經之大者。至其論禘則宗鄭氏，謂祭感生帝，徵諸《大雅》之《生民》與《商頌》之《長發》，而不從史遷稷契父帝嚳之說；論河道則謂周定王五年河徙為魯宣之七年，春秋以河為境者六國，而衛獨當其衝，前後渡河處各以本朝地界證實之，尤為千古之未發。書既成，震滄專以授徒，不欲行世。諸同人愛而爭抄，手腕為疲，各踴躍捐貲付刻，以公同好。余以系名其端為幸云。乾隆十三年戊辰二月望日，老友華希閔。

◎楊繩武序：梁溪顧震滄先生以所著《春秋大事表》屬余，余卒讀，喟然歎曰：《春秋》一書，尊王攘夷而重霸。尊王故尊周，尊周故幷親魯。攘夷故擯楚，擯楚故幷惡吳越。尊王攘夷，非霸者不可，故重霸。重霸故予桓、文，予桓、文而秦穆、楚莊雖入于夷，事有近于霸，則聖人兼有取焉。此《春秋》之大旨也。說《春秋》者，自《左》《公》《穀》三傳而外，不下百什家，大約自唐以前說經者各據傳，則三傳互有主客。自唐以後，尊經者多棄傳，則三傳漸若贅瘤。夫六經皆說理之書，而《春秋》獨為記事之筆，《漢藝文志》云：「孔子觀書于太史氏，據魯史而作《春秋》，左丘明述本事而為之傳，明夫子不以空言說經也。」則《春秋》所重尤在事，而《春秋》之事當以《左氏》為斷。故胡康侯亦曰：「事莫備於《左氏》」。但事之大小不同，或合數十事而無與重輕，或一二事而係天下治亂盛衰之故，若不表而出之，則事無所統紀，而聖人筆削之指歸終無以昭揭于天下，萬古如長夜。此先生所以有《春秋大事表》之作也。不改月，是無王也。是故表時令一本朱子之說，主用周正，而尊王之義明。事莫大於正始，隱公元年不書即位，魯史舊文也，而謂夫子以天自處，首黜公以明大法，是誣魯也。是故表吉禮明十二公書即位不書即位之實，以見孔子無擅自黜公之事，而親魯之義明。自晉啟南陽而周益衰，魯賜季氏費而魯益弱，此周魯下替之漸，兩國大事也。是故表王迹拾遺，魯政下逮而尊王親魯之義益明。春秋以前，諸侯無僭王者，僭之自楚始，歷武文成莊，而其焰益熾。齊桓崛起首折其角，晉文代興復扼其吭。召陵受盟，城濮敗績，厲悼繼之，鄢陵再創，蕭魚三駕，而楚始不能與晉爭，此尤夷夏進退之機、霸業盛衰之界，為春秋第一件大事也，是故表晉楚之交兵爭盟而攘夷之義明、重霸之義明。時

秦亦起自西戎，而三置晉君，義聲頗著。又嘗從晉以勤王，助晉以犄楚，事皆近霸。楚雖猾夏，然討徵舒之罪，許宋鄭之平，有霸者之風。至於吳，晉雖用以斃楚，而柏舉之師以班處宮，非霸者事。闔廬貪暴，夫差荒淫，黃池之爭長未定，於越之入吳已瓯，霸亦不終。句踐之狡詐猜忌已開戰國之習，去春秋之霸遠矣。是故表齊晉、秦晉、晉吳、吳楚、吳越交兵爭盟之事，而攘夷以重霸之義愈明。春秋之初，鄭莊有創霸之心，其後宋襄有求霸之事，而皆阻於力之不及。然兩國當天下之衝，固霸者之所必爭，而其從違向背亦霸者所視以為盛衰者也，故其會盟征伐亦不可以不表。其他大如魯衛、小如邾莒以及陳許曹蔡之屬，亦時有蟻穴之爭、螳臂之鬥，無與天下大勢，則從畧焉。春秋時世卿執政，故當國之人最重。當國得其人則強者以興弱者以存，不得其人則強者召亂弱者致敗，所謂國以一人興以一人亡者，亦大事也。如晉中軍、楚令尹、宋鄭執政，皆是也，不可以不表。弒逆大惡，滅亡大故，災異大變，《春秋》所載不止，弒君三十六，亡國五十二，日食星隕之不可勝計也。然世有霸主則亂賊見討，遇災而懼，存亡繼絕之義猶有行之者，霸亡而此義遂熄矣，是亦不可以不表。郊禘大禮而敢於僭，婚喪亦大禮而敢于瀆且亂，以至過賓往來、治軍寬猛，覘國者每以其有禮無禮卜勝負、占禍福焉，五禮皆大事也，不可以不表。《朔閏表》本杜氏之《長曆》而補其缺畧《疆域表》本杜氏之《土地名》而詳其沿革。《人物表》仿班氏《漢書》之例，然《漢書》乃一代之史而上及羲、黃，列為九等，高下亦多舛誤，茲則人非春秋時者不列，而位置高下亦較核。至于黃河之遷徙不常，四裔之種落各異，亦考古者所當究心之事，兩表尤前人之所未及也。孔子曰：「吾猶及史之缺文也」，《公羊傳》曰：「所見異辭，所聞異辭，所傳聞又異辭」，則夫史之缺文與其同異，大概各因其舊，作史者所不免也。而必欲字字生義，以為有意缺之而異同之，且謂聖人之褒貶在是，則附會穿鑿之病轉以益滋，是故表《春秋》之缺文，則《春秋》之真面目自出；表三傳之同異，而三傳之得失亦自見矣。若夫有表必有序，有序必有論，有論兼有辨有說，更編為口號，以便人之記誦。或古人之所信而辨其誣，或古人之所疑而證其是，或貶古人之所褒，或褒古人之所貶，皆出于震滄之苦心獨斷，而實核其事之至當與理之不易者者。初未嘗以私意參之者也。要其大旨，總不越乎尊王攘夷。尊王攘夷總不外乎重霸。蓋春秋之時固不可一日無霸者也。孟子無道桓、文，聖人則思王者不得降而思霸，思霸正所以維王迹也。邵子《皇極經世》一書以皇、帝、王、霸配《易》《書》《詩》《春秋》，其深識此意也夫。

夫學者著書立說，有文人之書有學人之書有儒者之書。文人之書，持論極工，而事未必核；學人之書，紀事極核，而理未必正；儒者之書，說理極正，而又不免於迂。康侯之《傳》，儒者之書也；《左》《公》《穀》三傳，學人之書也。唐宋以來說經諸家，大都文人之書也。震滄是書，論高而事核，兼有文人學人之長，理不悖于儒者而又不失之迂，讀《春秋》者可以知所折衷矣。余受震滄之屬，就愚所見而發明之如此。乾隆歲次丁卯嘉平月上浣三日，皋里同學弟楊繩武頓首拜撰。

◎蔣汾功序：古今善言《春秋》者莫如孟子，其言孔子繼前聖而為治也，頻舉《春秋》，非以《春秋》大於諸經也，使夫子得位行道，《周易》自可贊，《詩》《書》自可刪，而制作禮樂更不待言矣。獨於《春秋》可無作，所謂吾身親見之也。邪說暴行之禍極於亂賊，《春秋》明天子之事以正之，二帝三王之統絕於桓、文，《春秋》紹王者之迹以維之。顧兩君在莊、僖之世，於二百四十餘年中曾未及乎四之一，而概以桓、文之事，何也？春秋之運以桓、文而開，《春秋》之作以治桓、文為要。治之奈何？如其所事而詳書之，俾是非功罪咸自見焉，乃所以治之也。世無禹湯文武，則桓、文為救世之人。宜乎聖心有深嘉樂與者。然亦即為代興之人，而王迹於焉永熄矣，此又聖人所深憂也。迄乎獲麟，去霸業逾遠，又思其次而不可得矣，故言乎桓、文而始中終皆舉之也。汾少肄業《左氏》，於經有若望洋，而首以「春王正月」為疑。後檢朱子《語類》亦云爾，乃其言《春秋》也，較諸他經不啻什伯中之一二，又始終謂為不可曉不敢問，蒙益藉口自慰，不復問津矣。顧子復初，奮乎千百世之後，創成《大事表》若干，其書上蟠下際，茹古涵今，於我所獨而非立異也，於眾有稽而不苟同也。遠紹旁搜，囊括萬有，而一出於心所自得，用以承朱子未逮之志，而大肆力焉。厥功偉矣！尚不鄙余，而虛衷下問，且以敘請。余何敢辭！抑昌黎有言，譽盛德者入耳而不煩，又奚多事喋喋為！聊以平日所講習於《孟子》者，指次《春秋》義例，或庶幾乎管窺之一得。是用就正於復初，復初如以為然，即以是弁諸首，可乎？！乾隆戊辰臘月望前二日毘陵仝學弟蔣汾功。

◎楊椿序〔註19〕：乾隆己巳春，從子遂曾以無錫顧震滄手書并所著《春秋大事表》郵寄於余，請為之序。序曰：昔之言《春秋》者莫善於義，莫不善於例。義者宜也，例則舞文弄法吏所為，非《春秋》教也。自漢胡母生著《公羊

───────────────

〔註19〕此序又見於《孟鄰堂文鈔》卷五，題《春秋大事表序》。

條例》，廷尉張湯用之以治大獄，丞相公孫弘以其義繩臣下，江都相董仲舒撰《決事比》，於是《公羊》家以《春秋》之義為獄吏例矣。穀梁氏因之。《左氏》後出，經生恐不得立於學官，仿《公》《穀》二家為書不書之例，引孔子、君子之言附益之。後儒未詧，謂皆出於邱明。杜預集傳中諸例為《釋例》十五卷四十部，而習《春秋》者益但知有例不復知有義矣。司馬遷云：「《春秋》文成數萬，其指數千」，指者，胡母生例也。張晏曰：「《春秋》才萬八千字」，李燾曰：「今更闕一千二百四十八字」，則《春秋》文脫落蓋甚於他經。後人欲於月日名字爵號氏族之間以一二字同異為聖人褒貶，且云：「五經之有《春秋》，猶法律之有斷例」，豈不謬哉！先儒謂《公》《穀》深於理而事多謬；《左氏》熟於事而理未明，敘事亦多失實。夫《公》《穀》考事之疏不必言矣，至以祭仲出君為行權、衛輒拒父為尊祖，無父無君已甚，猶謂深於理乎？《左氏》則見聞之廣、紀述之詳，後之讀者尚能發為至論，況其自為之焉。有所見之不明、所敘之失實如昔賢所譏者乎！隱三年王貳於虢，蓋鄭以王為貳，王亦受鄭之言貳，欣然交質。《左氏》直書之以著平王之不君、鄭莊之不臣耳，非以貳為是也。「君子曰」以下，則經生所益之論斷，非《左氏》見理之不明也〔註20〕？齊桓侵蔡，釁由蔡姬；晉文侵曹伐衛，起於觀浴之與與塊，皆事之不可隱者。否則召陵、城濮仁義之師，非霸者之舉矣。不得言《左氏》敘事失實也。其他苛論不可枚舉，余〔註21〕深病之。嘗欲采《左氏》事敘於經文之下，而去其書法論斷，取《公》《穀》事之不同者附焉。又思平、桓之際王迹雖衰，未可云熄，欲為天子、諸侯、大夫、陪臣四表，著當時世變禮樂征伐所自出，以見王迹之熄之漸，庶夫子之義明，例自無所用之矣。而浮沉史館，荏苒未成。今老矣，得異聞於先生，又〔註22〕恰如吾意之〔註23〕所欲出，故不辭而為之序。是歲夏四月戊寅朔，武進同學弟楊椿。

　　附來書〔註24〕：丙寅冬惠書以《春秋大事表序》見屬，椿經學甚疏，《春秋》義尤淺，未見先生書，不敢草率為之。今年春，同學蔣東委以家文叔序郵示，始悉書之大槩，而東委述先生待序意甚迫。三月杪，吳江沈懋勤來，再接

〔註20〕　《孟鄰堂文鈔》卷五《春秋大事表序》「非《左氏》見理之不明也」作「謂《左氏》見理不明，可乎」。

〔註21〕　《孟鄰堂文鈔》卷五《春秋大事表序》「余」作「椿」。

〔註22〕　《孟鄰堂文鈔》卷五《春秋大事表序》無「又」字。

〔註23〕　《孟鄰堂文鈔》卷五《春秋大事表序》無「之」字。

〔註24〕　此書又見於楊椿《孟鄰堂文鈔》卷十，題《答顧震滄書》。

手柬及所著讀之，知先生用心之苦、致力之勤，為之肅然起敬，怡然大悅，繼之渙然以解。竊嘗謂《春秋》家之弊有二：一則泥於賤霸，謂《春秋》專治桓、文之罪；一則惑於褒貶，謂《春秋》有舊例有變例。夫誰毀誰譽、吾猶及史之闕文，夫子之言也。今乃於爵號名字氏族日月之訛闕謂聖人褒貶之例在是，其陋不必言矣。桓、文時天命未改周室已衰，陵夷至於敬王，然後王迹熄者，桓、文之力也，故孔子仁管仲而正齊桓。孟子生於戰國，王者之不作已久，生民之憔悴已甚，齊宣有其地有其民而不行王政，僅僅以桓、文為問，故孟子斥之為不足道耳。要之，桓、文正未可輕貶者也。得先生書，桓、文之功罪明，條例之謬誤亦見。太史公《十二諸侯年表》昉於《春秋》歷譜牒，惜所載未備亦未當。先生諸表簡而明、詳而要，顧尚有可商者。孟子曰：「王者之迹熄而《詩》亡，《詩》亡然後《春秋》作，其事則齊桓、晉文。」蓋自隱五年王師伐翼伐曲沃至莊六年救衛，未嘗無征伐之事，而是非倒置喜怒失常，故號令不行，每戰輒敗。莊十四年諸侯伐宋，齊桓請師於周，單伯會之，取成於宋而還，自是大盟會大征伐必皆請王人主之，諸侯亦遂無敢抗者。定四年劉子會召陵而後成、桓公之會侵鄭、單平公之會黃池皆不復見於經，蓋霸者之事即王者之迹，霸者亡而王迹熄矣，似宜於《王迹表》中詳敘霸者之事之盛衰以著王迹之熄之漸，不得僅摭王朝事名之為《王迹拾遺表》也。孔子言禮樂征伐以陪臣執國命，繼天子諸侯大夫之後，春秋初石碏使其宰獳羊肩涖〔註25〕涖殺石厚於陳，陪臣事〔註26〕始於此。昭、定間陪臣恣睢甚矣，萇宏為周室忠臣，亦劉子之陪臣也。聖門如冉有、有若、樊遲、子路、仲弓、子羔皆嘗仕於季氏。今天子諸侯大夫事已詳，而《陪臣表》獨未有，似宜增之，以備春秋世變。春秋人物，善者固多，不善者亦眾，表之恐不勝表。今以至聖與諸賢並列，似覺未安。諸侯叛王始於鄭莊，大夫助君為逆莫甚於鄭之祭仲、子元、曼伯、原繁、高渠彌、祝聘之屬，今《賊臣表》止有高渠彌而祭仲等未載，餘亦尚多可議，似可不立此表。謚法為有土之君及卿大夫老歸者設耳，而春秋亡國之君、喪家之大夫亦有之，且父子祖孫有時相襲，似宜改《謚法考》為表，以《逸周書》之謚君大夫所已謚者詳列之於右。其他時令、朔閏等表或闡前人所已言，或創前人所未有，敘論考辨說〔註27〕證據精明，議論雅正，望之若大海之無津涯，即之若江

〔註25〕《孟鄰堂文鈔》卷十《答顧震滄書》涖作莅。
〔註26〕《孟鄰堂文鈔》卷十《答顧震滄書》事作之事。
〔註27〕《孟鄰堂文鈔》卷十《答顧震滄書》說作說皆。

河之可挹注，真今古之奇觀儒林之盛業也。椿先君子受《春秋》於宜興儲仲和先生，著《春秋屬辭比事直書》，椿駑下，未能續父之業。於先生書非敢妄有論也，以先生虛懷，故畧陳所見，可否惟先生裁之。序文附到，辭義膚謬，恐未足用。秋間天氣稍涼，買舟南下，謁先生於萬卷樓中。彼時再罄餘衷，領先生教益未晚也。椿頓首謹白。

◎方苞書：近世治經者有二患：或未嘗一涉諸經之樊，前儒之說罕經于目，而自作主張以為心得，不知皆膚學舊說，前賢已辨而絀之矣；或撾拾陳言，少變其辭氣，而漫無所發明。吾子寄示《春秋大事表》，凡漢唐宋元人之書皆博覽而慎取之。其辨古事、論古人，實能盡物理、即乎人心。此僕所以許為之序而不辭也。而負諾責以致於今，則有說焉。曩安溪李文貞公《周易通論》初成，屬余序之，愚自忖于易概乎未有所明，覺虛為讚美之言，無質榦可附以立也。高淳張彝歎少與余共治《春秋》，及書成，以道遠難致，要言他日必為之序。今僕治《儀禮》，九易稿而未能盡通。若舍己所務，究切李、張之書，則力不能給。後二故人所屬而先知新之請則心不能安。故南歸後，新安程啟生晨夕相見，而所著《易通》至今未序也。若天幸《儀禮》之業得終，李、張二書既序，當次第及之。太倉顧玉亭亦言有詁釋古書數種，欲寄余訂正。聞其身近已淹忽，歐公所云「勤一生以盡心於文字，洵可悲也」，不識其書已成與否。吾子與久故，宜問其家人。餘不宣。苞頓首。

◎凡例二十條：

一、是編名《大事表》，凡《春秋》之無關於天下之故者皆不錄。如交兵止七表，其餘如鄭衛陳宋諸國之兵爭則不載，遊觀及備四時皆不載，伯統未興以前及伯統既絕以後，其特盟、參盟俱不載，以其無所附麗也。

一、《春秋》周正夏正紛然聚訟，胡文定謂夏時冠周月，及蔡氏《尚書傳》謂改時不改月者，皆誤。今一本朱子說，主用周正，而以經傳文之關於節候者列為《時令表》。庶開卷瞭然，夏正之說不煩攻擊而自破矣。

一、《春秋》為魯史，其編年自宜用本朝正朔，萬無可疑。而諸經容有不盡同者，如《論語》說暮春、《易》說卦兌正秋，及《毛詩》春日遲遲、四月維夏、秋日淒淒、冬日烈烈之類俱是從夏正。先儒必欲強而同之，所以後人益增惶惑，反使周正之說不信。不知諸經中偶從夏正者，蓋民俗話言之習熟、撫時道景之切近爾，於三代固通行無忌也。今將諸經另列一表附於後，庶彼此各不相礙。

一、杜氏之大有功於《春秋》者，以有《長曆》一書列《春秋》年月、《土地名》一書詳《春秋》輿地爾，今俱不可得見。謹列《朔閏》及《長曆拾遺》二表以補杜氏之《長曆》、列《疆域》至《犬牙相錯》五表以補杜氏之《土地名》，庶二書燦然復見云。

一、《朔閏表》宜列一年之中氣、節氣，然與經傳不相關涉。如冬至為十一月之中氣，孔氏穎達於僖五年正月朔旦冬至謂去年為閏十二月，此拘于常曆法閏後之月中氣在朔之說爾。不知春秋時歷法錯亂，正自不拘，杜元凱已不用此法。愚嘗如其說從僖五年冬至按二十四氣逆推之，至前一次閏為僖元年閏十一月，月之十一日為冬至，是閏月竟有中氣，不必定在前後之朔晦也。況節氣、中氣須按時刻分數，今經傳中止得其日耳，從此板板推算，一年之內已要差一日兩日，積久益無憑準，故略而不論。

一、春秋時歷法錯亂，杜元凱《長曆》俱就經傳上下推校而得，與歷代常法不同。今于日食、置閏二項特據趙東山本，以唐《大衍曆》與《長曆》並列上下，并附《元史・律曆志》所書《春秋》日食三十七事，使學者開卷可知其謬，而《左傳》所書再失閏愈曉然矣。

一、《疆域表》止列周王畿及魯宋鄭衛齊晉秦楚吳越十大國，其餘小國不可以疆域言，入於《列國存滅表》內云。都在某處為今之某省某府某縣，某年為某所滅、入某國為某邑，庶大小相灌輸有餘而不紊云。

一、春秋列國各有險要，如函關為晉桃林、武關為楚少習、齊之穆陵為晉時大峴、鄭之虎牢為漢之成皋，河陽為唐李光弼死守以固東京之地，鍾離為梁章叡苦戰以保淮右之方，謹列出為表，證以後事史事，使學者知春秋為後代戰爭權輿，庶無失經經緯史之意。

一、《春秋》舊有《地里指掌圖》，余謂二百四十二年內強兼弱削，大小無定形，單就分封時地界畫定某國，則晉之范武子封邑在今山東之范縣、楚之商邑在今陝西商州之雒南縣、昭關在今江南和州之含山縣，學者反致不曉。今以本朝府州縣輿圖為定本，注明《春秋》國邑地名，別以朱墨，庶學者開卷暸然，當日強弱之勢具見。

一、春秋列國地形犬牙相錯，有以今之一縣而四國錯壤者，如山東兗州府之滕縣為滕薛郳三國，及邾之絞邑曹州府之范縣為齊晉魯衛四國交錯地、河南開封府之封丘為衛之平丘，宋之長丘、鄭之蟲牢、魯之黃池，恐繁多難載。今

以地之東西南北細字分注于上下兩旁，其有偏于東北西北東南西南者，則書于四角，庶地里精細，分寸俱可描摹而得。

一、春秋北方諸國以河為境，見于傳文者，秦晉周鄭衛齊六國為多。如秦濟河焚舟、邲之戰晉先縠以中軍佐濟、平陰之役荀偃沈玉而濟，俱不言其何地。他如自茅津濟自南河濟、涉自棘津，則特志其地名。其不言地者，乃兩國往來常渡處；其特志地名者，乃兵出詭道乘人不備故也。學者俱弗深考，并《左傳》文法亦懵如矣。今特列《河道》一圖，并註明某國濟某處、在今某府某州縣東西南北幾里。千載河形，瞭如指掌。而當日行師迂直遠近之勢，亦如在目前。

一、周定王五年，河徙自宿胥口，東行漯川與禹河故道。別案：周定王五年己未為魯宣公七年，春秋至此恰一百二十一歲，適當春秋之半。禹河則繞濬縣之西而北流，徙後則繞濬縣之南，經大伾山之足折而東流，《禹貢》所謂北過洚水至於大陸，河徙後已無之矣。今列為二圖，各詳註其後。庶於春秋之河道無誤。

一、近來地里諸書首推景范氏《方輿紀要》，高江村《春秋地名考》及《皇輿表》皆用之。然《皇輿表》以晉條邑為直隸之景州，疑穆侯時疆域不到此，至以豫章為今南昌，景范已辨之。而景范於魯兩平陽俱引盟越后庸事，高江村刪一存一，遂以宣八年城平陽與越后庸盟於平陽兩地混而為一。又齊曹兩國俱有重丘，景范合二為一，於襄十七年衛伐曹取重丘，即注東昌府，謂曹東北境之邊邑俱未是，今俱一一校正。

一、晉之中牟，杜元凱時已不知其處，第云當在河北今開封府中牟縣，在大河之南，本鄭之圃田地，與晉遠不相涉。余向日脩《河南通志》，見中牟縣載入佛肸墓，以為笑談。乃今檢唐李吉甫《元和郡縣志》及宋樂史《太平寰宇記》，俱以鄭圃田與佛肸墓一齊收入，承譌襲舛，非自今日而然也。又班固《地里志》以楚始封之丹陽謂為丹陽郡丹陽縣，以衛文公所遷之楚丘混入戎伐凡伯之楚丘，俱大謬，今俱校正。

一、《春秋左傳》說禘與《大傳》《小記》《祭法》《國語》不同，杜預稱禘為三年喪畢之吉祭，既大謬，而朱子取趙伯循說，謂禘不兼羣廟之主，單祭始祖與所自出，亦未為得。近世萬充宗兄弟既辨之矣，而其立說間有未安者。謹著論數首，參以鄙意，以俟後之君子論定。

一、《春秋》經傳隔今二千餘年，先儒舊說容有未當處，經後人之推勘而益精。如魯之郊禘，《明堂位》以為成王所賜，陳氏傅良則謂此東遷以後之僭

禮；惠公請之，至僖公始作頌。田賦車乘，《司馬法》以為甸出長轂一乘、甲士三人、步卒七十二人，馬牛車輦皆具，李氏廉則謂甸止出一乘之人；越滅吳，《史記》以為不能正江淮以北，《吳越春秋》《越絕》諸書則謂越遷都琅琊，在今山東沂州府日照縣；豫章舊說即南昌，顧氏祖禹謂春秋之豫章與今南昌無涉。余嘗再四推究，知後說為精當不可易。然前說相沿已久，不容遽革，致啟後人妄作之弊。今于表及序文內仍以前說為據，另立一論，歷引經史發明後儒之說，俾學者知讀書當另出手眼，而亦不至輕蔑前人，庶彼此兩得云。

一、杜元凱《長曆》散見註疏內共百餘條，愚嘗百方購其書不得，迺以意創為《朔閏表》，以經傳日之干支為主，而月之大小、閏之疏密於是乎定。後閱趙東山《春秋屬辭》列《大衍曆》與《長曆》錯互，內有「《長曆》云云」，與疏中所載不同，知另有《長曆》一書，東山時猶得見此本，而今無之。因就向所定者改正二十餘條，俱從東山本。蓋以今日欲訂定二千年以前之曆日，先之以元凱，申之以東山，兩先生俱終身殫力于《春秋》，決當無誤，讀者鑒之。

一、凡稱引先儒舊說，例舉號。然苦人不甚曉，如張氏洽之為元德、家氏鉉翁之為則堂、呂氏大圭之為朴鄉、趙氏與權之為存耕、孟何之為浚南，閱積齋《或問》中遍舉諸人，殊費查檢。今一從《彙纂》例，俱列其名，除先師先母舅外，本朝前輩如望溪先生暨家宛溪，亦從稱名之例，庶使人一見瞭然，非敢唐突前輩也。

一、是編凡為目五十，經始于雍正甲寅，斷手于乾隆戊辰，歷十五年。隨手輯成，不拘次序。家貧客遊，假館恆在千里外。文成輒識其處，又中閒十八項曾經失去，重復輯錄，最後乃得敍論數十首，故所志干支前後不無顛倒，文義閒多重複。欲更刪定，程子風衣謂刪去便不暢，不如仍其舊為妥，且從前之苦心不容遽沒。感亡友之遺言，附識于此。

一、余于是編備極苦心，亦藉諸賢之力。《氏族》《世系》《官制》三表則輯于華師道，《朔閏》一表則經始于華生緯而師道訂成之，十二圖則華半江一人之力，參校不憚再三則同里沈生岵瞻及鹽城夏生瀛、山陽楊生日炳之力為多。將伯之助，深為銘感，不敢忘也。

◎鑒定校閱姓氏：方苞望溪桐城人。李紱穆堂臨川人。蔣汾功東委武進人。楊繩武文叔長洲人。楊椿農先武進人。程崟夔州歙縣人。胡期恆元方武陵人。顧陳垿玉亭太倉人。鄧鍾岳悔廬聊城人。王斂福鳳山諸城人。盧見曾雅雨德州人。黃施鍔悔齋無錫人。程嗣立風衣安東人。華希閔芋園金匱人。秦蕙田味經

金匱人。鍾琬勵暇上元人。周振采白民山陽人。程廷祚啟生江寧人。秦大呂人俊金匱人。王家賁素修山陽人。潘印賜君佩溧陽人。潘果賜君懷溧陽人。吳志涵蘊千甘泉人。傅辰三杭州人。阮咸卓庵寶應人。邵之鵬上九無錫人。華孳亨韋軒金匱人。秦鈞儀伯芳金匱人。劉執玉復燕無錫人。

◎摘錄卷一《時令表敘》：《春秋》開卷書「春王正月」，議者紛然。蔡氏《尚書傳》既主不改時改月之說，而文定傳《春秋》又謂夫子虛加「春」字於月之上，謂周本是冬十一月，夫子特借以明行夏時之意。是皆攷古未核，惑於冬不可為春之疑，遂至輾轉相誤也。《後漢書・陳寵傳》有曰：「天開於子，天以為正，周以為春。地闢於丑，地以為正，殷以為春。人生於寅，人以為正，夏以為春」，是子丑寅三陽之月皆可以言正皆可以為春明矣。而謂周有天下，更姓改物於履端初始，稱冬十一月以號令天下。一年之內，首尾皆冬，非所以一天下之視聽也。周既不改時月矣，而謂夫子為周之臣子，改冬為春、改十一月為正月，戾王朝之正朔、改本國之史書，尤不可以訓也。今試以經文最顯然者証之：隱九年「三月大雨震電」，若是夏正，則震電不為災矣。桓十四年「春正月無氷」，若是夏正，則無氷不足異矣。蓋自王朝之發號施令、列國之聘享會盟與史官之編年紀月，較若畫一，其餘田狩祭享猶用夏時，如蒐苗獮狩禴祀烝嘗則以夏時起事，而易其時與月之名。若桓四年「春公狩于郎」、桓八年「春正月己卯烝」是也。此皆其歷歷可見者，而傳文內間有一二從夏正者，蓋亦有故。隱六年「冬宋人取長葛」，而傳書「秋」，劉氏敞謂丘明作書雜取當時諸侯史策，有用夏正者有用周正者，故致與經錯異，可見當時諸侯亦不盡用周正。孔氏穎達云：「王者存二王之後，使統其正朔，服其服色，故杞宋各行其祖正朔。」先儒謂宋行商曆、晉行顓曆，顓曆即是建寅，故傳書晉國之事多有從夏正者，若卜偃與絳縣老人之言可証也。要自其國通行已久，習俗使然。三代原所不禁，而其告於王朝則一稟周之正朔。左氏特採錄列國之私史，其史官之紀載未經改正，故致偶見此一二耳，無容以為不改時月之驗也。其經文則與《尚書》符合，斷然周正無疑。善乎朱子之言曰：「夫子未筆削以前，魯史原名《春秋》，可見以春首時」，片言破的，諸儒無所置喙矣。輯《春秋時令表》第一。

◎摘錄卷一附錄首云：余纂《春秋時令表》，集《春秋》經傳證明周家改時改月，以駁文定夏時冠周月之誤，已經七年。乾隆辛酉，於鄧悔廬年丈處得覯元儒史文璣先生《管窺外篇》，其論周家正朔月數與愚見脗合，不禁先得我心。且其所引陳定宇、張敷言二家之說，詳明確當，真足薈萃諸經，疏通

隔礙，而史先生之折衷尤核。讀此則凡《尚書》《毛詩》《周易》《周禮》《禮記》《論語》《孟子》所言時月，參錯不齊，悉與《春秋》相通，不煩牽就扭合。不似蔡氏解《書》，主不改時月之說，遂置《春秋》于不問也。謹備錄其說於左。

◎摘錄卷二《朔閏表敘》：余讀《春秋》，每苦日食置閏不得其解。據先儒舊說，《春秋》不應置閏而置閏者凡二（見莊二十五年六月辛未朔日有食之及文元年閏三月）、應置閏而失不置者凡三（見昭二十年二月己丑日南至、襄二十七年冬十月乙亥朔日有食之、哀十二年冬十二月螽），至日食之乖繆尤多。《穀梁》曰：「言日不言朔，食晦日也；言朔不言日，食既朔也。」及襄二十一年九月十月頻食、二十四年七月八月頻食，諸儒皆以為日無頻食法，日月無頻交之理，不交無從有食，歷千年罔有折衷。又經傳中日月多有互異，孔穎達曰：「凡異者，多是傳實而經虛」，以余攷之，亦有經不誤而傳誤者，有經傳俱不誤而杜以駁正經傳反致誤者。孔氏僅能發明杜氏之義，而無能救正杜氏之失。至宋儒益務以義理為穿鑿，不攷本末，憑空臆斷，至使千年經義沈霾晦蝕于附會之儒生、鹵莽之老宿，重可歎也。歲癸亥，華生綱從余遊，年二十三歲，性敏而有沈思。余教以推求《春秋》朔閏之法，以方幅之紙，一年橫書十二月，每月繫朔晦于首尾，細求經傳中之干支，日數不合則為置閏。始猶覺其牴牾，十年以後迎刃而解。其合者凡十九，不合者前後率不過差一兩日。因經傳之日數以求晦朔，因晦朔之前後以定閏餘，與杜氏《長曆》不差累黍，其違異者則為著論駁正之。乃知春秋二百四十二年之事迹，指掌可數，粲若列眉。而後儒之憑空臆造，都成讕語。試約舉三四事言之：桓五年「正月甲戌、己丑，陳侯鮑卒」，傳曰：「再赴也」，杜謂甲戌前年十二月廿一日，己丑此年正月六日。今考桓四年冬當有閏十二月，甲戌實是正月廿一日，而己丑則二月七日也。是經書正月甲戌不誤，第甲戌之下當有闕文，己丑之上併脫「二月」兩字耳。傳不知而誤以為再赴，杜併不知而誤以今年之日屬之前年，由失不置閏故也。昭元年「十二月，晉既烝，趙孟適南陽。甲辰朔，烝于溫」，杜以甲辰為十二月朔，謂晉烝當在甲辰之前，傳言十二月誤。不知是年當閏十月，不可依《長曆》作閏十二月。經傳皆有十一月己酉，己酉先甲辰五十五日，則甲辰非十二月朔可知。服虔云：「甲辰，夏十一月朔也」，蓋夏之十一月於周為正月，晉烝以孟冬，而趙氏以仲冬烝于家廟。傳以烝本冬祭，不可繫之來年，而甲辰實正月朔，故特變其文，先言十二月晉烝，而後言甲辰朔，此明係兩月事，趙氏之烝自在明年正月，傳

紀晉事自用晉之夏正耳。杜不知傳文書法之變，誤以來歲之日屬之今年，由置閏失所故也。更有經傳俱不誤而杜、孔誤者，莊二十五年六月辛未日食，鼓用牲于社，《左傳》曰：「非常也」，左氏之意蓋謂正陽之月日食為非常之變異爾，是解所以鼓用牲之故。而杜釋為非常鼓之月，由置閏失所誤，使七月為六月。夫不應伐鼓而伐鼓，不過失于謹慎，未足重煩聖筆。而正陽之月受陰氣虧損乃災異之大者，杜不舉其大而舉其細，何為乎？今推算辛未，傳是六月朔日，自莊元年閏十月至二十四年閏七月，凡九置閏，正合五歲再閏。十有九歲七閏之數，而孔氏曲從杜說，反謂二十四年八月以前誤置一閏，所以使七月為六月。此經傳俱不誤，而杜、孔自誤也。又有杜、孔俱不誤，而後儒以意推求而誤者。襄二十八年「十二月甲寅，天王崩。乙未，楚子昭卒」，相去凡四十二日。杜、孔俱云日誤，而胡文定指為閏月。經不書，謂是喪服不數閏之証，呂氏本中至反駁杜、孔為非。殊不知置閏須通計兩年上下，若此年十二月置閏，則來年二月安得有癸卯、五月安得有庚午乎？今推算閏當在來年之八月，此宋儒不考經傳前後，橫空臆度，並不信杜、孔而失之者也。此卷獨多，約有一百八十餘頁，就一卷中釐為四卷。學者執是求之以上下數千年諸儒議論，如堂上人判堂下人曲直，又如執規矩以量物，毫髮不容少錯。余于此用心良苦，而位置閏月、排列朔晦，則華生經始、華子師道改正之力為多。嗚呼，綦難哉！余往懷此志六七年，而苦無端緒。聞泰興曙峰陳先生有書六卷，屢郵書求其令嗣而不獲。而臨川師有《春秋年譜》一書亦未見示。亡兒炳從旁贊曰：「是不難。從經傳日數求之足矣。此事兒請任之。」余呵之曰：「爾何知？！」炳不敢言而退。今幸是編成，喜二華之能成吾志，而又恨亡兒之不得與成其事也，為泫然者久之。輯《春秋朔閏表》第二。

◎摘錄卷三《長曆拾遺表敘》：余既輯《春秋朔閏表》，懼後人不之信，因命施生龍淵就註疏中採出杜氏《長曆》凡百餘條，都為一卷。嗚呼，《長曆》一書，意當唐初孔氏穎達世猶存，今已不可得見。獨其吉光片羽，流傳于斷楮殘墨之間，學者得因是以彷見當時之日月，誠不可不寶愛而珍惜之也。余嘗觀其前後，歎杜氏用心精細，千年來未有及者。顧余嘗疑之，僖九年「九月戊辰，諸侯盟于葵邱。甲子，晉侯佹諸卒」，杜云：「甲子，九月十一日。戊辰，十五日也。」如此則九月當為甲寅朔。經有「七月乙酉伯姬卒」，乙酉先甲寅二十九日，其年有閏七月無疑，杜《長曆》于八年十一月置閏，則是年七月安得有乙酉乎？據傳七年冬「閏月惠王崩」，既七年有閏，足知八年無閏，此杜置閏

之一失也。昭元年「十一月己酉楚子麇卒」，杜云：「己酉，十二月六日。經傳皆言十一月，月誤。」是年傳「十二月，晉既烝。趙孟適南陽，甲辰朔，烝于溫」，杜云：「甲辰，十二月朔。晉烝當在甲辰之前，傳言十二月，誤。」不知是年當閏十月，而《長曆》誤作閏十二月，故反疑經傳為誤。己酉實十一月五日，而甲辰為來年正月朔，由晉用夏正，本十一月事，故傳繫之今年耳。此杜置閏之再失也。昭九年四月陳災，傳曰：「火出而火陳」，杜《長曆》以為八年不應有閏，而悞置閏八月，故四月得火見。今考上下傳文，八年實無閏。如八年有閏，則九年二月安得有庚申、十年五月安得有庚辰？是閏在十年五月以後明矣。周之四月，夏正二月，昏弧中，旦建星中，則夜半時大火得見東南，不必前有閏月。此杜置閏之三失也。僖十五年「十一月壬戌，晉侯及秦伯戰于韓。」傳在九月，明是晉用夏正，故經傳互異。而杜以為從赴，以傳之壬戌為九月十三日，以經之壬戌為十一月十四日。傳紀晉事，往往與經先後兩月。凡經書春者，傳皆在前年之冬，豈得盡以為從赴？此由不知經從周正、傳從夏正，誤混為一致令時日違錯。此又杜之四失也。夫日月之差謬，其小小者耳，而聖人之書法，其宏綱大指未必不係于是，是可不為鄭重而推究之歟？以杜氏之精細，猶不免差繆若此，恨不能起先生于九原而為之指正其闕失也。雖然，杜氏迄今二千年，其《長曆》之存于今者，千百之十一耳。然即此十一求之，以考見當時之日月，先生有知，應引為繼起之有人，則余小子曷敢多讓。謹就此百餘條內，其標明日月者，推明是月為某朔，以余所推合之。其不同者，既具論如右；其同者，識明一「同」字。與《閏朔表》相表裏，俾學者知今日之推求非無根據，而先生之《長曆》幾如碎鼎之復完，晉唐以來不獲睹之書，至此復燦然大明于世。好古之士，有不歡為千年法物一旦復出矣乎！輯《春秋長曆拾遺表》第三。

◎摘錄卷四《列國疆域表敘》：昔武王大封列侯，各有分地，至春秋時猶存百二十四國，稅安禮為作《春秋指掌圖》以明之。余謂是不可圖也。若從其始封，則與春秋時之疆境不合；若從春秋當日，則二百四十年中強兼弱削，月異而歲不同，當以何年為準而圖之？即以周與晉楚論，晉之始封太原，百里之地耳，其後獻公滅耿、滅霍、滅魏，拓地漸廣，而最得便利者莫如伐虢之役，自澠池迄靈寶以東崤函四百餘里，盡虢略之地。晉之得以西向制秦，秦人抑首而不敢出者，以先得虢，扼其咽喉也。至文公啟南陽，奄有覃、懷，後經營中原，迫逐戎狄，凡衛河以北殷墟之境之沒于狄及邢之滅于衛、滑之滅于秦者，

晉盡取之，于是東及朝歌，北盡邯鄲，自河南之彰德、衛輝至直隸之大名、廣平、順德，悉為晉有，而謂晉猶昔日之晉乎？楚封丹陽，蓋在今歸州東南七里，至文王滅鄧、縣申／息、封畛于汝，此時已涉河南南、汝之境。以後蠶食諸夏，鄾及唐、葉皆南陽府地也，江、黃、道、柏、蓼、胡、沈皆汝寧府地也。最後城州來、居巢、鍾離，則更侵入鳳陽、廬、壽之境，而謂楚猶昔日之楚乎？至周之東都，鄭氏《詩譜》云：封域在《禹貢》豫州太華、外方之間，北得河陽，漸冀州之南，畿內方六百里。逮後南陽入于晉、祭地入于鄭、伊川入于陸渾，日朘月削。故襄王以前猶能興師伐鄭、伐翟，襄王以後如病瘻痺不能起，王畿已非復東遷之舊，況在小國乎！夫弱小之日就微滅，與大國之漸肆吞併，非一朝一夕之故也，故曰是不可圖也。夫不原其始封，則不明先王星羅棊置、犬牙相錯之至意；而不極吞併所至，則又無以識春秋當日之大勢。故自王畿以下，凡晉楚諸大國，先區明其本境，以漸及其拓地之疆域。終春秋之世而止。而小國亦還其始封，末云後入某國為某邑，庶前後之疆索瞭如，而廢興之故亦從而可概睹矣。輯《春秋列國疆域表》第四。

◎摘錄卷四《列國疆域表後敘》：或曰：周室封建，在德不在險，信乎？曰：此為後王守成者言之也。武王既勝殷有天下，大封功臣宗室，凡山川糾紛、形勢禁格之地，悉周懿親及親子弟，以鎮撫不靖，翼戴王室。自三監監殷而外，封東虢于滎陽，據虎牢之險；西虢于弘農陝縣，阻崤函之固；太公于齊，召公于燕。成王又封叔虞于晉，四面環峙。而王畿則東西長、南北短，短長相覆方千里。無事則都洛陽，宅土中以號令天下；有事則居關內，阻四塞以守。曷嘗不據形勝以臨制天下哉？褒姒煽虐，禍由內作，播遷東周。而西虢實為東西都出入往來之地，周有西歸之志，不得不問途于虢。故平之末年，即欲以虢公為卿士。迨乎惠王，鄭、虢卒定王室。當晉之圖虢也，王曷不赫然震怒，命方伯以討罪于晉？晉必不敢動，乃談笑置之。虢入晉，而晉日強周日削矣。洎惠公之入，賂秦以虢畧，秦若得之，則可東向以抗衡于晉。雖有文公，不能以圖伯，而晉之諸臣固不與也。雖戰韓見獲，秦于此時幾可分晉之半，而卒征繕以輔孺子，閉關謝秦。秦知空名為質之無用，卒歸惠公、呂郤諸人，可謂智勇絕人者矣。秦立文公以後，知文公梟雄，決不能覬覦桃林以東一步。乃偕晉師滅郜，郜近武關，穆公之意以為不得于東，猶可經營商、雒，圖武關以為南出之門戶，而亦終不能有。由是二百餘年，秦屏伏西陲不敢出，以秦地形四塞，而函關、武關之門戶俱為他人有也。至三晉瓜分，秦得其地置關，函關入秦，而三晉之

亡自此始矣。嗚呼！晉自獻公滅虢以後，固守桃林之塞，主伯天下者二百年，迨三晉之分而後失之。而周室東遷不三世而虢已為晉有。捐國之利器以與人而不悟，豈非恃德不恃險之說有以慁之也哉。

◎摘錄卷四《春秋時晉中牟論》末云：雍正八年春，余應河東田制臺聘，修《河南省志》，作為此論，力辨今日之中牟非《論語》《左傳》《史記》所載之中牟。而舊志竟於縣內載入佛肸墓，可發一笑。然攷杜氏《通典》已先誤，千慮一失，往往有此。後閱宛溪氏《方輿紀要》，謂在彰德府湯陰縣牟山之側。此亦承張守節《史記正義》之譌，非確然也。因思春秋時晉之中牟、楚之豫章，雖使杜元凱復生，亦不能確知其處，況更在元凱千五百年後乎？因檢點舊稿，入于卷內，漫識于此。乾隆五年三月上浣識。

◎摘錄卷四《春秋時楚豫章論》末云：余作此論，實當乾隆之四年。時假館九江大孤山堂，旅中乏書，未能博稽載籍，第反覆就《左氏傳》臆斷，頗矜獨得，然亦未敢自信。踰年歸里，索宛溪氏《方輿紀要》讀之，于南昌府豫章城云：「酈道元謂昭六年楚令尹子蕩伐吳師于豫章即此地，非也。夫江湖沮洳，春秋時舟楫便利未逮今日，吳楚所爭，實在淮漢之間。酈氏之言，應非篤論。」因歷舉余所引《左氏傳》六處并杜氏前後兩註，謂自昔由江漢之間以達于淮，豫章實為要害，而其地今不可考。又稱乾谿在今江南亳州、徐在泗州、弦在光州，則豫章當在近淮之地，光州、壽州之間，與漢所置之豫章全不相蒙也。與余論脗合，先得我心，不覺大快。因知讀書到著實處，自然所見略同。但未及豫章之汭為鄱陽湖，第存疑云在江、漢之北，則越地固不能踰大江而北也。餘干為越，鄱陽為楚，後為吳奪，俱今饒州府屬，則鄱陽正為三國結轄之地。且此時吳越既已興兵，而楚吳又方構鬥，楚與越通，吳人必忌越，必不敢出境一步，公然與楚交接以犯吳之深怒也。若概云江、漢之北，越且離境千里，顯張從楚以掎吳之幟，獨不畏吳人壓境問罪近在肘腋耶？固知歸王乘舟乃二國于其接境處陰相聯絡，又在水際，則舍鄱陽左右更誰屬哉？余所謂豫章之名，廣遠雖不能確知為何地，而可約舉數處以概之。但于今日之南昌決無涉耳。因閱宛溪氏之說，借為余証，而又廣其所未及如此。乾隆五年八月上浣三日，復初氏又識。

◎摘錄卷五《列國爵姓及存滅表敘》：余既輯《春秋疆域》，自成周以迄齊楚秦晉，凡十一國，而當日之形勢如鱗次櫛比，犬牙相錯，凡行軍用師、出入往來之迂直遠近，及築城戍守之輕重疏密，莫不瞭然具見。繼為原其封爵之所

由，及其姓氏與小國之入于某國為某邑。而春秋之列侯，始而星羅棊布，繼而疆兼弱削。究其源流，指掌可數。作而歎曰：封建之裂為郡縣，蓋不自秦始也。自莊公之世，而楚文王已縣申／息、封畛于汝，逮後而晉有四十縣。哀二年趙鞅為鐵之師，誓曰：「克敵者，上大夫受縣，下大夫受郡。」終春秋之世，而國之滅為縣邑者，強半天下，而諸國卒以強盛，則當日之勢較之周初已稍稍異矣。雖聖王復起，不得不變其制也。且入春秋以來，周室得以綿延數百年者，賴齊與晉耳，而齊、晉之兼國為不少也。假令齊、晉謹守侯度，猶然臨淄、太原百里之封，而周天子能統虞、虢、譚、遂諸國，以鞭笞荊楚、披攘戎狄乎？不能也。其不能者何也？其勢散。且有土之諸侯未必皆賢，即使因其不賢而易置之，而其政令不能盡出于王朝，其民之視聽不能盡屬于天子，故常散而不能聚、弱而不能強。其易而縣邑也，則不然：度才而使之，程能而任之，朝不道則夕斥之矣，夕不道則朝罷之矣。晉文難守原之大夫而得趙衰，鄭子皮欲使尹何為邑，而子產曰少未知可否，其操縱由一己，其呼吸若一氣，其簡練教訓如親父兄之于子弟也，故能抗方張之敵而成翼戴之勢。嗚呼！世變之所趨，如天地之化，陰陽積而成寒暑，豈一朝一夕之故哉？雖聖人復起，無如之何也。西漢之興，侯國與郡縣參半，未幾而反者四起，其存者皆淫侈不軌。逮國除為郡，而黎民乂安，垂數百年。漢之國除為郡而地入于天子，春秋之國滅為邑而地歸于強侯，漢以淫侈不軌而除，春秋以弱小不能自立而滅，其事不同，而世變之所趨則一也。天下之勢，合則治而分則亂，自三代以來，莫之有易矣。輯《春秋列國爵姓及存滅表》第五。

　　◎摘錄卷六上《列國地形犬牙相錯表》首云：先王建國，各有分地，紛若列碁，界如分畛。其後列侯爭相侵奪，務據勢勝，而春秋列國之疆域繁然亂矣。如山東濮州范縣為晉士會邑；楚之子西為商公，為今陝西商州之雒南縣，學者多所不曉。以此讀傳，譬若矮人觀場，余竊病之。今詳考輿圖，各據今之州府而列春秋當日之地形犬牙錯互處，以左氏經傳附註其下。其在大國者無論，即如鄭、衛、魯、宋、以一國而錯列幾府，邾、滕、郳、薛以四國而並處一縣（今兗州府滕縣），他如吳、楚、徐、越，界在蠻夷，未收版籍。今日而欲知其交兵苦戰者在何地，使命通接者在何方。晉之通吳以制楚也，滅偪陽以與宋，通吳、晉往來之道，而今之沛縣實當南北之衝（偪陽在今沛縣）。楚之通越以制吳也，越大夫胥犴勞王于豫章之汭，歸王乘舟，且帥師從王，而今之饒州實居楚越之界（饒之鄱陽為楚，饒之餘干為越）。以至山東不當有晉地，觀隨武子之稱范，在

宣十五年滅潞之後，而知其皆赤狄遺疆（另有致），晉之封域彌大于景公之世。陝西不當有楚地，觀子西之為商公，在文十年商臣之世，而知少習、武關早為楚有（商城在武關西北百二十里），楚之問鼎幾成于踐土之前。楚之順大江而直下也，吳不能勝楚，而盛兵以瞰東北，多在盧、壽、潁、亳之間。晉之據桃林以西拒也，秦不敢抗晉，而竊出以窺東南，多出上雒、析城之界。觀笠澤為吳越接戰之區，則知苔、雪為兩國莫居之地。觀黃池為吳晉會盟之地，則知運河早已合江、淮、沂、濟之流（黃池在今河南封邱縣。吳既溝通江、淮，復闢為深溝于商、魯之間，北屬之沂，西屬之濟，以會晉于黃池。沂水入泗，濟在封邱縣南，蓋其水道自江入淮、自淮入泗、自泗入沂，復穿魯宋之境，連屬水道，有不通者，鑿而通之，以達于封邱之濟。起揚州至封邱，千有餘里，即今日運河之故迹）。庶茫茫千載，歷歷可見，如審星以識度，撫掌而指螺。而凡行師道里之迂直遠近、盟會徵調之疏數繁簡，靡不曉然確知其故，斯亦學《春秋》者之所必講也。輯《春秋列國地形犬牙相錯表》第六。

◎摘錄卷六附《列國地名考異》首云：《列國地名都邑表》已備列今府州縣之某地，而《左傳》更有兩地三地四地同一名者，更有二名同一地者，後學恐致混誤，且杜註與後人之說或合或分，今彙聚而剖析之，并略附鄙見，庶一覽瞭如指掌。乾隆戊辰正月下浣九日，復初氏識。

◎摘錄卷七《列國都邑表敘》：世嘗謂三代行封建，至秦漢乃為郡縣。而宋儒窺語，更謂後世不復封建、井田、肉刑三者而言治，皆苟道。嗚呼！此皆讀書泥古，未嘗深觀其故而明其所以然也。夫三代之都邑，即後世郡縣之制。而三代之封建，其國之大者，僅劣如今之縣。而春秋之中葉，強兼弱削，列國已半為郡縣，初不始于秦也。何則？三代之世，九夫為井，四井為邑，四邑為都，故孔子言邑，自十室以至千室，其大小可知。而齊晉之初封不過百里，今之下州小縣尚可當古之大國。蓋古之疆域不及今五分之一，而執玉帛者有萬，非儉于制，其勢不得不爾也。故其勢亦弱，其力亦分，無能抗衡為患，方伯連帥得以臂指相使。又其時風俗淳古，無有兼併之志、吞噬之患，故夏商之世，有王者，無羣雄。三代之諸侯，皆以次相授，其更姓改物，另為建置者，不過百餘國耳。杞、鄫、薛、越，傳國幾及二千年，其故可知也。嗚呼！封建之不可，論者謂有國之子孫不能皆賢，余謂不待其子孫也，即其祖宗已斷斷不可。何則？三代之取天下也以德，湯曰「聿求元聖」、武曰「既得仁人」，其時伊、萊、周、召皆有聖人之德，輔佐天子，治定功成，剖符析土，創法垂制。踰數

百年，至戰國之世而有七雄矣。世益降則羣雄割據益橫，非得翦、信、韓、彭凶虓暴桀之徒，則不得芟除羣醜，削平叛亂，其人皆出于賣漿屠狗、庸奴氓隸，間有如斛律金、王君廓之流，不識一字者，即使之為郡縣長，無異豺狼之牧斯人，何況世有爵土與國長久哉，此亦世變為之也。故漢之七國、晉之八王，皆自其及身蒙禍。論者又謂此非封建之害患不行，教學齒胄之制耳。嗚呼！此又迂也。即今之郡縣而設立師儒教授之官，尚不能施行教化，漸于禮義，而謂行封建之後，能馴習膏粱紈綺之徒，使明于君國子民之道？此又如寸莛之撞巨鐘，龍肉欲以療饑耳。余觀春秋中葉，如楚之申／息、晉之荀／賈、秦之少梁、吳之州來，其初皆小國諸侯，而夷為都邑。嗚呼！得其道則為湯之兼弱攻昧、文王之伐密伐崇，失其道則為秦晉吳楚之攘竊并吞、貪婪薦食。無他，仁與不仁而已矣。後之有天下者，精擇守令，用久任超遷之制，則能熟知其民之利病而施教化；慎簡督撫，授以專制一方之柄，則能習知其吏之賢否而加黜陟。用後世郡縣之制，而兼有三代封建之利而去其害，雖使聖人復生，計無易于此。必謂郡縣出于李斯之議，不如湯武之封建，此儒者之迂論也。輯《春秋列國都邑表》第七。

　　◎摘錄卷八《列國山川表敘》：或問：「春秋之山川與今日有異乎？」曰：「濟絕于王莽時，而灤水之源于趵突泉，為大、小清河之入海者，猶濟之故瀆也。河不兩行，即屯氏南、北故瀆幾不可問。至近世而蔡／潁絕、汴／泗成，涓流非復當日之故迹矣。」「然則山川曷為異？」曰：亦由天運，亦由人事。夏商之時，世運淳古，民氣安靜，故其時有王者，無羣雄。無羣雄，故亦不言地利。殷之革夏也，止有一湯，不聞有先湯而舉事者。周之勝殷也，止有一武，不聞有偕武而並興者。八百諸侯，胥歸有德，未嘗角力而始臣之問。所謂萆山而軍、阻河為固者，無有也。至周之衰，迺有七國。秦攻伐二百年，而始混一天下。故六國者，羣雄之祖，而春秋實戰國之先聲也。其時乃有以天地之山川為攻守之備、富彊之計，齊塹防門、廣里，起于平陰；楚營方城為城，亘于宛、葉，而山之形勢漸失矣。吳掘邗溝以通運，而江淮始通；齊桓遏八流以自廣，而九河始塞。水之故道漸移矣。春秋以後，戰功滋興，至有塹山堙谷、壅川塞河以求一切戰勝攻取之計者。知伯決晉、王賁灌大梁、蒙恬築長城堙地脈，馴至西漢，與河患相終始，易天地之性，違川陸之宜，譬之人身，日事壅閼，則血脈營衛非復故常，衝決蠚逆，隨間輒發，山川之不能不易者，亦自然之勢也。《春秋》一書，當衰周之中，伯功之始言地利者，權輿于是乎在。故讀《禹貢》

而識山川奠定所由基，讀《春秋》而知山川改易所自始，亦猶導河者必于積石、導江者必于岷山也。輯《春秋列國山川表》第八。

◎摘錄卷九《列國地形險要表敘》：險要之為天下重也，從末世起也。羣雄起而後有戰爭，戰爭用而後出奇制勝，設守要害，則險要尚焉。太平之世，天下為家，未嘗有也。余讀《左氏》，知春秋險要之地莫多於秦、晉、吳、楚、鄭、衛。鄭、衛南北所爭，而吳、楚、秦、晉壤地相錯，為日交兵之國。桃林、二殽、茅津之為西北險也，以秦、晉七十年之戰爭著也（汪氏曰：秦晉七十年之兵爭起於殽之戰，終於襄十四年十三國之師），函谷一入秦而六國之亡兆矣。鍾離、州來、居巢之為東南險也，以吳楚七十年之戰爭著也（林氏曰：鍾離、州來、居巢三邑，吳爭七十年而後得此），州來一入吳而入郢之禍基矣。他如齊穆陵之為大峴，晉劉裕過之而喜形于色者，而地鄰莒、魯，強晉東來道所不經，故戰伐罕書焉。晉南陽之即河陽，唐李光弼百戰守之以固關輔者，而界連周、鄭，方輯和以拱衛，故兵爭亦不及焉。轘轅、伊闕同一險也，伊闕以備子朝而著，而轘轅則無聞。虎牢、敖倉同一要也，虎牢以晉悼之城而著，而敖、鄗則無聞。至晉楚懸隔千里，所爭惟在鄭、宋，楚戍彭城以塞晉之通吳，晉城虎牢以防鄭之服楚。《春秋》尤大書特書少習、武關，為秦豫咽喉之地。秦人滅郙，蓋欲南出以圖武關，而卒不能有。及楚圖北方，將通少習，而晉人震懼，豈非襄、郿、商、雒之間，地形阨塞，與函谷俱稱絕險哉？故險要有常所，初無定形，有千年不易之險要，有一時因敵為防之險要，往往在後世為要害，在春秋為散地者，此亦古今時勢不同之故也。聖王安不忘危，大易有設險之義，《周書》有慎固之訓，三代之世，何嘗不以險要為兢兢？故詳列《春秋》所書，參以後世攻守之事，使古今山川險固瞭若列眉，而列國強弱之勢，與當日行軍用師交爭累戰之故，俱可考而知焉。輯《春秋列國地形險要表》第九。

◎摘錄卷十《列國官制表敘》：《周禮》為周公制太平之書，世儒多疑其偽，獨有宋程、朱諸大儒亟稱之。然以愚觀之，竊有未盡然者。昔先王經理天下，天子治內、諸侯治外，故《孟子》言班爵祿之制，特詳于列國君卿大夫士其見于《戴禮・王制》尤詳，而《周官》三百六十，獨列畿內之官，及于醯醢酒漿之細，而于侯國之官概未之及，僅于《秋官》大行人及《春官》典命列其交際之禮與其命數，而其職事則無聞。竊疑周公勒成一書以垂治典，不宜舉近遺遠、詳小畧大如是。春秋距成周數百年，其列國之官制猶存，左氏因事類見，可得什一于千百，雖其列國僭竊或妄有改更，然其規模不甚相

遠也。《王制》大國三卿皆命于天子，明大夫以下皆其君自命。案僖十二年管仲辭饗禮曰：「有天子之二守國、高在」；宣十六年晉侯請于王命，士會為太傅，是卿命于天子之証也。晉鞏朔以上軍大夫獻捷于周，而王曰「鞏伯未有職司于王室」，是大夫不命于天子之証也。周制諸侯兼官，司徒兼冢宰、司馬兼宗伯、司空兼司寇，故《左傳》曰季孫為司徒、叔孫為司馬、孟孫為司空，而魯復有羽父為太宰、夏父弗忌為宗伯，此出當時之僭，非周制矣。《左傳》紀晉事尤詳，其職官雜見于事內，孔氏為疏通而證明之。如御戎當《周禮》之戎僕、司士當《周禮》之司右、騶當《周禮》之趣馬、公族當《夏官》之諸子、公路當《春官》之巾車，其制尤班班可攷。其名或天子所制，或列國自命名，則均不可得而知矣。至太宰之名，則陳宋與吳楚俱有之：陳宋為三恪之後，吳楚則僭王。學者為綜考其同、區別其異，于《春秋》魯史之內得見成周侯國之官制，用補《周禮》之闕遺，亦學《春秋》者之一大掌故也。輯《春秋列國官制表》第十。

◎摘錄卷十一《列國姓氏表敘》：粵自《禹貢》曰「錫土姓」，而《左氏傳》有因生賜姓、胙土命氏之分，又別之以字、以諡、以官、以邑，其言姓氏之源流備矣。至宋夾漈鄭氏作《姓氏略》，乃復以左氏之言為隘而推廣之，得姓氏者凡三十有二類。嗟乎！夾漈之學，貪多務博，蘄勝前人，其所據者，乃從典午以後，經十六國南北朝之紛亂，包羅囊括，合併雜糅，而于邃古得姓之始與春秋列國由姓析為氏族之源流，未嘗深析而明曉也。余嘗謂氏族之學至唐而極精，亦至唐而極亂。一亂于朝廷之賜姓，再亂于支孽之冒姓，三亂于外裔之入中國因蕃落以起姓。何則？自漢初已有賜項伯為劉纏、賜婁敬為劉敬，至唐而如李勣之徒不知其幾矣；衛青以鄭季之子而冒姓衛氏，曹操以夏侯氏之子而冒姓曹氏，至唐而如楊國忠之徒不知其幾矣；金日磾以休屠王太子而姓金氏、劉元海以呼韓邪之後而姓劉氏，至唐而侯莫陳之為侯、烏石蘭之為石又不知其幾矣。唐太宗既有天下，以地望明貴賤，特詔高士廉、岑文本之屬著《姓氏譜》，先列天家，次列后族及宰相，凡長孫、宇文皆登貴姓，而于生民之初得姓受氏之由，脈絡不可得而尋也，源委不可得而辨也。又況夾漈更在五季數百年之後乎？！善乎元儒史伯璿之論曰：「三代以後皆無所謂姓，只有氏而已。故後世但曰姓某氏，而不敢曰某姓某氏。蓋姓不可考，故但虛其姓于氏之上，而實其氏于下」，亮哉言乎！愚謂欲考姓氏之分斷，須以《左氏》為樞紐。蓋盤古、燧人之初未始有姓也，至庖犧得風姓、炎帝得姜姓、黃帝得姬姓、帝堯以伊祁

而為祁、舜以媯汭而為媯，至三代迭王，延及春秋之初，分封之國存百有二十四，稽其姓，合中國與鄾瞞僅及二十有一。是時諸侯之國公子公孫支分派別，列官分職世有掌司，因以命氏。而小國之卿大夫名字不列于經傳，無可考者居十之九焉。最著者，姬姓則有周、魯、鄭、衛，姜姓則有齊，子姓則有宋，姒姓則有越與杞、鄫，芈姓則有楚。其公族之析為氏者，班班可考。又陳本媯姓，自陳敬仲奔齊而為陳氏；晉之范本祁姓，士會封于范而為范氏，其在秦者為劉氏；吳夫概奔楚為堂谿氏；伍員屬其子于齊為王孫氏，尤大彰明較著者也。又春秋重世卿，為之立後則置氏，不必公族盡皆有氏也。故春秋之初，魯之翬／挾／柔／溺、鄭之宛、齊之年皆無氏。逮其後，有沒而立氏者，莊公季年立叔孫氏是也；有邀鄰國以立之，如四國為略故立華氏是也。余因通考《左氏》，以姓繫國，以國繫氏，俾後世知受氏所由來。其有不見于《左傳》而為後世韓、曾、歐陽志及《史記世家》、《新唐書世系表》所推本，如徐之本章禹、曾氏之本鄫、邵氏之本召，亦間錄焉。輯《春秋姓氏表第》十一。

◎摘錄卷十一《春秋大夫無生而賜氏論》末云：此亦華子師茂之說，師茂名育濂，先母舅之從孫，韋軒先生子，與其兄師道並英年好學，讀書穎銳能深入，考訂尤精。余延以教孫。甫及二載，于《春秋》啟益為多，感起予之助，特附識于此。

◎摘錄卷十二《卿大夫世系表敘》：三代之宗法，原於封建。蓋先王建樹屏藩，其嫡長嗣世為君，支庶則推恩列為大夫，掌國事，食采邑，稱公子某。公子之子稱公孫，公孫之子以王父字為氏，世世不絕。若異姓積功勞，用為卿，世掌國政，則各以其官或以邑為氏。然此非先王令典也。《孟子》曰「立賢無方」，又曰「士無世官」，故《春秋》譏世卿。世卿之禍，小者淫侈越法，隕世喪宗，或族大寵多，權逼主上，甚者厚施竊國，陳氏篡齊、三家分晉，故世卿之禍幾與封建等。然論者謂先王親親報功之典於是乎在。《儀禮·喪服傳》曰：「親親故尊祖，尊祖故敬宗」，又曰：「大宗者，收族者也，不可以絕」，《戴記》謂「別子為祖，繼別為宗」。有自卑而別於尊者，則國君之支庶別為大夫，所謂大夫不得祖諸侯者是也。有自尊而別於卑者，則單寒之庶姓積功勞用為卿，子孫世世宗之者是也。嗚呼！先王之立法，豈能百世無弊哉？在後之人，因其勢而去其積甚者可矣。由乎親親之義而言之，則展親睦族為國毘輔，所謂百足之蟲至死不僵者，而不能無尾大不掉之弊。由乎選賢之意而言之，則唯賢是擇，不拘世類，所謂挹損彊宗獨操主柄者，而亦有枝葉衰落之患。惟使恩有所止，

其疎者則齒於士族，使各得以材能自進，而其在位者則束之以禮法，使有大故，不得免於罪戾。用此權衡輕重，雖傳諸百世，豈有弊哉！以余觀春秋卿大夫，其得失俱可概見。晉懲驪姬之亂，詛無畜羣公子，故文公諸子皆出仕於外，晉無公子秉政者，而權卒移於趙、魏；魯之孟孫、叔孫，再世有大罪，宜絕其屬籍，而子孫仍列於貴位，所以卒兆乾侯之禍。出彼入此，厥害惟均。徵諸已事，良用顯然。惟楚之令尹，俱以親公子為之，一有罪則必誅不赦，所以權不下替而國本盛彊。嗚呼！鑒往可以知來，斯言諒哉！輯《春秋卿大夫世系表》第十二。

　　◎摘錄卷十三《刑賞表敘》：蓋聞有功不賞，有罪不刑，雖唐虞不能以化天下。故《虞書》有「天命」「天討」之文，《戴記》：「爵人于朝，與士共之；刑人于市，與眾棄之」，蓋自天子之統壹宇內，與列侯之撫馭一國，莫不由賞罰之得其道，不僭不濫，斯稱上理焉。余觀春秋二百四十年，知天子之所以失其柄而旁落于諸侯，諸侯之所以失其柄而僭竊于大夫陪臣者，皆由刑賞之失政。為之徵諸經傳，可攷而知也。蓋當春秋之初，猶能爵命儀父，為諸侯而伐鄭、伐曲沃，猶能誅叛討篡，刑賞未盡失也。乃伐鄭而射王中肩，伐曲沃而荀、賈尋為晉所滅，其罪當滅國絕世，而天子不聞赫然震怒，列侯不聞敵王所愾，從此姑息養癰，馴至潰爛。此豈一朝一夕之故哉？當時以無罪殺母弟，而子頹、子帶侵犯王室，則避位而出奔，爵命至于獎篡弑；而求車求金，使命交馳，列侯視之若弁髦。蓋賞不足以勸善、罰不足以懲奸，徒擁空名于其上而已。魯為諸侯之望國，而陵夷更甚。慶父弒二君，再世負大罪，而累代貴位公孫；歸父欲張公室而衰絰出奔，蓋文公之世，刑賞出于仲遂；文公以後，刑賞出于三家，其國命倒置，宜也。唯齊桓任管仲而撻荊楚，用以創伯；晉文舉郤縠而刑三罪，民情大服，庶幾得命討之義。迨其衰也，抑又甚焉。列國風靡，蕩無綱紀。夫君之所以威其臣者，大則誅殺，小則竄逐，乃當其始也，諸侯猶以專殺為罪；其後大夫自相殺，若齊之殺國佐、晉之殺欒盈，或出于闈闥，或出于權臣，諸侯并不得過而問矣。其始猶以專放為罪，其後大夫不待譴逐，自出奔以抗國君。若孫林父之奔晉、宋魚石之奔楚，借援大國，為國生患，兵連禍結，易世不解，上不得以威其下，下反得以要其上矣。究其禍亂，安有底止。惟明天子振興于上，諸侯佐天子以大明黜陟，天下正，則一國莫敢不出于正；大夫佐諸侯以振飭紀綱，一國正，則家臣陪隸無有敢踰越犯分者。嗚呼！此孔子《春秋》之所為作也。

◎摘錄卷十四《田賦軍旅表敘》：周制授田以井，井九百畝，中為公田，八家耕之，歲貢其入于上，餘私田，得以自食，所謂助而不稅。其賦兵則九夫為井，四井為邑，四邑為邱，四邱為甸，甸六十四井，出長轂一乘、甲士三人、步卒七十二人，大率以五百七十六夫而出七十五人，以次更調，此周制田賦軍旅之大署也。自宣十五年初稅畝，而田制始壞，私田始有征矣。成元年作邱甲，而兵制始壞，每邱出一甲士，一甸之中凡出四甲士矣。其始不過欲加賦以足用，益兵以備敵。至襄十一年作三軍，三分公室而各有其一；昭五年舍中軍，四分公室，季氏擇二，二子各一，皆盡征之而獻于公，自是公室徒擁虛器于上，向之增賦，為三家增之爾，公室不得而有也；向之益兵，為三家益之耳，公室不得而役也。嗚呼！自古奸臣竊國，必使怨歸于上，而恩出于己，而後民歸之如流水。晉僖公之世，碩鼠興歌，而曲沃得以支子奪宗矣。齊景公之世，踊貴屨賤，而陳氏得以厚施竊國矣。魯自稅畝、邱甲之興，民困征斂，戰爭不已，三子日為君虐用其民，至四分公室以後，必更示寬大，以苛虐之制歸于上，以縱舍之實出于己，民當其時，如脫桎梏而就父母，誰肯為公家盡力死鬥，與季氏為難哉？乾侯之役，子家子曰：「政自之出久矣，隱民多取食焉」，范獻子曰：「季氏甚得其民」，其明証也。迨至公徒釋甲執冰而踞，向之邱甲以益兵者，增一兵適增一敵爾。貨子猶粟五千庾，向之稅畝以加賦者，增一賦適為季氏蓄一資爾。傳曰：「與其有聚斂之臣，寧有盜臣」，嗚呼！誰知聚斂即盜臣之藉手哉？！

◎摘錄卷十五《吉禮表敘》：昔成王以周公有大勳勞，賜魯重祭，其目有三：曰郊、曰禘、曰大雩。而望亦郊之屬，因郊遂以有望。凡郊禘及宗廟之樂用八佾之舞，然亦有差別。魯無日至之郊，殺于天子，四望闕其一，雩惟建巳之月，大雩帝用盛樂，其餘因旱而雩則禱于國內之山川而已。八佾惟用于文王、周公之廟，自魯公且不得與，況其下之羣公乎？至春秋之世，其僭益盛，或僭用日至之郊，宣三年、成七年、定十五年、哀元年之改卜牛，皆在春正月是也。雩凡二十有一，皆書，大凡旱暵之祭，皆僭用雩上帝之盛樂矣。閔公竊禘之盛禮以行吉祭，僖公用禘禮以合先祖、敘昭穆、用致夫人于廟，而禘始夷于常祀之禮。隱五年考仲子之宮，初獻六羽，明八佾，前此之皆用羣公之廟之無不用也。嗚呼！以諸侯而用天子之禮，是為上僭。上僭自魯公以後，世世行之。孔子身為魯臣子而不忍言也。以諸侯用天子之禮，而旋為大夫所竊，是為下陵。下陵自宣、成之世始之。孔子心憂其漸而不能以救也，不得已從其甚者書之。

郊以龜違書，牛害書，非時大不敬書，大雩以旱書，禘以別立廟與致小君書。
大易曰「履霜堅冰至」，是故書郊自僖三十一年始，三桓之禍由僖基之也。雩
一見于桓，再見于僖、成，五見于襄，而七見于昭。桓公為三桓所自出，至僖
公而兆其毒，成、襄而養其癰，至昭公則潰矣。孔子立定、哀之世，目擊禍敗，
追原本始，書之重、辭之複，繁而不殺，君有短垣而自踰之，何有于大夫。曰
猶繹，曰猶三望，曰猶朝于廟，一為幸之，一為惜之，低徊之辭，深于痛哭焉。
孔子曰：「天下有道，則禮樂征伐自天子出」，又曰：「天下有道，則政不在大
夫」，嗚呼！此孔子當日作《春秋》之發凡起例也。輯《春秋吉禮表》第十五。

◎摘錄卷十五《辨四明萬氏兄弟論禘之失》：余既博稽經傳定議，以為禘
兼羣廟之主，不追所自出。已復遍考諸儒之說，以糸其同異。而四明萬充宗氏
著《學禮質疑》，有《禘說》四篇。其弟季埜復著論九首，俱精詣博辨，凡古
今名臣學士禘祫之議，靡不搜剔遘隱，考正疑互，以求一是，厥功甚大。然愚
嘗取而覈之，季埜取孔氏穎達之說，謂禘即祫、祫即禘，更無差別者，其說與
余同。其謂禘兼羣廟之主，徵諸《長發》之詩，詳列玄王、相土、成湯，以為
羣廟合祭之証，其說亦與余同。至駁杜預稱禘為三年喪畢之吉祭，謂此乃魯末
流之失，宣聖特書以示譏，不可為典要，議尤精當不可易。獨其兄弟並謂禘兼
羣廟之主，復上追始祖所自出，其說蓋亦本于程子及陳用之、胡明仲、黃楚望
諸儒之說，而不知其理之不可通也。夫當大祭合食之時，始祖正東向之位，羣
昭羣穆以次列侍，若復追所自出，不知始祖此時位置何處？若並居東向，則父
子無並坐之理；若退居昭穆之列，則褻始祖已甚。進退無據，無一而可。故趙
伯循謂祀于始祖之廟，以始祖配之，而不兼羣廟之主配，如孔廟之配享自當旁
坐，以明有父之尊，而復不與羣昭羣穆齒。其說較為有理，故朱子遵用之。蓋
羣廟與所自出，一祭必不可得兼。萬氏謂禘兼羣廟之主，與伯循異，則是也。
謂復追所自出，則非也。且萬氏堅守禘譽之說為報本追遠之至意者，豈不以《大
傳》《小記》《祭法》《國語》及《儀禮喪服傳》之為經傳炳據昭昭可信乎哉？
然此數書之可信，孰若武王、周公、孔子、孟子之言為可信也？武王既有天下，
大告羣后，敘列祖之功德，起自后稷，而未嘗及于譽；周公陳王業之艱難，若
《豳風》之《七月》、《大雅》之《生民》，與《周頌・思文之什》，遡后稷，遡
姜嫄，無一言及譽也；孔子刪《書》，斷自唐虞，其論追王上祀，止及先王先
公；孟子言稷契之事詳矣，未嘗謂帝堯之兄弟。其謂稷、契同出於譽者，乃史
遷，據《世本》無稽之說，《戴記》從其後而附會之耳。《國語》非左氏所作，

其言多與傳牴牾，且《左氏》已不可信，何有《國語》？《儀禮‧喪服》世稱子夏為之傳，要亦漢儒之筆耳。如果係報本追遠大典，何以《詩》《書》不一陳之，而孔子、孟子絕口不道也哉？至充宗氏盡闢三年、五年之說，謂禘每歲一舉，行以午月，此誤以四時之禘為大禘，而取徵于《雜記》孟獻子之言；復以七月日至之禘與正月日至之郊對舉，謂郊歲行則禘亦歲行可知。嗚呼！《雜記》之言，已出漢儒，更復憑此臆斷，多見其不知量耳。儒者從千百年後求先王廢墜之典，上之信經，其次信傳，又其次則鄭、王、賈、孔諸儒之成說猶不失為近古，然儒者猶當別白以求其至當。若逞其聰明，創為異說，意欲求勝前人，而不知適增後人之一噱耳。萬氏兄弟最精于禮，而猶有此失，則甚矣經學之難言也。

　　◎摘錄卷十五《辨萬氏季埜論禘之失》：季埜氏復著論曰：「自三年一祫、五年一禘之說創于緯書，東漢初張純舉以告世祖，遂據以定禮，合已毀未毀之主而祭于高廟。」蓋自東周之亡二百餘年，而禘禮復舉，誠為盛事。顧其為制，以高帝為始祖，而不追始祖所自出。自時厥後，禘名雖存而實亡。嗚呼！泥于《祭法》「禘黃帝」、「禘嚳」之說，是將使漢祖堯、曹魏祖舜，至唐宋更無可假托。迺至明皇祖老子（唐尊其廟為太清宮，前二日先行朝獻之禮，次日朝饗太廟，又次日有事南郊），真宗更祖趙玄朗（宋尊其廟為景靈宮，前二日先行朝獻之禮次日朝饗太廟，又次日有事南郊），以為如是而後得稱大禮，合于先王報本追遠之意。不失諸傅會，即失之矯誣，是非俗儒泥古階之厲歟？季埜復云：「後世宗廟皆無始祖，又安有自出之祖？雖不禘亦可，舉宋神宗之言曰：禘者本以審諦祖之所自出，秦漢以來，譜牒不明，莫知其所本，則禘禮固可廢，遂詔罷禘祀。神宗此舉真超出漢唐諸帝之上。」嗚呼！季埜此言又何其與前說相背戾也！夫過崇先王之禮而牽而合之，謂後世不能盡合先王之禮而舉而廢之，二者俱失，善乎孔氏穎達之言曰：「禘、祫一也，以其審諦昭穆謂之禘，以其合祀羣廟謂之祫。」商、周以稷、契為始祖，漢唐以後以受命開國者為始祖，大合食，舉盛禮，如是則禘之典百世可通行，何為必舉而廢之哉。季埜前所謂名存實亡者，至此併其名而去之，其故由于祭法侈大先王之禮，謂虞夏商周俱有所自出之帝，馴至好奇之主，攀附古聖，而循名責實者，又旋至廢罷。此俗儒說禮者之過，非後世人主之過也。季埜以鄭氏釋經凡言禘者俱指為祀天，以為妄誕不經，不知鄭氏之失特稱感生帝如靈威仰之屬雜于讖緯為非耳。祭天之說，起于韋元成，王者受命，未有不于天者。《詩》言「惟嶽降神，生甫及申」，況受命之主

乎？明祖初定祭禮，以始祖無可稽考，特設一主曰皇初祖帝，其有取于鄭氏之旨也夫。

◎摘錄卷十六《凶禮表敘》：世儒多以例釋《春秋》，吾不知所為例者，將聖人自言之乎，抑出于後儒之揣測也？是不以凡例釋《春秋》，而直以《春秋》釋凡例，而經旨益晦。余觀凶禮一編，而《春秋》二百四十二年之書法，其微意所在，往往前後不相蒙、始終不相襲，而知例之斷斷不可以釋經也。《儀禮・喪服傳》曰：斬衰裳、苴、絰杖、絞帶、冠繩纓、菅屨者，子為父、妻為夫、諸侯為天子及臣為君，此三者，人道之大綱也。春秋之世，有諸侯不奔天子之喪、不會天王之葬，而擅自盟會及郊祀，又大國受小國之奔喪會葬，而未嘗以禮報者，而君臣之道闕；有居喪而納幣，衰絰而從戎，祔廟而逆祀，而父子之倫喪；有以妾匹嫡，天王歸賵，列國會葬，下及僖、宣、襄、昭四妾母薨稱夫人、葬稱小君，而夫婦之道苦。聖人于百五十年間，一書之，再書之，垂戒深切著明矣。然以魯不報答小國為非禮，至昭、定之世，滕、薛及曹、魯俱遣使會葬，似足正邦交之失，而聖人未嘗與也。以躋僖逆祀為非禮，至定之八年從祀先公，似足釐廟祀之謬，而聖人未嘗與也。以以妾配適為非禮，至定、哀之世，定姒不書薨、不書夫人、不書小君，似足正嫡妾之分，而聖人未嘗與也。其不與者何也？前之失由魯之恃強凌弱倨傲無禮，後之失由季氏之樹援結黨、弁髦其君；前之失由禮臣之逢迎主上、紊亂典禮，後之失由陽虎之謀為不軌、假正濟私；前之失由諸公之私厚所生、混淆名分，後之失由季氏之目無君上、菲薄禮儀。聖人前後各據實書之，以著其顛倒益甚、罪狀益深、世道益不可問。而世儒顧以例求之。夫一年之內有寒暑，一日之內有朝夕，寒暑異而裘葛不異，朝夕異而饔飱不異，可乎哉？昔人序少陵詩有云：「太平黷武，則志在銷兵；神京陸沈，則義嚴討賊」，嗚呼！少陵之詩且然，何況《春秋》出自孔子哉？故欲執少陵開元、天寶之詩而例諸肅代諸作，則泥矣；執孔子隱、桓、莊、閔之《春秋》而例昭、定、哀之《春秋》，則鑿矣。學者無以傳求經，並勿執經以求經，惟熟覽二百四十二年之情事，而綜考聖人前後之書法，與聖人默會于千載之上，庶乎可以得之。若執一字以求之，如宰咺書名、王不稱天之類，不為酷吏之舞法深文，則為兔園之咬文嚼字，而《春秋》之義隱矣。輯《春秋凶禮表》第十六。

◎摘錄卷十七《賓禮表敘》：昔者先王為賓禮以親邦國，制為朝覲、聘問、會同、盟誓之禮，所以協邦交、明上下、崇體統、息紛爭也。六年五服一朝，

又比年一小聘，三年一大聘，諸侯則世相朝，終其君之世一見而已。大行人時聘以結諸侯之好；司盟掌盟載之法，凡邦國有疑，會同則掌其盟約之載，及其禮儀。是則朝聘、會盟由來舊矣。當其時，諸侯率天下而羣奉乎一尊，天子錫隆施以推恩乎萬國，疏數有常期，貢賦有常數，賚予有常典，體統相承，尊卑不紊，豈非天下為同大一統之世哉？東遷而後，王政不綱，諸侯放恣，于是列邦不脩朝覲之禮，而天王且下聘矣、歸賵矣、錫命矣。終春秋之世，魯之朝王者二、如京師者一，而如齊至十有一、如晉至二十，甚者旅見而朝于楚焉；天王來聘者七，而魯大夫之聘周者僅四，其聘齊至十有六、聘晉至二十四，而其受列國之朝則從未嘗報聘焉。由魯以知天下，而王室之微、諸侯之不臣，概可見矣。隱、桓之世，盟會繁興，諸侯互結黨以相軋。自莊十三年齊桓為北杏之會，而天下之諸侯始統于一，無敢擅相盟會。歷一百五十六年，晉伯衰，鄢陵始復為參盟，而諸侯之權復散，七國之分擾、秦雄之併吞，實兆于此。蓋嘗綜一經之始終而論之，由王而伯，由伯而為戰國，世運遷流，殆非一朝一夕之故矣。夫子作《春秋》以尊王，而其于魯論則深予管仲之伯，蓋悲王道之不行，而以為惟伯猶足以維之也。至伯統絕，而春秋不得不夷而為戰國矣。觀于朝聘會盟，而天下之勢由天子而諸侯、而大夫，屢降益下，歷歷可見，故備列之。輯《春秋賓禮表》第十七。

　　◎摘錄卷十八《軍禮表敘》：《晉書‧禮志》曰：「五禮之別，其四曰軍，所以和外寧內，保大定功者也。但兵者凶事，故因蒐狩而習之。」傳曰：「春蒐，夏苗，秋獮，冬狩，皆於農隙以講事，所以明貴賤、辨等列、順少長、習威儀。」晉文大蒐以示之禮，登有莘之墟以觀師，曰：「少長有禮，其可用也。」則蒐狩之於禮，大矣哉。周衰，禮制廢壞，軍禮尤甚。以魯一國言之，其始也，縱弛忘備，強鄰交侵，臨時講武，淹留異地；其繼也，權臣僭竊，國柄倒持，黷武興師，征役不息。夫子於此，蓋不勝世變之感焉。故蒐狩之合禮者皆不書，於桓、莊之狩必書公，志非時與非地也。則其平日之忘備，而國威之不振，可知矣。昭、定之蒐不言公，則軍非其軍、國非其國，君若贅旒，然其得失無與於公也，而魯事益不可為矣。爰綜蒐狩之見於經者，并大閱、治兵與夫乞師、獻捷、歸俘都為一編，以志魯之遞衰非一日之故云。輯《春秋軍禮表》第十八。

　　◎摘錄卷十九《嘉禮表敘》：先王厚男女之別，重繼嗣之原，爰定昏禮，為納采、問名、納吉、納徵、請期、親迎，所以別嫌明微，先德後色，垂萬世統，至深遠也。東遷而後，禮教不修，倫紀廢壞，陳靈以君臣宣淫、晉文以懷

嬴薦寵、衛宣有新臺之刺、齊襄有南山之行，人道同於禽獸，典禮棄若弁髦。
大亂極矣，聖人憫焉，是故詳其制於《禮》而嚴其律於《春秋》。自古天子尊，
無與敵，不行親迎之禮，娶后則使卿逆，上公監之。而祭公以專行見譏，劉夏
以官師致釁，《春秋》志之，謹名分、窒亂源也、十二公之違禮，莫甚於莊、
宣：莊公當親喪而主王姬，娶仇女而躬納幣；宣公倚齊得國，結好圖昏，即位
未幾，速行喪娶，有人心者，謂宜於此焉變矣。內女為夫人者七，其三不克終、
不書歸，餘皆有故而書。鄫季姬之歸，不書歸，逮歸寧而反書歸，譏在魯也。
紀叔姬以媵書，宋共姬致三國之媵，而亦書，賢之也：叔姬以子身而全宗祀，
共姬待傅姆而蹈烈火，秉禮守義，皭然不滓，庶幾周公之教猶有存焉，故大書
特書，不一書，以為勸也。嗚呼！昏禮有六，而《春秋》書納幣、逆女與夫人
至，從其重者書之也。而或失之略或失之過：失之略者，輕妃偶而虞不終；失
之過者，諂強鄰而羞宗廟。聖人之為天下後世慮，豈不深切著明也哉！輯《春
秋嘉禮表》第十九。

　　◎摘錄卷二十《王迹拾遺表敘》：《孟子》曰：「王者之迹熄而《詩》亡，
《詩》亡然後《春秋》作。」東遷以後，政教號令不行於天下，然當春秋初年，
聲靈猶未盡泯也，鄭伯、虢公為王左右卿士，鄭據虎牢之險，虢有桃林之塞，
左提右挈，儼然三輔雄封。其時賦車萬乘，諸侯猶得假王號令以征伐與國，故
鄭以王師伐邾，秦偕王師伐魏，二邾本附庸也，進爵而為子；滕、薛、杞本列
侯也，降爵而為子伯。列國之卿，猶請命于天子。諸侯之妾，猶不敢僭同于夫
人。虎牢已兼併于鄭，仍奪之還王朝；曲沃以支子篡宗，赫然興師而致討。衛
朔逆命，子突救衛書王人；樊皮叛王，虢公奉命誅不服，庶幾得命德討罪、興
滅繼絕之義。然鄭以懿親而且交質矣，曲沃之伐，不惟無功，日後荀、賈且為
晉所滅，甚至射王中肩，列國無為王敵愾者。而僖王之世，命曲沃為晉侯，貪
寵賂、獎篡弒，三綱盡矣。嗣後王室益微，迨至晉滅虢，而襄王復以溫原賜晉，
舉崤函之險固、河內之殷實，悉舉而畀諸他人。自是王朝不復能出一旅，與初
年聲勢大異矣。嗚呼！以文、武、成、康維持鞏固之天下，而凌夷衰微至此，
此豈一朝一夕之故哉！惠、襄以後，世有兄弟之難，子頹、子帶、子朝迭亂王
室，數數勤諸侯之師。蓋齊家之道有闕，政本不修，皇綱陵遲，君子閔焉。獨
能憑藉先靈，稱述祖制，折伏強暴，若襄王拒請隧、定王詰鞏伯，而王孫滿以
片言卻強楚於近郊之外，譬之以太阿授人，而欲以朽索控跂趹之馬。嗚呼！其
難哉！爰自《春秋》始年，訖於獲麟，列王朝之事之散見經傳者，都為一編，

于魯《春秋》之內得二百四十二年之周史，亦吾夫子之志也。輯《春秋王迹拾遺表》第二十。

　　◎摘錄卷二十一《魯政下逮表敘》：從來國家之欲去權臣也，必俟其有可指之罪，一朝卒然而去之。無使一擊不勝，至於再擊，則彼之聲勢益張、蟠附益固，而吾之國威亦頓挫。又必所與謀者皆正直無私，國人素所傾服之臣。是故必如舜而後可殛四凶，必如周公而後可誅管、蔡。愚觀昭公乾侯之事，而知三家之所以蔓延不可制者，非獨三家之罪，亦魯之羣公有以自取之也。何則？國家之患，莫大乎世卿，然相沿已久，不可驟革。季子有大功，而執政為卿，宜也；叔牙以就鍼巫之酖，而業許為立後。至如慶父胡為者，通國母，弒二君，負滔天之惡，此斷斷宜絕其屬籍矣，而亦為立後。逮其子敖，棄君命，從己氏，罪尤必誅不赦，而其二子儼然為貴卿。從此三家遂如鼎足，不可去一。父子再負重罪，而寵榮不衰。此時魯之威柄已倒地，此根本之失，首宜歎息痛恨者也。至當日魯之欲去二桓，非一世矣，患在發之太早、謀之太疎。一發于歸父（宣十八年），再發于僑如（成十六年），三發于南蒯（昭十二年），至平子登臺之請而凡四矣。每一發不勝，則三家之聲望益隆，國人之屬望益切，此非欲去之，直為三家立赤幟，助之翼而飛也。請得而言之，季友有定國之功，而其子無佚早死，孫行父于文之六年纔受室為卿，此時年少位卑，惟仲遂之言是聽，未有可指之罪也。若追論弒子赤之事，則宜先誅仲遂，而後及行父。今歸父以逆賊之子，而欲圖行父忠賢之後，且當時行父與蔑俱有賢聲，國人豈能服乎？國人不服，必不能去，不去而君臣之間必不相安。此魯之失計一也。嗣後行父稍稍肆志矣，鞌之戰，一怒而興舉國之師、役滿朝之將，功成志得，立廟銘鐘。然終成公之世，與仲孫蔑共政，小心畏慎，俱為賢卿，聲望猶出僑如遠甚。一旦僑如通於穆姜，欲藉晉力以去季、孟，并欲廢公，此時公視季、孟如唐之五王，而視僑如與其母乃韋后與三思爾，非特國人與之，并公亦且委心聽任，如同舟之遇風。此魯之失計二也。嗣後行父悟威權之不可去手，幽君母，刺公子偃，然皆藉君意以行之。至其子宿，乃遂攘奪國政，適值襄公幼弱，父喪未期，即首城賜邑，視叔、孟二卿蔑如也。行父卒後，次當及仲孫蔑，蔑之後當及叔孫豹，此二子皆賢大夫也。魯之舊例，執政以次更代，俟其人已卒，然後遞掌國政。而宿之凶燄，二子皆畏之，慮其軋己，故宿請作中軍，而豹即有「政將及子」之言，不欲與爭。既得國政兵柄在手，入郈以自益，城成邑，而儼然居叔孫之上。凡意如逐君之事，皆宿倡導之。至宿死，而其子絞早卒，執政次及叔

孫舍，舍為政凡十八年，無能革意如之惡，且事事欲傾陷叔孫致之死。此時之罪狀，人人欲傳叉其腹中矣。然南蒯特不得志于季氏之徒，非能為國除患，一旦造謀，智短慮淺，謀未及成，先懼弗克，叛而奔齊，身冒不韙而欲除百年之積蠹，有是理哉。此魯之失計三也。當此國威三挫之後，魯人視公室真如死灰之不復然。而濡首富貴之徒，咸奔走季氏。昭公踵此，而欲與季為難，此如命遼、邰以攻曹瞞，其不為叉出于背者，幸爾。追維終始，此豈一朝一夕之故哉？逮季桓子遭陽虎之難，急用孔子，孔子為政三年，三都墮其二，公私俱安，魯國大治，此所謂惟禮可以已之者也。陽虎謂孔子好從事而亟失時，蓋欲招孔子以共圖季氏。貨蓋如董卓、曹操之流，欲以蔡邕、荀彧擬孔子。《易》曰：「開國承家，小人勿用。」聖人繫《易》，豈不深切著明矣哉。輯《春秋魯政下逮表》第二十一。

◎摘錄卷二十一《春秋子野卒論》末云：余見望溪方氏之說，以為千古未發，急為說以申明之。後閱趙木訥《經筌》有云：「公薨而子野卒，此與莊公薨而子般卒、文公薨而子惡卒何異，均未成君，均不書地，均不書葬。蓋子野賢，季氏忌之，弒野而立昭公，以毀言於朝，而世不察爾。」黃若晦《通說》云：「曰毀者，《左氏》失之。季氏專政，以子野非己所立，故于其次於季氏而害之，以毀聞爾。《春秋》書子野卒於公薨之下，情狀顯然。」又存耕趙氏云：「卒不於他所而于季氏，此疑以傳疑之辭。」閱三說略同，不禁狂喜，乃知人心之同然。前儒已多有疑及此者，不獨望溪一人之創見也。謹附識于此。

◎摘錄卷二十二《晉中軍表敘》：周制大國三軍，次國二軍，小國一軍。晉本大國，自曲沃武公以支子奪宗，莊公十六年，僖王命曲沃伯以一軍為晉侯，從小國之制。至閔公元年，晉獻公始作二軍，公將上軍，太子申生將下軍，以滅耿、滅霍、滅魏時尚未有中軍也。僖公二十七年，文公蒐于被廬，作三軍，謀元帥，使郤縠將中軍，郤溱佐之，中軍于是始。二十八年復作三行以禦狄，荀林父將中行，屠擊將右行，先蔑將左行。避天子六軍之名，故名三行。三行無佐。三十一年秋，蒐于清原，更作五軍以禦狄，罷去三行，更為上下新軍。文公六年春，晉襄公蒐于夷，舍二軍，罷五軍，復三軍之制，以趙盾為中軍將。成公三年十二月，晉景公賞鞌之功，作六軍，韓厥、趙括、鞏朔、韓穿、荀騅、趙旃皆為卿，擬于天子矣。六年，晉遷新田，韓厥將新中軍，且為僕大夫。是時欒書為中軍將，曰新中軍，創出也。十三年，晉厲公伐秦，韓厥將下軍，趙旃代韓厥將新軍，是新中軍在下軍佐之下矣。十六年鄢陵之戰，郤犨代趙旃將

新軍，新上下軍復罷，是為四軍。襄公三年，晉悼公使魏絳佐新軍，新軍皆有將佐二卿，鄭子展謂晉四軍無闕、八卿和睦，知縈謂三分四軍，與諸侯之銳以逆來者是也。至十三年，蒐于緜上，使荀偃將中軍，士匄佐之；趙武將上軍，韓起佐之；欒黶將下軍，魏絳佐之。將佐皆遷，于是新軍無帥。悼公難其人，使其什吏率其卒乘官屬以從于下軍。十四年歸自伐秦，遂舍新軍，復還三軍之舊。自是終春秋之世，晉軍制不復變更。中軍本司徒之職，晉以僖侯諱，廢司徒為中軍。自翼侯以前未入春秋，故其時中軍不著。文公圖伯，以後世有賢佐，國以日強，諸侯咸服。雖經靈、厲無道，而小國不敢叛。自韓起雖賢而弱，末年漸不能制其同列。范鞅更為黷貨，趙氏繼之，與范中行相仇怨。晉以失伯，而三分之勢遂成。嗚呼！考其次第，亦治亂得失之鑒也。輯《春秋晉中軍表》卷二十二。

◎摘錄卷二十三《楚令尹表敘》：楚自桓公六年武王侵隨始見《左傳》，其時鬬伯比當國主謀議，不著官稱。十一年莫敖屈瑕盟貳、軫，敗鄖師於蒲騷，時則莫敖為尊官，亦未有令尹之號。至莊四年武王伐隨，卒於樠木之下，令尹鬬祁、莫敖屈重除道梁溠，營軍臨隨。令尹與莫敖並稱，亦不知其尊卑何別也。嗣後莫敖之官或設或不設，間與司馬並列令尹之下。而令尹以次相授，至戰國猶仍其名。其官大都以公子或嗣君為之，他人莫得與也。其軍制則分為二廣，中軍不必皆令尹將。邲之戰，沈尹將中軍（時為沈尹者，莊王之子公子貞也），而孫叔敖不與鄢陵之役，司馬子反將中軍，令尹子重將左，蓋楚以令尹當國，而司馬則專主兵事，將相微分，與晉制署異矣。子辛多欲，而陳棄楚即晉；囊瓦貪而信讒，而唐、蔡道吳入郢。迹其利害，班班可考焉。自令尹鬬祁而下，歷二十三年，而子元欲蠱文夫人，中更文王、堵敖兩世，不著其令尹姓氏，獨哀十七年子穀對葉公之言，可以參考而互見。聊復補之，以俟篤于《左》者之考定云。輯《春秋楚令尹表》二十三。

◎摘錄卷二十四《宋執政表敘》：中州為天下之樞，而宋、鄭為大國，地居要害，國又差強，故伯之未興也，宋與鄭常相鬬爭。逮伯之興，宋、鄭常供車賦，潔玉帛犧牲以待于境上，亦地勢然也。顧春秋時，宋最喜事，春秋之局，大變自宋起。當齊桓之伯，宋嘗先諸侯以求盟。桓死而襄繼之，求諸侯于楚。卒至執于盂、傷于泓，楚遂橫行不可制，而春秋之局于是乎一變。繼恃其有禮于晉公子，逮公子反國，首先輔晉成伯業，鄭、衛、陳、蔡翕然從服，而春秋之局于是乎再變。最後華元欲合晉、楚，向戌以弭兵為名，令晉、楚之從交相

見，卒至宋虢之盟楚先晉、黃池之後吳先晉，舉中原之勢凌夷而折入于吳楚，悉向戌為之禍首，而春秋之局于是乎三變。厥後南里之叛，晉已失伯，而吳楚帥兵以助叛人，夫非宋自階之厲歟？敘其次第于南北勝復之故，有深感焉，亦春秋升降之一大機也。其執政不拘一官，孔父以大司馬、華督以太宰、華元以右師、向戌以左師、樂喜以司城，與晉楚又異。輯《春秋宋執政表》第二十四。

◎摘錄卷二十五《鄭執政表敘》：世嘗謂鄭莊公鍊事而黠，宋襄公喜事而狂。然此二者，兩國遂成為風俗。宋之狂，非始于襄公也。殤公受其兄之讓，而旋仇其子，至十年十一戰，卒召華督之弒，此非狂乎？下及莊公馮以下諸君，以及華元，不忍鄙我之憾，而旋致析骸易子之慘。向戌貪弭兵之功，而使天下諸侯僕僕楚廷，馴至晉伯熄而楚氛熾，其狂之禍，遂中於天下。至鄭則不然，明時勢，識利害，常首鼠晉、楚兩大國之間，視其強弱以為向背，貪利若鶩，棄信如土，故當天下無伯則先叛天下，有伯則後服。其先叛也，懼楚也。齊桓公以僖十七年冬十二月卒，而鄭文明年春正月即朝楚。邲之戰，鄭首先叛晉，堅事楚者十二年。中間以與許訟不勝，改而從晉。至成九年，貪楚之重賂，復從楚。未三年，復從晉。至成十六年，貪汝陰之田，復從楚。投骨于地，就而食之，搖尾乞憐者，鄭之謂也。其後服也，欲以諸侯之力斃楚，使楚不敢與爭也。莊十六年與齊桓同盟於幽，明年即不朝。歷十三年，復同盟于幽。至僖五年首止之盟，復逃而從楚。晉文之興，踐土甫盟，而明年翟泉復不至。燭之武復間晉事秦，旋召杞子之謀，不得不從晉。未及五六年，復與陳、蔡偕楚為厥貉之次矣。每間伯主之有事，則侵伐小國以自益，晝伏夜行，竊食盆盎，常懼人覺者，鄭之謂也。然亦因此得保其國，常倔強于諸侯間，以中國四戰之地，迭受晉、楚之侵伐，而能國威不挫、民力不疲，雖當晉、楚之伯已衰，猶能與宋相鬥爭者，蓋亦地勢使然，其君臣積習之久，而遂成為風俗歟？鄭之君且勿論，其大臣執政如子良、子駟、子展之徒，遞掌國政五十餘年，其謀議具見於《左傳》。子良之言曰：「晉楚與其來者可也，晉楚無信，我焉得有信」，子駟之言曰：「犧牲玉帛，待于二境，以待強者而庇民焉」，子展之言曰：「吾伐宋，晉師必至。使晉師致死于我，楚弗敢敵，而後可固與晉」，其揣量兩國之情形，狡矣，黠矣！故其術常出于頑鈍無恥、卑污忍垢，民鮮罹戰鬥之苦，而有徵賦之擾，其時國勢亦賴以少安。子產繼之，能折衷于大道。適遇向戌弭兵，兩事晉楚，能事楚而不受楚害、事晉而不為晉屈，本之以禮而善其辭令，故仲尼稱

之，有君子之道。蓋委蛇以從時，權宜以濟變，又非黠之謂矣。竊嘗以春秋列國之情形譬之，秦楚如虎狼，鄭如黠鼠，宋如猘犬。鼠之囓物也以漸，鄭莊以隱十一年入許，旋使許叔居許東偏，卒還其國。後屢侵伐之，直至定六年遊速因楚敗而始滅許，首尾歷二百餘年。犬之噬人也以暴，宋襄甫嗣齊伯，而即執滕子嬰齊，用鄫子于次睢之社。宋景當晉楚之衰，天下無伯，伐邾侵鄭，遂執曹伯以歸，殺之。狂猘四出，不可嚮邇。蓋終始春秋二百四十二年，宋、鄭立國之大較也。此由封建之貽害，積漸至此。後世易為郡縣，朝不道則夕黜之，夕不道則朝黜之，豈特虎狼遠迸，凡鼠竊狗偷，俱不容于大一統之世矣。鄭自中葉以後，執政之上更有當國。蓋自襄二年鄭成公卒，介于晉楚，國家多難，成公命子罕當國攝君事，非常法。自後子駟、子孔、子展世有當國之號，其執政常不依卿之位次。子皮父子世為上卿，位居子產之上，與魯宋又異。輯《春秋鄭執政表》第二十五。

　　◎摘錄卷二十六《齊楚爭盟表敘》：五霸之中，仲尼獨許齊桓。然論者謂自桓伯而天下遂不復知有王。吾謂春秋之世之趨于伯，非自桓始也。桓八年楚已合諸侯于沈鹿矣，十一年屈瑕盟貳、軫矣，脫無齊桓，而天下之勢將遂折而入于楚，故當日之望齊桓如槁旱之望甘雨也。然而齊桓攘楚之功，十分不及晉文之一。何也？城濮一戰，而天下翕然宗晉，齊桓盟召陵，未踰年而楚人滅弦，又踰年而楚人圍許、滅黃、伐徐，楚之桀驁，曾不能稍減其分毫，故穀梁子謂桓之得志為僅此，非桓之劣于晉文也。管仲與子文並世而生，管仲有節制之師，而子文亦有持重之計。召陵之役，按兵不出，遣屈完如師，方城、漢水數言，隱然有堅壁清野以逸待勞之計。故桓不得已，成盟而退，于楚未大創，故天下從違之勢未分也。使如得臣之輕脫、囊瓦之不仁，一戰而勝，全師壓楚，責其僭王與侵奪諸侯之罪，還楚舊號，悉返侵地，終齊桓之世不動，豈非赫然王者之師哉？然齊桓之志，志在服鄭而已。當日北方多故，桓公之為備者多。狄病邢／衛、山戎病燕、淮夷病杞、伊雒之戎為患王室，方左支右吾之不暇，明知天下之大患在楚，而未暇以楚為事。以為王畿之鄭能不向楚，則事畢矣，故終其身竭力以圖之。至如楚之江／黃、晉之虞／虢，桓公以為鞭長不及，無如何也。且管仲佐桓公圖伯以來，以大義服人，未嘗交兵與諸侯一戰，其意以愛養民力、勤恤諸侯為事。故仲尼許其仁，為其不勞民力以戰攻也。而孟子嗤其功烈之卑，為其不能服楚、制晉，大王者之烈也。此則桓公之世為之也。輯《春秋齊楚爭盟表》第二十六。

　　◎摘錄卷二十七《宋楚爭盟表敘》：孟子曰：「以力假仁者伯，伯必有大國。」說者謂宋襄之執于盂、傷于泓，由其國小力絀使然。其說得之矣，而不盡然也。以宋襄之國，而苟以齊桓之道用之，則亦可以不至于敗。以齊桓之大，而苟以宋襄之術馭之，則傷威損重，其去楚靈也不遠。蘇子有言：「人有十夫之力，苟終日狂呼跳浪，則三尺童子亦可制其後。」我觀齊桓之伯，蓋終其身未嘗用戰爭之力也。存三亡國，而未嘗加兵于狄。合八國之師，整兵召陵，成盟而退。其于淮夷、山戎，止以先聲驅之，務在保安弱小，使各安宇下而已。而又能克己以下小國，遇魯則身至魯地，遇宋則序先宋人，其興師嘗更迭用之，令各就近為侵伐，而不役之于遠。故東征西討而民力不疲，數動與國而諸侯不怨。而宋則反是：方齊桓之卒也，汲汲乎欲代其任。而首先與齊戰，幸而一勝，則翹然自喜，以為天下莫與敵。于是一會虐二國之君，五年之中無歲不興師，伐曹、伐鄭，馴至排不測之強楚，軍敗國蹙，旋以身斃。嗚呼！其輕用民力若是，雖使齊、晉之大，其能有濟哉？夫以晉文之兵力，猶兢兢示禮、示信、示義，逮合齊、秦兩大國，而後敢與楚戰。宋襄以孤軍單進，又不乘險擇利，雖以晉文處此，亦必敗，而況小國乎？後來惟楚靈以咆哮之質，適當晉之不振，威脅小國，北方之諸侯俯首帖耳恐後，然未幾而外怨內叛，棄疾一呼，反者四起，適趣其申亥氏之變。此所謂有十夫之力，而終日狂呼跳浪，以至于斃者也。如宋襄者，則以尫弱之夫，而舉鼎絕臏而死，豈不可哀也哉！輯《春秋宋楚爭盟表》第二十七。

　　◎摘錄卷二十八《晉楚爭盟表敘》：孔子曰：「晉文公譎而不正，齊桓公正而不譎。」朱子專以伐楚一事言之，其說蓋原于杜氏。愚竊意其非然也。論其譎與正之大者，如齊桓不納鄭子華之請，而晉文因元咺執衛侯；齊桓定王世子而拜天子之胙晉文則至請隧。其規模之正大，事事不如齊桓。至論城濮之戰，則勝召陵遠甚，何則？召陵雖盟，而楚滅弦、圍許，毫無顧忌，蔡鄭亦未敢即從齊至。如城濮一勝而天下之諸侯如決大川而東之，其功之大小，寧可以數計哉？論者曰：晉不宜伐衛以致楚，尤不當矜兵力以求必勝。其說皆非也。論當日從楚之罪，則曹、衛為罪首，何則？楚之最近者許、蔡，其次則陳，又其次則鄭，諸國之從楚，實迫于不得已。若衛為北方大國，而曹介在齊、魯之間，與楚風馬牛不相及。又均為文、昭之後，其相率而從楚，何為者？原楚之意，不過欲結衛以揸晉、結曹以來齊、魯，使天下諸侯俱南面朝楚而止耳。此門庭之寇，匪直為報怨之私而已也。且論者之意，果以為晉不伐衛而遂可以勝楚，

晉不勝楚而晉遂可以伯乎？尤非也。不勝楚則楚之虐燄未息，而不伐曹、衛，勢必加兵于陳、蔡、鄭、許，目前齊、宋之急未易解也。且使晉而勤兵于四國，勞兵頓師，而楚橄曹、衛議其後，令楚反得仗義之名。而晉有孤軍轉戰、腹背受敵之苦，勝負未可知，孰若蹙方張之寇于大河四戰之地，一舉勝之，為中原立赤幟。聖人宜錄其不世之功，不宜以為譎而訾之也。且當日之時勢何如者？魯從楚矣，宋亦嘗及楚平矣，魯又乞師伐齊取穀，楚兵威所未及者，周與晉耳。斯時楚頵之橫埒于安史，而晉文之功侔于李、郭。假令以安史之桀驁，唐室能仗義執言以服之乎？李、郭百計殄之，收復京師，而論功之際，乃謂其兵出詭道，非王者之師，鰓鰓焉議其後，恐朱子之《綱目》其書法不應如是。或又謂子所論者，後世之事耳，春秋未遠三代，不可以戰爭論。曰：果如是，則宋襄有明驗矣。不重傷，不禽二毛，而遂至敗于泓。令晉文而守拘方之見，城濮一挫，周室將不可問，其利害孰為大小？而又可執儒者之見以議之乎？劉氏敞乃謂宋襄能守信義，雖師敗國削，非其恥。又謂周末諸侯交爭，賤守信而好奇功，故穀梁子亦以宋公為非。嗚呼！是皆杜氏譎而不正之說誤之。其弊馴至陳餘，儒者不用詐謀奇計，卒為泜水之擒而後已，豈不謬哉。輯《春秋晉楚爭盟表》第二十八。

◎摘錄卷二十九《吳晉爭盟表敘》：晉用申公之計，用吳以犄楚。其後吳卒破楚入郢，馴至為患于方夏，病齊及魯，與晉爭長于黃池。論者因以咎晉之失計，自啟門庭之寇。其實非也。晉欲制楚，則不得不用吳。吳之所以橫不可制者，咎在晉君失政，六卿各擅強權，不復以諸侯為事，失不在用吳也。何以言之？楚之強，天下莫能抗，日者齊桓嘗欲攘楚矣，不得已而用江、黃，一會于貫，再會于陽穀，徐而興召陵之師，《春秋》詳書其事以美之。然江、黃國小而近楚，楚滅江、黃而桓公不能救也，是無益于制楚之事，而徒以速江、黃之滅。若吳則不然，在楚之肘腋，而力足與楚相抗。自成七年入州來，楚內有吳釁，奔命不暇，遂不復加兵于宋、鄭，中國藉以息肩者數十年。日後晉復用向戌弭兵之說，委天下諸侯南向而朝楚，晉亦偃然弛備，無復有經營諸侯之心。楚得肆其驕橫，爭長壇坫，至靈王遂大會諸侯于申。楚熄而吳熾，因遂躡其故轍。是則吳之所以爭長黃池者，由於當日之玩楚而使楚得志，非用吳之過也。向使晉常修悼公之業，雖明知弭兵之說之不可徇，而嚴兵以待之，楚人爭先則正辭以折之，楚必俯首帖耳而不敢動。楚不敢動，而吳亦無緣萌其覬覦，烏有召吳而反為吳病者哉？且晉自昭十三年平丘之盟而後，晉已失伯，齊景欲嗣興

而不能，宋、魯、鄭、衛，皇皇焉無所依，故吳得乘虛而爭伯中國。就使天下不折而入于吳，亦必折而入于楚。吳、楚于中國，固無分也。況是時晉政已移于三家，天下久已無晉，君子之責晉者，謂急宜發憤自立，速收三家之權，必使先有晉而後可以制吳，不必以前日之用吳為晉詬病。嗚呼！自古資鄰國之兵以集事，鮮有不被其患者，而能自強則無之。唐興嘗資突厥矣，其後太宗卒擒頡利；中興嘗資回紇矣，而卒恭順為國外藩。彼所用者，第一時之力，而能自固于根本之地，故能有利而無害。城濮之役，文公嘗用齊、秦，日後秦雖構怨，而不能為晉病也。且以桓公之盛，未有能獨力制楚者。以悼公之用吳，較之齊桓之用江、黃，其利害豈不較然著明也哉？余因撮其先後諸事，都為一編，使後之論吳晉者有考焉。輯《春秋吳晉爭盟表》第二十九。

　　◎摘錄卷三十《齊晉爭盟表敘》：案：昭十二年，晉侯以齊侯晏，投壺，齊侯舉矢曰：「有酒如澠，有肉如陵。寡人中此，與君代興。」是時景公窺晉之衰，已有互相爭長之志。屬當平邱之會，晉已不復能宗諸侯。楚新斃于吳，無復北方之志，而吳亦未遽爭衡于中國。齊得于此時收召列辟，得鄭、得衛、得魯，復得宋。夫以齊之強，承桓公之餘烈，又當晉楚俱衰之後，因利乘便，使能正魯意如之罪，反昭公而君之，伸大義于天下，此如順風而呼，何遽不能代晉主盟哉？乃鄆陵之盟，信子猶之讒，卒伏天討。且于晉則助臣以叛君，于衛則助子以拒父，三綱既絕，猶欲軋晉而求諸侯，是卻行而求前也。卒之內不能正其家，溺意嬖寵，耽樂忘禍，廢長立少，輕棄國本，權臣乘間，得行篡弒。數年之間，遂移陳氏。與晉爭彊，卒與晉同斃。嗚呼！亦可悲矣。孔子告景公曰：「君君臣臣父父子子」，所以起膏肓而拯廢痼者，豈不深切著明也哉。故自鄆陵之會訖于景公之歿，爭伯凡二十八年，撮略其傳著于篇。輯《春秋齊晉爭盟表》第三十。

　　◎摘錄卷三十一《秦晉交兵表敘》：賈生有言：「秦孝公據崤、函之固，擁雍州之地，君臣固守，以窺周室。」嗚呼！此周秦興廢之一大機也。考春秋之世，秦晉七十年之戰伐，以爭、崤函，而秦之所以終不得逞者，以不得崤、函。惠公之入也，賂秦以河外列城五，東盡虢略，南及華山，蓋自華陰以及河南府之嵩縣，南至鄧州，凡六百里，皆古虢略地，桃林之險在焉。賂秦則晉之地險盡失，蓋以空言市秦而實不與也。逮戰韓獲晉侯，秦始征晉河東，不二年復歸之晉。春秋當日，雖天子所賜，苟其民不服，則亦不得而有。隱十一年王以盟、向易蘇、邢之田於鄭，未幾盟、向叛鄭歸王，王遷盟、向之民于郟。襄王錫晉

以南陽，而溫原之民不服晉，況此時晉兵力尚強，秦蓋知其力不能有，故索質子于晉，因而歸之以為名耳。逮穆公暮年，年老智昏，越千里而襲鄭，蓋乘文公之沒，蘄滅鄭而有之，其地反出周、晉之東。使衰絰之師不出，秦將包陝、洛，亘崤、函，其為患且十倍于楚。幸而崤師一敗，遯逃竄伏，其後迭相攻擊，歷三四世，終不能越大河以東一步。成十一年，秦、晉為成，秦史顆盟晉于河東，晉郤犨盟秦于河西，截然兩界，如天塹之不可越。使三晉不分，以其全力制秦，秦終不敢東出周室，何自有窺之漸哉。余嘗持論，謂晉獻公滅虢，而周室無復有西歸之計。然使晉不滅虢，虢必入秦，而秦于周為切膚之災，于鄭成密邇之勢。夫楚爭鄭而晉得以救之者，以楚去鄭稍遠，而晉得陝、虢，庇鄭于宇下，能聯絡東諸侯以為之援也。秦若滅虢，則晉與鄭隔絕，而鄭在秦掌握中，秦伐鄭而晉不能救也。秦得鄭，則周室如累卵，三川之亡，且不待赧王之世。故周之得以支持四百年者，以晉得虢略之地，能為周西向以拒秦也。周秦廢興之故，豈不重係乎此哉？輯《春秋秦晉交兵表》第三十一。

◎摘錄卷三十二《晉楚交兵表敘》：春秋時，晉楚之大戰三：曰城濮、曰邲、曰鄢陵。其餘偏師凡十餘遇，非晉避楚，則楚避晉，未嘗連兵苦戰如秦、晉、吳、楚之相報復無已也。其用兵嘗以爭陳、鄭與國，未嘗攻城入邑，如晉取少梁、秦取北征之必略其地以相當也。何則？晉楚勢處遼遠，地非犬牙相輳，其興師必連大眾，乞師于諸侯，動必數月而後集事。故其戰嘗不數，戰則動關天下之向背。城濮勝而天下諸侯翕然從晉，邲勝而天下諸侯翕然從楚。惟鄢陵之勝，鄭猶倔強，至悼公而後服之。故文公之伯，務一戰以勝楚；悼公之伯，務不戰以罷楚。逮向戌為弭兵之說，而天下之大事去矣。然此非獨向戌之罪也。當晉、楚盟宋時，天下尚多與晉而不與楚，晉強而楚弱，使當時晉嚴兵以待楚，楚必不敢萌先歃之志。即楚人請之，而晉正辭以折其銳，不可則整軍而退，帥諸侯以申罪致討于楚，楚必不敢動。乃趙武守匹夫之信，以藩為軍，惴惴懼楚之衷甲謀變，以請先歃則聽，以請晉楚之從交相見則聽，叔向空為大言以自慰，俾楚得執前言為要質，魯宋諸國僕僕于楚之庭，甚至楚虜驕橫，執殺陳、蔡之君，晉猶恐瀆齊盟而卑辭請楚，曾不敢發一矢相加遺。趙武、叔向豈非當日之罪人也哉？自弭兵之後，晉之君臣偃然弛備，不復以諸侯為事。歷楚之郟敖、靈、平三世，晉不能復出兵東向者四十餘年，如病瘰不能起。至囊瓦不仁，從楚之國悉起從晉，晉合十八國之師，自桓、文以來所未嘗有。而徒潛掠楚境，以大功歸諸僻陋之吳，而晉之伯業于是乎終矣。嗣及六卿相軋，日尋干戈。至

哀之四年，晉人且執戎蠻子以歸楚，儼然以京師之禮事之。晉之為晉，亦可哀矣哉。輯《春秋晉楚交兵表》第三十二。

　　◎摘錄卷三十三《吳楚交兵表敘》：聞之：敵在千里者，患生于有象；敵在肘腋者，患發於不虞。楚以方城為城、漢水為池，天下莫之與抗，而吳卒入郢。吳破楚、勝齊、敵晉，威行於中夏，而越以入吳。此如猛獸之畏鼷鼠、巨木之畏蝎蟲，獨是吳自分封以來數百年，入春秋常服屬于楚，至壽夢而遂不可制。說者謂此是申公巫臣教之，似矣，而猶未詳其利害之實也。余嘗究觀《左氏》，而知吳地水行，其性不能以陸，故其會晉也，于蒲則不能至于鍾離，而後至于雞澤則不能至于戚，而後至晉侯徵平邱之會，吳以水道不可辭。哀九年徼師伐齊，則先溝通江、淮矣。十三年會晉黃池，則闕為深溝于商、魯之間矣。是知吳不能一日而廢舟楫之用也。然以此與楚角，則萬萬不能勝。何則？舟楫之用在江湖，而長江之險，吳楚所共，楚實居上流，故其用兵常棄舟楫之用而爭車乘之利。撮其前後數百戰，鳩茲之役則楚勝，而吳之報之也，伐楚取駕；朱方之役則楚勝，而吳之報之也，則取楚棘、櫟、麻。蓋舍其習用之技，而常從陸路瞰其東北，以避楚長江直下之險。當其舍舟淮汭，自豫章與楚夾漢也，贏糧越險，深入內地。蓋用蔡人為嚮道，而又得子胥、伯嚭報仇死戰之士，孤軍單進，轉戰千里，自非熟練車乘不能為用。然後知巫臣之教吳，其患在楚數十年之後，非止一時之疲于奔命而已也。向非巫臣教吳以乘車射御，則楚軸轤之師從漢口順流而下，譬如屋上建瓴水而注之地，而吳以舟師仰攻，勢必不勝。向之甘于役屬者，職是故耳。夫吳之爭州來也，凡七十年，三用大眾，而後奄有其地。蓋亦欲去江路而阻淮為固，扼楚咽喉，為進戰退守之資。故曰後以季子賢人撫柔之，復遷蔡以實之，其舍舟淮汭，直走漢濱，蓋逆料楚瓦不仁，勢必離散，亦必先于此用重兵屯守，據險設伏，為歸路計。故楚司馬戍議悉方城之外以毀其舟，還塞城口。當日其計不行，就令得行，而吳必有與敵以不可勝者。不然，吳之全軍且如覆金，無噍類矣。闔閭君臣，豈肯出此萬死不顧一生之計哉？嗚呼！古之善戰者，常因地以制宜，隨時以適變。吳舍舟用車，而卒破楚；晉毀車用卒，而能勝翟。至戰國而趙武靈王胡服騎射，後世遂用為長技，而車戰且成古法不可用。唐房琯一用之而敗，明孫傳庭再用之而亦敗矣。古今之世變，豈可一律論哉。輯《春秋吳楚交兵表》第三十三。

　　◎摘錄卷三十四《吳越交兵表敘》：世嘗恨吳王不聽子胥滅越，致越卒治吳。余以為不然。吳之亡，以驕淫黷武，耽樂忘禍，輕用民力，馳騁於數千里

之外。雖微越，吳亦必亡。若使守其四境，和其人民，任賢使能，而增脩其政，越雖切齒思報，亦且懾伏而不敢動，動即滅國矣，雖百越能為吳患哉？且吳之會晉黃池，聞有越師，遽邅而奔歸也。太子戰死，國之不亡者如髮，而越未嘗不與吳平，此時若能效勾踐會稽之志，則吳之封疆大于越國，而吳之受創未至如會稽，將見越能復吳，而吳亦能復越。潴越之國，數勾踐背德之罪而戮之，天下其孰敢議。乃因循至十年之久，再受越師，卒迷不悟。慶忌驟諫而至見殺，則非越之能滅吳，吳自滅耳。嗚呼！古今存亡之理，雖曰天命，豈非人事。吳嘗破楚入郢，乃不踰年而楚卒返國；越一入吳，而泰伯之後遂以不祀，此又非特夫差之過也。楚能信任宗族，其執政皆公子，昭王奔隨，而子西為王輿服于脾洩，以靖國人；子期至身為王以與吳。其大臣多捐軀盡忠之士，譬如百足之蟲，至死不僵矣。向使夫差雖亡，而夫概尚在，以其精于用兵，得吳旁郡邑而守之，安見死灰不可復然？而吳自闔閭以來，世疏忌骨月，王僚之弒，掩餘、燭庸逃竄無所，夫概有破楚大功而卒奔楚為堂谿氏，盡斬其枝葉，而欲以孤幹特立于二千里之地。故以吳之強，而越摧之如拉朽，豈不哀哉。為著其始終得失之故，明鑒戒焉。輯《春秋吳越交兵表》第三十四。

　　◎摘錄卷三十五《齊魯交兵表敘》：夫子有言：「管仲相桓公，霸諸侯，一匡天下，民到于今受其賜。微管仲，吾其被髮左衽。」嗚呼！夫子稱「到于今」，則知此言非特予管仲，并予晉文。愚嘗觀于齊、魯之故，而歎春秋之天下不可一日無晉，晉伯息而齊、魯俱受其敝矣。何則？霸之局非管仲與齊桓不能創，而非晉則不能維持以至于百年。齊桓之世，天下之所賴者唯齊。齊桓既沒，魯之所患亦唯齊。齊桓之子孫至春秋之末凡八九世，獨惠公稍安靜，而景公有志爭伯，觀釁而動，故二公之世，齊、魯爭鬭差少。其餘若孝公、懿公、頃公、靈公、莊公，類皆如猘犬之狂噬。而悼公之世，國已制于陳氏，好以其君惡于諸侯，故其時魯一有齊難則乞師于晉，晉師出而魯得安枕者數十年。迨晉稍有間，或新君初立未遑諸侯之事，則齊患復起。故齊之於魯，如切膚之錮疾，不時間作，所藉以為扁鵲者唯晉。晉伯息，則魯無所控愬。故晉文之未興也，僖公至以楚伐齊。晉伯之既去也，哀公至以吳伐齊。夫至以吳楚伐齊，天下幾無復有中夏，此夫子所以有被髮左衽之懼也。世徒見夫子有誦正之言，謂聖人或伸齊而抑晉，累晉文之功而不錄，豈識《春秋》之旨哉？夫桓公一匡天下，而其子孫首壞其法，狼貪鼠竊，晝伏夜行，賴晉承齊桓之業整飭者數世。至晉伯衰而齊弱魯，魯亦能乞師以弱齊，齊、魯交相敝，而吳、楚得橫行于天下。夫

子立定、哀之世，親見昭公娶于吳矣。哀公會吳伐齊，至齊弒君以說矣。至吳晉爭長黃池，而齊桓一匡之緒，吳且分其半，夫子蓋心傷之。而要非齊桓則不能創其局以貽晉，夫子所以獨歸功於管仲者以此。《孟子》曰：「其事則齊桓、晉文」，夫惟桓、文並稱，此夫子之所為「到於今」也。輯《春秋齊魯交兵表》第三十五。

◎摘錄卷三十六《魯邾莒交兵表敘》：嗚呼！余觀春秋之世，而知封建之為禍烈也。魯與邾、莒，僻處一隅，非有關于天下之故，然魯虐邾、莒，莒滅向、滅鄫，邾滅須句、滅鄅，而其後皆為魯所吞併。最後以邾子益來，幾亡邾矣。賴吳越而得復，中間仗桓、文之霸扶持，綿延二百餘年，迭相攻伐，而斯民之塗炭亦甚矣。蓋嘗綜其始終而論之：魯、邾、莒之事，終春秋之世凡三變，何則？魯立國于兗州之曲阜，其南則邾，其東則莒，地小而偪，其勢不得不爭。然邾列在附庸，而莒介于蠻夷，故春秋之初，魯嘗凌邾而畏莒。隱、桓皆再盟邾而再伐邾，邾不敢報，而莒則隱與其微者盟于浮來矣，莊以叔姬女其大夫矣。隱、桓、莊三世，魯、莒未嘗交兵。至僖公首年，一敗莒師，旋即再盟洮、向以弭其隙。而邾則僖公之世戰伐無已，則以邾近而莒差遠、邾弱而莒差強故也。至文十二年，季孫行父城郓，而爭郓之禍起。襄四年魯請屬鄫，而莒即滅鄫，而爭鄫之禍又起。當其時，晉悼興霸，羣侯方屏息聽命。魯以禮義之國，兢兢焉軌於法度，罔敢凌虐弱小。而邾莒反恃齊靈而肆橫，十年之間，莒四伐我而邾再伐我。魯凡十六年不伐邾，反為脩平以講好。蓋邾、莒倚齊以軋魯，魯之所恃者晉，晉遠，不若齊之近，又是時晉方以楚、鄭為事，無暇理邾、莒，蓋倚人立國，彊弱隨時，理固然也。至昭之元年而莒有亂，季孫以大盜竊國，取郓不已，旋而取鄫；取鄫不已，旋而取郠。而邾則連歲四納其叛人，昭公以後，莒不復見。哀之世，無歲不與邾為難，竟俘其君以歸獻於亳社。陵蔑弱小之禍，至此極矣。嗚呼！以邾莒之密邇于魯，而得終春秋之世不亡者，以大國林立，環視而莫敢先動，然其民之死于戰爭已不可勝數。故欲復周初方伯連帥興師討伐之制，不若易後世郡縣寓內守令迭更之制。雖有殘暴不軌為生民害者，馳一尺符則虐燄頓息，孰與夫興師討罪有抗拒之禍、甲兵之慘哉？春秋列國之爭，可前鑒矣。輯《春秋魯邾莒交兵表》第三十六。

◎摘錄卷三十七《宋鄭交兵表敘》：春秋之初，宋、鄭號中原大國，宋紹微子之封，而鄭取虢、檜之地，地既偪近，力又相埒，故其勢常至于鬬爭。

乃吾統觀春秋宋、鄭之故，而知天下不可以一日而無伯也。春秋二百四十二年之中，宋、鄭凡四十九交戰，然其局凡三變：蓋當初年，晉楚未興，齊亦僻處東服，其時犬牙相錯者，惟宋、魯、鄭、衛。而鄭莊以善用兵，常結援于齊，而藉其力，繼又結魯，宋合衛、陳、蔡以搘之，而不能當也。至宋馮之世，始立突，繼又責賂而讎突，後復助突以求入，交戰尤數。當是時，魯桓、衛惠、鄭厲、宋莊，俱負篡弑大惡，號稱四凶，相與逐利棄信，結黨崇奸，競用干戈，朝盟夕改，生民之塗炭極矣。此春秋之一大變也。至齊桓興而兵爭息，桓歿而宋襄以爭伯，一戰而軍敗身傷，晉文、襄起而兵爭又息。當是時，宋、鄭之君俱共玉帛，以從容于壇坫之上，間一用兵，不過帥敝賦以從大國之後，無兩君對壘、朝勝夕負、報復無已者，亦足見霸功之有益于人國矣。迨晉悼嗣伯，其事乃與桓、文少異。晉合天下之力以爭鄭，鄭患楚之數來，屢盟屢叛，故惡于宋，以激諸侯之兵，使楚疲于奔命而不敢與晉爭，而後乃固與晉。時交戰尤數，十年凡十三戰。此宋鄭之事之又一變也。蕭魚以後，悼公及平公之初，海內嬉恬，至向戌弭兵，宋、鄭更僕僕于晉、楚之廷，民不苦于戰鬥而苦于供億。兩國息于兵戎者六十八年，而陳、蔡卒坐受楚滅，其事得失又相半。至春秋之末，晉、楚俱衰，齊景欲圖伯而不終，宋景乃率其祖之故智，伐邾滅曹，妄意爭伯，與鄭以隙地啟釁，驟興兵革，卒至彼此交取師，全軍覆歿，得不償失。此又宋鄭之事之一大變，春秋將夷而為戰國矣。統計伯功之始終，始于齊桓之北杏，迄于晉昭之平邱，首尾凡百四十有八年。每當伯功之息，則宋、鄭首發難。《春秋》于列國戰爭不悉書，獨于兩國自隱、桓至定、哀，凡取邑、取師，無不備載，蓋以其地踞中原，關于天下之故。伯功視兩國之向背為盛衰，而兩國又視伯功之興廢為休戚，聖人思王，不得已而更思伯，其亦有見于此乎！余故撮略其事，輯《宋鄭交兵表》第三十七。

　◎摘錄卷三十八《城築表敘》：國家用民之力，歲不過三日。《豳風》：「我稼既同，上入執宮功」，《召誥》：「厥既命殷庶，庶殷丕作」，言先王之世，役民而民不知，相與趨事赴功如此也。夫說以使民，民忘其勞；說以犯難，民忘其死。所謂說者，非家喻而戶曉之也，民知其事之不獲已，而非為其私，則雖捐軀赴刃，而民不怨，況區區力役乎？周公東征三年，破斧缺斨，而詩人作詩致美。至平王之世，揚水之役，特期戍耳，而民相與怨思。此以見存乎其事，而不係乎期之久近與役之勞逸也。《春秋》十二公，其用民力多矣。僖公修泮

宮、復閟宮，不志于經。程子謂復古興廢，乃禮之大者。至城郭溝池以為固，非立國之本務。《春秋》自莊以後，或黷武啟釁而防報復，或背盟大國而慮見討，又況末季權臣擅侵奪小國以自封殖甚矣。故凡城之志，無論時不時皆譏。臺囿之築，耽細娛而忘國計，其失更不待言。莊公忘父讎不報而一年三築臺，昭、定當權臣竊國而築郎囿、蛇淵囿，此真下愚不移，無足與論得失之數矣。輯《春秋城築表》第三十八。

◎摘錄卷三十九《四裔表敘》：昔先王疆理天下，建置侯甸，而蠻、夷、戎、狄猶錯處內地。春秋之世，其見于經傳者，名號錯雜。然綜其大概，亦約略可數焉：戎之別有七：其在今陝西之臨潼者曰驪戎，即女晉獻公以驪姬者。秦置驪邑，邑有驪山，俱以戎得名。其在鳳翔者曰犬戎，蓋西戎之別在中國，其先嘗攻殺幽王，秦驅逐之，至春秋時種類猶存，閔二年「虢公敗犬戎于渭汭」是也。其在瓜州者曰允姓之戎，遠莫知其所居，秦晉遷于中國，則曰陸渾之戎，今為河南府嵩縣。又曰陰戎，又曰九州戎，又曰小戎。晉惠公母家，傳謂小戎子生夷吾。逮惠公歸自秦，而誘以來處之陸渾，世役于晉。亦曰姜戎，佐晉敗秦師于殽，自後無役不從，亦數與會盟。以其處晉陰地，謂之陰戎。昭十七年，陸渾貳于楚，晉荀吳滅之，其餘服屬于晉者，謂之九州戎。自晉滅陸渾，城汝濱地而有之，楚亦滅蠻氏，係汝州之地，而汝水南北遂為晉楚分界。其先陸渾而居伊洛之間者，又有揚、拒、泉、皋、伊、洛之戎。揚、拒、泉、皋皆戎邑，王子帶曾召之以伐京師，焚王城東門，為禍最烈。自秦晉遷陸渾，而此種浸微。後泉戎地入于周，為前城。而文八年公子遂因趙盾盟伊、洛之戎于暴，成六年與陸渾、蠻氏同受命于晉侵宋，則伊、洛、陸渾並為晉之內臣矣。蠻氏亦戎別種，在汝州西南，亦名茅戎，以處茅津得名，在今解州之平陸，地頗遼遠。成之元年，王師嘗為所敗，後屬晉。乃哀公之世，晉執戎蠻子以畀楚，而楚之強益不可制。其在直隸之永平者曰北戎，亦曰山戎。春秋初嘗侵鄭、伐齊，已而又病燕，齊桓公因北伐山戎。襄四年無終子嘉父，因魏莊子納虎豹之皮，以請和諸戎者，其別種也。又有在山東之曹縣與蘭陽接壤者，經直曰戎，無名號。春秋初，屢與隱公會盟。隱九年天王使凡伯來聘，戎伐凡伯于楚邱以歸，所謂戎州己氏之戎是也。胡氏以徐戎當之。夫戎在魯西境，徐戎在魯東郊，凡伯聘魯還過楚邱，而戎伐之豈所云東郊者乎？凡此皆諸戎之大略也。狄之別有三：曰赤狄、曰白狄、曰長狄。長狄兄弟三人，無種類。而赤狄之種有六：曰東山皋落氏、曰廧咎如、曰潞氏、曰甲氏、曰留吁、曰鐸辰。潞為上黨之潞縣，處

晉腹心。宣十五年晉滅赤狄、潞氏，明年並滅甲氏、留吁、鐸辰。留吁、甲氏俱在今之廣平，鐸辰在潞安境。白狄之種有三，其先與秦同州，在陝之延安，所謂西河之地。其別種在今之真定、藁城、晉州者，曰鮮虞、曰肥、曰鼓。鮮虞最強，與晉數鬪爭。而肥、鼓俱為晉所滅。蓋春秋時，戎狄之為中國患甚矣，而狄為最。諸狄之中，赤狄為最。赤狄諸種族，潞氏為最。晉之滅潞也，其君臣用全力以勝之。荀林父敗赤狄于曲梁，遂滅潞。而晉侯身自治兵于稷，以略狄土。稷在河東之聞喜，而曲梁在廣平之雞澤，綿地七百餘里。旋復得留吁之屬，晉之疆土益遠。狄所攘奪衛之故地，如朝歌、邯鄲、百泉，其後悉為晉邑。班氏所謂「河內殷墟更屬于晉」者，蓋自滅狄之役始也。然狄之強，莫熾于閔、僖之世，殘滅邢、衛，侵犯齊、魯，其時止稱狄，未冠以赤白之號，其後乃稍稍見于經傳。意其種豪自相攜貳，更立名目，如漢之匈奴分為南北單于，而其後遂以削弱易制。《傳》云：「眾狄疾赤狄之役，遂求成于晉」，此其徵也。東方之夷曰萊、曰介、曰根牟。後萊、介并于齊，根牟滅于魯，不復見經。惟淮夷當齊桓之世嘗病鄫、病杞，後復與楚靈王連兵伐吳，然皆竄伏海濱，于中國無甚利害。南方之種類不一，羣蠻在辰永之境，百濮為夷，盧戎為戎。羣蠻當楚莊王時從楚滅庸，自後服屬于楚。鄢陵之役，從楚擊晉，而盧戎與羅兩軍屈瑕，後卒為楚所滅，率微甚無足道者。余觀夫齊桓創霸以來，存三亡國，而終不敢加兵于狄。戎伐周而管仲為平戎于王，幾若儕于敵國，而范文子謂狄為三疆。自宣迄昭，六七十年，晉滅陸渾，兼肥、鼓，劉潞氏、留吁、鐸辰，戎狄之在河朔間者，稍稍盡矣。獨無終以請和得存，而鮮虞亦曰中山，至戰國時為列國，僭號稱王，後滅于趙。輯《春秋四裔表》第三十九。

◎摘錄卷四十《天文表敘》：余讀《春秋》至日食與失閏，輒歎周之曆法不傳，其故殆莫可考而知也。考今曆法，三歲一閏，五歲再閏，而《左傳》于莊二十五年六月辛未朔「日有食之」云：「非常也。」杜預註：「非常鼓之月，由置閏失所，故致月錯。」是不應置閏而置閏，誤使七月為六月。襄二十七年冬十一月乙亥朔「日有食之」云：「辰在申，司曆過也，再失閏矣。」哀十二年冬十有二月螽云：「火猶西流，司曆過也」。是為應置閏而失不置。于襄少再閏，于哀少一閏，雖書十二月，實十一月，即夏之九月也，何閏法之錯繆至于如此！日月行度，據後世曆家推算，大率以一百七十二日有餘而一交，交則月掩日而日為之食。然亦有不正相值，或食于夜則日食不見，但無頻月食法。而襄二十一年九月十月頻食，二十四年七月八月頻食，諸儒皆所不解，以日月無

頻交之理，不交無從有食。惟漢高帝三年及文帝前三年，俱于十月十一月晦頻食，與《春秋》相同，術士無從考知。元郭守敬之言曰：「三代曆無定法，周秦之間閏餘乖次，至漢造《三統曆》，而是非始定。經一千一百八十二年，曆凡七十改，創法者十三家，足徵天之運行無常，雖聖人創造曆法，經數百年輒廢不可用。」竊意易稱治曆明時，當湯武革命之初，應天順人，改定正朔，其損益曆法，必更大備。而自堯命羲和、舜齊七政，而後六經之文無可考見，識者惜之。然則守敬所云「曆無定法」者，特其法不傳于後，非果三代聖人不為更造也。自武王革殷，至春秋時又已數百年，周衰失政，世無明天子，莫能脩正曆法，莊、襄、定、哀之間，閏餘失次，日月交會，其行度往往與後世錯，固其理也。漢初太史令司馬遷等言曆紀廢壞，宜改正朔，始造《太初曆》，自後日益精密。自此以前至春秋，經戰國之衰亂，秦漢皆以力征，日不遑給，莫能以欽若昊天為事。則高帝文帝時之連遭頻食，秦置閏多在歲後，莫能隨月置閏，恒書後九月與春秋之季略相彷，其亦以此歟？故論著之，以俟後之精通曆法者攷焉。輯《春秋天文表》第四十。

◎摘錄卷四十《書萬充宗黃棃洲春秋日食問答後》：

問云：春秋日食三十六，而頻食者二。先儒皆謂日無頻食法。王伯厚云：衛朴推驗《春秋》合者三十五，獨莊十八年三月古今算不入食限，豈二頻食亦入限乎？抑史官怠慢，當時失記，從後追憶，疑莫能定，遂兩存之，《春秋》因而不削乎？

答曰：沈存中云：「衛朴精于曆術，《春秋》日食三十六，密者不過得二十六七，一行得二十七，朴乃得三十五。惟莊公十八年一食，今古算皆不入食法，疑前史誤耳。」王伯厚之言本此。愚按襄公二十一、二十四兩年俱頻食，曆家如姜岌、一行皆言無比月頻食之理，授時曆亦言其已過交限，西曆則言日食之後越五月、越六月皆能再食，是一年兩食者有之，比月而食則斷無是也。襄二十一年己酉九月朔，交周宮九度五一二八入食限，至十月朔，一宮一十度三一四二不入食限矣。二十四年壬子七月朔，交周宮三度一九三五入限，至八月朔，交周一宮三度五九四九不入食限矣。乃知衛朴得三十五者，欺人也。其言莊十八年一食自來不入食法，按是年乙巳歲二月有閏，至三月實四十九日一十三時合朔，癸丑未初初刻交周一十一宮二十八度三四三七，正合食限。朴蓋不知有閏，故算不能合耳。朴于其不入食限者自謂得之，于其入食限者反謂不得，不知何說也。

案：此問答推究《春秋》日食最精細。但梨洲云西曆以越六月即能再食者，即高氏閌所稱曆家推步之法，一百七十三日日月始一交，交則月掩日，而日為之食是也。高係宋時人，是時西法未入中國，則為此說者亦不自西曆始矣。頻食既斷無此法，而《春秋》之所以書者何也？是時周曆算法已不準，推步常遲一月，頒曆云某月朔應日食，到前一月之朔而日大食，甚至襄二十四年七月朔食之既，人所共見，魯史既據實書之矣。至後一月不見有食，則以周保章氏所頒，未敢輕削。魯史非精曆算者，不能考正是月之不入食限也。則疑食之微，或食于夜而人不見，因並存之，孔子因而不革。看後來《漢書》本紀所載高祖即位三年及文帝前三年，俱于十月十一月晦頻食，亦是漢初襲用秦正，曆法未講，致有此惧。至武帝太初定歷以後，則斷無此矣。連月頻書者，此非魯史官怠慢之過，乃太拘守之過也。若謂天道至遠，不可得而知，容或有此，則自太初迄今二千年中，更南北朝五代之濁亂，絕無連月再食之事，而獨于春秋時再見，且于漢祖開創、孝文恭儉之朝而再見，無是理也。

望溪方氏曰：頻月而食何也？後月之食，眾所共見也；前月之食，史所誤推也。設前月陰晦，據所推以書于策，而食在後月，則莫肯追正其失，而並書于策矣。

案：望溪之說大旨略同，但以為前月虛而後月實，余前亦持此論，後於梨洲集中見苔萬充宗語，遂改從今說。梨洲精于天文，意必有實據，姑識此以俟後之君子。

◎摘錄卷四十一《五行表敘》：班氏云：「昔殷道弛，文王演《周易》；周道敝，孔子述《春秋》。漢董仲舒治《公羊》，推陰陽，為儒者宗。宣、元之後，劉向治《穀梁》，傅以《洪範》，與仲舒錯。至向子歆治《左氏》，言五行，又與向異。」歐陽子曰：「聖人沒而異端起，秦漢以來，學者惑于災異，天文五行之說，不勝其繁也。」故其作《五代史》，書天而不書人。二者之說，果孰從乎？曰：二者雖殊，其義一也。諸子即天以命人，歐陽子以人而合天，均無失乎《易》《春秋》之旨而已。不言天則天道廢，故讁見于天，則王者避正殿，不舉樂，戒百工，省闕失，此《春秋》書災異之意，《易》所謂後天而奉天時也。專言天則人事惑，故太戊脩德而祥桑枯死，宋景公有君人之言而熒惑退舍，此《春秋》書災異而不言所以然之意，《易》所謂先天而天弗違也。後天者曰天意見矣，可不懼乎。先天者曰吾脩吾人事而已，在天者吾何知焉。嗚呼！其要歸于責人事以回天變，故詳書災異而不列其事應，以示吉凶無常。人君側身

脩省，無日敢即怠荒之意，垂教可謂至矣。余觀《春秋》所載地震、山崩、水旱、螟螽、蜮蜚、鸜鵒之類，多見于莊、宣、昭、定、哀之世，天意豈不顯然哉！《左氏》于昭四年大雨雹載申豐言魯不藏冰之咎，哀十二年十有二月螽，仲尼歸之失閏，此當日黨于季氏，抹搬災異，使人主漫不知省，而復托于大聖人之言以欺後世。嗚呼！此張禹、谷永諸儒所以接迹于天下也。輯《春秋五行表》第四十一。

◎摘錄卷四十二《春秋三傳異同表敘》：孔子作《春秋》，為傳說者五家，今惟存公、穀、左氏。考《前漢書・儒林傳》，《公羊》學最先立。自大儒董仲舒、丞相公孫弘皆為《公羊》學，故武帝尊用之。至宣帝以衛太子好《穀梁》，乃詔太子太傅蕭望之等大議殿中，平《公羊》《穀梁》同異，諸儒多從《穀梁》，由是《穀梁》之學大盛，而《公羊》浸微。《左氏》最晚出，特以劉歆好之，至平帝時，王莽顓政，乃得立。是時為《左氏》之學者微甚，於二家靡得而同也。然今世之學《春秋》者，微《左氏》則無以見其事之本末。蓋丘明為魯太史，親見魯之載籍，如《鄭書》、《晉志》、夫子未嘗筆削之《春秋》，莫不畢覽。故其事首尾通貫。學者得因是以攷其是非、若公、穀則生稍後，又未仕列於朝，無從見國史，其事出於閭巷所傳說，故多脫漏，甚或鄙倍失真。如《穀梁》以莒人滅鄫為立異姓，《公羊》謂禘於太廟、用致夫人為脅於齊媵女之先至，不知其何所考據。考其事之前後，又別無因由，學者無以見其事之必然也。然特好為異論，其說多新奇可喜，故漢世遵用之。漢時凡國家有大事，詔諸儒各以經誼對。武帝伐匈奴，而謂齊襄復九世之仇，《春秋》大之；雋不疑叱縛偽太子，而以蒯聵得罪靈公，輒宜拒而不納，皆悖義傷教之大者。至子以母貴之說，遂為古今妾母為夫人者之藉口。經術之誤，流於政事，所繫豈渺小哉。《左氏》言多近理，惟以隱三年夏四月辛卯尹氏卒為君氏，似不若《公羊》譏世卿之為得其正。學者取以折衷焉，可也。《左氏》注舊有服、杜，《公羊》注有何、嚴，注穀梁者且十家。今行於世者，惟杜氏、何氏、范氏，杜最精密，何休往往因《公羊》之說而增加其辭，惟范寧注《穀梁》多所規正。今擇三傳之各異及注之發明者，並表而出之。其有三傳俱不可通，而後儒以意臆斷者，亦附列其間。啖／趙／陸氏之《辨疑》、劉氏敞之《權衡》、李氏廉之《會通》，及聖朝《彙纂》用以平《三傳》同異。四家之說猶有未愜，則間附鄙見。極知僭逾，然學者得借是以求聖人之意，不至汗漫而無所適從，於是經亦不為無補。輯《春秋三傳異同表》第四十二。

◎摘錄卷四十二《書萬季埜黃梨洲春秋祔廟問答後》：

問云：鄭註謂既祔主，復返於寢，後人多因之。而朱子主之尤力，惟陳用之、吳幼清謂無復返寢之理。今將從之，先生以為何如？

答云：諸儒總緣錯解《左傳》之文而誤也。《左》言特祀於主，似乎主不在廟，故有祔已復寢之文。不知既已復寢，則烝嘗禘於廟者為新主乎？為祖廟乎？為新主，新主在寢，不當言於廟；若為祖廟，則四時常祀，不當繫之於此。蓋祔者，既虞之後，埋重於祖廟門外，即作新主，以昭穆之班祔於皇祖廟中，各主不動如故。此時之祭，只皇祖與新主兩位，所謂兩告之也，更不及別祖。自此以後，小祥、大祥、禫祭之類皆於祖廟，特祭新死者，並皇祖亦不及。烝、嘗、禘於廟者，烝、嘗四時吉祭，行於廟中，亦不及新死者。《左氏》言此者，嫌新主在廟有礙於吉祭也。三年喪畢，親過高祖者當祧，於是改簪易塗，群主合食於廟，以次而遷，而新主遷居禰廟矣。

案梨洲此條亦為有見。其言卒哭而祔，三年喪畢而遷，正合朱子所謂「祔與遷自是兩事」之說，且無礙於喪事即遠之義，可謂圓通矣。但其解特祀於主為特祀於祖廟中，以翻鄭氏返主於寢之案，究不能無疑。何則？古禮吉凶不相干，故凶服不入廟門。小祥、大祥、禫祭俱未即吉，而可於廟中行受服、釋服之禮乎？疑一也。特祀新死者於皇祖之廟，並不及皇祖，於皇祖不無漠然，疑二也。四時吉祭皇祖之廟，亦與新死者之主在廟中，而祭不及，又不無漠然，疑三也。總之，練與卒哭，是殷周之祔之異制，見於《檀弓》可考。三年喪畢而遷，當是殷周之禮所同。至祔以後、遷以前，返主與不返主，則姑存鄭氏之說為疑案，不必更曲為之說矣。

◎摘錄卷四十三《春秋闕文表敘》：儒者釋經，為後王典制所自起，國家善敗，恒必由之，可不慎哉！《春秋》文多闕誤，《三傳》類多附會，而《公》《穀》尤甚。跡其流弊，種毒滋深。其大者如紀子伯、莒子盟於密，本闕文也，而習《公》《穀》者遂謂紀本子爵，後因天子將娶於紀，進爵為侯，加封百里，以廣孝敬。漢世因之，凡立后，先封其父為侯，進大司馬大將軍，封爵之濫自此始，而漢祚以移，由不知闕文故也。蓋嘗推而論之：日食闕書曰朔者凡十，本史失之，而《穀梁》則曰：「言日不言朔，食晦日也；言朔不言日，食既朔也。」案自襄十五年以後，無不書日朔者，豈自此至獲麟近百年，總無食於前、食於後，而獨參差不定於襄以前乎？則《穀梁》之說非也。外諸侯卒闕書名者凡十，亦史失之，而《左氏》則曰：「不書名，未同盟也。」案隱元年及宋人

盟於宿，而八年宿男卒不名；成十三年滕會諸侯同伐秦，而十六年滕子卒不名；杞與魯結昏，而僖二十三年杞成公卒不名，則《左氏》之說非也。夫人不書姜氏及去姜存氏、去氏存姜者凡四，而《左傳》則曰：「不稱姜氏，絕不為親禮也。」賈逵又云：「哀姜殺子罪輕，故但貶去姜」，《公》《穀》又以出姜不宜成禮於齊、穆姜不宜從夫喪娶，故俱貶去氏。夫去姜存氏、去氏存姜，不成文理，況文姜、哀姜之罪，豈待去其姓氏而明？至夫人方為處女，事由父母，而必責其間合禮與否，無乃蹈拊驂移臼之譏乎？亦拘固不通甚矣。王不稱天者凡六，其三史脫之，其三從省文，而胡氏於錫桓公命、歸成風之賵及會葬，則云聖人去天以示貶。夫歸仲子之賵，王已稱天矣，豈於前獨罪宰咺而於天王無貶，於此數事又獨責天王而於榮召無譏乎？桓五年三國從王伐鄭，此自省文爾，與公朝於王所同義。而胡氏以為桓王失天討，豈朝於王所，不責諸侯而反責王乎？必以桓十四年不書王為責桓無王，則宣亦篡弒，何以書王？必以桓四年、七年不書秋冬為責王失刑，則昭十年不書冬、定十四年不書冬，又何以說？秦伐晉、鄭伐許、晉伐鮮虞，皆是偶闕人字，而《公》《穀》以為狄之。夫秦且無論，晉之罪莫大於助亂臣立君。襄十四年會孫林父於戚以定衛，當日不聞狄晉，鄭伯射王中肩，未嘗有微詞示貶，而沾沾責其伐許、伐鮮虞，亦可謂舍其大而圖其細矣。凡此皆《公》《穀》倡之，而後來諸儒如孔氏穎達、啖氏助、趙氏匡、陸氏淳、孫氏復、劉氏敞，亦既辨之矣，而復大熾於宋之中葉者，蓋亦有故焉。自諸儒攻擊三傳，王介甫遂目《春秋》為斷爛朝報，不列學宮。文定反之，矯枉過正，遂舉聖經之斷闕不全者，皆以為精義所存，復理《公》《穀》之故說，而呂氏東萊、葉氏少蘊、張氏元德諸儒俱從之。由是《春秋》稍明於唐以後者，復晦昧於宋之南渡，豈非勢之相激使然哉？夫蔑棄聖人之經，與過崇聖人之經，其用心不同，而其未得乎聖人垂世立教之旨則一也。愚故不揆檮昧，瀏覽諸家之說，於南渡以後兼取黃氏仲炎、呂氏大圭、程氏端學、俞氏皋、齊氏履謙五家，列闕文凡百有餘條。俾學者於此不復強求其可通，則於諸儒支離穿鑿之論，亦掃除過半矣。輯《春秋闕文表》第四十三。

◎摘錄卷四十四《春秋齊紀鄭許宋曹吞滅表敘》：春秋時，齊與宋、鄭為大國，而紀鄰於齊、許鄰於鄭、曹鄰於宋，三國有狡焉啟疆之計，則必首及焉。顧曹、許之滅俱在春秋之末季，而紀之亡轉盼在十餘年之內，其故何也？曹、許猶差遠於宋、鄭，而紀之與齊近在臥榻之側（齊為今青州府臨淄縣，紀為今青州府壽光縣），齊不得紀，則不能展舒一步，故雖以桓、莊竭力援之，為之結昏

於天王、求介於莒／鄭，而僅勉強延旦夕之命也，此則其勢為之也。然曹、許所以得延至二百年之久者，蓋亦借桓、文之力焉。自突出忽入，而許叔始得入於許。至厲公再得國，而齊桓已霸，諸侯束手聽命，宋、鄭、曹、許俱從容受職於壇坫之上。雖有桀黠。無所復施。至桓之耄年，宋襄與曹同受牡丘之盟，而旋伐曹，此時已有吞曹之志。顧方以圖伯為事，未敢遽肆兼併，逮泓敗身傷，而曹、許俱折而入於楚矣。晉文執曹伯畀宋人，合諸侯以圍許，宋、鄭於此非無耽耽朵頤之意，然迫於公義，欲私攘尺寸之地，而諸侯環視，莫敢先動。至成之三年，晉景中衰，鄭兩歲三伐許，且明言疆許田，其意以為許余俘邑也。公孫獲所處西偏之地，是鄭當有。成十五年遷於葉，而許之全境盡屬鄭，此亦足快其並兼之志矣。乃許之四遷，托楚求庇，流離顛越，靡有止所。而鄭如鷹鸇之逐兔，楚師一敗，旋即俘其君以歸。使楚有保小字弱之仁，而鄭為封豕長蛇之暴，豈不重可歎哉！至曹之事大國尤恭謹，尤非許之甘心從楚比也。方齊桓之世，存三亡國，曹與宋比肩同事。晉累世執霸權，興師徵召，曹未嘗不在諸侯之列，止以地近於宋而畏宋。宋襄始伯而伐曹，宋景再伯而旋滅之。桓、文以定人國為事，而宋至殄文、昭之裔，斯又足悲也。夫春秋之世，滅國多矣，而三國之亡尤為可憫。聖人於此屢書不一書，而於他國無之。余為撮其始末，可以識聖人微意之所在。嗚呼！曹、許之亡，當伯事之已息；而紀之亡，當伯事之未興。天下之不可一日無伯，此非其明效大驗也哉！輯《春秋齊紀鄭許宋曹吞滅表》第四十四。

◎摘錄卷四十五《春秋亂賊表敘》：春秋弒君，二十有五，稱人者三、稱國者四。三家雜然發傳，左曰「君無道也」（文十六年），《公羊》曰「稱國以弒者，眾弒君之辭」（文十八年），《穀梁》曰：「君惡甚矣」（成十八年），其大旨略同。啖氏於莒弒其君庶其傳辨之曰：「《春秋》弒君例，惡甚者不書賊臣之名，懲暴君也可。施乎君臣，猶恐害教傷化，但恐暴君無所忌憚，不得已而立此義。」豈有父為不道，子可致逆。嗚呼！《三傳》謬矣！啖亦未為得也。夫君父一而已矣，聞有弒君之賊，人人得而誅之，豈有暴虐之君夫人得而弒之者乎？使欲懲暴君而先寬弒逆之罪使忍為大惡者俱得有所緣以藉口，是《春秋》教人為篡弒也，烏覩所謂「《春秋》成而亂臣賊子懼」乎？然則其義云何？《彙纂》之言曰：「《春秋》因魯史，魯史之文因赴告，有可損而不能益也。」夫弒君之賊，大抵當國者居多，其情必不肯以實赴。今使後世有殺人者不得其名姓，則有當日之勘驗、有司之鞫審、大吏之駁詰，而後真犯始出。《春秋》無是也，天王

不問，列國不問，苟本國之臣子與為比黨，而以委罪於微者赴（如羽父弒隱公而討寫氏之類），則魯史無從而得其是非之實，只得從其赴而書之。孔子生百年後，而欲遍考七十二國之所聞以定其真，則顯與國史異，而又恐所聞者之未必果實，此疑獄也，故削其所誣之人而懸其獄，以俟後日之自定，此聖人闕疑之學也。然則弒君而書其名氏者，其人果皆以弒逆自居乎？曰：是各有故焉。弒君而其賊見討者則書名氏，如衛州吁、齊無知、宋萬、陳夏徵舒、鄭公子歸生、蔡世子般是也。有弒君而其人當國亦得書名氏者，其國之史臣出死力以爭之，晉董狐書趙盾、齊太史書崔杼是也。有弒君而代為君，且又當國，其名氏亦可得而指者，楚商臣弒其君頵、齊商人弒其君舍、陳乞弒其君荼。商臣蠻夷之習，若禽獸然，不知弒父之為罪；商人蔑視舍無威，不以為君；而陳氏方覬然欲代有齊國，無所顧忌，已不知諱，舉國無代為之諱，其事昭彰耳目。齊、魯又近魯，現使單伯請叔姬而見執，雖不赴，而魯史得防實事書也。又如里克弒奚齊，斯時里克當國，及弒卓子，而惠公殺里克，故後以殺赴，而前以殺其君之子赴也。棄疾假手於比，而己即殺之，故比以弒其君虔赴而己以討賊赴也。宋華督、衛寧喜雖亦當國有權，而督方以立馮為己功，賂四國以求立，華氏既行賂，則不以弒赴而可知其為弒。喜以弒剽復衎為復正，彼以復正赴，而列國可知其為弒也。許世子止為法受惡，故亦不諱。其姓氏之可指者，俱各有的然所以然之故，聖人亦從而書之。其不以實赴者，聖人第削其歸獄之人（如寫氏及国人犖、卜齮之類），以俟後人徐求元惡大憝之所在，此萬世之權衡也。若必欲得其人，則孔子不當天子方伯之任，不能命司寇以鞫定其獄，而第就所傳聞以訂國史之誤，安知所聞之果實乎？《左氏》載齊懿公之弒也，由邴歜、閻職，又安知非公子元使此二人賊殺之，而特歸獄此二人乎？則其赴於魯而魯史書之者，必在二人矣，而聖人不與也。其不與者何也？聖人之嚴也。鄭髠頑、楚麇、齊陽生實弒而以卒赴，聖人亦卒之，卒之何也？事介隱微，無從昭晰，聖人亦無如何也。若謂聖人明知亂賊之人，而特未滅之，以著暴君之罪，又謂楚圍方大合諸侯於申，聖人憫中國之不能討，而先略圍之篡弒，以扶中國，是謂掩耳盜鈴，求之愈深曲，而於聖人之意愈背馳，是諸儒之過也。輯《春秋亂賊表》第四十五。

　　◎摘錄卷四十六《春秋左傳兵謀表敘》：史稱關忠義好《左氏》，諷誦略皆上口；而岳忠武尤好《左氏春秋》，嘗曰：「用兵在先定謀。欒枝曳柴以敗荊，莫敖采樵以致絞，皆謀定也。」二公佐漢、宋中興，而生平經略靡不由於《左

傳》。甚哉！經術之足以戡亂也。余觀春秋二百四十二年，列國交兵，其行軍用師屢矣。春秋以前為湯、武之仁義，春秋中葉為桓、文之節制，逮其季年，吳、越用兵，則以蠻夷輕生狎死之習，運後世出奇無方之智。而鄭、宋交取師，為戰國長平之坑所自始。世運遷流，豈一朝一夕之故哉。傳文所載，初年仍古法用車，最後毀車崇卒，吳、楚、越則用舟師。其用兵之制曰偏兩、曰卒伍、曰乘廣、曰游闕；其陳法則為鸛、為鵝、為魚麗之陳，為支離之卒；其兩軍交鋒則曰挑戰、曰致師、曰夾攻、曰橫擊、曰衷、曰萃、曰覆、曰要；其假物立威曰蒙虎、曰燧象，大抵世愈降則戰愈力，而謀亦益奇。綜其大要，為類十有二，臚而列之，俾知儒者胸中當具有武事，匪徒侈文雅章句之業而已。輯《春秋左傳兵謀表》卷第四十六。

◎摘錄卷四十七《春秋左傳引據詩書易三經表敘》：昔孔子假年學《易》，於子夏、子貢許其可與言《詩》，明他弟子不能與也。太史公謂孟子長於《詩》《書》，而孟子曰：「說《詩》者不以文害辭，不以辭害志。以意逆志，是為得之。」又曰：「吾於《武成》，取二三策。」孔孟之訓人讀書如此。蓋聖賢以經重教，凡學者修己治人之術，胥於此焉在。夫豈拘牽文義，膠泥詁訓，同固哉叟之見哉！自漢儒各守師說，專門名家，於是有同一經而黨枯護朽，此是彼非，薪說經而經愈晦。余觀《左氏》所載賦《詩》凡二十五，引《書》據義二十二，言《易》十有七。善哉乎！鄭夾漈之言之也，曰：「吾於敬仲之筮得互體之說焉，於畢萬之筮得變卦之說焉，於穆姜之筮得動以靜為主之說焉，於南蒯之筮得不占險之說焉，於秦伯之筮得繫辭之異於今文者之說焉。」豈惟《易》哉，凡《詩》與《書》靡不然也……嗚呼！當時經學昌明，君卿大夫澤躬爾雅，謹守矩矱，一舉動必有占，一酬答必有賦，故賦《吉日》而具田備，賦《匏有苦葉》而具舟，而歌《相鼠》而不知，誦《蓼蕭》而弗答，即知其有敗亡之禍。微特士大夫也，穆姜以一淫婦人而占《易》而知筮史之非，賦《詩》而拜大夫之辱，豈非先王《詩》、《書》、象數之教浸漬於人心者久，故通行於天下而無間哉！後世遭秦滅學，漢儒掇拾於煨燼之餘，或經口授，故有南北之說經各異，於是《詩》有齊、魯、韓、毛，《書》有古、今文，《易》有《連山》《歸藏》《周易》，而《春秋》之經學亡矣。輯《左氏引據詩書易三經表》第四十七。

◎摘錄卷四十七《左氏引經不及周官儀禮論》：余年十八歲執經，高先生即令讀《周禮》，二十一先府君見背，從授《喪服》及《士喪禮》三篇，已而漸及通經。當時深信篤好，見有人斥《周禮》為偽者，心輒惡之。五十以後，

輯《春秋大事表》，凡十四年而卒業，乃始恍然有疑，非特《周禮》為漢儒傅會，即《儀禮》亦未敢信為周公之本文也。何則？《周禮》六官所掌，凡朝覲、宗遇、會同、聘享、燕食，其期會之疎數、幣賦之輕重、牢醴之薄厚。各準五等之爵為之殺。而適子誓於天子，則下其君之禮一等，未誓則以皮帛繼子男。而《儀禮》有燕禮以享四方之賓客、聘禮以親邦國之諸侯、公食大夫禮以食小聘之大夫，而觀為諸侯秋見天子之禮，其米禾薪芻有定數、牢鼎幾筵籩豆脯醢有常等，靡不釐然具載。是宜天下諸侯卿大夫帥以從事，若今會典之罔敢逾尺寸。而春秋二百四十年，若子產之爭承、子服景伯之卻百牢，未聞據《周禮》大行人之職以折服強敵也。寧俞之不拜《彤弓》及《湛露》、叔孫穆子之不拜《四牡》及《文王》，未聞述《儀禮》燕食之禮以固辭好惠也。郤至聘楚而金奏作於下，宋享晉侯以《桑林》之舞，皆逾越制度，雖恐懼失席，而不聞據周公之典以折之。他如鄭成公如宋，宋公問禮於皇武子；楚子干奔晉，晉叔向使與秦公子同食，皆百人之餼；而楚靈大會諸侯，問禮於左師與子產，左師獻公合諸侯之禮六，子產獻伯子男會公之禮六，皆不言其所考據，各以當時大小強弱為之等。是皆春秋博學多聞之士，而於周公所制會盟聘享之禮若目未之見、耳未之聞，是獨何與？若周公束之高閣，未嘗班行列國，則當日無為制此禮；若既行之列國矣，而周公之子孫先未有稱述之者，豈果弁髦王制不遵法守歟？不應舉世盡懵然若此。且孔子嘗言吾學《周禮》矣，而孔子一生所稱引無及今《周官》一字者。《孟子》言班爵祿之制與《周官》互異，《家語》言孺悲曾學《士喪禮》於孔子，而其詳不可得聞。夫《書》為孔、孟所未嘗道，《詩》《書》《三傳》所未經見，而忽然出於漢武帝之世，其為漢之儒者掇拾綴緝無疑。雖其宏網鉅典，未嘗不稍存一二，而必過信之為周公所作，則過矣。余從事經學五十年，始而信，中而疑，後乃確見為非真。傳有之：「疑事無質，直而勿有」，請以質當世好古之君子，後日論定者亦將有取於余言也。

　　◎摘錄卷四十八《春秋左傳杜注正譌表敘》：昔杜元凱作《春秋釋例》，世人未之重，獨摯虞賞之曰：「左丘明本為《春秋》作傳，而《左傳》遂自孤行；《釋例》本為傳設，而所發明何但《左氏》，當亦孤行。」至今百世，遂為定論。然愚嘗受其書而反覆之，杜氏之最精且博者，莫如作《長曆》以正《春秋》之失閏，作《土地名》以攷列國之地理，其學誠絕出古今。至其解釋經傳，不無齟齬。而其最大者尤在昭十五年周景王葬穆后傳注曰：「天子諸侯除喪當在卒哭」，復於隱元年宰咺歸賵、昭十二年子產辭享禮二傳疏通而證明之。杜氏

釋經既誤，遂以此斷據朝廷大典為一代定制，後世謂杜氏短喪，其詳具見《晉志》。考晉泰始十年武元楊皇后崩，既葬，博士張清議皇太子宜從權制除喪即吉，陳逵議以為宜終服三年，有詔更詳議。時預為尚書，建議以為「古者天子諸侯三年之喪始同齊斬，既葬除喪服，諒闇以居，心喪終制，不與士庶同禮。皇太子宜卒哭除衰麻，以諒闇終制」，盧欽、魏舒問預證據所依，預云：「周公不言高宗服喪三年，而曰諒闇三年，此釋服心喪之文也。叔向不譏景王除喪，而議其晏樂已早，明既葬應除，而違諒闇之制也。《春秋》晉侯享諸侯，子產相鄭伯，時簡公未葬，請免喪以聽命，君子謂之得禮。宰咺來歸惠公仲子之賵，傳曰吊生不及哀，此皆既喪除喪服諒闇之證，學者未之思耳。《喪服》，諸侯為天子亦斬衰，豈可謂終服三年耶？非必不能，乃事勢不得，故知聖人不虛設不行之制。」因遂具議為奏，奏上，詔從其議，皇太子卒哭除衰麻。時預議初出，內外多恠之，或謂其違禮以合時。預乃使博士殷暢博采典籍為之證據，可垂示將來。嗚呼！元凱歷事至久，讀書至深，親見當世行三年喪者多飲酒食肉，宴樂嫁娶，不循軌則，況以天子之喪，勒令天下士庶皆從重服，勢必小人皆違法犯禁、君子皆狥名失實，以為制不稱情。讀《春秋》而見當日諸侯之例，皆既葬成君，列於會盟，不知此自當時之失禮，非先王本制也。欲執此為定制，令上下可通行，為短喪者立赤幟，論者謂其得罪名教，豈過論哉！嗚呼！元凱釋《春秋》而至倡為短喪，歐陽永叔援《儀禮》而至倡為兩本二父，經術之誤害於政事，千古同病，不可不戒也。謹條列其注《左》數條，與其當日所建白列諸簡端，令後世考古者知別擇焉。輯《春秋左傳杜注正譌表》第四十八。

◎摘錄卷四十九《人物表敘》：昔班孟堅篹《漢書》列表十，其終曰《古今人表》。余讀之，殊苦其不倫。自邃古羲皇以至孔子，下逮桀、紂、幽、厲、妲己、褒姒、夏姬之徒，列為九等，猥雜已甚。且世代遼遠，難可悉數。以余觀春秋二百四十二年，人物號為極盛，無論孔子大聖垂法萬世，即如柳下惠之和聖、季札／蘧伯玉之大賢，亦古今罕儷。而讒佞亂賊之徒，後世之殊形詭狀者，亦莫不畢見於春秋之世。無他，國異政則賢否絕殊，世變亟則奸邪輩出也。謹就其中區其類為十有三，曰賢聖、曰純臣、曰忠臣、曰功臣、曰獨行、曰文學、曰辭令、曰佞臣、曰讒臣、曰賊臣、曰亂臣、曰俠勇，而以方伎終焉。凡孔門弟子之見於《左傳》者，靡不具載。所謂附驥尾而名益顯，其餘寧慎無濫，而向戌／欒書之列於《讒臣》、衛子鮮之不得列於《獨行》，亦《春秋》推見至隱、原情定罪之意云。輯《春秋人物表》第四十九。

◎摘錄卷五十《春秋列女表敘》：周家世有婦德，自周姜以迄任姒，世嗣徽音，文王后妃，化行江漢，其易汙亂以貞信，豈一朝一夕之故哉？逮春秋之世，四百餘年，禮教陵夷，衛興《新臺》之刺，齊有《南山》之行，魯以秉禮之國，再世女禍，文、武之家法盡矣。吾夫子作《春秋》內大惡諱，而夫人姜氏會齊侯於防、於穀，如齊師，享祝邱，繁稱不殺，豈非著其淫佚不道為世鑒哉。夫上有好者，下必有甚焉。是以春秋卿大夫家咸淫姣失行，外於禮法，通室易內，恬不知恥。《春秋》大書紀叔姬、宋共姬之卒，蓋欲撥亂世反之正。而或謂叔姬不當歸酈、共姬女而不婦，聖人書之以示譏，一何刺謬乎！余仿孟堅遺意，將春秋列女區為三等：最上節行；其次明哲；下則縱恣不度，因而亡國喪家，戕夫殺子者有之。嗚呼！鑒茲行事，變亦備矣。輯《春秋列女表》第五十。

◎鄒炳泰《午風堂叢談》卷二：

《春秋》家於日月名字爵號氏族間，動云其例在是。余嘗論《春秋》有列國赴告原文，且簡策有脫落，不得盡指為例。及見武進楊農先椿序顧震滄《春秋大事表》云：「昔之言《春秋》者莫善於義，莫不善於例。義者宜也，例則舞文弄法吏所為，非《春秋》教。自漢胡母生著《公羊條例》，廷尉張湯用之以治大獄，丞相公孫宏以其義繩臣下，江都相董仲舒撰《決事比》，於是《公羊》家以《春秋》之義為獄吏例矣。穀梁氏因之。《左氏》後出，經生恐不得立於學官，倣《公》《穀》二家為書不書之例，引孔子君子之言附益之。後儒未察，謂皆出於邱明。杜預集傳中諸例為《釋例》十五卷四十部，而習《春秋》者益但知有例不復知有義矣。司馬遷云『《春秋》文成數萬，其指數千』者，胡母生例也。張晏曰『《春秋》才萬八千字』，李燾曰『今更闕一千二百四十八字』，則《春秋》文脫落更甚於他經。後人欲於月日名字爵號氏族之間以一二字同異為聖人褒貶，且云五經之有《春秋》猶法律之有斷例，豈不謬乎！」此論最為明澈，可以破諸家臆說。

宋楊湜有《春秋地譜》十二卷，編十三國地，皆釋以今州縣名，並為圖於其後。常氏已嘗有此書，而湜增廣之。顧氏震滄作《春秋大事表》，列《疆域》及《犬牙相錯》五表，以本朝府州縣輿圖為定本，注明春秋國邑地名，非若舊《地理指掌》止就分封時地界畫定也。蓋強兼弱削，大小無定形，此書更覺瞭然。

◎錢泰吉《甘泉鄉人稿》卷八《曝書雜記》中：顧震滄先生《春秋大事表》，自言泛濫者三十年，覃思者十年，執筆為之者又十五年。華君希閔序謂目自有《春秋》以來所絕無僅有之書，非虛譽也。近見甘泉江氏《漢學師承記》，謂以宛斯之書為藍本，蓋指鄒平馬氏《左傳事緯》也。《事緯》誠精核，然是宋章氏《事類始末》之類，與《大事表》實不相同，不知江氏何以言之。《毛詩釋類》《尚書質疑》則未見（顧震滄著述）。

◎王梓材《世本集覽原起》：十四歲受學於家塾，先君子為及門諸子講論司馬遷《史記》，梓材亦與聞焉。因知帝王列國之源流，且見《史記》索隱、集解多引《系本》，時與《史記》相出入，意欲見《系本》之全。未始知《系本》之即《世本》，亦未知《世本》之已無全書也。次歲從先君子於董小韭明府家，得顧復初《春秋大事表》，見其表姓氏者有之，表世系者有之，以為獲所未見，心益喜，爰合而錄之。

◎提要：是書以《春秋》列國諸事比而為表，曰時令、曰朔閏、曰長曆拾遺、曰疆域、曰爵姓存滅、曰列國地理犬牙相錯、曰都邑、曰山川、曰險要、曰官制、曰姓氏、曰世系、曰刑賞、曰田賦、曰吉禮、曰凶禮、曰賓禮、曰軍禮、曰嘉禮、曰王跡拾遺、曰魯政下逮、曰晉中軍、曰楚令尹、曰宋執政曰、鄭執政、曰爭盟、曰交兵、曰城築、曰四裔、曰天文、曰五行、曰三傳異同、曰闕文、曰吞滅、曰亂賊、曰兵謀、曰引據、曰杜注正訛、曰人物、曰列女。其《險要表》後附以地形口號，《五禮表》後附以五禮源流口號。《輿圖》則用朱字墨字以分別古今地名。附錄則皆諸表序並表中所未及者。又為辨論以訂舊說之訛，凡百三十一篇。考宋程公說作《春秋分紀》以傳文類聚區分，極為精密，刊版久佚抄本流傳亦罕。棟高蓋未見其書，故體例之間往往互相出入。又表之為體昉於周譜，旁行斜上經緯成文，使參錯者歸於條貫。若其首尾一事可以循次而書者原可無庸立表，棟高事事表之，亦未免繁碎。至參以七言歌括，於著書之體亦乖。然條理詳明考證典核，較公說書實為過之。其辨論諸篇皆引據博洽議論精確，多發前人所未發，亦非公說所可及。其《朔閏》一表用杜「預隱公元年正月起辛巳朔」之說，與陳厚耀所推《長曆》退一閏者不合。蓋厚耀之書棟高亦未之見，故稍有異同云。

◎王鎬等修、華希閔等纂乾隆《無錫縣志》卷三十九《著述》：《春秋大事表》五十卷（顧棟高）、《春秋輿圖》一卷（顧棟高）、《毛詩訂詁》三十卷（顧棟

高）、《儀禮指掌宮室圖》（顧棟高）、《司馬溫公年譜》十卷（顧棟高）、《王荊公年譜》五卷（顧棟高）、《萬卷樓初薹二薹稿》（顧棟高）。

◎阮元《儒林傳稿》卷一《顧棟高傳》：著《大儒粹語》二十八卷；又著《春秋大事表》百三十一篇，條理詳明，議論精核，多發前人所未發；《毛詩類釋》二十一卷，采錄舊說，發明經義，頗為謹嚴；其《尚書質疑》二卷多據臆斷，不足以言心得。大抵棟高窮經之功，《春秋》為最，而《書》則用力少也。

◎張之洞《書目答問》卷一《經部》：《春秋大事表》五十卷、《輿圖》一卷、附錄一卷（顧棟高。原刻本。學海堂本太少）。

◎徐錫齡、錢泳《熙朝新語》卷十：著有《春秋大事表》，萃公、穀之微言，正杜、孔之義疏。宋元以後諸儒，鮮及其精確也。

◎趙爾巽《清史稿》卷一百四十五志一百二十《藝文》一：《春秋大事表》五十卷、《輿圖》一卷、附錄一卷，顧棟高撰。

◎顧棟高（1679～1759），字復初，一字震滄，又自號左佘。江蘇無錫人。康熙六十年（1721）進士，官內閣中書。雍正時罷職返籍。乾隆時詔授國子監司業，因年老不任職，賜司業銜。乾隆十六年（1751）以經學入選，南巡召見，加祭酒銜，賜御書「傳經耆碩」。著有《毛詩類釋》二十一卷《續編》三卷、《尚書質疑》二卷、《毛詩訂詁》三十卷、《儀禮指掌宮室圖》、《春秋大事表》五十卷、《司馬溫公年譜》十卷、《王荊公年譜》五卷、《大儒粹語》二十八卷、《萬卷樓文稿》十二卷等。

顧棟高 春秋大事表序錄 一卷 存

國圖藏光緒二十八年（1902）石印經史百家序錄本（朱筆批校）

顧棟高 春秋大事表摘要 四卷 存

國圖、湖北、遼寧大學、中央民族大學藏光緒二十九年（1903）曉雲山房刻本

◎邱東陽輯。

顧棟高 春秋地形五禮詩 二卷 存

寧波市天一閣博物館藏同治九年（1870）刻本（馮貞群批並題記）

◎清汪韶舉集。

顧棟高 春秋綱領 一卷 存

國圖、北大、天津、南京、浙江、遼寧、湖北藏乾隆十三年（1748）錫山顧氏萬卷樓刻本

國圖、北大、天津、上海、遼寧、浙江、南京、湖北藏光緒十四年（1888）陝西求友齋刻本

顧棟高 春秋列國地形口號 一卷 存

國圖藏 1919 年世楷堂重刻昭代叢書・戊集續編本

上海藏清抄本（清佚名校）

◎序：余纂《春秋地形》卷成，中有所見與前人違反處，既為著論，復作韻語以叶之，積成一百一十三首，取便于學者之記誦。其封疆錯互險要肯綮，與列代戰爭顯著，及今日川瀆改易，併漕運海道來由，俱用今代府州縣地名旁注其下，簡而居要，可為讀史之先路。杜氏之驛郵而列國廢興大要、封建原委，與杜註孔疏之舛譌亦一二附見焉。昔元遺山先生效少陵體作評論古今人詩三十六首，近世阮亭復推廣之為五十首。余不能詩，但以《左氏》卯角受讀，今成白首，又參以二十年來足跡所歷，輒倣元氏之意，名曰《春秋地形口號》，貽諸學者，用為讀《左》之一助云。時假館九江大孤山堂。乾隆四年十二月上浣，復初氏識。

◎跋：本朝人經史之業，其足以不朽者凡九：納蘭容若之《九經解》，寧波萬充宗之《經學五書》，萬季埜之《歷代史表》，鄒平馬驄御之《繹史》，錢塘吳志伊之《十國春秋》、厲大鴻之《遼史拾遺》，杭大宗之《三國志補註》《經史補闕》及復初《春秋大事表》是也。是皆宇宙間不可闕之書，而前人不為留以待諸先生，亦異矣。《大事表》卷帙頗繁而《口號》則另為一卷，不入總目，故採登叢書，俾好古者得嘗鼎中之一臠爾。癸卯仲春，震澤楊福吉識。

顧棟高 春秋列國地形犬牙相錯表 不分卷 存

上海藏清抄本（清佚名校）

顧棟高 春秋列國卿大夫世系表 二卷 存

寧波市天一閣博物館藏清抄本

國圖藏清刻本（一卷）

光緒刻素隱所刻書本

顧棟高 春秋五禮源流口號 一卷 存

國圖藏道光吳江沈氏世楷堂沈廷鏞刻 1919 年重刻昭代叢書本

國圖藏光緒南清河王氏木活字本

◎序：余作《春秋地形口號》既竣，意有未盡，復取所輯《五禮表》中有鄙見及折衷前說處，續成四十四首，名曰《春秋五禮源流口號》。凡歷代制作之典禮禮臣之引據與儒者之駁辨，各列端緒，附註其下，貽諸學者，用作鼓吹，俾知經經緯史具有本末，欲達古今之禮者，尤不可不通於《春秋》云。乾隆五年三月下澣，復初氏識。

◎跋：《春秋》與禮相為表裏，復初先生穿穴經傳，演為韻語，其斷制精嚴，議論警闢。洵屬空前絕後。有此《口號》而五禮源流可一以貫之矣。癸酉孟冬，震澤楊福吉識。

顧棟高 春秋輿圖 一卷 存

國圖、北大、天津、山西、重慶大學、寧波市天一閣博物館藏乾隆十三年（1748）錫山顧氏萬卷樓刻本

四庫本

國圖、北大、天津、上海、遼寧、瀋陽藏同治十二年（1873）山東平遠丁寶楨尚志堂刻本

國圖、北大、天津、上海、遼寧、瀋陽、溫州藏光緒十四年（1888）陝西求友齋刻本

光緒刻皇清經解續編本（六十六卷）

◎一名《春秋大事表輿圖》。

◎楊椿序〔註28〕：從來志地理者難於天文，而志《春秋》之地理尤難。嘗思齊晉楚皆霸國也，晉之乘、楚之檮杌、齊之太史、南史，所紀地理宜詳矣，而其始封之都皆有不能無疑者。《史記・齊太公世家》武王封師尚父於齊都營邱，胡公徙都薄姑，獻公徙薄姑都治臨淄，《貨殖傳》：「營邱地瀉鹵，人民寡」，臨淄亦海岱之閒一都會也。《漢書》顏註：「太公初未得薄姑之地，成王以益之」，是營邱、薄姑與臨淄為三都，齊先君前後都之，非一地已。《漢書・地理志》：「齊郡臨淄，師尚父所封北海郡營陵或曰營邱，瑯邪郡姑幕或曰薄姑」，或曰云者，疑其所，不敢定其名也。營邱不言師尚父所封，於臨淄言之，從其都之

〔註28〕又見於楊椿《孟鄰堂文鈔》卷五，題《春秋輿圖解序》。

最後言耳。《續漢書・郡國志》：「齊國臨淄本齊樂安國，博昌有搏姑城」，而不言營邱所在。蓋薄姑、營邱非即臨淄，而其所漢時已難遽定，故班馬二志云然。《水經註》乃以臨淄城中周三百步之小邱為營邱，引《左傳》晏子之言薄姑氏附之。臣瓚合之為一。余之疑而未信者一也。《左傳》祝佗曰：「成王命唐叔以唐誥而封於夏虛。」《皇王大紀》：「禹都平陽，或在安邑，或在晉陽。」則平陽、安邑、晉陽皆夏虛已。《帝王世紀》：「堯都平陽，於《詩》為唐國，武王子叔虞封焉。」《括地志》：「今晉州所治平陽故城是也。」《晉世家》：「唐在河汾之東方百里。」張守節《正義》：「河汾之東合在晉州平陽縣。」蓋安邑無汾，平陽、晉陽皆有汾，而晉陽在汾西，平陽在汾東，河則平陽近而晉陽遠，且平陽與後之翼鄂二絳相邇，則唐叔所封夏虛在平陽不在安邑、晉陽明已。《漢書・地理志》：「太原郡晉陽，故唐國，周成王封弟叔虞。」與《史記》《帝王世紀》已不合。臣瓚云：「唐在永安，去晉四百里。」《世本》又云：「唐叔居鄂。」《日知錄》又云：「唐叔至侯緡並居翼。」夫永安即漢彘縣，周厲王所奔，唐叔豈封於此？居鄂者孝侯之子郤，翼九宗五正、頃父之子嘉父逆諸隨而納之者也；翼則昭侯元年晉亂始遷之耳，未必唐叔都也。《元和郡縣圖志》：「太原大鹵、大夏夏虛、平陽晉陽，諸名其實一也。」夫大鹵太原、大夏夏虛之為一為二均未可知，而平陽、青陽斷不可合為一。余之疑而未信者二也。《楚世家》：「周成王封熊繹於楚蠻，居丹陽。」《左傳》：「楚子革云：昔我先王熊繹，辟在荊山。」《漢書・地理志》：「《禹貢》南條荊山在臨沮縣東北。」《元和郡縣圖志》：「襄州南漳縣本漢臨沮縣地，荊山在縣西北八十里。」則熊繹所居之丹陽在南漳荊山無疑已。《春秋》魯莊公十年荊敗蔡師於莘、十四年入蔡、十六年伐鄭、二十三年聘魯、二十八年伐鄭皆書荊，蓋以此。《漢書・地理志》：「丹陽郡丹陽，楚之先熊繹所封，十八世文王遷郢。」夫丹陽郡之丹陽，吳朱方地；郢即今之江陵，去朱方二千五百餘里。文王安得自朱方遷之？《晉書・地理志》丹楊郡：「丹楊，丹楊山多赤柳，在西。」是江東之丹楊從木不從阜，與楚蠻之丹陽無預矣。徐廣穎客云：「丹陽在枝江縣。」《括地志》在巴東縣，《水經註》《輿地志》在秭歸縣。夫秭歸為故歸國、枝江為故羅國、巴東為漢巫縣，去荊山或數百里或千里而遙，決皆非熊繹所封。《通典》云：「楚初居丹陽為今秭歸，後徙枝江，亦曰丹陽。」與《水經註》之齊都、《元和郡縣圖志》之晉都同一遷就附會。余之疑而未信者三也。夫三霸國所都其難考尚如此，況他小國下邑乎？班固、酈道元、杜佑、李吉甫所著尚如此，況不及數子者乎？則甚

矣地理難志，而志《春秋》之地理尤難也！無錫顧復初先生，研覈經傳，穿穴
羣書，又嘗周歷四方，訪求古蹟，見聞既廣，考據益真，為《春秋大事表》五
十卷。其間輿地表五又以今府州縣釋《春秋》地名，為輿圖解十有三，凡川流
之改徙、都邑之變遷、築城屯戍之緩急輕重、關隘阨塞之夷險疏密、軍師出入
朝聘往來道里之迂直遠近，靡不犁然洞見。余服其博洽，尤喜其多所諟正也。
附書所疑於卷末，先生庶有以大發余蒙也夫！乾隆十七年二月丁巳，武進同學
弟楊椿。

　　◎摘錄卷首云：古稱左圖右史，惟春秋列國尤不可不圖，亦惟春秋列國
尤難圖。以其強兼弱削，大小無定形，不可畫定分封時疆界為某國，又犬牙
相錯棼如亂絲，有以今之一縣而四國錯壤者。今以本朝輿圖為準，填寫春秋
時列國都邑，曰河南、曰山東、曰山西、曰直隸、曰陝西、曰江南，而附四
川於湖廣、附江西於江南，浙江為圖八，又總圖一，止列國名、河圖二，詳
未徙已徙時分岐地界，淮水及江漢圖各一，庶行軍之往來、屯戍之要害、使
聘之郵遞、河道之遷變，開卷而瞭然具見，亦讀《左》之一助云。乾隆十年
三月五日識。

顧棟高　讀春秋偶筆　一卷　存

　　國圖、北大、天津、山西、重慶大學、寧波市天一閣博物館藏乾隆十三年
（1748）錫山顧氏萬卷樓刻本

　　四庫本

　　國圖、北大、天津、上海、遼寧、瀋陽藏同治十二年（1873）山東平遠丁
寶楨尚志堂刻本

　　國圖、北大、天津、上海、遼寧、瀋陽、溫州藏光緒十四年（1888）陝西
求友齋刻本

　　光緒刻皇清經解續編本

　　◎摘錄：《春秋》一書，一以存綱紀，一以紀世變。如吳楚本僭稱王，《春
秋》止書子，又如吳楚之君不書葬，此聖人之不因魯史特削以示義，所謂存綱
紀也。又有世變所趨，不得不存之以紀其實，如楚始書之，聖人亦因而不變，
所以紀世變也。若概書曰荊，則蠻夷猾夏之實轉不可得而見，乃或以為嘉其慕
義而進之，或因一事之合禮而褒之，皆非也。罪莫大於觀兵問鼎，而聖人書曰
楚子，伐陸渾之戎，諸儒又將何說哉？！

◎摘錄：春秋二百四十年，時勢凡三大變：隱桓莊閔之世，伯事未興，諸侯無統，會盟不信，征伐屢興，戎狄荊楚交熾，賴齊桓出而後定，此世道之一變也。僖文宣成之世，齊伯息而宋不競，荊楚復熾，賴晉文出而復定；襄靈成景嗣其成業，與楚迭勝迭負，此世道之又一變也。襄昭定哀之世，晉悼再伯，幾軼桓、文，然實開大夫執政之漸。嗣後晉六卿、齊陳氏、魯三家、宋華向、衛孫寧交政，中國政出大夫，而春秋遂夷為戰國矣。孔子謂自諸侯出、自大夫出、陪臣執國命，實一部《春秋》之發凡起例。逐年有發端，逐代有結案，有起伏有對照，非可執定一事以求其褒貶也。

◎摘錄：本朝方望溪及張彝歎二先生所著，得聖人之心什八九矣。

◎摘錄：看《春秋》須先破除一例字。胡文定謂凡書救未有不善，此亦不可以一例拘也。僖二十八年楚人救衛、襄十年楚公子貞帥師救鄭，聖人非是許楚，乃是罪鄭衛。唐討吳元濟，而王承宗、李師道救之，豈得謂許其當救乎？僖十八年狄救齊，聖人則深罪宋襄、齊桓攘狄，一旦身死內亂，宋襄繼伯，反為搆禍，致煩狄人之救，聖人蓋傷之。杜少陵詩云：「豈謂盡煩回紇馬，翻然遠救朔方兵」，其意正同。例之不可拘如此。

◎摘錄：昌黎詩云：「《春秋》三傳束高閣，獨抱遺經究終始」，「究終始」三字最妙，此即比事屬辭之法。治《春秋》自宜以經作主，但不可于三傳外另造出一傳來。如趙氏木訥之《經筌》，則杜撰鑿空更甚矣。

◎摘錄：聖人當日何嘗執定於獲麟一句結住，只為是年春適有此事記了，四月遂有陳恆執君實于舒州，六月行弒，孔子沐浴請討不行，于是輟簡廢業，未幾遂卒。是《春秋》乃聖人未竟之書，一切謂文成致麟與孔子覩獲麟而作《春秋》，俱是憒憒。

顧棟高等輯 春秋緯 不分卷 存

北大藏乾隆四十九年（1784）抄本

顧鑑 讀左隨筆 不分卷 存

復旦藏清初紅杏書屋抄本

◎顧鑑，字戒庵。江寧（今江蘇南京）人。官江西知縣。著有《讀左隨筆》不分卷、《遠音集》五卷。

顧頡剛 春秋地名考 存

北京圖書館出版社 2006 年王熙華整理本

◎顧頡剛（1893～1980），名誦坤，字銘堅，號頡剛；小名雙慶，筆名餘毅。吳縣（今江蘇蘇州）人。1920 年畢業於北京大學，留校任助教，後歷任廈門大學、中山大學、燕京大學、雲南大學、蘭州大學諸校教授。精史學、民俗，開古史辨學派。曾任《國學季刊》編委、《歌謠》週刊編輯、主編《史學集刊》《大眾知識》《文史雜誌》《風物志集刊》，與譚其驤等籌組禹貢學會，創辦《禹貢》半月刊、《責善》半月刊、《民眾週刊》，任邊疆語文編譯委員會副主任委員、中國史地圖表編纂社社長、中國史學會常務理事、交通書局總編輯、大中國圖書局總編輯、上海市文管會委員、上海圖書館籌備委員、中國史學會上海分會常務理事、中國科學院歷史研究所第一所研究員、中國民間文藝研究會常務理事、全國政協文史資料委員會副主任、中國社科院歷史所學術委員、中國文聯全國委員、中國民研會副主席、全國人大代表。又曾任《資治通鑒》、《廿四史》、《清史稿》總校，並標點《史記》。藏書近五萬冊，有「劫餘」「劫後」「先祖廉軍公收藏書籍頡剛記」「先父子虯公收藏書籍頡剛記」「吳縣顧氏純熙堂書庫」諸藏印，可參顧洪《顧頡剛藏書記》。著有《尚書通檢》、《〈尚書〉校釋譯論》、《禹貢注釋》、《清代著述考》、《古史辨》、《國立廣州中山大學購求中國圖書計畫書》、《漢代學術史略》、《中國疆域沿革史》、《中國影戲略史及其現狀》、《崔東壁遺書・序言》、《古籍考辨叢刊》、《史林雜識》、《晉文公》、《秦漢的方士與儒生》、《中國上古史研究講義》、《顧頡剛古史論文集》、《顧頡剛讀書筆記》、《漢代學術史略》、《浪口村隨筆》、《中國當代史學》、《我與〈古史辨〉》、《西北考查日記》、《國史講話》、《顧頡剛日記》、《國史講話全本》、《顧頡剛全集》，與章巽合編《中國歷史地圖集》（古代史部分），與吳立模合著《蘇州唱本敘錄》。

顧奎光 春秋隨筆 二卷 存

四庫本

上海藏民國廬江劉氏遠碧樓藍格抄本

◎提要：是編不載經文，但偶有所得則錄之，故名「隨筆」。其中如「桓公會稷以成宋亂」，「成」自訓「平」，其下取鼎納廟之事所謂美始而惡終也。

而奎光取劉敞之說，以為成就其亂。《春秋》諱國惡，二百四十二年無此徑遂之筆也。公子翬之寵自以翼戴之故，華氏之立自以賂故，兩不相謀。而奎光謂立華氏為翬之私，華氏立而翬遂命為公子。夫國君樹其私人，豈必援鄰國之例？不立華氏，翬將終身不命乎？鄭滅虢、檜，晉滅魏、霍，其事舊矣。而奎光謂「滅國自齊桓始」，何不考也？「紀叔姬歸於酅」自重叔姬之節，而奎光謂以酅存紀，是牽陳滅書陳災之傳。莊公之娶哀姜，奎光謂因其色美，已為臆度之詞，而又謂莊公未聞好色。彼築臺以臨黨氏割臂以盟孟任，非好色之明證歟？「公子友敗莒於酈」，奎光以為與翬帥、師慶父帥師，其專相等。此無論莒人責賂而來，居於必應之勢，非出軍疆外者比。且核以傳文，絕無專行之證，何所據而斷非君命也？「子卒不書葬」自與隱公不書葬一列，而奎光以為史臣之曲筆，豈《春秋》亦曲筆乎？「敬嬴雨不克葬」自是適值其時，《公羊》以為「咎徵」，已出附會，而奎光乃藉以明天道，豈弒逆者葬必遇雨耶？且《春秋》以褒貶為賞罰，不以果報為勸戒，此非經義也。如斯之類瑕纇蓋所不免。然如謂「《春秋》例從義起，非義從例生」、謂「《春秋》有達例有特筆，然亦須理會大處，不可苟細繳繞」、謂「《春秋》時天子僅守府，方伯亦失職，說者乃於小國見伐，責其不告，不足以服其心」、謂「《春秋》將以治世之無王者，而胡氏於『宰咺歸賵』則曰『貶而書名』，於『榮督歸含及賵』則曰『王不稱天』，如此則無王自《春秋》始矣」、謂「說《春秋》者自相矛盾。既云為賢者諱，又曰責賢者備；既曰隱公為攝，又曰桓公為篡。何者為是」，皆深中《春秋》家苛刻迂謬之弊。故其所論多能得筆削之旨。奎光嘗撰《然疑錄》，所載說《春秋》諸條與此相同。其為先有此本又編於《然疑錄》中，或先載《錄》中又摘出別為此本，均不可考。《然疑錄》頗為瑣雜，論其菁華，則已盡此兩卷中矣。

◎鄒方鍔《大雅堂續藁》卷六《顧星五墓誌銘》：星五彈心學問，雖為吏，未嘗一日廢書。生平作述甚富，晚更痛自芟刈。嘗手定其詩文藁若干卷藏於家。

◎趙爾巽《清史稿》卷一百四十五志一百二十《藝文》一：《春秋隨筆》二卷，顧奎光撰。

◎顧奎光（1719～1764），字星五，別字雙溪。江蘇無錫人。乾隆十年（1745）進士。謁選得湖南瀘溪知縣，已調桑植，前後十二年，皆有治行。著有《春秋隨筆》二卷。

顧天賜 三傳集解 佚

◎甘鵬雲等《湖北文徵》卷五：著有《石室集》《三禮集解》《三傳集解》等書。

◎顧天賜，字重光。湖北蘄州（今蘄春）人。天啟歲貢。著有《三禮集解》《三傳集解》《石室集》等書。

顧文炳 春秋地名考 佚

◎王其淦、吳康壽光緒《武進陽湖縣志》卷二十八《藝文》：顧文炳《春秋地名攷》（存）。

◎《光緒武進陽湖合志》卷二十三：（臧）庸與同里顧文炳從餘姚盧文弨游，盡得所學……文炳，字子明。博通訓詁，《十三經注疏》條舉無遺。道光元年舉於鄉。

◎李兆洛《抱經堂詩鈔序》：同几席者臧在東、顧子明，頗能研求一二。

◎顧文炳，字子明。道光元年（1821）舉人。曾入王引之河南學政幕府。著有《春秋地名考》。

顧文亨 讀左指要 一卷 佚

◎顧宗瑋《春秋左傳事類年表》凡例：家君子覃思載籍，嗜古情深，學成著書，動盈卷帙，凡天官地志、曆律象數、河洛圖緯以及經世、聲音之道，靡不精究，多所發明。而尤好讀《左氏春秋》，潛心二十餘年，勒成《始末》一書，分國而紀之，比事以合之，而又旁採《外傳》、《公羊》、《穀梁》、《史記》、諸子所載，連類附錄，訂其異同，參其詳略，於是時時論說指授，瑋等紙積成編，彙為一卷，題曰《讀左指要》。譬崐岡之片玉，實安石之碎金也。其《始末》之紀，則家君方訂補《通鑑紀事》，統俟卒業，合為一書（家君嘗云當以《左》《紀》始末作《紀事前編》），洵史學之淵海，允稽古之武庫。區區《年表》云乎哉！既已藏之名山，行將公諸海內耳。

◎顧文亨，字石甫（父）。吳江（今江蘇蘇州吳江區）人，寄籍嘉興。明諸生。顧宗瑋父。與葉紹袁友，孤介絕俗。家貧嗜學，通史學，尤深於易象、《春秋》之旨，旁及天文律曆。得其師嘉興岳元聲指授，通習圖緯聲音之學。著有《春秋始末》、《讀左指要》一卷。

顧炎武 左傳杜解補正 三卷 存

上海藏康熙刻本

北大、遼寧藏日本明和四年（1767）刻本

四庫本

嘉慶刻借月山房彙抄本

吉林社科院藏嘉慶十九年（1814）刻本

道光刻璜川吳氏經學叢書本

道光重編澤古齋重抄本

皇清經解本（道光刻、咸豐補刻、鴻寶齋石印、點石齋石印）

道光刻指海本

道光重編式古居彙抄本

南京藏道光吳縣吳氏刻本

哈佛大學、重慶藏光緒十四年（1888）朱氏校經山房刻亭林先生遺書彙輯本

潘氏遂初堂刻亭林遺書本

國家圖書館出版社 2012 年宋志英選編左傳研究文獻輯刊影印 1920 年上海博古齋借月山房匯鈔影印本

◎序：《北史》言周樂遜著《春秋序義》，通賈、服說，發杜氏違。今杜氏單行，而賈、服之書不傳矣。吳之先達邵氏寶有《左觿》百五十餘條，又陸氏粲有《左傳附注》，傅氏遜本之為《辨誤》一書。今多取之，參以鄙見，名曰《補正》，凡三卷。若經文大義，左氏不能盡得而公、穀得之，公、穀不能盡得而啖、趙及宋儒得之者，則別記之於書而此不具也。東吳顧炎武。

◎提要：是書以杜預《左傳集解》時有闕失，賈逵服虔之注、樂遜之《春秋序義》今又不傳，於是博稽載籍作為此書，至邵寶《左觿》等書苟有合者亦皆采輯。若「室如懸磬」取諸《國語》、「肉謂之羮」取諸《爾雅》、「車之有輔」取諸《呂覽》、「田祿其子」取諸《楚辭》、「千畝原之在晉州」取諸鄭康成、「祏為廟主」取諸《說文》、「石四為鼓」取諸王肅《家語注》、「祝其之為萊蕪」取諸《水經注》，凡此之類皆有根據。其他推求文義研究訓詁，亦多得《左氏》之意。昔隋劉炫作《杜解規過》，其書不傳，惟散見孔穎達《正義》中。然孔疏之例務主一家，故凡炫所規皆遭排斥，一字一句無不劉曲而杜直，未協至公。炎武甚重杜解而又能彌縫其闕失，可謂掃除門戶能持是非之平矣。近時惠棟作

《左傳補注》，糾正此書「尨涼」一條、「大司馬固」一條、「文馬百駟」一條、「使封人慮事」一條、「遇艮之八」一條、「豆區釜鐘」一條，然其中「文馬」之說究以炎武為是。棟又摘其引古《春秋左氏說》但舉《漢書‧五行志》之名，又摘其「禮為鄰國闕」一條用服虔之說而不著所自。案徵引佚書當以所載之書為據。棟引《世本》不標《史記注》、引京相璠土地名不標《水經注》，正體例之疏，未可反譏炎武。至服虔一條當由偶忘出典。棟注「昭公二十九年，賦晉國一鼓鐵」，證以王肅《家語注》，亦明馮時可之說，未標時可之名也，是固不以掠美論矣。

◎《皇朝文獻通考》卷二百十五《經籍考》五：炎武自序曰：「《北史》言周樂遜著《春秋序義》，通賈、服說，發杜氏違。今杜氏單行，而賈、服之書不傳矣。吳之先達邵氏寶有《左觿》百五十餘條，又陸氏粲有《左傳附注》，傅氏遜本之為《辨誤》一書，今多取之，參以鄙見，名曰《補正》，凡三卷。若經文大義，左氏不能盡得而公、穀得之，公、穀不能盡得而啖、趙及宋儒得之者，則別記之於書而此不具也。」

◎席威、朱記榮輯《崑山顧氏全集》卷首《亭林先生著述總目》〔註29〕：《左傳杜解補正》三卷（已刻）、《九經誤字》一卷（已刻）、《五經同異》三卷（已刻）、《音學五書》三十八卷（已刻。單行本）（《音論》三卷、《易音》三卷、《古音表》二卷、《詩本音》十卷、《唐韻正》二十卷）、《韻補正》二卷（已刻）、《唐宋韻補異同》（未刻）、《二十一史年表》十卷（未刻）、《熙廟諒陰記》（未刻）、《聖安記事》二卷（已刻）、《顧氏譜系攷》一卷（已刻）、《天下郡國利病書》一百二十卷（已刻。單行本）、《肇域記》一百卷（藏稿待刻）、《明季實錄》（已刻）、《十九陵圖志》六卷（未刻）、《歷代帝王宅京記》二十卷（已刻。《蘇州府志》云一作《歷代都城宮闕攷》，二十一卷）、《營平二州史事》六卷（未刻）、《營平二州地名記》一卷（已刻）、《昌平山水記》二卷（已刻）、《北平古今記》十卷（未刻）、《建康古今記》十卷（未刻）、《京東攷古錄》一卷（已刻）、《山東攷古錄》一卷（已刻）、《岱嶽記》八卷（未刻）、《萬歲山攷證》一卷（未刻）、《譎觚》一卷（已刻）、《海道經》（未刻）、《官田始末攷》一卷（未刻）、《求古錄》一卷（已刻）、《金石文字記》六卷（已刻）、《石經攷》一卷（已刻）、《下學指南》一卷（未刻）、《當務書》六卷（未刻）、《日知錄》三十二卷補遺四卷（已刻。集釋袖珍單

〔註29〕錄自光緒十四年（1888）朱氏校經山房刻《亭林先生遺書彙輯》本《左傳杜解補正》。

行本）、《菰山隨筆》三卷（已刻）、《救文格論》一卷（已刻）、《亭林褉錄》一卷
（已刻）、《經世篇》十二卷（未刻）、《莂錄》十五卷（未刻）、《亭林文集》六卷
（已刻）、《亭林詩集》五卷（已刻）、《亭林餘集》一卷（已刻）、《亭林佚詩》一
卷（已刻）、《詩律蒙告》一卷（未刻）。附錄：《亭林先生年譜》（吳映奎輯，已刻）、
《亭林先生神道表》（全祖望撰，已刻）、《同志贈言》（已刻）。

　　右亭林先生著述之可攷者如此。蒙按平定張石洲撰次先生《年譜》云本之
上元車秋舲，車又本之崑山吳止狷，而吳氏則本之先生撫子衍生。張譜已刊入
《粵雅堂叢書》，茲特將吳譜校刊，從其朔也、顧張譜臚列各種外，云尚有先
生勘定之書，曰《西安府儒學碑目》，見先生文集；曰《勘定家訓》《近儒名論
甲集》，見先生手蹟；曰《纂錄易解》，程朱各自為書，見《答汪苕文書》；曰
《纂錄南都時事》，見《與戴耘野書》；曰《點定荀悅漢紀》，見潘稼堂《重刻
漢紀序》；曰《區言》五十卷、《治河事》一袟，見何義門《菰中隨筆序》；曰
《備錄》，見《江左十五子詩選註》；又嘗欲編輯《姓氏書》，見《日知錄》。嗚
呼！先生當明社既屋，高首陽之節，訪求遺民逸老，足跡遍窮邊絕塞，王氏山
史所謂「義士不合於時，以游為隱者也」。跡其操行之峻、撰述之富，與楚中
王船山先生相輝映。而王先生遺書經湘鄉相國及介弟沅圃爵帥開局校讐，克觀
厥成；近彭尚書復創建船山書院，為後進楷模，彬彬稱盛。獨先生撰著，每散
見於各叢書及單行本，未有全書。蒙竊憾焉。蓋表章先賢，矜式來者，鄉邦後
進之責也。況先生國史立傳褭然居首，生平著作列入四庫，學術之純正，實為
有宋朱子後一人。開湯、陸之先聲，為儒林之冠冕，正子輿氏所謂百世之師也。
不揣固陋，偕朱君懋之廣為搜輯。惟卷秩既繁，集資非易，謹先將已刻者行世，
餘當陸續刊布，用攄私淑之愿云。後學青浦席威謹識。

　　◎像贊〔註30〕：

　　危峭其容，壘塊其胷。羅治忽於萬卷，抗流輩而一空。於虖噫嚱，吾誰與
從。槧然遠慕乎文中。

　　秋舲先生以孔君繼垚摹明人寫亭林徵君象見示，謹題如右。津門沈兆澐。

　　◎校栞亭林先生遺書緣起〔註31〕：國朝諸儒行誼之高、著述之富，其推崑
山顧亭林先生。《國史・儒林傳》先生褭然居首，海內學者翕然崇之無異詞焉。

〔註30〕錄自光緒十四年（1888）朱氏校經山房刻《亭林先生遺書彙輯》本《左傳杜解
　　　補正》。
〔註31〕錄自光緒十四年（1888）朱氏校經山房刻《亭林先生遺書彙輯》本《左傳杜解
　　　補正》。

顧先生生平著述凡三四十種，今盛行於世者惟《音學五書》《天下郡國利病書》《日知錄》及吳江潘次耕檢討所刊《亭林遺書》十種，此外諸著或有單行本或有叢書所載零種，或未曾栞行僅見抄本者，然皆雖傳不顯，學者每以為憾。記榮少好讀先生之書，既重栞潘氏所行之十種，又欲搜輯未栞之本及零種之栞雖傳不顯者，陸續付梓，以盡潘氏未竟之緒。年來所獲而付梓者亦十餘種，急為公諸同好。後當隨得隨栞，不計年月遠近，要以世間有存者，冀得旦暮遇之，畢栞而後已。然先生生平用功之久、部帙之大且博，至今尚未栞行者尚有《肇域記》一書。乾嘉閒諸先達多有見其手稿，皆蠅頭小楷，每上下左右多有補記，均以未易校栞難之。又有謂其要者已見於顧宛溪《讀史方輿紀要》，此書似可不栞為辭。乾嘉時此稿存歸安許氏，道光間又歸海寧蔣氏，咸豐間為餘姚朱久香閣學所有。同治初元，節相湘鄉曾公總制兩江，金陵開官書局，又有桂薌亭觀察亦設書局，工於活字印本。時朱閣學督學安徽，以公事時與曾公會晤，曾公因假原稿，屬書局募人鈔錄副本，將用活字版擺印以廣流傳，鈔工久之乃就。戊辰之秋，曾公調督直隸，庚午冬再督兩江，此書有當事者不察，故遲遲未舉。壬申春，曾公薨於任所，擺印之舉遂作罷論。今原稿尚存朱氏、副本尚存書局，又合肥蒯氏及松江韓氏均有抄本。記榮嘗體察之，此書非栞版之維艱，實校勘精善之維艱。今欲栞此種，必先得精通古今史學輿地者數人，仍假朱氏原稿及書局副本參互攷訂，凡有疑似，各為札記附於本書之末，而顧氏原稿不輕改一字，庶為得之。記榮年來俗務分心，此舉又非一人之力所能卒辦，謹記所知，以質海內服膺顧氏之學之君子。而有力者為之，則有功於藝林多矣。光緒乙酉夏六月，後學吳縣朱記榮槐廬甫謹識。

◎阮元《儒林傳稿》卷一《顧炎武傳》：國朝稱學有根柢者，以炎武為最（《提要》）。炎武撰《天下郡國利病書》百二十卷，歷覽諸史、圖經、實錄、文編、說部之類成。別有《肇域志》一編，則考索利病之合圖經而成者。炎武精韻學（《結埼亭集》），撰《音論》三卷。言古韻者自明陳第，雖創闢榛蕪，猶未邃密。至炎武乃推尋經傳，探討本原。又《詩本音》十卷，其書主陳第「詩無協韻」之說，不與吳棫《補音》爭，亦全不用棫之例，但即本經之韻互考，且證以他書，明古音原作是讀，非由遷就，故曰《本音》。又《易音》三卷，即《周易》以求古音，考證精確。又《唐韻正》二十卷、《韻補正》一卷、《古音表》二卷（《提要》），皆能追復三代以來之音，分部正帙而知其變，自吳才老而下廓如也。炎武又撰《金石文字記》《求古錄》，與經史相證，歐、趙、洪、王

不及其精（《鮚埼亭集》）。而《日知錄》三十卷尤為炎武終身精詣之書（《鮚埼亭集》），蓋積三十餘年而後成（《提要》），凡經史、吏治、財賦、典禮、藝文之類，皆疏通考證之（潘耒本書序）。炎武又以杜預《左傳集解》時有闕失，作《杜解補正》三卷。其他著作，有《石經考》一卷、《九經誤字》一卷（並《提要》）、《二十一史年表》八十卷、《歷代帝王宅京記》二十卷、《亭林文集》六卷《詩集》五卷。《營平二州地名記》一卷、《昌平山水記》一卷、《山東考古錄》一卷、《京東考古錄》一卷、《譎觚》一卷、《菰中隨筆》一卷、《救文格論》一卷等書（《己未詞科錄》《提要》《府志》）。並有補於學術世道（《縣志》）。

◎《國史・儒林傳》吳縣朱記榮謹錄〔註32〕：顧炎武，初名絳。江蘇崑山人。年十四為諸生，耿介絕俗，不與人苟同，惟與同里歸莊相善。其論學以博學有恥為先，嘗與友人論學云：「百餘年來之為學者，往往言心言性而茫然不得其解也。命與仁，夫子所罕言；性與天道，子貢所未得聞。性命之理著之《易傳》，未嘗數以語人。其答問士則曰行己有恥，其為學則曰好古敏求，其告哀公明善之功先之以博學。顏子幾於聖人，猶曰博我以文。自曾子而下，篤實無如子夏，言仁則曰博學而篤志、切問而近思。今之君子則不然，聚賓客門人數十百人，與之言心言性，舍多學而識以求一貫之方，置四海之困窮不言，而講危微精一，是必其道高於夫子而其弟子之賢於子貢也。我弗敢知也。《孟子》一書，言心言性亦諄諄矣，乃至萬章、公孫丑、陳代、陳臻、周霄、彭更之所問，與孟子之所答，常在乎出處、去就、辭受、取與之閒，是故性也、命也、天也，夫子之所罕言，而今之君子之所恆言也。出處、去就、辭受、取與之辨，孔子、孟子之所恆言，而今之君子之所罕言也。愚所謂聖人之道者如之何？曰學行己有恥，自一身以至於天下國家，皆學之事也；自子臣弟友以至出入往來辭受取與之閒，皆有恥之事也。士而不先言恥則為無本之人，非好古多聞則為空虛之學。以無本之人而講空虛之學，吾見其日從事於聖人而去之彌遠也。」炎武之學，大抵主於斂華就實。凡國家典制郡邑掌故天文儀象河漕兵農之屬，莫不窮原究委，攷正得失。撰《天下郡國利病書》百二十卷，徧覽諸史圖經文編說部之類，取其關於民生利病者，且周流西北歷二十年，其書始成。別有《肇域志》一編，則攷索之餘，合圖經而成者。精韻學，撰《音論》三卷。言古韻者自明陳第，雖創闢榛蕪，猶未邃密。炎武乃推尋經傳，探討本原。又《詩本

〔註32〕錄自光緒十四年（1888）朱氏校經山房刻《亭林先生遺書彙輯》本《左傳杜解補正》。

音》十卷，其書主陳第「詩無協韻」之說，不與吳棫《本音》爭，亦不用棫之例。但即本經之韻互攷，且證以他書，明古音原作是讀，非由遷就，故曰《本音》。又《易音》三卷，即《周易》以求古音，攷證精確。又《唐韻正》二十卷、《古音表》二卷、《韻補正》一卷，皆能追復三代以來之音，分部正帙而知其變。又撰《金石文字錄》《求古錄》，與經史相證，歐、趙、洪、王不及其精。而《日知錄》三十卷尤為精詣之書，蓋積三十餘年而後成。炎武又以杜預《左傳集解》時有闕失，作《杜解補正》三卷。其他著作有《石經攷》《九經誤字》《二十一史年表》《歷代帝王宅京記》《亭林文集／詩集》《營平二州地名記》《昌平山水記》《山東攷古錄》《京東攷古錄》《譎觚》《菰中隨筆》《救文格論》等書，並有補於學術世道。國朝稱學有根柢者，以炎武為最。又廣交賢豪長者，虛懷商搉不自滿假。作《廣師篇》云：「學究天人，確乎不拔，吾不如王錫闡；讀書為己，探賾洞微，吾不如楊瑀；獨精三禮，卓然經師，吾不如張爾岐；蕭然物外，自得天機，吾不加傅山；堅力苦學，無師而成，吾不如李容；險阻備嘗，與時屈伸，吾不如路澤濃；博聞強記，羣書之府，吾不如吳任臣；文章爾雅，宅心和厚，吾不如朱彝尊；好學不倦，篤於朋友，吾不如王宏撰；精心六書，信而好古，吾不如張弨。至於達而在位，其可稱述者亦多有之，然非布衣之所得議也。」生平精力絕人，自少至老，無一刻離書。所至之地，以二嬴二馬載書。遇邊塞亭障，呼老卒詢曲折。有與平日所聞不合，即發書對勘。或平原大野，則於鞍上默誦諸經注疏。康熙十七年詔舉博學鴻儒科，又修《明史》，大臣爭薦之，並辭末赴。二十一年卒，年六十九，無子，吳江潘耒敘其遺書行於世。

◎書顧氏遺書總目後〔註33〕：崑山吳止狷嘗作先生年譜，臚先生著述三十八種。較《國史列傳》及全謝山撰墓表加詳，然未知《韻補正》別出于《音學五書》，而詩文集外又有餘集佚詩也。著述既富，頗有散佚。青浦席孟則外兄偕其友吳縣朱君懋之，訪刊先生遺書，得其強半。用心可謂勤矣，猶復搜訪不倦。錫恭按《音學五書》《天下郡國利病書》《日知錄》世多傳本，自余著述精蘊多在此十餘種中。吾邑韓揚生農部家藏《肇域記》，題先生撰鈔自吳黃蕘圃家。而蕘圃疑非原本，然則先生未刊之書有不免砥砆疑玉者矣，搜訪者其精鑒之哉！刊既竣，坿以吳止狷所撰年譜及沈岱瞻所輯同志贈言，合訂凡若干卷

〔註33〕錄自光緒十四年（1888）朱氏校經山房刻《亭林先生遺書彙輯》本《左傳杜解補正》。

先行世。孟則外兄命錫恭序之，錫恭以學不足以知先生辭，而書數語於總目後，略道搜訪之意云。光緒旃蒙作噩旦月，後學婁張錫恭識。

◎亭林遺書後序〔註34〕：學以通乎經史者為大，斯有體有用，內充外腓，而發為文章亦足以經世而宰物，夫豈若宗守漢宋者各膠於成說哉？亭林顧先生，自為諸生時蚤嗛夫士人窮年株守一經，不復知國典朝章、官力民隱，迨試之行事，而進退失據者，良由學識之隘而不通也。於是盡棄其帖括舊習，讀書山中，思有以成古而通今。而猶思聞見之不廣也，乃更北游上國，過燕趙，上太行，渡黃河，出入關塞，極秦晉之鄙，而淹留於齊魯之間，所以周覽夫名山大川，以擴其懷抱，非效太史公之故事乎？！知其學之洞達乎經濟者，有自來矣。蓋先生於國家典制郡邑掌故天文儀象河漕兵農之屬靡不貫通，下至金石古文音韻小學，尤所精究，斯其學之大而精為奚若乎？迄今讀其文，則質實明辨，竝有補於學術世道。讀其詩，則隸事精確，措詞古雅，直欲追步乎古人。非學有本原，烏能至此。第先生著述凡數十種，傳世者固多，而散佚亦復不少。今吳中朱君槐廬，仰希前喆，搜輯遺編，於曩刻遺書之外，復得裒集十種，彙而刻之。覽是編者，尤足以攷見先生之行誼，與其攷覈之精詳，及朋友所以引重者焉。刻既峻，寄書屬序其端。爰述其大略如此，亦藉以表其企慕之忱云爾。光緒十一年秋八月，嘉興後學陳其榮謹序於武林戴園之白雲池館。

◎何紹基《顧先生祠詩》〔註35〕（甲辰五月坿）：亭林先生祠，小子始營繕。繫惟城西偏，慈仁森佛殿。當時寺宇宏，市集萃圖卷。國初諸老儒，買書乘暇宴。先生結契廣，僑寓置鑪扇。至今雙松下，仿佛見遺跗。承平二百歲，光陰若流箭。古碣餘斷龜，空梁墜飢燕。我卜隙地寬，謂可靈爽奠。諸公聞此議，合作相呼忭。奮鋪猥見屬，木譬自遴揀。刪蕪出古樹，明月夜來冒。崇崇屋三楹，爛爛秋一片。落成奉遺像，覽挼潔盥薦。肅然道義容，警我塵土賤。車徐譜歲月，張子重論撰。江南大河北，餘韻蒐討遍（張石洲據車秋舲、徐星翁所撰《亭林年譜》合為定本，增益辨正，甚博且精。攜稿至山東、江南，蒐得遺事詩文頗多），勒記待貞珉。儀徵濡老硯（阮相國師記文尚未寄到），冬霙候已飄。春鷺復來囀，次第皆識職。初終矢無倦，持衡恩命披。萬里指羅甸（五月紹基奉命主試貴州），登程復過祠。仰止有餘眷，溯惟明代末。世苦龍蛇戰，氣節誠乃隆。兵

〔註34〕錄自光緒十四年（1888）朱氏校經山房刻《亭林先生遺書彙輯》本《左傳杜解補正》。

〔註35〕錄自光緒十四年（1888）朱氏校經山房刻《亭林先生遺書彙輯》本《左傳杜解補正》。

將多不練，小儒獨何為。俗學爭相煽，語錄飾陋蔜。詞章鬪輕蒨，先生任道堅。千古係後先，研窮經史通。曠朗天人見。鬱積忠孝懷，慘澹時世變。同時顧李閻，駗斬隨軥輵。餘子因人成，鞭鐙亦相戀。經心執聖權，首啟熙朝彥。兵刑禮樂尊，九數六書衍。漢宋包羣流，周孔接一線。精光爍日星，果力策雷電。自非菰中人，孰開眾目眩。欽惟純廟年，四庫盛編纂。萬軸歸文淵，千士萃祕院。儀徵實後至，草創《儒林傳》。論學采源流，全編有冕弁。諸儒始相驚，乙覽大稱善（阮師撰《國史‧儒林傳》，以先生居首）。元氣入人心，史筆非私擅。小子雖懵學，遺書早窺盷。泊與脩史職，讀傳生歎羨。從來聖道大，青史資爛絢。微言察天地，正路化狂狷。功名與文章，因時見陶鍊。惟茲下學事，萬古有繼禪。儒林道學分，宋史妄矜衒。六藝天道樞（班書《儒林傳》語意），傳例重班掾。先生冠儒林，狂瀾植崖壏。君親鑒吾身，學行須貫穿。願從實踐入，敢恃虛談便？且當語黔士，庶弗規為瑱。再拜別先生，歸來已寒霰。

◎趙爾巽《清史稿》卷一百四十五志一百二十《藝文》一：《左傳杜解補正》三卷，顧炎武撰。

◎張之洞《書目答問》卷一《經部》：《左傳杜解補正》三卷（顧炎武。《亭林遺書》本。學海堂本。借月山房本。《指海》本）。

◎耿文光《萬卷精華樓藏書記》卷八《經部五‧春秋類》「《左傳杜解補正》三卷」（國朝顧炎武撰）：

《亭林十種》本。《遺書》之一。近有重刊本二十種。顧氏自序曰：「《北史》言周樂遜著《春秋序義》，『通賈、服說，發杜氏違』。今杜氏單行，而賈、服之書不傳矣。吳之先達邵氏實有《左觿》百五十餘條（文光案：明刻邵氏《經史全書》，內有此種）。又陸氏粲有《左傳附注》，傅氏遜本之為《辨誤》一書。今多取之，參以鄙見，名曰《補正》，凡三卷。若經文大義，左氏不能盡得，而《公》、《穀》得之；《公》、《穀》不能盡得，而啖、趙及宋儒得之者，則別記之於書，而此不具也。」

（文光案：《左傳》有姚培謙校刊本，杜注外有所增益，其眉間甚寬。幼讀《左氏傳》，恒苦杜注之略，因錄諸家說於上方，《補正》其一也。今備列諸本於後，使讀者有考焉）：《左傳官名考》二卷，《函海》本。《左傳事緯》四卷，《函海》本，與馬本不同。《左傳五十凡》，《經韻樓》本。《左傳釋人》，原本。《左傳解詁》，《漢魏遺書》本。《春志四傳私考》。《左傳校勘記》。《惠氏左傳補注》。《左傳小疏》。《左傳異禮略》，《蛾術堂》本。姚氏《左傳補注》，湖南局本。《左傳補

疏》，《學海堂》本。《左氏蒙求》，《藝海》本、芬欣閣本。馬氏《左傳事緯》。《左傳義注舉要》。《左氏古經》。趙汸《左傳補注》。《左氏傳說》，通志堂本。《義門讀書記》。《左氏春傳》二卷。《羣經義證左傳》三卷，授堂本。《經讀考異左傳》一卷。《困學紀聞》第六卷為《左傳》。宋程大昌《考古編》內有《左傳》。《瞽記》第二卷《左傳》五十條。《南江札記》。《孔氏所著書》。《十駕齋養新錄》（以上三種皆有《左傳》說）。官本《左傳注疏》有考證，仿岳本同。《春秋名號歸一圖》、《春秋年表》，皆左氏一家之學。原本《春秋大事表》，《珠塵》本。《春秋識小錄》、《左傳職官》、《地名》、《人名》，皆讀《左》者不可缺之書。《重論文齋筆談》解「亥有二首六身」一條，最為詳明。姚氏《惜抱軒全集》有《左傳補注》。其他一、二條有見於諸書者，不及備載。沈欽韓《左傳補注》十二卷，功訓堂本。明監本《正義》，杜注多脫落。

◎顧炎武（1613～1682），本名絳，乳名藩漢，別名繼坤、圭年，字忠清、寧人，亦自署蔣山傭；南都敗後，因仰文天祥學生王炎午為人，改名炎武；人稱避青先生、亭林先生。南直隸蘇州府昆山（今江蘇昆山）千燈鎮人。與黃宗羲、王夫之並稱明末清初三大儒。著有《左傳杜解補正》三卷、《九經誤字》一卷、《五經同異》三卷、《音學五書》三十八卷（《音論》三卷、《易音》三卷、《古音表》二卷、《詩本音》十卷、《唐韻正》二十卷）、《韻補正》二卷、《唐宋韻補異同》、《二十一史年表》十卷、《熙廟諒陰記》、《聖安記事》二卷、《顧氏譜系攷》一卷、《天下郡國利病書》一百二十卷、《肇域記》一百卷、《明季實錄》、《十九陵圖志》六卷、《歷代帝王宅京記》二十卷、《營平二州史事》六卷、《營平二州地名記》一卷、《昌平山水記》二卷、《北平古今記》十卷、《建康古今記》十卷、《京東攷古錄》一卷、《山東攷古錄》一卷、《岱嶽記》八卷、《萬歲山攷證》一卷、《譎觚》一卷、《海道經》、《官田始末攷》一卷、《求古錄》一卷、《金石文字記》六卷、《石經攷》一卷、《下學指南》一卷、《當務書》六卷、《日知錄》三十二卷補遺四卷、《菰山隨筆》三卷、《救文格論》一卷、《經世篇》十二卷、《茀錄》十五卷、《亭林文集》六卷、《亭林詩集》五卷、《亭林餘集》一卷、《亭林褺錄》一卷、《亭林佚詩》一卷、《詩律蒙告》一卷等。

顧仲清　讀左　佚

◎許瑤光修，吳仰賢等纂光緒四年《光緒嘉興府志》卷五十一《列傳二・文苑・嘉興縣》：顧仲清，字咸三。諸生。少穎悟，工詩。凡書、畫、篆刻，靡不精究。工畫蝶，題詠至五百餘首，時稱「顧蝴蝶」。著有《讀左》《說莊》

《記韻》《急就篇》《悉數錄》《名畫姓氏考》《輿圖韻編》《扶青閣稿》（以上《梅會詩選》）。

◎許瑤光修，吳仰賢等纂光緒四年《光緒嘉興府志》卷八十《經籍一》：顧朱《春秋本義》（于《志》）。

◎顧仲清，字咸三。嘉興府嘉興縣（今浙江嘉興南湖區）人。諸生。少穎悟，工詩。精究書畫篆刻靡。著有《讀左》《記韻》《急就篇》《悉數錄》《名畫姓氏考》《輿圖韻編》《說莊》《扶青閣稿》。

顧朱 春秋本義 十卷 存

哈佛大學、浙江、南京藏康熙四十九年（1710）思善堂刻本

清華藏清初刻本

◎春秋本義目錄：卷一隱公。卷二桓公。卷三莊公。卷四閔公、僖公。卷五文公。卷六宣公。卷七成公。卷八襄公。卷九昭公。卷十定公、哀公。

◎讀春秋大旨：《易》與《春秋》皆聖人親筆之書，推而充之，至為高廣；約而取之，更極中庸。《易》者，未發以前，天命自然之理；《春秋》者，既發以後，人事當然之則。聖人于天命為之衍其數，以著其來而自然之理立；于人事為之紀其實以肖其行，而當待之則現。故其為道也，皆天人所自具而知能所固有，聖人未嘗執持成見而為禍福是非之說者也。孔子曰：「天何言哉！四時行焉，百物生焉，天何言哉！」此蓋大道之體用，而二書之形喻也。學者泳游其旨而究研其妙，將見推而充之者可以贊天地而成萬物，約而取之者可以隨事理而合倫常矣。後儒以筆削之禮尊之孔子，遂謂孔子以匹夫而行天子之事，是非黜陟，無不以己意行乎其間。于義所得合者，既謂聖人有定例之可否；于意所難通者，復謂聖人有變例之美惡。貶先君而削共主，苟祖其術，必為橫議之妄夫；殛黨與而誅中心，若治其法，自為苛刑之酷吏。坐論而知為穿鑿，起行而多有齟齬。參之《論語》似失忠恕之本，較之《學》《庸》反昧性道之原。孟子曰：「聖人先得我心之所同然」，又曰：「人皆可以為堯舜」，聖人之道豈若是其異乎哉？！愚嘗誦讀《春秋》諸傳，喜其剖劃詳深。紬繹之久，反有未安。竊以為先聖雖遠，心理同揆，單思十年，稍有所釋。于諸傳之中，近聖人而生者惟左氏為得其體，遠聖人而生者惟朱子為得其精，故《左氏》綜事實而簡議論，朱子法《春秋》而作《綱目》，皆肖其行事以見是非之自存，使學者得自發其良知良能，以求合乎聖人所同然之心。此所謂人事當然之則，而亦即天命自然之理也。道不自聖人作而自聖人彰，聖人固未嘗以己意行乎其間，而是非

黜陟之膠擾也。學聖人者，莫善于此書矣。然朱子嘗有「吾與聖人隔數層」之語，後人遂以為《春秋》朱子所難明而吾何及焉，廼謏置而不讀。噫！登泰山而譽其高，游滄海而知其大，此朱子引人以勝而非阻人以難者也。使朱子果自以為不知《春秋》者，又何為效《春秋》而作《綱目》也哉？朱子惟不註《春秋》而竟效《春秋》以作《綱目》，此深學《春秋》者也。若公羊、穀梁及胡氏之學，互有得失，朱子言之精矣。學者精其所得而無其所失，皆明經之一助也。禦兒顧朱自公識。

◎跋：鐔與仲弟鍏少侍先君子指示經讀大義，必剖晰精要，豁人心胸，不僅墨守章句而已。蓋先君子少穎悟，所學皆有深造，故於六經多闡所未發。而晚尤愛讀《春秋》，沉潛反覆，深有見於聖人筆削之微旨，於是竊取紫陽註易之意，作《春秋本義》，一洗附會之弊。嘗語鐔曰：「《春秋》猶化工，因物賦形而妍媸自別，隨事紀實而善惡自昭，不必以例求也。求於例而不得，乃又曰美惡不嫌同辭，是自相牴牾也。今吾所作《本義》，亦曰義所本有，無事於鑿云爾。」奈天不假以年，未及成書。僖、文以上則手自訂定者，宣、成而下，半未屬稿。鐔抱遺編四十五年於此，每恩竭其淺陋，續成先志。而學殖荒落，卒無所就。今年已衰暮，仲弟又早世，季弟鎔甫生而孤，以不及先君子為恨。思纂遺緒作補義，亦尚未知能有當否，而其僅存者若夫散佚，則後之子孫無以得聞先人之遺言，不益重鐔之罪哉！因葺次其帙，刊之家塾，其義或兩見者亦並存之，以俟好學深思者之自得焉也。先君弱冠成進士，值易代之際，鍵戶事親，著書見志。謂孔子大管仲之功而胡文定每以羞稱五霸，抑之太甚，何也？使南宋而有仲，何至貽小朝廷之辱哉？蓋其折衷於聖人者類如此。後之觀者，可以知其櫫。康熙庚寅八月朔日，男鐔敬識。

◎許瑤光修，吳仰賢等纂光緒四年《光緒嘉興府志》卷六十《列傳十一‧石門縣》：生平銳意《六經》，尤喜《春秋》。著有《詩／書／易解》、《春秋本義》、《石璘詩集》（吳《志》。參石門廓《志》）。

◎顧朱（1623～1666），字自公，號石璘。浙江崇德濮院（今桐鄉）人。顧鐔、顧鍏、顧鎧、顧鎔父。崇禎十六年（1643）進士。弘光時官行人。倪元璐、劉宗周深器重之。甲申謁選，授行人。清餉兩浙，南都潰，志堅殉國，無去意。明年，越城復潰，獨行至海門，無舟可渡，乃還乾谿，從間道歸。當路者爭欲起之，不應。家居貧甚，泊如也。著有《易解》、《詩解》、《禮解》、《春秋本義》十卷、《石璘主人詩草》。

顧宗瑋 春秋參同 一卷 佚

◎顧宗瑋《春秋左傳事類年表》凡例:《春秋》之文,有事同則詞同者,亦有事同而詞異者,又有事異而詞同者,此正筆削之謹嚴、權衡所自出也。屬辭比事,參而考之,既於異中求同,復於同中見異,先儒論之詳矣。或依經以證傳,或據傳以明經,或博稽以定衡,或連類以表義,洵三家之騏驥,實麟書之指南。茲故原本註疏,斟酌百氏,而為《春秋參同》一卷。

◎顧宗瑋,字廷敬。吳江(今江蘇蘇州吳江區)人。著有《春秋參同》一卷、《春秋稽疑》一卷、《春秋箋釋》一卷、《春秋三傳異同》一卷、《春秋提要發明》一卷、《春秋通例》一卷、《春秋圖譜》一卷、《春秋餘論》一卷、《春秋左傳事類年表》不分卷一卷。

顧宗瑋 春秋稽疑 一卷 佚

◎顧宗瑋《春秋左傳事類年表》凡例:《春秋》一也,而傳經者三家,說傳者百氏。師承既異,墨守難通,遂乃褒貶若戾,是非莫準。劉玄有《惑經》之篇,陸淳有《辨疑》之集。唐元和間,妄詔加減。宋劉原父始撰《權衡》,其書或存或逸,要靡當於竊取之義也。雖然,學者患不能疑,因疑可以起悟。是用網羅舊聞,竊附鄙見,而為《春秋稽疑》一卷。

顧宗瑋 春秋箋釋 一卷 佚

◎顧宗瑋《春秋左傳事類年表》凡例:《春秋》文成數萬,其間國地邑里事物名號必求其詳,未易更僕,此先儒傳註所為不勝覼縷也。今則節而採之,或箋其義或釋其文,而為《春秋箋釋》一卷。

顧宗瑋 春秋三傳異同 一卷 佚

◎顧宗瑋《春秋左傳事類年表》凡例:《春秋》古經,藝文徒有其目,學士罕覯其書。自漢以來,所編俱出三傳之文,所載多有異同,或事同而文異(于蒣、于眛之類),或文同而事異(夫人、子氏之類),或事文俱異(尹氏、君氏之類),先儒既已傳疑,末學何所考信?故表中所書,一本康侯所定,而又合經參傳,比文教義,誣核錯舉,魚魯雜陳,別為《春秋三傳異同》一卷,庶覽者知所折衷焉。

顧宗瑋 春秋提要發明 一卷 佚

◎顧宗瑋《春秋左傳事類年表》凡例：《春秋正傳》有提要一編，自周魯以及五伯，凡諸事類，各為條目，或總凡而略其事，或紀事而詳其故，大抵詳少略多，引端標敘，俟學者自為尋求耳。今則仍其目、詳其事，並採林氏《括例》，凡朝聘、會盟、征伐等事，關於春秋之始終者，分註其下，而為《春秋提要發明》一卷。

顧宗瑋 春秋通例 一卷 佚

◎顧宗瑋《春秋左傳事類年表》凡例：傳曰《春秋》之稱微而顯、婉而辨，必其能使昭明，然後知所勸懼。故傳《春秋》者咸依經以起例、據例以合義，然而各承師說，莫之畫一。故敢酌取三家、折衷胡氏，而為《春秋通例》一卷。

顧宗瑋 春秋圖譜 一卷 佚

◎顧宗瑋《春秋左傳事類年表》凡例：無易樹子，士無世官，天子明禁，載在盟府。春秋時孽子配適而君不皆世嗣（魯閔／僖、晉懷／文之類），大都耦國。而臣遂多世卿（魯三家、晉六卿之類），昭穆失次，政在家門，《春秋》所書，蓋不勝識（弟年、弟詒、尹氏、武氏之類）。以故國為之圖、家為之譜。圖以定其世系，譜以別其氏族，披圖按譜，而春秋君臣之故亦約略可覩矣，是為《春秋圖譜》一卷。

顧宗瑋 春秋餘論 一卷 佚

◎顧宗瑋《春秋左傳事類年表》凡例：《春秋》之作，莫贊一辭，故《傳》曰：「非聖人孰能修之。」後之說《春秋》者無慮百家，言人人殊，黮闇誰正，甚或病其差駁、譏其斷爛，多見其不知量也。今竊比而觀之，擇其是非頗不謬於聖人者採錄焉，而為《春秋餘論》一卷。

顧宗瑋 春秋左傳事類年表 不分卷 存

上海藏稿本

◎凡例：

一、古者史分左右，事言各記，顧事不煩言而言不離事，是以《尚書》記言，而迹其所載，如授時遜位、命官敷土、革夏翦殷、遷都定鼎、居攝復辟、誥眾誓師、命德討叛、立證明刑，有一非經世大事者乎？故知載筆者斷以事為

主也。昔人以事言煩簡定馬班優劣，良有以耳。後世注記繁興，總歸國史，而史體之別，大要有三：曰編年、曰紀事、曰紀傳。紀傳之體非古也，蓋創自司馬氏，而歷代因之，遂為史書成式，即相傳有《黃帝內傳》及《穆天子傳》之類，然其說不經見，無所考信。至於編年，即古《春秋》之遺，而紀事即古《尚書》之遺也。蓋紀事則年隨事斷，每事各為篇目，每篇自具端委；編年則以事繫日，或一日而備數十事，或一事而經數十年，故錄編年者恆患事類之難貫，述紀事者每病年月之不詳。夫歷數相推前知百世，簡策大事不過數端，雖紀聞紀見詳略異辭，而原始要終，顛末具在。竊欲區事類之目，倣《年表》之遺，上自唐虞，下迄本朝，年經事緯，咸總條貫，縱無當於史法，庶有裨於稽古。茲則先將《春秋左氏傳》勒成一編，而名之曰《事類年表》，誠管窺之一班，亦尊經之雅志也。

一、他經皆以經為經，而《春秋》獨以傳為經，蓋筆削旨微，權衡靡定，傳為案、經為斷，故曰「屬辭比事，《春秋》教也」。但高、赤之傳各傅會經義，或文而不核，或約而不該，惟丘明親見夫子而受經，且身為國史，躬覽載籍，故其傳特詳，不第於所書者咸指陳事實，即所不書者亦連類並紀。而故書故不書無不據例發義，曲而暢之，則說《春秋》者斷以《左氏》為實錄矣。故《年表》中凡經所書之事則本傳以詳其故，提要而分注之；其所不書者，即以傳補之；間有傳所不錄者（如賜晉文公命及穀、洛鬥之類），更以外傳補之，要使二百四十二年之事細巨靡遺，端委畢備，而總目之曰《春秋事類年表》，亦見經傳之不可偏舉云爾。

一、表中每事類為一格，第為十等。首周，尊王也；次魯，本宗國也，且《春秋》之所自作；次列國，詳諸侯之內事也，春秋之勢蓋在諸侯矣；次災異，謹天戒也；次郊祀，國之大事也；次朝聘，重邦交也，君子將於是乎觀禮焉；自朝聘不時而啟會盟，會盟不信而尋征伐，蓋禮信胥失而戰爭濫熾矣，於是或懼其侵軼而預為脩備，土功不時，或爭地以戰，而疆場之域一彼一此，故次之以城築土田終焉。

一、說《春秋》者，例有正變。胡文定云：「正例天地之常經，變例古今之通義」，蓋事會紛錯，理不可執，權衡所在，惟變斯通。今表中之例亦有正變，事以類從，義無拘牽，此正例也。其間或事類乎此而義繫乎彼，則此畧彼詳（如遷邢郜鄩及州公如曹之類）；或義同於彼而事連於此，則此詳彼畧（如會伐鄭、宋哭伯姬之類），此變例也。經之變例起於事同詞異，表之變例緣於事

合類分。竊惟據經考傳，權其輕重，各有指歸（詳見分類條例），非故意為出入也。

一、《春秋》之文，不遺一字，尊經也。裁事從類，時月重見，必細書而以○別之，懼疑經也。至於傳文雖多，節取而書稱之類，一仍不改，不敢擬經也。

一、《春秋》古經，藝文徒有其目，學士罕覩其書。自漢以來，所編俱出三傳之文，所載多有異同，或事同而文異（于蔑、于昧之類），或文同而事異（夫人、子氏之類），或事文俱異（尹氏、君氏之類），先儒既已傳疑，末學何所考信？故表中所書，一本康侯所定，而又合經參傳，比文教義，誣核錯舉，魚魯雜陳，別為《春秋三傳異同》一卷，庶覽者知所折衷焉。

一、傳曰《春秋》之稱微而顯、婉而辨，必其能使昭明，然後知所勸懼。故傳《春秋》者咸依經以起例、據例以合義，然而各承師說，莫之畫一。故敢酌取三家、折衷胡氏，而為《春秋通例》一卷。

一、《春秋》一也，而傳經者三家，說傳者百氏。師承既異，墨守難通，遂乃褒貶若戾，是非莫準。劉玄有《惑經》之篇，陸淳有《辨疑》之集。唐元和間，妄詔加減。宋劉原父始撰《權衡》，其書或存或逸，要靡當於竊取之義也。雖然，學者患不能疑，因疑可以起悟。是用網羅舊聞，竊附鄙見，而為《春秋稽疑》一卷。

一、《春秋》之文，有事同則詞同者，亦有事同而詞異者，又有事異而詞同者，此正筆削之謹嚴，權衡所自出也。屬辭比事，參而考之，既於異中求同，復於同中見異，先儒論之詳矣。或依經以證傳，或據傳以明經，或博稽以定衡，或連類以表義，洵三家之騎驛，實麟書之指南。茲故原本註疏，斟酌百氏，而為《春秋參同》一卷。

一、《春秋正傳》有提要一編，自周魯以及五伯，凡諸事類，各為條目，或總凡而略其事，或紀事而詳其故，大抵詳少略多，引端標敘，俟學者自為尋求耳。今則仍其目、詳其事，並採林氏《括例》，凡朝聘、會盟、征伐等事，關於春秋之始終者，分註其下，而為《春秋提要發明》一卷。

一、無易樹子，士無世官，天子明禁，載在盟府。春秋時孽子配適而君不皆世嗣（魯閔／僖、晉懷／文之類），大都耦國。而臣遂多世卿（魯三家、晉六卿之類），昭穆失次，政在家門，《春秋》所書，蓋不勝識（弟年、弟詒、尹氏、武

氏之類）。以故國為之圖、家為之譜。圖以定其世系，譜以別其氏族，披圖按譜，而春秋君臣之故亦約略可觀矣。是為《春秋圖譜》一卷。

一、《春秋》文成數萬，其間國地邑里事物名號必求其詳，未易更僕，此先儒傳註所為不勝觀縷也。今則節而採之，或箋其義，或釋其文，而為《春秋箋釋》一卷。

一、《春秋》之作，莫贊一辭，故《傳》曰：「非聖人孰能修之。」後之說《春秋》者無慮百家，言人人殊，鸒闇誰正，甚或病其差駁、譏其斷爛，多見其不知量也。今竊比而觀之，擇其是非頗不謬於聖人者採錄焉，而為《春秋餘論》一卷。

一、家君子覃思載籍，嗜古情深，學成著書，動盈卷帙，凡天官地志、曆律象數、河洛圖緯以及經世、聲音之道，靡不精究，多所發明。而尤好讀《左氏春秋》，潛心二十餘年，勒成《始末》一書，分國而紀之，比事以合之，而又旁採《外傳》、《公羊》、《穀梁》、《史記》、諸子所載，連類附錄，訂其異同，參其詳略，於是時時論說指授，瑋等紙積成編，彙為一卷，題曰《讀左指要》。譬崑岡之片玉，實安石之碎金也。其《始末》之紀，則家君方訂補《通鑑紀事》，統俟卒業，合為一書（家君嘗云當以《左》《紀》始末作《紀事前編》），洵史學之淵海，允稽古之武庫，區區《年表》云乎哉！既已藏之名山，行將公諸海內耳。

松陵後學顧宗瑋謹識。

◎提要：其書每一年為半頁，橫分十格。一曰周，二曰魯，三曰列國，四曰災異，五曰郊祀，六曰朝聘，七曰會盟，八曰征伐，九曰城築，十曰土田。各以經文散書其內，而傳文為經所不載者亦附見焉。據其凡例，尚有《三傳異同》一卷、《春秋通例》一卷、《春秋稽疑》一卷、《春秋參同》一卷、《春秋提要發明》一卷、《春秋圖譜》一卷、《春秋箋釋》一卷、《春秋餘論》一卷，今皆未見，蓋非完書也。

◎乾隆《婁縣志》卷十二《藝文志・經部・經傳》：《左傳事類年表》（顧宗瑋撰）。

◎《皇朝文獻通考》卷二百十五《經籍考》五：是編凡例尚有《三傳異同》一卷、《春秋通例》一卷、《春秋稽疑》一卷、《春秋參同》一卷、《春秋提要發明》一卷、《春秋圖譜》一卷、《春秋箋釋》一卷、《春秋餘論》一卷，今皆未見其書，蓋猶未完之本耳。

◎阮元《文選樓藏書記》卷六：《春秋左傳事類年表》一冊，顧宗瑋輯。松江人。不著年代。抄本。是書錯舉經傳，分類紀年，第為十等。

◎《浙江採集遺書總錄‧乙集‧經部‧春秋類》：《春秋左傳事類年表》一冊（寫本），右松江顧宗瑋輯。未詳時代。錯舉經文，分類紀年，第為十等。

◎嘉慶《松江府志》卷七十二《藝文志》一《經部》：《春秋左傳事類年表》（國朝顧宗瑋廷敬著）。

◎趙爾巽《清史稿》卷一百四十五志一百二十《藝文》一：《春秋左傳事類年表》一卷，顧宗瑋撰。

關涵 春秋通論 三卷 存

乾隆五十四年（1789）濯秀書堂刻本

國圖、浙江、湖北〔註36〕藏嘉慶十三年（1808）仁和關炳輯刻關氏經學五書本

◎雷夢水《販書偶記續編》卷二《經部‧春秋總義類》：《春秋通論》四卷，清仁和關涵輯，乾隆己酉濯秀書堂刊。

◎是書以《春秋》十二公為次，不釋全經，亦不錄經文，有所論說則分別條列，計隱公三十八條、桓公三十九條、莊公四十四條、閔公九條、僖公六十一條、文公三十一條、宣公三十二條、成公二十九條、襄公八十一條、昭公七十八條、定公二十八條、哀公二十四條、四傳異同四百一十一條，共九百零五條。徵引兩漢至清初諸儒說，蒐輯舊聞補其遺闕，採錄姜炳璋《讀左補義》為多。

◎關涵，字東皋。仁和（今浙江杭州）人。關槐父。乾隆二十七年（1762）舉人。著有《尚書纂義》四卷、《春秋通論》三卷、《春秋總綱》一卷、《四傳異同》一卷、《嶺南隨筆》六卷。

關涵 春秋總綱 一卷 存

浙江藏嘉慶十三年（1808）仁和關炳輯刻關氏經學五書本

◎計十七條。

關涵 四傳異同 一卷 存

國圖、浙江、湖北藏嘉慶十三年（1808）仁和關炳輯刻關氏經學五書本

〔註36〕徐恕批。

官獻瑤 春秋傳習錄 四卷 存

清華大學藏清鈔石溪全書本

◎劉聲木《桐城文學撰述考》卷一「官獻瑤撰述」:《讀易偶記》三卷、《尚書偶記》三卷、《尚書講稿》一卷、《思問錄》一卷、《讀詩偶記》二卷、《周官偶記》二卷、《喪服私鈔》並《雜說》一卷、《儀禮讀》三卷、《春秋傳習錄》五卷、《孝經刊誤》一卷。

◎官獻瑤（1703～1782），字瑜卿，號石溪。泉州府安溪（今福建安溪）人。漳浦蔡世遠、桐城方苞高足弟子。乾隆四年（1739）進士，改庶吉士，任國子監助教，充《三禮》館纂修官。散館，授編修。主持浙江鄉試，歷官提督陝甘學政。遷司經局洗馬，乞養歸。著有《讀易偶記》三卷、《尚書偶記》三卷、《尚書講稿》一卷、《讀詩偶記》二卷、《周官偶記》二卷、《儀禮讀》三卷、《喪服私鈔》並《雜記》一卷、《春秋傳習錄》五卷、《孝經刊誤》一卷、《思問錄》一卷、《石溪文集》十六卷《詩集》二卷等。

管幹貞 規左一隅 三卷 佚

◎孫星衍《孫淵如先生全集・平津館文稿》卷下《資政大夫兵部侍郎兼都察院右副都御史總督漕運管公幹貞行狀》:著有《書經一隅》《易經一隅》《問禮一隅》《規左一隅》《明史志》《說文考異》《黃門篆說義》《玉書》《延陵志餘》《文集》《詩集》《詩餘偶存》諸書若干卷，又選刻《舊雨集》並藏於家。

◎王其淦、吳康壽光緒《武進陽湖縣志》卷二十八《藝文》:管幹貞《規左一隅》三卷（存）。

◎孫殿起《販書偶記》卷二:《規左一隅》三卷，陽湖管榦珍撰。乾隆間錫福樓刊。又名《松厓文鈔》。

◎管幹貞（1734～1798），或作管幹珍，字陽復（夫），號松厓。陽湖（今江蘇常州武進區）人。乾隆三十一年（1766）進士。選庶吉士，授編修，預修國史，任撰文。三十九年（1774）分校順天鄉試，四十二年（1777）典試貴州，旋充教習庶吉士，四十五年（1780）改陝西道監察御史，巡視西城，調京畿道御史，五十一年（1786）遷鴻臚寺少卿，旋選通政司參議，後官至漕運總督加兵部侍郎右副都御使銜。以清節著。工畫。著有《易經一隅》二卷（又名《松厓文鈔》）、《書經一隅》、《問禮一隅》、《規左一隅》三卷、《五經一隅》、《說文

考異》、《明史志》、《黃門篆說義》、《玉書》、《延陵志餘》、《詩餘偶存》、《松崖詩鈔》、《舊雨集》、《樂府源流》諸書。

管閣 左傳句解 佚

◎李紱《穆堂初稿》卷二十五《故平安知縣管公墓誌銘》：所著書曰《天成子》，藏於家，文集、《易經文稿》及《藝文萃》、《字學正訛》、《左傳句解》、《四書約講》、《五經要義》等皆並行於世。丁丑冬卒，年七十有七。

◎管閣，字弗若。江西臨川人。著有《易經文稿》《左傳句解》《四書約講》《五經要義》《字學正訛》《天成子》《藝文萃》諸書。

管松齡 左傳彙編 佚

◎光緒《宣城縣志》卷卅五《載籍》：《左傳彙編》（管松齡著）。

◎管松齡，安徽宣城人。著有《左傳彙編》。

管粵秀 春秋釋例辨 義

◎同治《續纂揚州府志》卷十三《人物志》五《文苑》：著有《易義舉要》、《春秋釋例辨》、《甌山詩集》八卷（《縣志》並《思古編》）。

◎同治《續纂揚州府志》卷二十二《藝文志》上：《春秋釋例辨》（管粵秀撰）。

◎管粵秀，字南英，號甌山。甘泉（今江蘇揚州）人，生於廣東。乾隆五十七年（1792）舉人，屢赴春闈不售，客京師最久。後橐筆遊楚越間，譽望日起。晚年選奉賢縣訓導，因病不能赴任，尋卒。著有《易義舉要》、《春秋釋例辨》、《甌山詩集》八卷。

桂含章 春秋比事參義 十六卷 存

國圖、北大、復旦、上海、中科院藏光緒八年（1882）南京石棣務本堂桂正華刻本

◎前附同邑徐執瑑撰傳。卷末題：五世孫高華、榮華、正華、秋華、振華、培森、殿華，六世孫步瀛同校字。

◎目錄：卷一王室伐救、王室會盟、王使至魯魯君臣如京師、王室禍亂、天王崩葬、王后王姬、王臣奔、王臣卒葬。卷二魯君會盟。卷三魯臣會盟、外會盟、諸侯遇。卷四魯君侵伐、魯臣侵伐、魯被侵伐。卷五外侵伐上。卷六外

侵伐下。卷七魯君如列國、魯臣如列國、諸侯來。卷八外臣來、諸侯如、外諸侯卒葬。卷九魯滅國取邑田、外滅國、外取內邑田、遷國邑、國遷、外伐國取邑、伐國圍邑、內外救。卷十內外次、城戍、乞師、內外平、賊臣子。卷十一殺世子殺弟、內叛、外大夫叛、諸侯奔入、魯臣奔。卷十二鄰國相戕、諸侯相執、內大夫執、外大夫執、外君臣逃。卷十三諸侯專殺、眾殺、盜殺、殺鄰國大夫、外放大夫、立君、納君大夫世子公子、公子爭國、諸侯兄弟以行次書、亡國復、魯君即位薨葬。卷十四魯夫人、內女、內大夫卒、魯變禮忒禮、魯亂政。卷十五魯郊、魯嘗禘、魯雩、魯城築浚川、魯毀作、魯築臺囿、魯田狩、魯軍制、魯君遊觀、魯臣返國、歸田、魯災。卷十六魯水旱蟲、魯有年、魯異、天地變異、外災異、日食、首時、異文、史臣獨書魯事、闕文。

◎薛時雨敘：《春秋》一經，條舉件繫而為書者，始於宋沈氏棐之《春秋比事》。事為比例，申之以論，攷索其異同，綜錯其正變，足以破三傳之固，持百家之平。繼之者元趙氏汸之《春秋金鎖匙》，我朝毛氏奇齡之《屬辭比事記》、方氏苞之《通論》，亦其支流也。安國一傳自明而尊，然四傳之名，元俞氏皋之《春秋集傳釋義大成》實權輿之，吳氏澄敘曰：「玩經下之釋，則四傳之是非不待辨而自明」，可謂專門而通者。蓋俞氏雖四傳並列，而必衷一是，不相繳繞，無臆斷附會之失，與胡氏相羽翼。然沈氏《比事》，朱彝尊氏《經籍考》云已佚，乾隆中開四庫館，始出之《永樂大典》中，民間罕有傳本。俞氏《大成》亦亡逸不一覯。學者病之，經術日荒。肆《春秋》者皆有《左》無經，《公》《穀》《胡》三傳，鄉曲之儒或不以一瞬，尤可悼歎。石埭桂坤三先生，生乾嘉間，得經師之傳，尤邃於《春秋》，撰《春秋比事參義》一書，以事相比同於沈氏，而並列四傳則又俞氏之舊也。甽穴經傳，得所折衷，不似啖、趙之舍傳求經，務為深刻，躋筆削於申韓；亦不似勝國諸儒，拜經誦傳，刺取經中一二字以為標識，有同稗販。其視沈、俞氏之所得未可知，要其本末源流犁然有當，實沈、俞氏之具體，而資益於後學不可沒也。先生五世孫實之大令正華出是書示予，且丐為之敘。讀既卒業，竊得先生微旨所在。《欽定四庫全書總目》之敘方氏《通論》也，曰：「掃《公》《穀》穿鑿之談，滌孫、胡鍥薄之見，息心靜氣以經求經，多有協於情理之平，則實非俗儒所可及。」先生是書其殆近之與？！抑聞之大令曰：「粵寇下石埭，正華家百物蕩盡，先大夫暨先伯兄囊是書於背，臥起與俱，護之如頭目，僅而得存，垂沒，手授正華曰：『汝他日能傳是書，吾之志也。』正華識之不敢忘，今可以告先大夫與先伯兄

矣。」烏虖！卷卷先志，寶盈尺之槀，必傳於世而後即安。若大令者，可不謂難乎？！全椒薛時雨。

◎何金壽敘：桂君實之隸任甘泉之三月，以其五世祖坤三先生所作《春秋比事參議》一書見示，全椒薛君先為之敘。其書大體仍毛氏《屬辭比事記》。毛氏宗左而攻胡，故說獨核；坤三先生融會三傳，而於胡氏多所發明，故說獨精。此其不同也。胡氏之書作於宋紹興間，偶有託諷時事，與經義不相符。然其崇論宏議，能發揮聖人精義，自不可沒。元明說《春秋》者，或主之，或攻之。至國朝而其學益微，經生以耳為目，見人之以為非而亦非之，或未睹其書一字輒肆口詆諆，禁子弟不得觀。後生小子習聞其說，而又沮於榮利，非利科目之書不讀。有日居經塾而不能舉三傳之要者，何論胡氏！金壽少小疏於治經，然閱覽胡氏之說，喜其崇論宏議能發揮聖人精意，謂宜與三傳并行，惜時棄而不用，而又不得一好古有識者闡發而表章之。不意世有先我而為之者也。坤三先生之著是書，苦心覃思數十年，草既成，藏於家。咸同亂離之際，家物蕩然，其元孫東堂君囊是書於背，臥起與俱，幸而獲存。未梓，以授實之，又十有餘年實之排比而梓行之，蓋經數十百年積四世之心力乃得行於世。嗚呼，可謂勤矣！夫儒者之說經，或行於世，或不行於世，亦如世運。鄭、孔之說盛於唐，程、朱之說盛於明，其他或暫行於一時而不能及遠，或不行於一時而盛於後世，不可枚舉。然如胡氏之崇論宏議，雖至今日已微，而久當復盛。金壽以胡氏之學之必盛，而知桂君之書之必行，又嘉實之能繼先人之志而好古有識也，復為之敘之如此。光緒六年歲次庚辰嘉平中浣，賜進士及第前日講起居注官翰林院編修知揚州府事江夏何金壽頓首拜敘。

◎敘：桂實之大令刻其五世祖坤三先生《春秋比事參義》一書，屬為校字。刻既竟，作而言曰：六經皆言理，《春秋》獨言事。理本致虛，可以各逞胸臆；事必徵實，其得失成敗之故，深切著明，不容稍假。故伊川程子云：「五經之有《春秋》，猶法律之有斷例。」律令惟言其法，斷例始見其用。自王氏安石詆為斷爛朝報，而啖、趙諸家務為刻深，名儒而實法，而《春秋》之義晦矣。我朝經術冠前古，羣經並有論撰，而《春秋》獨鮮。蓋褒貶之嚴既不便其私圖，是非之明又無所容其臆見，故付之游夏之莫贊。蕭山毛氏一傳又騁其博辨，簧鼓學者，而《春秋》之義益晦矣。世故既紛於內諸夏、外夷狄之義，瞀乎莫識，而猾夏之禍日烈，苟有深於《春秋》者，必且銳然尊攘，章大一統之正。彼交侵如荊楚及眾狄者，斷不引之肘膝，使得乘其隙而

肆之毒也。然則《春秋》可不亟講乎！先生是書，折衷百家，粹然翕於人心之公正，今日龜鑑。若夫義例所在，則薛、何二敘言之綦詳，茲不復贅云。癸未人日，金壇馮煦。

◎汪士鐸跋：自漢傳儒林、立博士，學者各就所通為之，析其義類，博其議論，以蒐討其旨趣。其大者將以措諸用，下亦昌明所業，歷數千百年而不朽，《春秋》家之董仲舒氏是也。夫人之精力，以專致而一，以他顧而紛，紛則怠心生而其神不凝，此專門之學所以足貴也。國初學子猶習專經，馬氏之《左傳事緯》、顧氏之《大事表》，《春秋》經之卓卓尤著者也。然度其致功之初，亦必先比其族物、稽其同異而辨其嫉惡之所歸，如杜氏《釋例》之所屬四十部五十凡之類。特非若兔園冊子之簡陋而已爾。至於書之傳不傳則有數之幸不幸，非作者所能期必也。先生之業《左氏》也，其時尚專經，非若後之兼習五經也。其空山傳薪，師弟子之所授受，昕夕所講貫辯問，率不外是經。故其詞純而意無不蘊，語儉而不枝，非諸儒上下馳騁推波而助之瀾以侈繁富也。昔人之解，富有大業也，曰當理之，富貴諸己之謂有俟百世而不惑之，謂大業。先生此書，其不媿此言夫！江寧汪士鐸謹跋。

◎凡例：

一、是編為先五世祖手自纂錄，未有定本。宛行斜上，丹黃爛如，鉤乙塗竄，不可卒讀。或先注後傳，或先胡後三傳，下上參差，莫衷一是。今一一釐定，先經，次《左》，次《公羊》，次《穀梁》，次《胡》。諸家之注，釋經則附於經後，釋各傳則附於各傳後，其通釋者則載之末簡焉。

一、是編經下有書無傳者，從杜氏注《左》之例，今並刪之，以兼有四傳，不必一繩以《左氏》也。

一、是編有一事而兩見者，分載長編，故未畫一，今竝歸一類。其一類則止書已注某卷內，且各視其事之輕重而歸之，不以卷之先後。如外臣來內女二卷內並有紀裂繻來逆女，此逆女重而來輕，故歸之內女卷，而外臣來則不贅也。他皆例此。

一、是編所引諸注，惟三傳本注不標所出，其他家之說則當書「某氏曰」，編中十僅一二，於其可知者一一增入，其不可知則仍其舊，既以闕疑且或為先五世祖所自注，今不可攷而知矣。

一、是編所引三傳，間有刪易。案欽定《春秋傳說彙纂》所引之傳亦閒有刊削，今從此例。蓋改定之文則於前無徵，今竝降傳一字，不書某傳，同於諸

家之法；《胡傳》不列於經，雖有損益，不以今本正之。蓋當時所見《胡傳》或與今本不盡合，可因是以見胡氏之真。

一、《胡傳》至今日微矣，然其傳成於趙宋之南，尊內攘外，慨乎言之，足以起當世之衰、垂後王之聲。今是編所存十有八九，精義閎論甄采無遺，恂胡氏干城而為《春秋》之羽翼矣。

一、是編所引欽定《春秋傳說彙纂》之案，雜列諸家注中，今從鮑刻《春秋三傳》例，與經文平行以著尊王之義。雖《彙纂》所列，降經一字與傳文平行。此自王者尊經，非臣下所敢援之為例也。

一、是編經下有竝載四傳者，有止載一二傳者，有無傳而載諸家注者。先五世祖授經里閈，闇然著述，止蘄於微言大義有所發明，導門弟子先河，不務博綜與海內經師絜一藝修短也，讀者鑒之。

一、是編為先五世祖一生精力所萃，正華禱昧，不克傳祖庭之學。粗事排比，百不逮一，大雅君子，幸匡正之。五世孫正華謹識。

◎摘錄同邑徐執瑑撰傳：我邑山川靈秀之氣，不鍾於顯貴而鍾於汲古闇修士者，代不乏人。昔先君子負一邑之望，以詩鳴於時，識與不識莫不許為名士。先君子曰：「我之學，雕蟲小技耳。我邑自乾嘉以來，品學之粹，孰如城西桂坤三先生者。」其學以六經為淵海，以先儒傳註為津梁，而主敬窮理，則一宗程朱，故雙學使有步武程朱之目……先生著述，積成卷軸。自粵匪竄江南，散佚無算。其僅存者《春秋比事參義》十六卷、《四書益智錄》二十卷、《左傳類纂》二卷。

◎孫殿起《販書偶記》卷二：《春秋比事參義》十六卷，石埭桂含章輯。光緒壬午務本堂刊。

◎民國《石埭備志彙編》卷五上《藝文志》上《書目提要》：《春秋比事參義》（清桂含章坤三輯，十六卷十六冊，光緒三年金陵開雕）提要：仿毛氏奇齡之《屬辭比事記》。毛氏宗《左》而攻胡，是書融會三傳，而於胡氏多所發明，折衷百家，一歸於正。若夫義例所在，則有薛時雨、何金壽、馮煦諸敘言之綦詳。

◎桂含章，字鑑亭，號坤三。安徽石埭（今石臺）人。乾隆元年（1736）薦舉博學鴻詞，擬全軍之冠，覆試以疾不克與。乾隆二十三年（1758）歲貢，候選訓導，歷主旌德毊山、涇縣琴川書院講席，後歸主石埭長林書院垂二十年。卒年九十三，祀鄉賢祠。嘗就正孫奇逢、顧炎武於舟次。著有《春秋比事參義》

十六卷、《春秋左傳類纂》六卷首一卷末一卷、《左傳細評》、《四書辨疑》、《四書益智錄》二十卷、《學庸淺解》。

桂含章 春秋左傳類纂 六卷 卷首一卷 卷末一卷 存

國圖、天津、上海、吉林、南京、湖北、南開藏光緒七年（1881）敦厚堂刻本

浙江大學藏台灣經學文化事業有限公司 2016 年稀見清代四部輯刊第十輯影印光緒七年（1881）刻本

◎民國《石埭備志彙編》卷五上《藝文志》上《書目提要》：《左傳類纂》（清桂含章坤三輯，二卷二冊，光緒壬午刊）提要：此書剌取《左傳》詞句為聯語，以類相從，並註明某公某年以便檢閱。

桂含章 左傳細評 佚

◎民國《石埭備志彙編》卷三上《人物志初稿》：著書甚富，《四書辨疑》、《學庸淺解》、《左傳細評》並詩賦文集。自粵匪竄江南，均燬於兵燹，僅存者《春秋比事參義》十六卷、《四書益智錄》二十卷、《左傳類纂》二卷刊行世（《皖學編》）。

桂文燦 春秋列國疆域圖考 一卷 佚

◎宣統《南海縣志》卷十九《文學傳》：十一年四月，楚中大吏以文燦積學敦行、經濟宏通請旨宣付史館立傳。四月二十九日奉諭云：「已故湖北鄖縣知縣桂文燦，同治年間進呈所著《經學叢書》，奉旨留覽，特予褒嘉。嗣應詔陳言，亦多可采。其潛心經術、講求實學，足為士林矜式。著准其宣付史館，列入《儒林傳》，以為研經者勸。」文燦學兼漢宋，晚得尺寸柄，蒞官僅三月餘日，未竟其才，齎志以歿，論者惜之。著有《先正典型》二卷、《四書集註箋》四卷、《子思子集解》一卷、《朱子述鄭錄》二卷、《八行輯要》八卷、《語類》二卷、《易大義補》一卷、《詩箋》、《禮注異義考》一卷、《周禮通釋》六卷、《箴膏肓評》一卷、《起廢疾評》一卷、《發墨守評》一卷、《論語皇疏考證》十卷、《重輯江氏論語集解》二卷、《孝經集證》四卷、《孝經集解》一卷、《經學博采錄》十二卷、《毛詩傳假借考》一卷、《毛詩鄭讀考》一卷、《詩古今注》二卷、《春秋左傳集注》一卷、《禹貢川澤考》四卷、《毛詩釋地》六卷、《春秋列國疆域圖考》一卷、《羣經輿地表》一卷、《廣東圖說》九十二卷、《四海記》

一卷、《海國表》一卷、《掌故紀聞》二卷、《周禮今釋》六卷、《讀史紀要》二卷、《說文部首句讀》一卷、《奏疏》四卷、《牧令芻言》二卷、《在官要覽》二卷、《疑獄紀聞》一卷、《海防集覽》二卷、《節孝錄》十四卷、《宰郇公牘》二卷、《潛心堂文集》十卷《詩集》二卷、《桂氏大宗譜》二卷、《家譜》四卷、《都山日記》四卷、《四言曲禮》一卷、《女誡》一卷、《好生古訓》一卷、《三字孝經》一卷、《年譜》一卷、《家訓》一卷。

◎葉昌熾《奇觚廎文集》卷上《桂氏遺書序》（代）：廣南自阮文達公設學海堂，課士以通經之學，於是方聞贍學之士後先輩出，林先生伯桐、侯先生康，其魁能也。繼之者為陳蘭甫先生，蘭甫弟子著錄甚眾，桂君文燦尤知名。君嘗為湖北鄖縣知縣，光緒十一年署兩湖督臣卞公，以公潛心經術，奏請宣付史館，列入《儒林傳》，得旨俞允。越二載，口口奉命來視粵學，牒校官邦之先哲遺書未刊者其以進，於是君之子岵上其父書都若干種。余受而讀之，實事而求是，博涉而多通，其於蘭甫先生，猶鄭門之有臨孝存矣。君於羣經無所不甄綜，而尤精《易》《詩》《孝經》《孟子》。

◎王欣夫《蛾術軒篋存善本書錄‧未編年稿》卷一：

《南海桂氏經學叢書》七種附二種目外二種（十三冊），清南海桂文燦撰。咸豐七年丁巳至光緒二十二年丙申遞刊本。

總目十三種，附二種。已刊者《易大義補》一卷、《禹貢川澤考》二卷、《毛詩釋地》六卷、《詩箋禮注異義考》一卷、《周禮今釋》六卷、《孝經集解》一卷、《孟子趙注考證》一卷、附《潛心堂文集》十二卷止刻一卷，又目外《弟子職解詁》一卷、子桂壇《晦木軒稿》一卷。未刊者《箴膏肓評》《起廢疾評》《發墨守評》各一卷、《論語皇疏考證》十卷、《孝經集證》四卷、《羣經補證》六卷，附《經學博采錄》十二卷。首綸音、奏疏、《國史儒林傳》、錢塘汪鳴鑾序。

皓亭為陳蘭甫入室弟子。其學兼尊漢宋，無門戶之見。著述甚富，《儒林傳》所載又有《朱子述鄭錄》二卷、《四書集注箋》四卷、《周禮通釋》六卷、《子思子集解》一卷、《重輯江氏論語集解》二卷、《毛詩傳假借考》一卷、《毛詩鄭讀考》一卷、《詩古今文注》二卷、《春秋左傳集注》一卷、《春秋列國疆域圖》一卷、《羣經輿地表》一卷、《廣東圖說》九十二卷、《四海記》一卷、《海國表》一卷、《掌故紀聞》二卷、《周髀算經考》一卷、《說文部首句讀》一卷、《奏疏》四卷、《牧令芻言》二卷、《疑獄紀聞》一卷、《海防要覽》二卷。

所刊各種，以《毛詩釋地》《周禮今釋》二書，學古通今，最為有用：今讀三百篇而不知周京與列國地望，則茫然於其風化之所施、山川之相距，釋以今地，則按圖索驥，朗若列眉；《周官》一書列代咸本之以增損，釋以今制，可以見因革所由。二書皆蘭甫所嘗欲為，而皓亭得其指授者。當皓亭著書時，朱亮甫《詩地理徵》稿秘未出，而孫仲容《周禮政要》後此且數十年。今朱、孫二書世咸知之，而此獨不顯，則刊印較遲而傳布不廣也？此書陸續付刊，彙成全帙者極鮮。哲嗣南屏先生言家亦無之。今《叢書綜錄》所載，亦非足本。余於十年前偶獲於錢塘吳氏，蓋絅齋先生士鑑所藏也。雖近刻，其可忽諸？

有「九鐘山房藏書」朱文長方印、「泉唐吳氏元尚齋藏書記」白文方印。

◎桂文燦（1823～1884），字子白，號皓（昊）庭。廣東南海（今佛山南海區）人。早年師從陳澧，潛心經學。道光二十七年（1847）以解經拔第一，補第子員。道光二十九年（1849）中舉。同治元年（1862）進呈所著《經學叢書》，奉旨留覽，上諭：「所呈各種箋注考證，均尚詳明。《群經補證》一編，於惠棟、戴震、段玉裁、王念孫諸經說多所糾正，薈萃眾家，確有依據，具見潛心研究之功。」曾兩受曾國藩聘校刊《殿本十三經注疏》、《通志堂經解》，曾氏贊其「不獨為粵中翹楚，抑不愧海內碩彥」。光緒十年（1884）知湖北鄖縣，未幾病逝。著有《易大義補》一卷、《毛詩鄭讀考》一卷、《詩古今注》二卷、《毛詩傳假借考》一卷、《毛詩釋地》六卷、《禹貢川澤考》四卷、《詩箋禮注異義考》一卷、《周禮今釋》六卷、《周禮通釋》六卷、《四言曲禮》一卷、《春秋左傳集注》一卷、《箴膏肓評》一卷、《起廢疾評》一卷、《發墨守評》一卷、《論語皇疏考證》十卷、《重輯江氏論語集解》二卷、《孝經集證》四卷、《孝經集解》一卷、《說文部首句讀》一卷、《經學博采錄》十二卷、《群經補證》、《春秋列國疆域圖考》一卷、《羣經輿地表》一卷、《廣東圖說》九十二卷、《先正典型》二卷、《四書集註箋》四卷、《子思子集解》一卷、《朱子述鄭錄》二卷、《八行輯要》八卷、《語類》二卷、《四海記》一卷、《海國表》一卷、《掌故紀聞》二卷、《讀史紀要》二卷、《奏疏》四卷、《牧令芻言》二卷、《在官要覽》二卷、《疑獄紀聞》一卷、《海防集覽》二卷、《節孝錄》十四卷、《宰鄖公牘》二卷、《潛心堂文集》十卷、《潛心堂詩集》二卷、《桂氏大宗譜》二卷、《家譜》四卷、《都山日記》四卷、《女誡》一卷、《好生古訓》一卷、《三字孝經》一卷、《年譜》一卷、《家訓》一卷。

桂文燦 春秋列國圖 五卷 存

湖南藏咸豐七年（1857）刻本

南京藏咸豐刻本（不分卷）

桂文燦 春秋左傳集注 一卷 佚

◎宣統《南海縣志》卷十九：著有《先正典型》二卷、《四書集註箋》四卷、《子思子集解》一卷、《朱子述鄭錄》二卷、《八行輯要》八卷、《語類》二卷、《易大義補》一卷、《詩箋》、《禮注異義考》一卷、《周禮通釋》六卷、《箴膏肓評》一卷、《起廢疾評》一卷、《發墨守評》一卷、《論語皇疏考證》十卷、《重輯江氏論語集解》二卷、《孝經集證》四卷、《孝經集解》一卷、《經學博采錄》十二卷、《毛詩傳假借考》一卷、《毛詩鄭讀考》一卷、《詩古今注》二卷、《春秋左傳集注》一卷、《禹貢川澤考》四卷、《毛詩釋地》六卷、《春秋列國疆域圖考》一卷、《羣經輿地表》一卷、《廣東圖說》九十二卷、《四海記》一卷、《海國表》一卷、《掌故紀聞》二卷、《周禮今釋》六卷、《讀史紀要》二卷、《說文部首句讀》一卷、《奏疏》四卷、《牧令芻言》二卷、《在官要覽》二卷、《疑獄紀聞》一卷、《海防集覽》二卷、《節孝錄》十四卷、《宰郎公牘》二卷、《潛心堂文集》十卷《詩集》二卷、《桂氏大宗譜》二卷、《家譜》四卷、《都山日記》四卷、《四言曲禮》一卷、《女誡》一卷、《好生古訓》一卷、《三字孝經》一卷、《年譜》一卷、《家訓》一卷。

◎王欣夫《蛾術軒篋存善本書錄·未編年稿》卷一：

《南海桂氏經學叢書》七種附二種目外二種（十三冊），清南海桂文燦撰。咸豐七年丁巳至光緒二十二年丙申遞刊本。

總目十三種，附二種。已刊者《易大義補》一卷、《禹貢川澤考》二卷、《毛詩釋地》六卷、《詩箋禮注異義考》一卷、《周禮今釋》六卷、《孝經集解》一卷、《孟子趙注考證》一卷、附《潛心堂文集》十二卷止刻一卷，又目外《弟子職解詁》一卷、子桂壇《晦木軒稿》一卷。未刊者《箴膏肓評》《起廢疾評》《發墨守評》各一卷、《論語皇疏考證》十卷、《孝經集證》四卷、《羣經補證》六卷，附《經學博采錄》十二卷。首綸音、奏疏、《國史儒林傳》、錢塘汪鳴鑾序。

皓亭為陳蘭甫入室弟子。其學兼尊漢宋，無門戶之見。著述甚富，《儒林傳》所載又有《朱子述鄭錄》二卷、《四書集注箋》四卷、《周禮通釋》六卷、

《子思子集解》一卷、《重輯江氏論語集解》二卷、《毛詩傳假借考》一卷、《毛詩鄭讀考》一卷、《詩古今文注》二卷、《春秋左傳集注》一卷、《春秋列國疆域圖》一卷、《羣經輿地表》一卷、《廣東圖說》九十二卷、《四海記》一卷、《海國表》一卷、《掌故紀聞》二卷、《周髀算經考》一卷、《說文部首句讀》一卷、《奏疏》四卷、《牧令芻言》二卷、《疑獄紀聞》一卷、《海防要覽》二卷。所刊各種，以《毛詩釋地》《周禮今釋》二書，學古通今，最為有用：今讀三百篇而不知周京與列國地望，則茫然於其風化之所施、山川之相距，釋以今地，則按圖索驥，朗若列眉；《周官》一書列代咸本之以增損，釋以今制，可以見因革所由。二書皆蘭甫所嘗欲為，而皓亭得其指授者。當皓亭著書時，朱亮甫《詩地理徵》稿秘未出，而孫仲容《周禮政要》後此且數十年。今朱、孫二書世咸知之，而此獨不顯，則刊印較遲而傳布不廣也？此書陸續付刊，彙成全帙者極鮮。哲嗣南屏先生言家亦無之。今《叢書綜錄》所載，亦非足本。余於十年前偶獲於錢塘吳氏，蓋絅齋先生士鑑所藏也。雖近刻，其可忽諸？

有「九鐘山房藏書」朱文長方印、「泉唐吳氏元尚齋藏書記」白文方印。

桂文燦 發墨守評 一卷 存

復旦藏桂坫傳鈔稿本

◎宣統《南海縣志》卷十九：著有《先正典型》二卷、《四書集註箋》四卷、《子思子集解》一卷、《朱子述鄭錄》二卷、《八行輯要》八卷、《語類》二卷、《易大義補》一卷、《詩箋》、《禮注異義考》一卷、《周禮通釋》六卷、《箴膏肓評》一卷、《起廢疾評》一卷、《發墨守評》一卷、《論語皇疏考證》十卷、《重輯江氏論語集解》二卷、《孝經集證》四卷、《孝經集解》一卷、《經學博采錄》十二卷、《毛詩傳假借考》一卷、《毛詩鄭讀考》一卷、《詩古今注》二卷、《春秋左傳集注》一卷、《禹貢川澤考》四卷、《毛詩釋地》六卷、《春秋列國疆域圖考》一卷、《羣經輿地表》一卷、《廣東圖說》九十二卷、《四海記》一卷、《海國表》一卷、《掌故紀聞》二卷、《周禮今釋》六卷、《讀史紀要》二卷、《說文部首句讀》一卷、《奏疏》四卷、《牧令芻言》二卷、《在官要覽》二卷、《疑獄紀聞》一卷、《海防集覽》二卷、《節孝錄》十四卷、《宰郇公牘》二卷、《潛心堂文集》十卷《詩集》二卷、《桂氏大宗譜》二卷、《家譜》四卷、《都山日記》四卷、《四言曲禮》一卷、《女誡》一卷、《好生古訓》一卷、《三字孝經》一卷、《年譜》一卷、《家訓》一卷。

◎王欣夫《蛾術軒篋存善本書錄·未編年稿》卷一：

《南海桂氏經學叢書》七種附二種目外二種（十三冊），清南海桂文燦撰。咸豐七年丁巳至光緒二十二年丙申遞刊本。

　總目十三種，附二種。已刊者《易大義補》一卷、《禹貢川澤考》二卷、《毛詩釋地》六卷、《詩箋禮注異義考》一卷、《周禮今釋》六卷、《孝經集解》一卷、《孟子趙注考證》一卷、附《潛心堂文集》十二卷止刻一卷，又目外《弟子職解詁》一卷、子桂壇《晦木軒稿》一卷。未刊者《箴膏肓評》《起廢疾評》《發墨守評》各一卷、《論語皇疏考證》十卷、《孝經集證》四卷、《羣經補證》六卷，附《經學博采錄》十二卷。首綸音、奏疏、《國史儒林傳》、錢塘汪鳴鑾序。

　皓亭為陳蘭甫入室弟子。其學兼尊漢宋，無門戶之見。著述甚富，《儒林傳》所載又有《朱子述鄭錄》二卷、《四書集注箋》四卷、《周禮通釋》六卷、《子思子集解》一卷、《重輯江氏論語集解》二卷、《毛詩傳假借考》一卷、《毛詩鄭讀考》一卷、《詩古今文注》二卷、《春秋左傳集注》一卷、《春秋列國疆域圖》一卷、《羣經輿地表》一卷、《廣東圖說》九十二卷、《四海記》一卷、《海國表》一卷、《掌故紀聞》二卷、《周髀算經考》一卷、《說文部首句讀》一卷、《奏疏》四卷、《牧令芻言》二卷、《疑獄紀聞》一卷、《海防要覽》二卷。所刊各種，以《毛詩釋地》《周禮今釋》二書，學古通今，最為有用：今讀三百篇而不知周京與列國地望，則茫然於其風化之所施、山川之相距，釋以今地，則按圖索驥，朗若列眉；《周官》一書列代咸本之以增損，釋以今制，可以見因革所由。二書皆蘭甫所嘗欲為，而皓亭得其指授者。當皓亭著書時，朱亮甫《詩地理徵》稿秘未出，而孫仲容《周禮政要》後此且數十年。今朱、孫二書世咸知之，而此獨不顯，則刊印較遲而傳布不廣也？此書陸續付刊，彙成全帙者極鮮。哲嗣南屏先生言家亦無之。今《叢書綜錄》所載，亦非足本。余於十年前偶獲於錢塘吳氏，蓋絧齋先生士鑑所藏也。雖近刻，其可忽諸？

　有「九鐘山房藏書」朱文長方印、「泉唐吳氏元尚齋藏書記」白文方印。

桂文燦 起廢疾評 一卷 未見

◎宣統《南海縣志》卷十九《文學傳》：著有《先正典型》二卷、《四書集註箋》四卷、《子思子集解》一卷、《朱子述鄭錄》二卷、《八行輯要》八卷、《語類》二卷、《易大義補》一卷、《詩箋》、《禮注異義考》一卷、《周禮通釋》

六卷、《筬膏肓評》一卷、《起廢疾評》一卷、《發墨守評》一卷、《論語皇疏考證》十卷、《重輯江氏論語集解》二卷、《孝經集證》四卷、《孝經集解》一卷、《經學博采錄》十二卷、《毛詩傳假借考》一卷、《毛詩鄭讀考》一卷、《詩古今注》二卷、《春秋左傳集注》一卷、《禹貢川澤考》四卷、《毛詩釋地》六卷、《春秋列國疆域圖考》一卷、《羣經輿地表》一卷、《廣東圖說》九十二卷、《四海記》一卷、《海國表》一卷、《掌故紀聞》二卷、《周禮今釋》六卷、《讀史紀要》二卷、《說文部首句讀》一卷、《奏疏》四卷、《牧令芻言》二卷、《在官要覽》二卷、《疑獄紀聞》一卷、《海防集覽》二卷、《節孝錄》十四卷、《宰郡公牘》二卷、《潛心堂文集》十卷《詩集》二卷、《桂氏大宗譜》二卷、《家譜》四卷、《都山日記》四卷、《四言曲禮》一卷、《女誡》一卷、《好生古訓》一卷、《三字孝經》一卷、《年譜》一卷、《家訓》一卷。

　　◎王欣夫《蛾術軒篋存善本書錄·未編年稿》卷一：

　　《南海桂氏經學叢書》七種附二種目外二種（十三冊），清南海桂文燦撰。咸豐七年丁巳至光緒二十二年丙申遞刊本。

　　總目十三種，附二種。已刊者《易大義補》一卷、《禹貢川澤考》二卷、《毛詩釋地》六卷、《詩箋禮注異義考》一卷、《周禮今釋》六卷、《孝經集解》一卷、《孟子趙注考證》一卷、附《潛心堂文集》十二卷止刻一卷，又目外《弟子職解詁》一卷、子桂壇《晦木軒稿》一卷。未刊者《筬膏肓評》《起廢疾評》《發墨守評》各一卷、《論語皇疏考證》十卷、《孝經集證》四卷、《羣經補證》六卷，附《經學博采錄》十二卷。首綸音、奏疏、《國史儒林傳》、錢塘汪鳴鸞序。

　　皓亭為陳蘭甫入室弟子。其學兼尊漢宋，無門戶之見。著述甚富，《儒林傳》所載又有《朱子述鄭錄》二卷、《四書集注箋》四卷、《周禮通釋》六卷、《子思子集解》一卷、《重輯江氏論語集解》二卷、《毛詩傳假借考》一卷、《毛詩鄭讀考》一卷、《詩古今文注》二卷、《春秋左傳集注》一卷、《春秋列國疆域圖》一卷、《羣經輿地表》一卷、《廣東圖說》九十二卷、《四海記》一卷、《海國表》一卷、《掌故紀聞》二卷、《周髀算經考》一卷、《說文部首句讀》一卷、《奏疏》四卷、《牧令芻言》二卷、《疑獄紀聞》一卷、《海防要覽》二卷。所刊各種，以《毛詩釋地》《周禮今釋》二書，學古通今，最為有用：今讀三百篇而不知周京與列國地望，則茫然於其風化之所施、山川之相距，釋以今地，則按圖索驥，朗若列眉；《周官》一書列代咸本之以增損，釋以今制，可以見

因革所由。二書皆蘭甫所嘗欲為，而皓亭得其指授者。當皓亭著書時，朱亮甫《詩地理徵》稿秘未出，而孫仲容《周禮政要》後此且數十年。今朱、孫二書世咸知之，而此獨不顯，則刊印較遲而傳布不廣也？此書陸續付刊，彙成全帙者極鮮。哲嗣南屏先生言家亦無之。今《叢書綜錄》所載，亦非足本。余於十年前偶獲於錢塘吳氏，蓋絅齋先生士鑑所藏也。雖近刻，其可忽諸？

有「九鐘山房藏書」朱文長方印、「泉唐吳氏元尚齋藏書記」白文方印。

桂文燦 箴膏肓評 一卷 存

復旦藏桂坫抄本

◎王欣夫《蛾術軒篋存善本書錄・未編年稿》卷一：

《南海桂氏經學叢書》七種附二種目外二種（十三冊），清南海桂文燦撰。咸豐七年丁巳至光緒二十二年丙申遞刊本。

總目十三種，附二種。已刊者《易大義補》一卷、《禹貢川澤考》二卷、《毛詩釋地》六卷、《詩箋禮注異義考》一卷、《周禮今釋》六卷、《孝經集解》一卷、《孟子趙注考證》一卷、附《潛心堂文集》十二卷止刻一卷，又目外《弟子職解詁》一卷、子桂壇《晦木軒稿》一卷。未刊者《箴膏肓評》《起廢疾評》《發墨守評》各一卷、《論語皇疏考證》十卷、《孝經集證》四卷、《羣經補證》六卷，附《經學博采錄》十二卷。首綸音、奏疏、《國史儒林傳》、錢塘汪鳴鸞序。

皓亭為陳蘭甫入室弟子。其學兼尊漢宋，無門戶之見。著述甚富，《儒林傳》所載又有《朱子述鄭錄》二卷、《四書集注箋》四卷、《周禮通釋》六卷、《子思子集解》一卷、《重輯江氏論語集解》二卷、《毛詩傳假借考》一卷、《毛詩鄭讀考》一卷、《詩古今文注》二卷、《春秋左傳集注》一卷、《春秋列國疆域圖》一卷、《羣經輿地表》一卷、《廣東圖說》九十二卷、《四海記》一卷、《海國表》一卷、《掌故紀聞》二卷、《周髀算經考》一卷、《說文部首句讀》一卷、《奏疏》四卷、《牧令芻言》二卷、《疑獄紀聞》一卷、《海防要覽》二卷。所刊各種，以《毛詩釋地》《周禮今釋》二書，學古通今，最為有用：今讀三百篇而不知周京與列國地望，則茫然於其風化之所施、山川之相距，釋以今地，則按圖索驥，朗若列眉；《周官》一書列代咸本之以增損，釋以今制，可以見因革所由。二書皆蘭甫所嘗欲為，而皓亭得其指授者。當皓亭著書時，朱亮甫《詩地理徵》稿秘未出，而孫仲容《周禮政要》後此且數十年。今朱、孫二書

世咸知之，而此獨不顯，則刊印較遲而傳布不廣也？此書陸續付刊，彙成全帙者極鮮。哲嗣南屏先生言家亦無之。今《叢書綜錄》所載，亦非足本。余於十年前偶獲於錢塘吳氏，蓋絅齋先生士鑑所藏也。雖近刻，其可忽諸？

有「九鐘山房藏書」朱文長方印、「泉唐吳氏元尚齋藏書記」白文方印。

郭斌 春秋條貫 二卷 存

復旦藏光緒二十五年（1899）夢鄴書屋木活字印本

郭柏蒼 左傳臆說 一卷 存

光緒刻閩中郭蒹秋全集十一種本

首都圖書館藏光緒十三年（1887）刻本

◎計十九條。

◎郭柏蒼（1815～1890），又名彌苞，字蒹秋，號青郎。侯官（今福建福州市）人。道光二十年（1840）舉人。曾任縣學訓導，捐資為內閣中書。咸豐七年（1857），因辦團得力，授主事，賞員外郎銜。好藏書，購陳壽祺「百一峰廬」及好友同縣黃肖岩、閩縣戴芷農藏書，建玉尺山房、補蕉山館、鄂跗草堂、三山峰草廬、沁泉山館、葭拊草堂、補蕉山館、秋翠院、紅雨山房諸藏書樓，藏書六萬餘卷並編目。有紅雨山房、棣華韡、天開圖畫樓、蒹秋藏書、環璞齋、湖山過客諸藏書印。著有《海錄》、《百一錄》、《閩產錄異》、《烏石山志》、《竹間十日話》、《三元溝始末》、《新港開塞論》、《福州浚湖事略》、《閩會水利故》、《鄂跗草堂詩集》、《柳湄小榭詩集》、《全閩明詩傳》五十五卷。

郭承錕 春秋說 四卷 佚

◎尋霖、龔篤清編《湘人著述表》著錄。

◎郭承錕，字伯庚。湖南湘潭人。靜默篤實，不求科舉，後入劉錦棠幕。著有《周易經傳解》十二卷、《春秋說》四卷、《繼志齋集》二卷。

郭重熙 春秋國事便覽 三卷 佚

◎民國《德平縣續志》卷十二《藝文志・著作》：郭重熙《春秋國事便覽》分天地人三卷，《姓氏原來》二卷，均未梓行。

◎郭重熙，山東德平人。著有《春秋國事便覽》三卷、《姓氏原來》二卷。

郭福衡 春秋三傳存略異同考 一卷 存

上海藏稿本

◎郭福衡，字友嵩（友松），松江府婁縣（今上海松江）人。同治十二年（1873）舉人。與王韜、鈕永譽善。少有神童之目，品高學邃，深入宋儒堂奧。晚歲憤世嫉俗，性跅弛好奇，迹類疏狂。然制行不苟，不能干以非義，為文亦如之。工書畫。與八圖封書侯茂才為中表昆弟，館於其家甚久。學使李聯琇特賞異，延入幕，未幾辭歸，以賣畫自給。卒年六十八。曾任《重修奉賢縣志》協纂。著有《春秋三傳存略異同考》一卷、《了然吟草》。

郭鴻熙 左氏兵法正宗 二卷 存

同治六年（1867）刻本

◎郭鴻熙，安徽全椒人。道光二十四年（1844）任平羅知縣。著有《左氏兵法正宗》二卷。

郭篯齡 讀左疏證 一卷 佚

◎郭篯齡（1827～1888，一說 1825～1886），字祖武，又字子壽，隱於廣業里瓢湖村，因自號山民。福建莆田人。郭尚先子。師從陳采屏治易。以鄉貢選為同知，候補浙江，誥授中憲大夫。著有《讀左疏證》一卷、《三易三統辨證》二卷、《山民學筮草》一卷、《筮法從周》一卷、《易海歸宿》二卷、《易林伐山》一卷、《易說醒》四卷首一卷、《周易從周》十卷、《周易從周述正》一卷、《山民隨筆》二卷、《吉雨山房詩文集》十卷。

郭峻 左傳集類提要 四卷 存

北大、上海藏同治元年（1862）盱南三餘書屋重刻本

浙江大學藏台灣經學文化事業有限公司稀見清代四部輯刊第十輯影印同治元年（1862）盱南三餘書屋重刻本

◎各卷卷首題：新建郭峻荊左編輯，弟崑楫川／崙希泉、受業李藻佐山／羅銘郁文全校。

◎郭峻，號荊左。江西新建人。著有《左傳集類提要》四卷。

郭善鄰 春秋說 十二卷 補遺八卷 存

北大、南京、湖北藏咸豐四年（1854）夏邑李氏彊恕堂刻本

◎清李道融集解。

◎陸錫熊《春山先生文集序》〔註37〕：商邱郭春山先生敦行好古，有志講明實學，而不屑為鑿帨靡麗之詞。以名孝廉教授鄉里，品學為當時所重，經指授者，率為聞人。先生既歿，遺文皆刊削枝葉，醇深精厚，於理必有所依據，不為空言，庶幾進於道者。

◎胡世銓《春山先生文集後序》〔註38〕：春山先生人品端醇，學問淵博，早歲登科，澹緣仕進，益惟篤志于聖賢之學。研精經史，抉其蘊奧，實體諸倫常日用間，推之天下古今政治民物之故，靡不切究洞悉，觀其會通。接引後進，勸勸懇懇若弗及。隱然以明道覺世為己任，嘗曰：「大學之方，道在明新。學術經濟，皆本分以內事。後世學路漸荒，士人薄於自待，規摹制義之外，不復知所學，更有何事。於是志趣不廣而行誼不立，經義不明而世務不練，求其有益於身心家國之實，難矣！」是以平昔教人，但令潛心經籍及先儒語錄諸書，因才啟誘，必以孝弟忠信諷諭于道，而不輕課以文此，亦雅不欲以文詞自表見也。然其見諸著述，精理名言，切實懇摯，允足維人心而翊世教。蓋根底深厚，蘊釀精純，故觸手罔非道腴。擬諸唐宋諸家之以文名世者，益歸渾穆。而化其畛畦，所謂布帛菽粟有裨實用之文，其在斯乎！世銓晚出先生門下，自愧愚蒙，無以仰副明訓。然與聞緒論，胷中若冷水澆沸，一切沙埃浮沫渙然漸落。固知有德之言，潛孚默化，足以廉頑立懦有如此夫！言為心聲而文以載道，先生往矣，竊懼後之來者，或致歧於趨向，亦學路之憂也。曰哀集先生遺文若干篇，梓而傳之，庶幾有志向學之士，因流溯源，悠然于明道覺世之本懷，於以淑其學術，儲其經濟，將家享讀書之福、國獲作人之效，則先生教則所被，寧惟是一鄉一邑已哉！或曰：「先生一生精力萃于麟經，嘗手著解疏數千條，並評騭經史要旨，開示及門，如《興觀錄》《先賢模範》等書，所關於世道人心者甚鉅，今僅採集文稿，得無識其小而遺其大乎？」曰：「是何敢遺？亦正謂不朽之業將必有名山大儒相與菁蔡而爼豆之，區區淺學，自慮無能為役。抑以里閈應酬及訓迪及門之作，其人其事，近而可徵，感發尤易，故姑擇其近而易者云爾。」嗚呼！殘札斷楮，手澤猶存，追溯函丈周旋，轉盼已成今古。三復遺編，蓋不禁潸然而流涕已。乾隆辛亥秋七月既望，受業胡世銓敬書於泉南官舍之佐岳山房。

〔註37〕郭善鄰《春山先生文集》卷首。
〔註38〕郭善鄰《春山先生文集》卷首。

◎熊十力《困學記・郭善鄰》〔註39〕：商邱郭善鄰，號春山。吾父稱其鄉居為講會，頗有化民善俗之意。所為《己說》一文，於性道頗有體驗。惜其天資不高，聞見寡陋，思想多錮於流俗。如門人舉於鄉，而贈序以勗之，且頌揚聖主。不悟其所謂聖主者，乃蹂躪神州之胡虜也。然善鄰直是無師友啟迪，陸隴其少時交呂晚村，頗聞民族大義，而終欲仕虜，真熱中小人也、胡奴也。湯斌尤狡獪，遊於孫夏峯以沽名，則尊楊明；及與偽宗程朱者往還，則又隨之詆陽明，仕胡而貴顯，真鳥獸也。此二虜者，皆從祀孔廟。清世士習，卑賤鄙陋，於此可見。

◎郭善鄰，號春山，人稱畏齋先生。河南商丘人。著有《春秋說》十二卷補遺八卷、《說四書》四卷、《春山先生文集》四卷。曾參校《傷寒溫疫條辯》（《寒溫條辯》）。

郭嵩燾 春秋始隱公說 未見

◎郭嵩燾（1818～1891），派名先杞，乳名崧齡（齡兒），字伯琮，號雲（筠）仙、筠軒、仁先、南嶽老僧／老人、玉池山農／老人，學者稱養知先生。湖南湘陰人。道光二十七年（1847）進士。咸豐初隨曾國藩辦團練，累官署廣東巡撫，署兵部左侍郎，署禮部左侍郎，首任出使英法大臣。著有《周易辨例》四卷、《周易內傳箋》七卷、《周易釋例》一卷、《周易異同商》十卷、《禮記質疑》四十九卷、《大學章句質疑》一卷、《中庸章句質疑》二卷、《養知書屋詩集》十五卷、《養知書屋文集》二十八卷、《養知書屋奏議》十二卷、《養知書屋日記》、《史記劄記》、《玉池老人自敘》、《使西紀程》二卷、《劍閑齋師門答問》一卷（陳瀚問，郭嵩燾答）、《羅忠節公年譜》二卷、《湖南襃忠錄初稿》四卷、《胡林翼行狀》一卷、《罪言存略》一卷、《郭氏佚書六種》（含《周易釋例》一卷、《毛詩餘義》一卷、《綏邊征實》一卷、《慎終錄》一卷、《思舊錄》一卷、《嘉言錄》一卷）、《莊子評注》、《養知書屋讀書記》、《養知書屋官書》、《訂正朱子家禮》六卷、《郭侍郎洋務文鈔》四卷、《郭嵩燾信劄》、《先兵左公批湘軍志書眉》、《郭筠仙侍郎條議》一卷，與纂《江忠源行狀》一卷、《湘陰縣志》三十四卷首一卷末一卷、《宣講集要》十五卷首一卷、《碧湖吟社展重陽會詩》一卷。

〔註39〕香港東昇印務局 1949 年《十力語要初續》附。

郭希仁 讀春秋隨筆 不分卷 存

南京藏 1919 年鉛印本

文聽閣圖書有限公司 2009 年民國時期經學叢書第四輯影印 1919 年鉛印本

◎郭希仁（1881～1923），原名忠清，字時齋，又字思齋，後改字希仁。辛亥革命後廢原名，以字行世。陝西臨潼縣田市鄉遊方郭村人。光緒二十四年（1898）中秀才，二十五年（1899）於本縣橫渠書院學習程朱理學及文辭。二十八年（1902）入陝西大學堂，二十九年（1903）因批評時政遭開除。同年秋中舉，入讀宏道高等學堂。三十一年（1905）主講於渭北學堂。三十二年（1906）任臨潼橫渠學堂教習，三十三年（1907）赴日考察，三十四年（1908）起先後赴渭南、富平、蒲城、華州等地演講，與曹印侯、劉藹如等創麗澤館，結識馬開臣、景梅九、李岐山諸人。宣統元年（1909）任陝西咨議局副議長，入中國同盟會。二年（1910）任陝西咨議局進京代表、同盟會陝西分會會長。1911 年任陝西軍政府高等顧問、總務府參政處負責人。1912 年任國民黨秦支部幹事。1913 年赴京，赴歐洲考察。1915 年聚徒講學華山共學園。1916 年任陝西省禁煙局坐辦。1917 年任陝西省水利分局局長兼林務專員。1918 年任陝西省教育廳廳長，先後設立音韻研究所、國語講習所、孤兒院、通俗圖書館等。五四期間堅持尊孔讀經。1921 年受陝西督軍馮玉祥聘為督署顧問。1923 年病逝西安，無以為斂，友人賻金治喪，歸葬故里。著有《詩集說》、《詩集傳補正》、《春秋隨筆》不分卷、《左氏傳箋記》、《方言輯存》、《說文部首》、《說文漫錄》、《五聲辯難》、《音轉舉隅》、《等韻疌瀘》、《水利譚》、《儒學綱要》、《聖跡備考》、《尊孔百喻》、《從戎紀略》、《平見》、《暾社學譚》、《知人類抄》、《歐洲遊記》、《東遊記》、《六十年交涉紀略》、《國史講演錄》、《張橫渠學問之方》、《管子約編》、《近思記》、《思齋文存》、《政述叢談》、《鄉職要略》、《天演通》、《歷年日記與自述》。

郭希仁 左氏傳箋記 未見